Don Camillo und Peppone

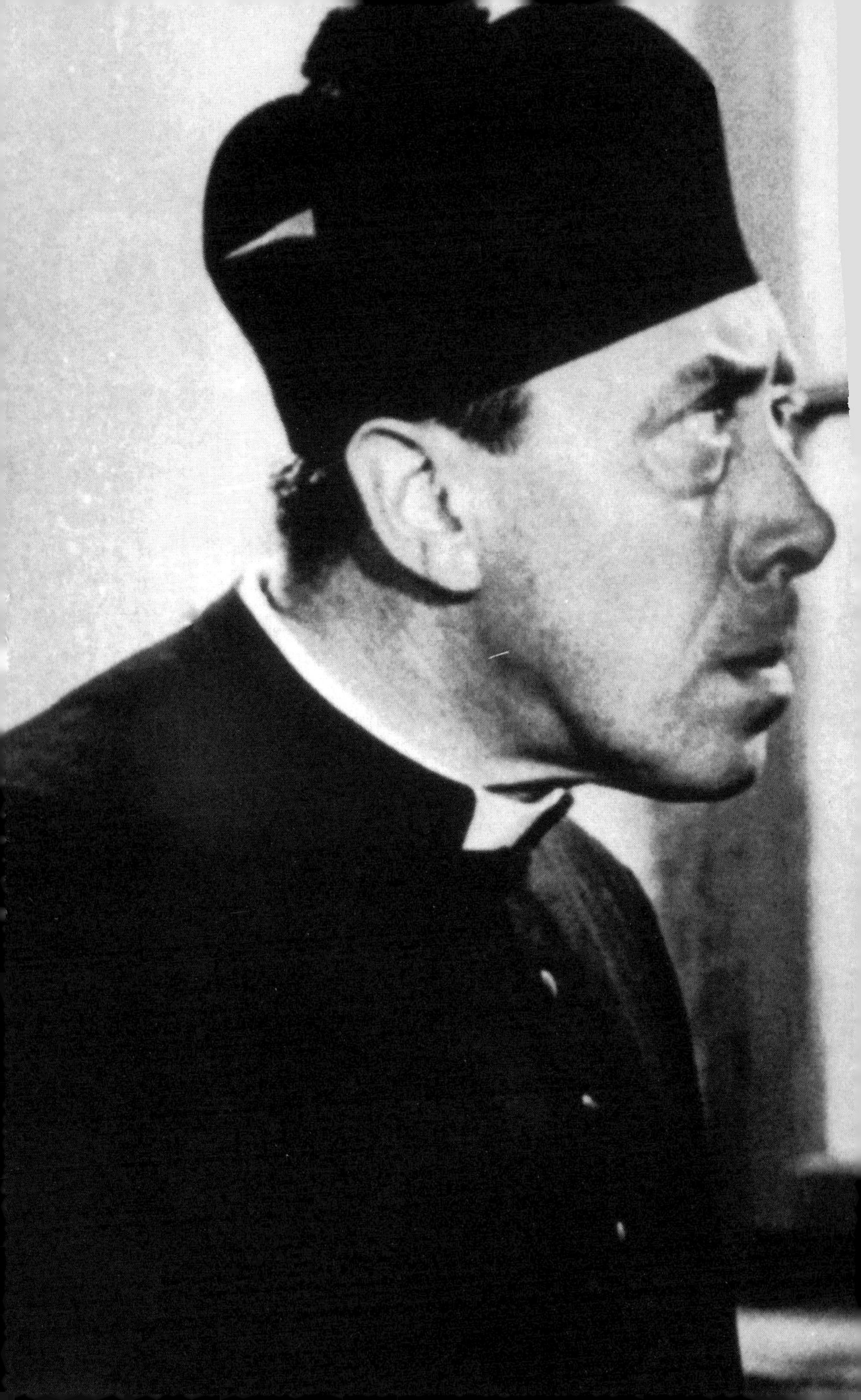

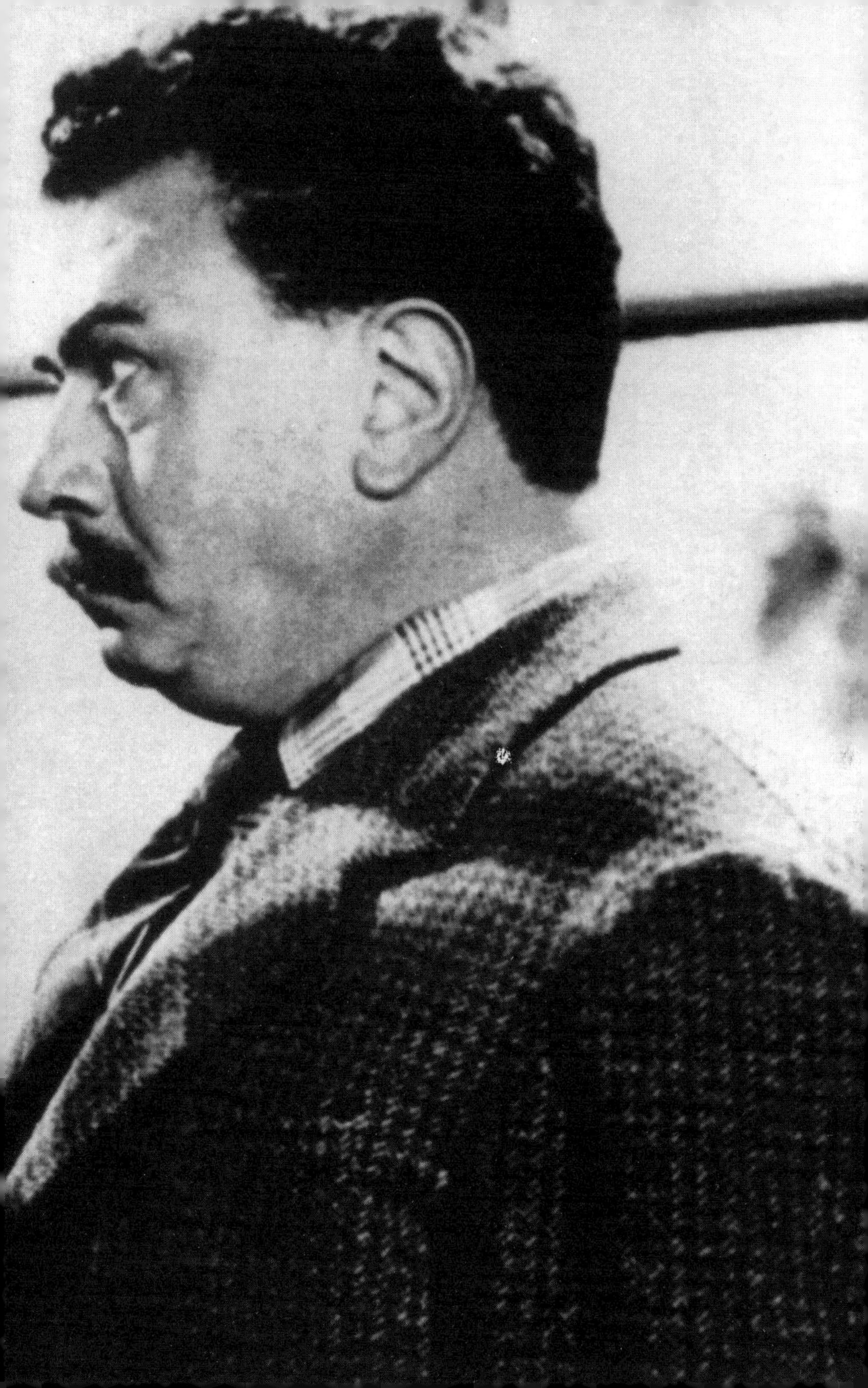

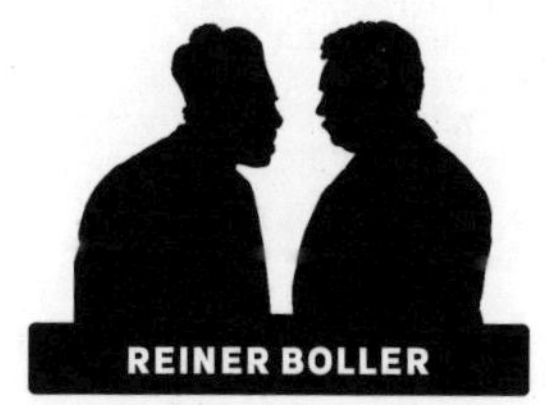

DON CAMILLO UND PEPPONE

Die Filme mit Fernandel und Gino Cervi (1952 - 1970)

SCHWARZKOPF & SCHWARZKOPF

INHALT

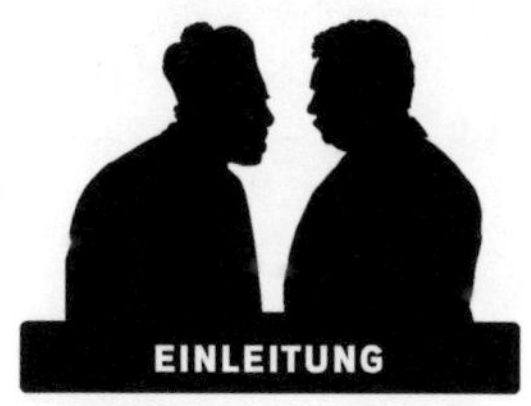

Don Camillo und Peppones kleine Filmwelt

Über 60 Jahre nach ihrer Entstehung haben die *Don-Camillo*-Filme mit Fernandel und Gino Cervi noch immer nichts von ihrem Reiz verloren. Sie sind regelmäßig im Fernsehprogramm zu finden und haben mittlerweile auch den Weg auf Blu-Ray-Discs gefunden. Obwohl in Schwarzweiß gefilmt, bleibt das Publikum den Filmen treu. Versuche von Neuverfilmungen gab es, doch sie scheiterten allesamt kläglich.

Was macht also die fünf entstandenen Filme viele Jahre nach ihrer Premiere immer noch so einzigartig? Wie so oft bei zu Klassikern gewordenen Filmen dürfte die geniale Besetzung der Hauptrollen mit dem Franzosen Fernandel und dem Italiener Gino Cervi den Unterschied ausmachen. Beide lassen in nahezu perfekter Darstellung die literarischen Figuren von Giovannino Guareschi lebendig werden. Mehr noch: Beiden Darstellern gelang es, teilweise zum Ärgernis des literarischen Vaters, den beiden Figuren ihr eigenes Profil zu geben und sie menschlicher als in den Büchern werden zu lassen. Natürlich muss auch auf die Klasseleistung des Regisseurs der ersten beiden Filme, den Franzosen Julien Duviver, hingewiesen werden, der die Geschichten so in Szene setzte, dass sie weltweit Anerkennung fanden. Weiterhin kann resümiert werden, dass auch andere Komponenten, wie ergänzende Rollen, die Schauplätze der Geschichte, die Filmmusik, perfekt zueinanderpassen.

Zum Zeitpunkt des ersten Filmes im Jahr 1952, erst wenige Jahre nach Kriegsende, herrschte in Europa ein »Kalter Krieg« zwischen den Blöcken Ost und West. Beide Seiten buhlten um die alleinige Macht. In jedem Land Europas gab es spezielle Eigenarten dieses Konfliktes. Allgemein ging es aber um die politische Doktrin der US-amerikanischen oder sowjetischen Regierung. In Italien, der Heimat von *Don Camillo* und *Peppone*, war der Einfluss der römisch-katholischen Kirche, der der Großteil aller Italiener angehört, immens. Die Kirche griff deshalb mit ihrem Einfluss in den Streit mit dem Marxismus-Leninismus der Sowjetunion, den die starke Italienische Kommunistische Partei (KPI) vertrat, ein. Durch die weltweite Verbreitung der katholischen Kirche wurde diese Auseinandersetzung überall mit Spannung verfolgt. In diesem Klima verfasste der Italiener Giovannino Guareschi seine Geschichten von dem katholischen Priester und dem kommunistischen Bürgermeister in einem fiktiven Ort in der Poebene in Norditalien. *Don Camillo* ist ein schlagkräftiger und schlitzohriger Vertreter der Kurie, *Peppone* sein Pendant auf der Gegenseite. Guareschi schildert »die Roten« von *Peppone* & Co. allerdings als große Gefahr, der sich *Don Camillo* mit allen verfügbaren Mitteln entgegenstellt. Um den Priester jedoch nicht als christliches Propagandawerkzeug dastehen zu lassen, bedient er sich eines Kunstgriffes. *Don Camillo* besitzt die Gabe, mit Christus via Kruzifix in der Dorfkirche sprechen zu können. Landet der Priester einen Punktsieg gegen die »rote Gefahr«, dann lässt Guareschi ihn jedes Mal von Christus wieder »auf den Boden der Nächstenliebe« holen. So gewinnt letztlich keine Seite und gleichzeitig wird eine humane Lehre gegeben. Außerdem verbindet die beiden Hauptprotagonisten eine gemeinsame Vergangenheit, als sie noch zusammen als Partisanen gegen die Faschisten kämpften. Ein moralischer Hinweis an beide politische Lager, dass man doch eigentlich gemeinsame Wurzeln besitzt.

Die ersten Verfilmungen sorgten folglich nach ihrem Erscheinen in Italien, im geteilten Deutschland, in ganz Europa und darüber hinaus für großes Aufsehen. Hatte das Werk Guareschis zuvor schon weltweit Furore gemacht, so standen die Filme diesem Erfolg nicht nach. Und so wie der Kalte Krieg sich noch über Jahre hinzog, so passten sich die weiteren Filme der beiden Rivalen dem Zeitgeschehen an. Als Fernandel und Gino Cervi 1970 das letzte Mal gemeinsam in ihren legendären Rollen vor der Kamera standen, hatte sich der Konflikt zwischen den Machtblöcken und auch die römisch-katholische Kirche schon in vielem geändert. Aber auch nach dem Ende des Kalten Krieges und dem Scheitern des Kommunismus bleibt das Thema des Ost-West-Konfliktes bis in unsere Tage aktuell. Die Nahtstelle zwischen Ost- und Westlehre existiert immer noch. Somit besteht die Plattform für die »ideologischen Kämpfer« beider Seiten, *Don Camillo* und *Peppone*, weiter. Sie werden weiterleben!

Im deutschsprachigen Raum wurde über die *Don-Camillo*-Filme immer umfangreich berichtet, da sich das Werk Giovannino Guareschis hierzulande großer Beliebtheit erfreute. Zum Erstlingsfilm, DON CAMILLO UND PEPPONE (1952), und seinen ersten beiden Fortsetzungen, DON CAMILLOS RÜCKKEHR (1953) und DIE GROSSE SCHLACHT DES DON CAMILLO (1955), war das Presseecho riesig und Autoren jeglicher politischer Ausrichtung verfassten im Blätterwald ihre Meinungen. Auch die weiteren Filme fanden überdurchschnittliche Beachtung in (bundes-)deutschen Landen.

Heute noch, mehr als 60 Jahre nach der Premiere des ersten Filmes, sind allgemeine Informationen zu den Filmen und beiden Hauptdarstellern erhältlich beziehungsweise abrufbar. In Vergessenheit geraten sind allerdings die teilweise sehr emotionalen Diskussionen über die *Don-Camillo*-Filme, wie auch das Werk der beiden Schauspieler, die zu Stars des europäischen Kinos in den 1950er-Jahren wurden.

Grund genug, den *Don-Camillo*-Filmen mit Fernandel und Gino Cervi nachzuforschen. Erstmals erfolgt das auch intensiv bei der Vorgeschichte, die ein Interesse Hollywoods an dem Stoff zutage fördert. Mit Unterstützung der Kinder von Giovannino Guareschi, Alberto und Carlotta, internationalen Recherchen und einem Besuch der »kleinen Welt« soll hier die Geschichte der *Don-Camillo*-Filme betrachtet werden.

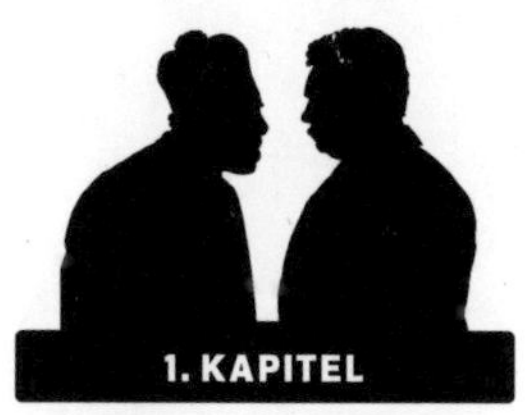

Giovannino Guareschi – Der Schöpfer von Don Camillo und Peppone

Fontanelle di Roccabianca ist eine kleine italienische Gemeinde in der Provinz Parma in der Emilia-Romagna. Eine lange Lindenallee führt in den Ort, der erstmals im 16. Jahrhundert Erwähnung findet. *La Bassa*, wie die Niederung im Bereich des Flusses Po in der Provinz Parma abfällig von den Städtern aus der Provinzhauptstadt genannt wird, ist die Heimat Guareschis. »Eine kleine Welt, irgendwo in der Poebene. Man zankt sich, man schlägt sich, aber man bleibt Mensch«, lautet seine spätere Liebeserklärung. In diesem Fleckchen Erde erblickt am 1. Mai 1908 Giovannino Oliviero Giuseppe Guareschi das Licht der Welt, in einem Haus direkt am Versammlungsplatz des Ortes. Am Tag der Arbeit sorgt die Geburt dadurch auch bei der Feier der Sozialisten für Aufmerksamkeit. Rote Fahnen wehen über dem ganzen Platz. Der über die Region hinaus bekannte Sozialistenführer Giovanni Faraboli (1876–1953) präsentiert das neugeborene Kind der Menge und soll gerufen haben: »Wieder ein neuer Arbeiter.« Jener Faraboli, Arbeiterheld, Freiheitskämpfer und Mussolini-Gegner, liefert dem späteren Schriftsteller mit seinem mächtigen Schnauzer und dem entschlossenen Blick die Inspiration für den *Peppone*. Heute noch erinnert auf dem Platz in Fontanelle eine Bronzebüste an den Kämpfer für die Arbeiter.

Der Vater des Kindes, Primo Augusto Guareschi, besitzt ein Fahrrad-Geschäft, die Mutter Lina Maghenzani ist Lehrerin in der Dorfschule. Ihr Vater heißt Giovanni, der Junior wird Giovannino getauft. Durch die Versetzung der Mutter 1914 nach Marore, einer kleinen Stadt nahe Parma, folgt ein erster Ortswechsel im Leben des Giovannino. Die Familie verschlägt es nach Parma, wo der Vater versucht, mit verschiedenen Jobs die Familie zu ernähren. Giovannino besucht die örtliche Grundschule *Jacopo Sanvitale* und durchläuft alle vier Klassen (1914–1918). Pfarrer der örtlichen Kirche *San Bartolomeo* ist ein gewisser Don Pietro Zarotto, der möglicherweise die Inspiration für *Don Camillo* gibt. Während des Ersten Weltkrieges ist der kleine Junge meist alleine mit der Großmutter zu Hause, denn der Vater wird einberufen und die Mutter ist durch ihren Beruf auch nicht oft da. Ab 1920 schließen sich das Gymnasium, das berühmte *Collegio Maria Luigia Parma*, später die *Romagnosi* an. Viel später wird Guareschi sagen: »Ich habe mit Gewinn das klassische Lyzeum besucht, wo ich gelernt habe, wie man als Journalist nicht schreiben darf. Dann war ich auf der Universität, habe aber bis heute nicht die Zeit gefunden, meinen Doktor zu machen. Das einzig Unangenehme daran ist, dass ich mich jetzt nicht mehr daran erinnere, ob ich die juristischen oder die medizinischen Vorlesungen besuchte …« (zitiert aus *Tagesanzeiger Regensburg* vom 27. Oktober 1962). Die Zeiten der wirtschaftlichen Krise in Parma ab 1925 und der Konkurs des Vaters haben auch Auswirkungen auf die Noten des lernbegierigen Giovannino. Hilfreich zur Seite steht ihm in dieser Zeit der Pfarrer von Marore, Don Lamberto Torricelli, den Guareschi später selbst ein bisschen mit seiner Fantasiefigur des *Camillo* vergleicht. Nebenbei verdient sich der Schüler durch Gelegenheitsjobs das erste eigene Geld. Der auch mit Zeichentalent gesegnete Giovannino betätigt sich als Designer von Postern.

Nach den Ausbildungsjahren beginnt Guareschi mit dem Schreiben, arbeitet aber auch als Werbezeichner und gelegentlich mal als Karikaturist. »Ich schreibe und ich zeichne«, hat er selbst einmal geäußert, »aber ich bin nicht imstande, Ihnen zu sagen, ob ich besser als Schriftsteller oder als Zeichner bin.« Als Korrekturleser startet er 1928 beim *Corriere Emiliano* in Parma, wo Giovannino bald darauf schon als Reporter eingesetzt wird. Verleger Angelo Rizzoli beobachtet den interessanten Charakterkopf über Jahre und holt Guareschi 1936 nach Mailand, wo er ihn zum Chefredakteur der humoristischen Wochenzeitung *Bertoldo* macht. Hochzeit 1940 mit seiner Freundin Ennia. Der Zweite Weltkrieg macht die Arbeit nicht leichter. Große Probleme gibt es aber erst 1943, als die deutschen Truppen den Italienern als Feinde gegenüberstehen. Nach dem Einzug zum Militär gerät Giovannino recht bald in deutsche Kriegsgefangenschaft und verbringt insgesamt zwei Jahre in verschiedenen Kriegsgefangenenlagern in Polen und Deutschland, die seine Einstellung zu den Deutschen auf Lebenszeit distanziert werden lassen. Erst am 16. April 1945 befreien ihn alliierte Soldaten. Im September ist er zurück in seiner Heimat und im Dezember des Jahres gründet er in Mailand das wöchentlich erscheinende Journal *Candido* (in Hochzeiten wird die Auflage rund 350.000 Stück betragen). In diesem Witzblatt erscheinen 1946 auch erstmals seine Geschichten aus der »Kleinen Welt« mit *Don Camillo* und *Peppone.*

Der große Erfolg der ersten Erzählungen bringt den Verleger Angelo Rizzoli dazu, sie in Serie erscheinen zu lassen und ab 1948 gesammelt als Buch zu veröffentlichen. Außer den *Don-Camillo*-Büchern folgen noch andere, die zwar gute Lektüre bieten, jedoch stets ein Schattendasein führen werden: *Enthüllungen eines Familienvaters* (1952), *Carlotta und die Liebe* oder *Die Schule des Gatten* (1953), *Bleib in deinem D-Zug* (1954) und *Mein häuslicher Zirkus* (1968). Mit den Büchern hat Guareschi eigentlich recht wenig zu tun. »Ich war, bin und werde Journalist bleiben. Ich hatte eigentlich nie die Absicht, ein Buch zu schreiben. Und dass nun mein Verlagshaus aus meinen Artikeln Bücher macht, ist doch schließlich nicht meine Schuld.« (aus »Komödie des Kleinkriegs«, *Der Spiegel*, 1. Januar 1953). Schon in der Einleitung des ersten *Camillo*-Buches macht Guareschi darauf aufmerksam, dass er »keine Literatur« liefert, sondern Berichterstatter ist. Tatsächlich beinhalten seine Berichte aber glänzende Erzählungen von Ereignissen in einer ihm vertrauten Umgebung. Verleger Rizzoli ist der Geschäftstüchtige in der Beziehung und bringt fast jede Zeile, die Guareschi einmal in einem seiner Blätter schreibt, irgendwie zusammenmontiert als Buch heraus. Aus vertraglichen Gründen kann Guareschi gegen diese Auswertung überhaupt nichts machen.

Nicht der einzige Ärger für ihn: Das emotional sehr politisch geprägte Werk des Autors, eines erklärten Monarchisten und Traditionalisten, gerät in Verdacht, Luigi Einaudi, den Präsidenten der italienischen Republik, beleidigt zu haben. Im Berufungsprozess wird er im April 1951 zu acht Monaten auf Bewährung verurteilt.

1952 zieht Guareschi zurück in seine geliebte *Bassa*, nach Roncole. Das ist der Geburtsort seines berühmten Landsmanns Giuseppe Verdi. Guareschi erwirbt direkt in der Nachbarschaft des Geburtshauses von Verdi sein neues Heim. In Roncole findet Guareschi den Platz für Erholung abseits der Hektik von Mailand. Hier hält er »Augen und Ohren offen«, sammelt Inspirationen für seine Geschichten. Aber nur von Dienstag bis Samstagmorgen. Dann macht er sich wieder auf den Weg nach Mailand, wo er sein Arbeitspensum an drei Tagen, von Samstag bis Dienstag, bewältigt. In dieser Zeit arbeitet Guareschi möglichst durch und füttert seine Schreibmaschine mit neuen Texten. Er gönnt sich nur kurze Schlafpausen auf einem Sofa. Neben den Pflichten als Herausgeber verfasst Guareschi »wöchentlich einen großen Leitartikel, eine politische Umschau, eine *Don-Camillo*-Geschichte (etwa 300 Zeilen) und eine Familiengeschichte (ebenfalls 300 Zeilen)« (zitiert aus »Komödie des Kleinkriegs«, *Der Spiegel*, 1. Januar 1953). Dazu zeichnet er Karikaturen für eine Vignette-Serie. Giovannino Guareschi liebt Land, Leute und Maschinen. Eine seiner liebsten Freizeitbeschäftigungen ist es, Motorräder in Einzelteile zu zerlegen und sie in Eigenregie wieder neu zusammenzubauen.

Für den deutschsprachigen Raum entdeckt der Salzburger Journalist Alfons Dalma die *Don-Camillo*-Geschichten. Ihn macht 1948 eine italienische Bekannte auf die satirischen Geschichten des *Candido* aufmerksam. Auf die Nachfrage bezüglich einer Genehmigung zur Übersetzung und Nachdruck bei Guareschi soll dieser geantwortet haben: »Wenn Sie unbedingt wollen, bitte. Aber das kann doch niemand im Ausland interessieren. Das kann nur eine Pleite werden.« Doch Dalma stellt fest, dass die Geschichten bei seiner Leserschaft ankommen. Ein Salzburger Verleger, Otto Müller, publiziert kurz vor Weihnachten 1950 das erste deutsche *Don-Camillo*-Buch. Von dem Buch werden an die 250.000 Exemplare verkauft. Ein Erfolg, der alle zuvor getroffenen Prognosen deutlich übertrifft. Vor Deutschland führte die Erfolgslawine schon bis in die USA, wo über eine halbe Million Bücher Absatz finden. *Don Camillo und Peppone* wird in rund 20 Sprachen übersetzt, wobei die Auswahl der Geschichten von Land zu Land variiert. In Deutschland ist der Erfolg Guareschis phänomenal. Die *Süddeutsche Zeitung* schreibt: »Noch niemand hat verstanden, den politischen Haß derart zu entgiften wie Guareschi. Kein anderer Schriftsteller hat die Tragikomödie des politischen Kleinkrieges so human dargestellt.« Lediglich einige Leser der *Stuttgarter Nachrichten* äußern sich kritisch. Einige Schwaben sehen in den Gesprächen mit Gott »eine abgeschmackte Anmaßung, die eine heilige Sache ins Lächerliche zieht«. Der Vatikan nimmt die Geschichten zurückhaltend wohlwollend auf, die italienische Kommunistische Partei bezeichnet sie als »gefährlicher als zehn US-Divisionen«. Für zusätzliche Abneigung sorgen dort auch spitze Zitate aus der Feder Guareschis, der allen KP-»Genossen« drei Nasenlöcher zeichnet: zwei zum Atmen und eins, durch das man das Gehirn herausnahm. Ein Mitglied fordert in einem Brief deshalb die Liquidierung Guareschis, wovon sich die Parteiführung jedoch schleunigst distanziert.

In den U.S.A. bezeichnet man indes *Don Camillo* als »Edelstein der Gutmütigkeit«.

Der Familienvater mit zwei Kindern, Alberto und Carlotta, ist ein hektischer Arbeiter. Sein Übersetzer Dalma charakterisiert ihn wie folgt: »Er ist ein Choleriker, fast ein Sanguiniker, fährt leicht aus der Haut und ist schwer beleidigt, wenn man ihn zehn Minuten warten lässt.« Der politische Humor des Giovannino Guareschi bringt ihm Ruhm und macht ihn in Windeseile zu einem populären Mann. 1951 kommt es zu einer ersten, weltweit beachteten *Don-Camillo*-Verfilmung. Dem ungeheuren Erfolg folgt eine unmittelbare Fortsetzung. Überall gibt es Lobeshymnen zum Mut und der Fähigkeit, in der »tierisch-ernsten Zeit politischen Humor zu bekunden«.

Guareschis Interesse für das Kino ist schon auf der Schulbank geboren worden. Es gibt kein genaues Datum, aber sein Schulkamerad Maria Luigia weckte wohl sein Interesse. Die beiden brillanten Freigeister bleiben ein Leben lang befreundet und auch politische Differenzen können sie nicht auseinanderbringen. Guareschis Debüt im Film kommt 1950 und es geht noch gar nicht um *Don Camillo*. GENTE COSÌ von Regisseur Fernando Cerchio erzählt die Geschichte von *Don Candido* und einem Bürgermeister, der gleichzeitig der Barbier in einem verschlafenen Bergdorf namens Pianazzo ist. Schmuggelgeschäfte und eine junge Lehrerin, eine Kommunistin, die Motorrad fährt, sind die Themen in dieser »kleinen Welt«. Die Akteure auf der Leinwand, Camillo Pilotto als Priester und Saro Urzì als Bürgermeister, sind sozusagen die filmischen Vorläufer ihrer berühmten Nachfolger. In Deutschland hinterlassen sie keinerlei Spuren, denn der Film gelangt seinerzeit überhaupt nicht in deutsche Kinos. Auch in Italien lässt der Erfolg auf sich warten. Der Film ist hausbacken inszeniert und die Kritiken sind nur mäßig. Der große Durchbruch kommt dann mit DON CAMILLO UND PEPPONE. Obwohl die filmische Umsetzung und auch *Camillo*-Darsteller Fernandel eher eine Verzerrung der »Kleinen-Welt«-Geschichten aus der Feder des Schriftstellers darstellen, kann Giovannino Guareschi letztlich mit den schwarzweißen Erfolgsfilmen sehr zufrieden sein.

Im deutschen Presseheft zum Erstlingsfilm heißt es zum Erfolgsrezept Guareschis: »Der schriftstellerische Trick, der Guareschis Geschichten das Versöhnliche und Optimistische gibt, besteht darin, die beiden Titelhelden menschlich als dickste Freunde und politisch-weltanschaulich als robuste Widersacher – hier katholischer Kaplan, hier kommunistischer Bürgermeister – zu zeichnen. So stehen die internen Differenzen in einer kleinen italienischen Ortschaft an den Ufern des Po symbolisch für die großen Spannungen, die die ganze Welt seit Jahren in steter Unruhe und Aufregung halten. Und Guareschis innerer Standpunkt zu seinen Gestalten, nicht zuletzt zu Christus, den *Don Camillo* in allen entscheidenden Angelegenheiten um Rat fragt? ›Wenn sich die Priester wegen *Don Camillo* beleidigt fühlen, so können sie meinetwegen einen Leuchter auf meinem Schädel zertrümmern; wenn die Kommunisten wegen *Peppone* beleidigt sind, können sie auf meinem Rücken eine Stange zerschlagen; wenn sich aber jemand wegen der Reden Christi beleidigt fühlt, so kann man nichts machen. Wer in meinen Geschichten spricht, ist nicht Christus, sondern *mein* Christus, das heißt: die Stimme meines Gewissens!‹« Anlässlich der zweiten Verfilmung wird folgende Frage aufgeworfen: »Was will der Humorist, Journalist, Landsmann und Maler Giovannino Guareschi, der von sich sagt, dass er die Erde liebt und die Menschen und sich in Sachen europäischer Völkerverständigung für einen unverbesserlichen Optimisten hält, mit seinem neuesten *Camillo*?« – »Nichts, als die Liebe zur Heimat wachhalten, Nächstenliebe predigen und an das Gute im Menschen glauben machen. Brüderlichkeit, Versöhnung, Verzeihen – diese großen bewegenden Kräfte sind noch nicht aus der Welt. Sie sind nur verschüttet …«

Mit dem Erfolg von *Don Camillo* und *Peppone* kommen auf den Autor allerdings politische Anfeindungen größeren Ausmaßes zu. Dazu landen Verleumdungsvorwürfe des italienischen Premierministers Alcide de Gasperi vor Gericht. Es geht um angebliche Kriegsbriefe von de Gasperi, die Guareschi in seinem Übermut mit einem ihm typischen humoristischen Kommentar veröffentlichte. Das Gericht erklärt die Briefe zu Fälschungen und verurteilt Guareschi zu einer Haftstrafe. Der noch unter Bewährung stehende Guareschi muss zähneknirschend die Haft antreten. Vom 26. März 1954 bis 4. Juli 1955 sitzt der Erfolgsautor im Gefängnis. In dieser Zeit schreibt er am Drehbuch des mittlerweile bereits dritten *Don-Camillo*-Films. Nach der Haftentlassung geht es mit Hetzkampagnen verschiedener Blätter, linker wie christlicher, weiter, und auch ein Plagiatsvorwurf wird genüsslich aufgegriffen. Letztlich verläuft aber alles im Sande. Guareschis Erfolgskurve zeigt aber nichtsdestotrotz nach unten. Das ist es, was seine politischen Gegner wollten. Er selbst versucht, seine Ansichten neu zu ordnen. Besucht frühere Kriegsgefangenenlager, denkt über vieles in seinem

Leben neu nach. Einen Herzenswunsch erfüllt er sich 1957 mit der Eröffnung einer kleinen Kaffeebar in Roncole, wodurch er auch den Kontakt zu den Einheimischen und ihrem Leben vertiefen kann. Berühmt wird eine aufgehängte Tafel mit dem Spruch: »Hier gibt es keine Jukebox!« Als Angelo Rizzoli am 22. Oktober 1961 den *Candido* mangels Leserinteresse einstellt, ist das ein neuerlicher Schock für Giovannino Guareschi. Er schreibt zwar an einem weiteren *Don-Camillo*-Buch (*Genosse Don Camillo*) und ist auch in die Arbeiten an einem neuen Film involviert. Aber die Welt des Giovannino Guareschi verändert sich zunehmend. Ein erster Herzinfarkt setzt seinem Handeln Grenzen. Trotzdem gibt er nicht auf. Ein filmisches Experiment, LA RABBIA (Die Wut, 1963), zusammen mit dem linksgerichteten Regisseur Pier Paolo Pasolini über den Kommunismus gerät zum Flop und läuft nur in einigen wenigen Kinos. Noch viel schlimmer ist, dass man Giovannino Guareschi vorwirft, nichts gelernt zu haben. *Der Spiegel* bezeichnet sein Buch *Genosse Don Camillo* als »Vulgär-Antikommunismus von plumper Gerissenheit«. In der Heimat ignorieren ihn Kritiker. Im Vorwort zum neuen Buch bemängelt der Autor, dass »im Milliardär-Italien des *süßen Lebens* jede Hoffnung auf eine bessere Welt gestorben« sei, und dass sein »*Don Camillo* des Jahres 1959 genau der gleiche *Don Camillo* des Jahres 1952« ist. Nur »zur Zerstreuung und (verzeiht die Überheblichkeit) zum geistigen Vergnügen« habe er die Geschichte veröffentlicht. Guareschi weiß, dass die Geschichte zum Zeitpunkt ihrer Veröffentlichung bereits »zeitfremd« ist.

Guareschi zieht sich immer mehr von der Schreibmaschine zurück. Er öffnet in Roncole ein Restaurant. Ein weiterer Herzenswunsch von ihm, da er das Essen in seiner Heimat so liebt. Das Restaurant wird später von seinen Kindern fortgeführt (heute bietet wieder eine Kaffeebar einen Ort für Treffen und Gespräche). Schriftstellerisch ist Giovannino Guareschi praktisch arbeitslos, da außer einem Freund in Rom niemand mehr in Italien die Courage besitzt, seine Arbeiten zu veröffentlichen. Einen letzten *Camillo*-Roman, *Don Camillo und Don Chichi*, fängt er trotzdem an zu schreiben, der aber erst nach seinem Tod veröffentlicht wird. Am 22. Juli 1968 trifft Giovannino Guareschi eine zweite, tödliche Herzattacke, als er in Cervia an der Adria weilt. Begraben wird Guareschi auf dem Friedhof von Roncole, unweit seines Hauses. Nicht alle Nachrufe sind schmeichelhaft. *Der Spiegel* vom 29. Juli 1968 betitelt ihn als »Antikommunist« und »magenkranken Choleriker«. In Zeiten der »1968er-Revolutionäre« wird der Schöpfer *Don Camillos* und *Peppones* in linken Gazetten verhöhnt. Was aber nicht gelingt, ist, dass die Figuren in Vergessenheit geraten. Die alten Filme mit Fernandel und Gino Cervi bleiben über all die Jahre hinweg regelmäßige Bestandteile des Fernsehprogramms, womit sie auch ein neues Publikum entdeckt. Die Geschichten Guareschis erleben eine Neuauflage und finden auch heute noch, im Internetzeitalter, interessierte Leser. Dazu gibt es vor Ort in Roncole und in Brescello Museen, die an Guareschi, *Don Camillo* und *Peppone* erinnern. Man hat Guareschi gelegentlich mit dem Sowjet-Satiriker Michail Michailowitsch Sostschenko verglichen, dessen *Schlaf schneller, Genosse* (1940) gewisse Schwächen und Laster des sowjetischen Partei-Alltags anprangert. Aber Guareschis italienische Kommunisten stellen eine Spezie für sich dar.

Eine würdige Hommage ist am 10. August 2005 in der *Frankfurter Allgemeine Zeitung* zu lesen. Dirk Schümer schreibt unter dem Titel »Volk schlägt sich. Volk verträgt sich« unter anderem: »... Guareschi, der aus der Gegend von Parma stammte, hatte seine Geschichten aus dem ›mondo piccolo‹, der kleinen Welt seiner Heimat, in keinem existierenden Ort angesiedelt. Er bezog seine Inspiration aus dem sozialen Kosmos der direkten Nachkriegszeit – mit großer Armut, heißumkämpften Referenden zwischen Monarchisten, Demokraten und Kommunisten um die Zukunft des Landes und der zivilisierenden Erinnerung an die Resistenza gegen die deutschen Besatzer ... Aber sein Herz war in der Zeit der Barbarei gewachsen. Irgend jemand im Mailänder Rizzoli-Verlag muss die immense Tauglichkeit der beliebten Zeitungskolumnen für den Film erkannt haben: Ein rabiater Priester, der sich mit dem hölzernen Gekreuzigten seiner Kirche unterhält, mit dem stur-schlauen Aberglauben seiner Schäfchen ebenso herumschlägt wie mit dem kommunistischen Kraftprotz und Volkstribun Peppone (was auf Deutsch etwa so viel heißt wie ›der große

Sepp‹) – das war als beißende Satire wie als versöhnliche Heimatgeschichte genau der richtige Stoff im einsetzenden Kalten Krieg, der in Italien bekanntlich bei aller ideologischen Härte immer mit größerer Menschlichkeit ausgefochten wurde als etwa im ruppigen Deutschland … Doch mit dem Abstand eines Halbjahrhunderts und einer ideologischen Zeitwende wird sowohl die schlichte Ästhetik der Filme wie die Botschaft des Autors gleichermaßen gerechtfertigt: Zwar haben die biederen *Don Camillos* ihren Kreuzzug gegen die Volksfront, die Zivilehe, die Einheitsschule und die bürgerliche Bestattung verloren, doch konnten sie die rote Ideologie schließlich ohne Triumphgeheul zu Grabe tragen. Guareschi wird wegen seines kompromisslosen Antikommunismus bis heute von der Literaturgeschichte geschmäht, gilt als reaktionärer Idylliker. Dabei zeugen seine Geschichten von einer tiefen Sympathie für die armen Leute, denen man bisher Landbesitz, Schulbildung und Mitsprache verweigert hatte und die nun unter der roten Fahne ihr Recht forderten … Vor allem die Schwarzweißbilder, auf denen die ›Leute des Po‹ im unerbittlichen Schlagschatten leerer Straßen oder vor den öden Pappelhainen ihrer Heimat posieren, stellen die epische Kraft dieser italienischen Figuren unter Beweis. *Don Camillo* und *Peppone* stehen in der großen Tradition volkstümlichen Glaubens und populär-rüpelhafter Widerspenstigkeit – vom heiligen Franz von Assisi über die Novellen Boccaccios bis zu den unvollkommenen Dorftypen Manzonis …«

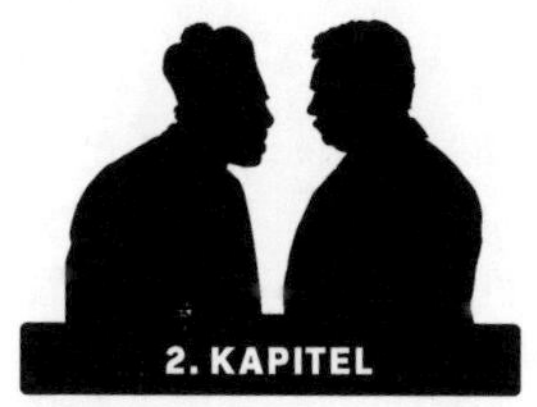

Die fünf Filme mit Fernandel und Gino Cervi

Vorgeschichte

Befragt nach ihren Erinnerungen, wie es damals zu den Verfilmungen kam, antworten Alberto und Carlotta Guereschi heute: »Die Idee zur Verfilmung hatte der Verleger Angelo Rizzoli, der auch Filme produzierte. Zusammen mit einem weiteren Produzenten, Giuseppe (Peppino) Amato, realisierte er schließlich die Verfilmung. Rizzoli hatte zunächst einige der großen italienischen Regisseure, wie De Sica, Blasetti, Zampa, Germi etc. gefragt, aber keiner von ihnen akzeptierte. Sie waren besorgt, die *PCI* (Anmerkung des Autors: Die kommunistische Partei Italiens) zu verärgern. Angelo Rizzoli fragte auch bei dem US-amerikanischen Regisseur Frank Capra an. Der war begeistert, doch unglücklicherweise mit einer großen amerikanischen Produktion beschäftigt. Hätte er den Film gemacht, dann wäre Spencer Tracy sein Plan für die Besetzung des *Don Camillo* gewesen.«

Nachdem *Don Camillo* an Weihnachten 1946 das Licht der literarischen Welt erblickt hat, lässt sich bereits im Sommer 1947 ein erstes Interesse an einer filmischen Verwertung feststellen. Giovannino Guareschi erteilt dem Drehbuchautor, Franco Riganti, eine Option, einige Geschichten aus seinen Erzählungen für ein

Drehbuch zu verarbeiten. Am 8. Januar 1948 erfolgt eine Verlängerung der Option, die dem *Camillo*-Erfinder im Erfolgsfall einen Betrag von umgerechnet 150.000 US-Dollar bringen soll.

Don-Camillo-Verleger Angelo Rizzoli verfügt zu diesem Zeitpunkt über wenig Erfahrung im filmischen Produzentengeschäft, hat aber als unabhängiger Verleger einer Reihe von Büchern und Magazinen längst erkannt, welches Geschäft sich mit einem guten Stoff im Kino machen lässt. Kontakte zum Filmgeschäft sind vorhanden, sodass er laufend mit Produzenten in Kontakt kommt. Am 5. Juni 1948 informiert er Guareschi, dass der renommierte italienische Produzent Giuseppe Amato an den Rechten für einen Film über die »kleine Welt« interessiert ist, weil dieser meint, dass sich damit ein »toller Film« machen lässt. Während es Franco Riganti nicht gelingt, Geldgeber zu finden, hat Amato keinerlei finanzielle Probleme. Durch den Erfolg seiner neorealistischen Filme, bei denen Amato nie ein finanzielles Risiko scheute, hat dieser ganz andere Möglichkeiten. Das Filmprojekt landet somit bei ihm. Während am Drehbuch geschrieben wird, schaut man sich nach einem passenden Regisseur um. Große Namen wie Mario Camerini, Alessandro Blasetti oder Vittorio De Sica werden kontaktiert. Aber keiner der sozialistisch geprägten Filmemacher, die allesamt den italienischen Neorealismus beeinflussten, hat Interesse an dem antikommunistischen Stoff. Im Februar 1949 vermeldet das Magazin *Euror*, dass Guareschis Buch von Blasetti verfilmt werden soll und dieser mit Sergio Amidei an einem Drehbuch mit einer »menschlichen Geschichte ohne politische Parolen« arbeitet. In Wirklichkeit ist Blasetti jedoch gar nicht interessiert. Vittorio De Sica sieht sich nach der Anfrage bei ihm übrigens dazu verpflichtet, einen öffentlichen Brief an die Zeitung *L'Unità*, eine linke Tageszeitung, zu schreiben und seine Argumente für eine Ablehnung des Stoffes aufzuzählen.

Im Juni 1950 liegt endlich ein Skriptentwurf für einen Film vor. Giovannino Guareschi wird zur Besprechung nach Rom eingeladen. Kurz nach der Ankunft muss er aber nach Mailand zurückreisen, da unerwartet seine Mutter gestorben ist. Guareschi wird später den Produzenten einige Anmerkungen und Vorschläge für die filmische Umsetzung seiner Geschichten schreiben. Naiv glaubt er, Empfehlungen geben zu können und dass man seine Ratschläge berücksichtigt. Das wird aber nicht der Fall sein!

Unterdessen wurden die ersten Geschichten von *Don Camillo* 1948 unter dem Titel *Little World: Don Camillo* auch in den USA veröffentlicht. Das macht sie international bekannt, und auch für Filmemacher im Mekka des Filmes interessant. Ein gebürtiger Sizilianer, der Top-Hollywood-Regisseur Frank Capra (1897–1991), weltbekannt geworden durch Komödien und Melodramen wie MR. DEEDS GOES TO TOWN (Mr. Deeds geht in die Stadt, 1936), ARSENIC AND OLD LACE (Arsen und Spitzenhäubchen, 1944) oder IT'S A WONDERFUL LIFE (Ist das Leben nicht schön?, 1947), erkennt das Potenzial der Geschichten.

Hinzu kommt, dass Capra der Stoff gelegen kommt. Er ist dem konservativen Lager zuzurechnen und ein überzeugter Antikommunist. Nachdem er das Buch gelesen hat, sendet Capra schnellstens ein Telegramm (10. Oktober 1950) an Giuseppe Amato in Rom: »Denke, Sie haben die Filmrechte an Don Camillo. Wenn ja, könnten Sie das mir mittels Telegramm bestätigen. Ich könnte Ihnen einen interessanten Vorschlag machen.« In Rom weiß man sofort um die Möglichkeiten, die sich aus der Zusammenarbeit mit einem solchen Top-Regisseur aus Hollywood ergeben könnten. Unverzüglich übermittelt man nach Hollywood, dass man »exklusive Rechte« an dem Stoff besitzt und gespannt auf den Vorschlag ist. Frank Capra hat unterdessen bereits am 11. Oktober einen langen Brief an Produzent Amato verfasst und teilt seine Überlegungen mit:

»1. Ich würde gerne für die weltweiten Rechte an diesem Buch bieten, falls sie zum Verkauf stehen. Ich vermute, dass Sie bereits einige Angebote erhalten haben. Ich würde die Möglichkeit zu schätzen wissen, jedem der Angebote zu begegnen, oder vielleicht können Sie mir einen Preis für die weltweiten Rechte nennen.

2. Wenn die Rechte nicht zum Verkauf stehen, wäre ich daran interessiert, den Film mit Ihnen in Italien mit amerikanischem oder italienischem Kapital auf einer gewinnteilenden Basis für alle Beteiligten zu machen. Ich würde den Verleih übernehmen, die amerikanische Besetzung, und vielleicht einen Teil oder das ganze

Kapital. Sie liefern die Geschichte, die Produktionseinrichtung, und was auch immer für einen Teil des Investments, den Sie übernehmen möchten.

3. Der Film wird in Italien gemacht, größtenteils mit Außenaufnahmen, in einer geeigneten kleinen Stadt. Die wenigen notwendigen Innenaufnahmen macht man am besten wahrscheinlich in einem italienischen Studio. Wenn die tatsächlichen Kosten sich auf Besetzung, Filmentwickung und Material beschränken und keine Kosten (außer den üblichen Lebenshaltungskosten) für Drehbuch, Regie und Studioeinrichtung anfallen, könnte der Film mit sehr geringen Kosten gedreht werden.

4. Die Charaktere in dem Buch sind wunderbar. Ich bin in Italien geboren, spreche italienisch und glaube, dass ich die Charaktere so gut wie jeder andere auch verstehe. Ich glaube aufrichtig daran, einen schönen Film mit weltweiter Wirkung machen zu können. Unter der Voraussetzung, dass sich die Kosten auf ein Minimum begrenzen lassen, habe ich das Gefühl, dass es für alle ein profitables Geschäft sein wird. Aber am wichtigsten von allem ist, dass das Buch einen solchen großartigen Humor aufweist, eine solch warme, menschliche Botschaft, solch großartige Hoffnung für eine beunruhigte Welt, und ich wäre überaus geehrt, derjenige zu sein, der das umsetzt. Obwohl der Schriftsteller in seiner Einleitung sagt, ihm seien Filme gleichgültig, würde ich mich freuen, ihn bei dem ganzen Film an meiner Seite zu haben.

5. Der Film müsste natürlich für den Weltmarkt in Englisch gedreht werden, vielleicht mit einer italienischen und einer spanischen Version für die Märkte in Italien und Spanien. Die Besetzung könnten große amerikanische Namen sein, oder noch besser, vielleicht gibt es einige bekannte italienische Schauspieler, die englisch sprechen und die Hauptrollen spielen können. Diese Details, und anderes, ob in Farbe oder Schwarzweiß, Drehorte, etc., kann alles später herausgearbeitet werden.

6. Meine Situation im Moment ist diese: Ich beginne gerade einen Film und habe einen weiteren zu machen, der vielleicht im nächsten Sommer beendet ist. Danach bin ich vollständig frei von Verträgen oder Verpflichtungen.

7. Möglicherweise können oder wollen Sie kein Risiko bzgl. Ihrer Kostenbeteiligung eingehen und daher Geld bevorzugen. Auch das kann vereinbart werden. Die Hauptfrage ist die, ob Sie die Rechte für Geld verkaufen wollen oder ob Sie den Film mit mir zusammen produzieren wollen? Sobald ich Ihre Meinung in dieser Angelegenheit weiß, können wir uns mit Details beschäftigen. Am wichtigsten ist, dass dieses Buch in der richtigen Weise umgesetzt wird. Es wäre eine großartige Herausforderung für mich, daran beteiligt zu sein …«

Am 18. des Monats telegrafieren Rizzoli und Amato, dass sie erfreut wären, mit dem bekannten Regisseur aus Hollywood zusammenzuarbeiten, und alle anderen Angebote abgelehnt hätten. Amatos Antwortbrief am 23. Oktober 1950 fasst die aktuelle Situation zusammen: »Sehr geehrter Herr Capra, wie ich Ihnen in meinem letzten Telegramm mitteilte, wären wir sehr glücklich, falls es möglich ist, mit Ihnen eine Produktionsabmachung für den Film DON CAMILLO abzuschließen. Wir haben viele, viele Angebote von amerikanischen Gesellschaften erhalten, aber es ist mit niemand zu einem Vertragsabschluss gekommen. Es war immer unsere Absicht, diesen Film selbst zu produzieren. Wir glauben ebenso wie Sie entschieden an den Erfolg dieses Films. Wir erwarben die Filmrechte, bevor das Buch überhaupt irgendeinen Erfolg erzielte. Wir waren so sicher, dass es ein herrlicher Film sein würde, der in diesen Zeiten der ganzen Welt nützlich sein könnte. Niemand könnte aus diesem Stoff einen schöneren Film malen als Sie. Ihr Name ist so bekannt, dass er alleine schon den Erfolg garantiert. Ich bin mit einem der bemerkenswertesten Männer in Italien verbunden, bekannt sowohl für seinen Charakter als auch für seine finanziellen Fähigkeiten. Es ist Angelo Rizzoli, einer der wichtigsten Zeitungsherausgeber und Verleger. In letzter Zeit haben wir verschiedene Filme produziert, die sich als wichtig herausgestellt haben. Der letzte heißt TOMORROW IS TOO LATE, der einen riesigen hiesigen Erfolg hatte. Vor einigen Monaten haben ihn Arthur Loew und Samuel Goldwyn in Rom gesehen. Beide haben ihn begeistert gelobt und wollten mit mir einen Handel für den Verleih in Amerika beraten. Ich konnte das wegen früherer Verpflichtungen nicht akzeptieren.

Wenn Sie interessiert sind, vielleicht fragen Sie diese Gentlemen nach ihren Eindrücken von diesem Film. *RKO* hat eine Kopie in Amerika, denn *RKO* verleiht diesen Film in Italien, und wird ihn vielleicht in den Vereinigten Staaten verleihen. Diesen November gehen wir in Produktion mit einer prächtigen Geschichte unter der Regie von Vittorio De Sica. Danach haben wir die Absicht mit DON CAMILLO in Produktion zu gehen. Zur Zeit haben wir diese Idee aufgeschoben, in der Hoffnung, dass wir vielleicht eine Art Produktionsvereinbarung mit Ihnen abschließen können. Bei der Möglichkeit einer Verbindung mit Ihnen glauben wir, dass es nicht viele Schwierigkeiten geben wird. Es bedarf einer kurzen Formalität, die von Vorteil für beide Seiten sein könnte. Wir haben keine Schwierigkeit, den kompletten Film zu finanzieren, die amerikanische Beteiligung genauso gut wie die italienische. Aber da wir denken, dass Ihr Interesse an diesem Film genauso wichtig wie das unsere ist, wäre es möglich, irgendeine Form einer 50:50-Teilhaberschaft oder jede andere Form, die Sie andeuteten, zu treffen. Denn es wäre uns ein Vergnügen, eine Abmachung mit Ihnen zu treffen. Wir stimmen mit Ihnen überein, dass der Film in Italien gemacht werden sollte, und drei Viertel der Aufnahmen sollten in einer kleinen Stadt entstehen. Seien Sie versichert, dass wir alle notwendigen technischen Mittel dafür zur Verfügung stellen.

Für den besten weltweiten Filmverleih bin ich mit Ihnen einig, dass wir einige große amerikanische Namen verwenden sollten. Zu Ihrer Information nenne ich Ihnen Namen von einigen Schauspielern, an die ich bei meiner italienischen Produktion dachte: Aldo Fabrizi für die Rolle des *Peppone*, Gino Cervi für den Part des *Don Camillo*. Letzterer spielte die Hauptrolle in einem meiner Filme, der einen enormen weltweiten Erfolg hatte, und den Sie vielleicht in Hollywood sahen. Der Filmtitel lautet FOUR STEPS AMONG THE CLOUDS.

Das Wichtigste für uns ist die Drehzeit von DON CAMILLO. Wegen der internationalen Verwicklungen, die sich von einem auf den anderen Moment ändern könnten, sollten wir Möglichkeiten und Wege finden, diesen Film so schnell wie möglich zu produzieren. Wir hatten mehrere Drehbücher für diesen Film vorbereitet. Das letzte betrachten wir als gut, aber nicht endgültig. Wenn Sie möchten, kann ich Ihnen dieses ins Englische übersetzt schicken, oder, falls Sie es bevorzugen, in Italienisch. Auf diese Weise können Sie sehen, was wir bereits getan haben, und den Nutzen aus unseren Ideen ziehen. Wenn es notwendig für mich ist, nach Amerika zu kommen, um das Geschäft abzuschließen, würde das kein Hindernis darstellen.

Meine besten Grüße für Sie, und ich hoffe aufrichtig, dass wir diese Angelegenheit zufriedenstellend abschließen können und dass wir uns künftig größeren und besseren Dingen zuwenden können.«

Zuversichtlich über ein »gegenseitig faires Geschäft« äußert sich wieder Capra in einem Telegramm vom 30. Oktober 1950. Er hält es für wichtig, wenn Amato möglichst bald zur Besprechung weiterer Details nach Hollywood kommt. Als Giuseppe Amato nicht gleich darauf antwortet, telegrafiert Frank Capra am 8. November 1950 erneut nach Italien und bittet um unverzügliche Antwort. Tags darauf meldet sich Amato wieder, der für einige Tage in London weilte, und teilt mit, dass er »um den 1. Januar« nach Kalifornien kommen könnte. Anfang Januar 1951 weilt Giuseppe Amato tatsächlich in der Filmstadt.

Leider entwickeln sich die Dinge anders als geplant. Entnehmen wir die neue Situation einem Brief Frank Capras vom 18. Januar 1951 an Giuseppe Amato, zu dieser Zeit wohnhaft im *Beverly Hills Hotel* in Los Angeles: »Mein lieber Herr Amato, ich schreiben Ihnen dieses zwischen Szenen meines derzeitigen Filmes. Vor einigen Monaten kommunizierte ich mit Ihnen in Italien über den Kauf der Rechte an DON CAMILLO oder die Produktion des Filmes gemeinsam mit Ihnen. Zu der Zeit versuchte ich Ihnen zu erklären, dass ich neben dem aktuellen Film aufgrund einer exklusiven Absprache mit *Paramount* noch einen weiteren machen muss. Danach wäre ich frei. Inzwischen wurden die beiden Geschichten von *Paramount* ausgewählt. Es waren HERE COMES THE GROOM (wird zur Zeit gedreht) und THE TRIAL. Es gab eine geringe Möglichkeit, dass ich diese beiden Filme bis August 1951 abschließen könnte, wenn alles gut geht. Vor ungefähr drei Wochen informierte mich

Paramount, dass sie wegen der übermäßigen Kosten THE TRIAL nicht produzieren möchten. Das führte dazu, dass für meinen letzten *Paramount*-Film keine Geschichte ausgewählt ist. Das bedeutet, dass ich möglicherweise meine Verpflichtungen ihnen gegenüber nicht innerhalb eines Jahres erledigen kann. Als Sie so freundlich waren, den ganzen langen Weg hierherzukommen mit der Absicht, mit mir ein gemeinsames Produktionsgeschäft für DON CAMILLO auszuarbeiten, war ich sehr geschmeichelt und geehrt, dass ein Produzent Ihres Ranges und Rufes Zeit und Mühen auf sich nimmt, um eine Zusammenarbeit mit mir zu vereinbaren. Wir Italiener sind selbstverständlich stolz aufeinander. Leider kamen Sie in einer Zeit, als ich mitten in Dreharbeiten eines wichtigen Filmes war. Wenn ich arbeite, sind meine Kräfte und meine Loyalität auf den Film konzentriert, an dem ich arbeite. Zu meinem tiefen Bedauern konnte ich Ihnen nicht die Zeit und Aufmerksamkeit widmen, die Ihr Besuch verdiente. In den letzten acht Tagen arbeiteten wir am Außenset in Pasadena, sodass ich Sie nicht einmal beim Mittagessen sehen konnte, sonst hätten wir uns jeden Tag treffen können. Bei unserer ersten Begegnung vertraten Sie die Meinung, dass DON CAMILLO im Sommer 1951 gemacht werden muss. Das würde bedeuten, dass ich *Paramounts* Erlaubnis bekommen müsste, um meinen letzten Film für Sie zu verschieben. Mein Agent, Bert Allenberg, diskutierte diese Möglichkeit mit *Paramount*. Sie stimmten widerwillig zu, vorausgesetzt, dass ich Ihnen im Gegenzug Zugeständnisse gewähre. Die Bedingungen sind so, dass ich sie nicht akzeptieren kann. Unter den gegebenen Umständen bin ich daher gezwungen, Ihnen mitzuteilen, dass ich mich wahrscheinlich 1951 nicht für DON CAMILLO verpflichten kann. Eine feste Verpflichtung für 1952 zu unterzeichnen, im Angesicht der sich ändernden Weltlage, wäre nicht klug für Sie oder für mich. So wie die Dinge ausschauen, bin ich vielleicht bald wieder zurück in meinem alten Job bei der U.S. Army. Ich denke immer noch, dass DON CAMILLO ein hervorragendes Thema für Filme ist. Ich glaube, das vorliegende Drehbuch legt zu viel Gewicht auf die junge Liebesgeschichte. Das Großartige an dem Buch ist die menschliche Beziehung zwischen dem Priester und dem

Kommunisten. Seien Sie versichert, dass mir nichts eine größere Freude machen würde, als diesen Film mit Ihnen zu machen. Ich hege die größte Bewunderung für Ihre letzten Filme und für italienische Produktionen im Allgemeinen.

Ich bin sehr glücklich, Sie getroffen und gesprochen zu haben, und ich möchte Sie wissen lassen, dass ich Ihnen zutiefst dankbar bin für das große Interesse, das Sie gezeigt haben. Ich bedauere tief und aufrichtig, dass nur vorherige Verpflichtungen und unerwartete Umstände außerhalb unserer Kontrolle es uns unmöglich machten, diesen Film in diesem Jahr zusammen zu drehen. Sehr dankbar, Ihr Frank Capra.«

Der erfahrene Hollywood-Regisseur hat einsehen müssen, dass eine Zusammenarbeit mit den Italienern bei dem Projekt in absehbarer Zeit nicht möglich ist. Und doch hat Frank Capra abseits der Verhandlungen mit Giuseppe Amato auch eine andere Möglichkeit prüfen lassen. Seinen Anwälten *Kopp & Tyre* wurde mit Datum vom 12. Januar 1951 eine Anfrage an das Patentamt in Washington beantwortet. In den Ausführungen eines gewissen Fulton Brylawski heißt es unter anderem: »Der Roman mit dem Titel *The Little World of Don Camillo* ist eine Übersetzung Una Vicenzo Troubridges von einem italienischen Roman namens *Mondo Piccolo ›Don Camillo‹* von Giovanni Guareschi, der 1948 von Rizzoli & Co, Mailand, veröffentlicht wurde. Es gibt keine Akte mit einer Urheberrecht-Registrierung für die italienische Arbeit. Die Übersetzung *The Little World of Don Camillo* ist von Giovanni Guareschi urheberrechtlich geschützt worden, am 15. August 1950 … das Urheberrecht beansprucht nur die Übersetzung. Wenn die Originalarbeit ohne eine Anzeige von Urheberrechten publiziert wurde, dann ist dieser Roman in den Vereinigten Staaten im öffentlichen Bereich … Keine Angaben von Urheberrechten zu dieser Arbeit, noch Lizenzen oder andere Rechte sind im Copyright-Büro verzeichnet.« Die Auskunft wird am 15. Januar 1951 an Frank Capra weitergeleitet. Wahrscheinlich hat der Regisseur die beiden nächsten Tage diese Möglichkeit durchdacht – bevor er den Brief an Amato verfasste. Weitergehende Schritte in der Sache sind nicht bekannt. Die Anwälte Capras teilen ihm am 15. Januar allerdings mit, dass bei Interesse die Urheberrechtssituation »unverzüglich geklärt« werden müsse, bevor irgendwelches Geld in das Schreiben eines Drehbuches investiert wird.

Im Jahr darauf äußert sich Frank Capra in der italienischen Zeitung *Il Pomeriggio* nochmals zum Thema. »Eine verpasste Gelegenheit«, nennt er das nicht zustande gekommene Projekt. In der heutigen harten Zeit gäbe es einen immer größeren Bedarf an Humor, um die vielen sozialen Probleme zu lindern und die Welt zu vermenschlichen. »Die Welt braucht Freundschaften. Menschen müssen mit Menschen befreundet sein. Die Menschen wollen keine Kriege … ich glaube an die guten Instinkte der Menschen«, philosophiert Capra weiter. Die Geschichten auf der Leinwand zu illustrieren, wäre ihm nicht schwergefallen, ist sich der Regisseur sicher. Bei der Besetzung der Rollen habe er an zwei große US-amerikanische Schauspieler gedacht: Spencer Tracy als *Don Camillo* und Paul Douglas als *Peppone* (Anmerkung des Autors: Andere Quellen berichten, dass Capra bei der Besetzung des *Don Camillo* zunächst Bing Crosby ins Auge gefasst hat). Spencer Tracy hätte ihm erzählt, dass er das Buch bereits mehrfach gelesen habe. Auch Douglas wäre gleichermaßen begeistert gewesen. Für ihn (Capra) wäre der Film eine moderne Fabel, diesmal in der Politik, geworden. Vertragliche Dinge seien dann ausschlaggebend gewesen, dass er den Film nicht habe machen können. Außerdem, so fügt Capra an, war es auch noch gar nicht sicher gewesen, ob die beiden genannten Hauptdarsteller an den vorgesehenen Drehterminen zur Verfügung gestanden hätten. Seine Enttäuschung über die »verpasste Gelegenheit« kann er nicht verbergen. Aber Frank Capra wird nochmals mit *Don Camillo* und Giovannino Guareschi in Berührung kommen. Dazu später mehr.

Capra ist nicht der Einzige, der sich in Hollywood mit *Don Camillo* beschäftigte. Produzent Jerry Bresler spielt 1950 ebenfalls mit dem Gedanken, Guareschis Buch für *Columbia Pictures* zu verfilmen. Nach Beratschlagung mit Joseph I. Breen, dem Verwaltungsleiter der *Motion Picture Association of America* (der freiwilligen Zensurbehörde), wird das Vorhaben allerdings schnell fallengelassen. Breens erhalten gebliebene Antwort an Bresler vom 28. August 1950 bringt die (letztlich fatale) Fehleinschätzung der Sittenwächter zutage: »Lieber Jerry, ich habe mit großem Interesse das Buch *The Little World of Don Camillo* gelesen, das Du mir freundlicherweise geschickt hast, und hier lasse ich Dir unsere Reaktion darauf zukommen. Natürlich würde es gänzlich unmöglich sein, einen Spielfilm zu billigen, der den Zeilen dieser verschiedenen Geschichten genau folgt, vor allem wegen des Bestandteiles mehrerer Geschichten, die andeuten, dass Christus häufig vom Kruzifix auf dem Hochaltar zu *Don Camillo* spricht. Ich glaube, dass jede solche Andeutung in einem Spielfilm als Blasphemie und Sakrileg ausgelegt werden würde. Du musst natürlich auch bedenken, dass für unzählige Millionen Menschen auf der Welt Christus das Höchste ist, und ihn in irgendeine dieser Situationen zu verwickeln, wie es in den Geschichten geschieht, würde höchst anstößig sein. Abgesehen und unabhängig davon musst Du bedenken, dass einige Zensurbehörden in diesem Land, und ebenfalls in anderen Ländern – und ganz besonders die Zensur in England – auch im besten Fall nicht ihren Stempel der Billigung unter eine solche Leinwandfassung setzen würden. Auch wir empfinden, dass an bestimmten Stellen der Charakter des Priesters *Don Camillo* definitiv unakzeptabel für Filmzwecke ist. Die Vorschläge in einer Reihe von Beispielen dieses sehr unpriesterlichen Betragens von *Don Camillo* würden, so denken wir, ernste Verstöße bedeuten und könnten von uns natürlich nicht gebilligt werden. Beachte in diesem Zusammenhang auch, dass es eine Bestimmung im Produktions-Kodex gibt, die besagt, dass ›Geistliche in ihrer Eigenschaft als Geistliche nicht als Comic-Charaktere oder Bösewichter verwendet werden sollten‹. Wenn Du eine Filmgeschichte aus diesem Material entwickelst, müsstest du einige bedeutende Änderungen vornehmen und weiterhin immer mit der größtmöglichen Sorgfalt verfahren. Vielleicht rufst Du mich einmal an, dann könnten wir eventuell zusammen zu Mittag essen und darüber sprechen. Ich habe eine oder zwei Ideen, die für Dich vielleicht hilfreich bei dem Versuch sind, dieses Material für die Leinwand zu bearbeiten.« Es ist nicht bekannt, ob es zu diesem Gespräch gekommen ist. Wahrscheinlich hat die Beurteilung der Zensur aber dazu beigetragen, dass Jerry Bresler seinen Plan schnell aufgibt und nicht mehr fortführt. Geoffrey Shurlock, Breens »Thronfolger« bei der *Motion Picture Association of America* und ein nicht so strenger Sittenwächter wie der katholische Reformer Breen, äußert sich am 16. Juni 1953 nach dem Erfolg des ersten *Don-Camillo*-Filmes in einem Brief an einen Kollegen in Washington wieder zu dem Thema: »… Ich hatte nie das Gefühl, dass die Darstellung der Religion in diesem Film irgendwelche Schwierigkeiten mit dem Kodex verursachen würde. Vor allem, nachdem nun die *Legion of Decency* (Anmerkung des Autors: Zensurbehörde der Katholischen Kirche in Hollywood) den Film als A-2 klassifiziert hat …« Die Beurteilung »A-2« bedeutete: »Geeignet für Erwachsene. Keine Vorbehalte« und ist auch weniger streng als die Beurteilung »A-3«, die »Geeignet nur für Erwachsene« bedeutete. Das muss Joseph I. Breen, den Moralhüter vom *Motion Picture Association of America*, in seinen Fundamenten getroffen haben. Urteilte doch die *Legion of Decency* meist viel konservativer als er.

Unterm Strich kann es als Glücksfall betrachtet werden, dass die Geschichten von *Don Camillo* und *Peppone* von Europäern auf die Leinwand gebracht werden. Selbst ein Regisseur wie Frank Capra hätte sich den Vorgaben der Zensurbehörden nicht gänzlich verschließen können. Die Dinge nehmen somit ihren Lauf.

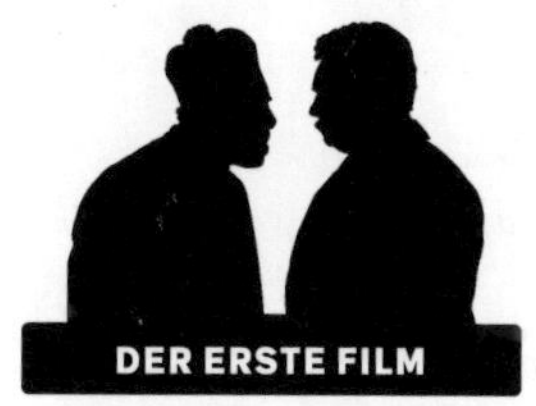

Don Camillo und Peppone (1952)

Vorbereitung und Produktion

Angesichts der ablehnenden Haltung der italienischen Regiegrößen und dem im Ausland gezeigten Interesse an dem Stoff ist den beiden italienischen Produzenten klar geworden, dass sich das Projekt vielleicht am besten mit Partnern aus dem Ausland abwickeln lässt. Gemeinschaftsproduktionen sind nach dem Krieg mittlerweile in Europa im Kommen und mit dem ebenfalls florierenden und künstlerisch anspruchsvollen französischen Film haben italienische Produzenten in der Vergangenheit gute Erfahrungen gemacht. Die anhaltende Entwicklung auf diesem Sektor und den damit verbundenen Nutzen beschreibt das deutsche Magazin *Der Spiegel* unter dem Titel »Geschmack zweier Märkte«wie folgt: »Mit der Gemeinschaftsproduktion verhält es sich wie mit der Gleichberechtigung der Frau: Im idealen Fall funktioniert sie, im ungünstigen drängt sich der stärkere Partner in den Vordergrund und schiebt den anderen unter den Pantoffel. Die wirtschaftlichen Vorteile sind aber so attraktiv, dass die Filmproduzenten diese Gefahr heute mutig in Kauf nehmen: ein in Koproduktion hergestellter Film kostet jeden der Partner nur einen Teil der normalen Produktionssumme und kann sich überdies auf dem vergrößerten Markt viel schneller amortisieren.« Unter diesen Gesichtspunkten ist es nur allzu logisch, dass sich Giuseppe

Amato wieder auf Reisen begibt. Ziel ist diesmal Paris, wo er sich mit Robert Chabert, dem Produzenten der *Francinex-Film*, trifft. Der ist seit den späten 1930er-Jahren im Filmgeschäft tätig und hat zuletzt mit italienischen Partnern zusammen produziert. Beide Verhandlungspartner finden schnell die Basis für eine Zusammenarbeit. Bei der Besetzung des Regiestuhls kann sich der Franzose durchaus einen Nachwuchsmann vorstellen. Amato möchte aber einen ganz bestimmten Routinier. Es ist Julien Duvivier (1896–1967), ruhmreicher Regisseur des französischen Films seit den 1930er-Jahren mit Filmen wie LA BANDERA (Die Kompanie der Verlorenen, 1935), LE BELLE ÉQUIPE (Die zünftige Bande, 1936), UN CARNET DE BAL (Spiel der Erinnerungen) oder PÉPÉ LE MOKO (Pépé le Moko – Im Dunkel von Algier, beide 1937). Allen diesen Filmen ist gemeinsam, dass sie ein eindrucksvolles Bild der jeweiligen sozialen Verhältnisse wiedergeben. Duvivier gilt als typischer Vertreter des *Poetischen Realismus*. Zuletzt hat er es aber auch verstanden, verschiedene Einzelschicksale und Geschichten in dem Großstadtporträt SOUS LE CIEL DE PARIS (Unter dem Himmel von Paris, 1951) in Szene zu setzen. Genau der richtige Mann, so denkt sich Giuseppe Amato, der die losen, nicht zusammenhängenden Geschichten von *Don Camillo und Peppone* zu einem einheitlichen Film verbinden könnte. Julien Duvivier stimmt dem Angebot zu, unter der Bedingung, dass er das Drehbuch zusammen mit René Barjavel schreiben darf. Barjavel ist ein bekannter Autor, interessanterweise von Science-Fiction-Romanen, und schreibt seit einigen Jahren auch Filmdrehbücher. Gemeinsam machen sich beide ans Werk, unter Verwendung einer französischen Übersetzung des Guareschi-Buches. Später ziehen die Filmemacher auch noch den Italiener Oreste Biancoli heran, einen vielbeschäftigten Drehbuchautor, der schon in der Stummfilmzeit eine Reihe erfolgreicher Komödien schrieb. Nur sporadisch finden sich im fertigen Drehbuch Giovannino Guareschis eigene Vorschläge für die filmische Umsetzung wieder. Alberto und Charlotta Guereschi dazu: »Unser Vater hatte Drehbücher für alle fünf Filme geschrieben. Als er bemerkte, dass sich die Endfassungen von seinen zu sehr entfernten, schlug er die Nennung seines Namens in den Credits aus. Lediglich im dritten und vierten Film der Reihe taucht sein Name auf.« Die Drehbuchautoren wählen letztendlich einige Episoden aus Guareschis Roman aus und verbinden das Ganze geschickt miteinander. Dabei liegt ihr Schwerpunkt auf der Präsentation von möglichst viel Menschlichkeit.

Von besonderer Bedeutung ist die Wahl geeigneter Schauspieler für die beiden Hauptdarsteller. Mit ihnen wird der Erfolg des Filmes stehen oder fallen. Wie bereits aus dem Briefverkehr mit Frank Capra bekannt, hat Giuseppe Amato den italienischen Schauspieler Gino Cervi als katholischen Geistlichen im Blickfeld. Cervi ist auch der erste Schauspieler, mit dem für das Projekt ein Vertrag abgeschlossen wird. »Ich hatte einen Vertrag für den ersten *Don-Camillo*-Film, nach dem ich entweder den Priester oder den Bürgermeister spielen sollte. Man machte mit mir einige Probeaufnahmen in der Soutane, die zur Zufriedenheit ausfielen. Doch Julien Duvivier bevorzugte letztlich einen Landsmann in der Rolle, und so bekam Fernandel den Part. Ich sollte dann den *Peppone* spielen. Bis plötzlich, aus irgendeinem geheimnisvollen Grunde, alles anders aussah. Ich erfuhr, dass Duvivier Probeaufnahmen mit Fernandel gemacht hatte, bei denen – glauben Sie es? – Giovannino Guareschi, der Autor der Geschichten, die Rolle des *Peppone* übernahm,« schildert Gino Cervi einige Jahre darauf die weiteren Ereignisse bei der Besetzung der Rollen. In einem Schreiben vom 11. September 1951 hatte Amato diese Idee dem Schriftsteller Guareschi selbst vorgeschlagen. Seine Kinder heute dazu: »Peppino Amato dachte, wenn der Autor der Geschichte einen der Charaktere verkörpert, die er erfunden hatte, dann würde der Film sehr erfolgreich werden. Unser Vater war zu der Zeit sehr populär in Europa. Er stimmte Testaufnahmen in der Rolle des *Peppone* zu. Julien Duvivier wollte zwei Hauptdarsteller, einen Italiener und einen Franzosen. Wenn unser Vater *Peppone* spielen würde, dann sollte Gino Cervi *Don Camillo* werden. Unser Vater wurde von Duvivier verpflichtet, den ersten und einzigen Test unzählige Male zu wiederholen, was ihn verärgerte, sodass er verzichtete …« Natürlich ist Giovannino Guareschi kein Schauspieler und ihm liegt diese Arbeit auch überhaupt nicht. Anfangs ist er aber nicht abgeneigt und lässt sich somit auf diese Idee ein. Ein Grund, weshalb man auf Guareschi als *Peppone* gekommen ist, liegt darin, dass Gino Cervi im September 1951 noch an einem anderen Film arbeitet. Um keine Zeit mehr zu verlieren, soll Guareschi mit seinem markanten Schnurrbart und gekleidet in ein kariertes Hemd sowie mit einem roten Tuch um den Hals seinen kommunistischen Bürgermeister selbst spielen. Als Duvivier die Probeszene mit Guareschi und Franco Interlenghi 14-mal wiederholen lässt, reißt ihm der Geduldsfaden. Das Ergebnis ist bekannt. Franco Interlenghi rückblickend über den Schauspieler Guareschi: »Soweit ich mich erinnere, drehten wir die Szene, in der ich zu spät zum Fußballspiel komme. Guareschi musste mich am Hals drücken. Und das tat wirklich weh, denn er verstand nichts von Schauspielerei und den erforderlichen technischen Kniffen. Duvivier verzweifelte.« Und doch haben die Probeaufnahmen mit ihm eine neue Erkenntnis gebracht. Es ist nun klar, dass *Peppone* im Film einen Schnurrbart tragen wird. Den von seinem Erfinder Giovannino Guareschi, der auch ein bisschen an den Sowjet-Diktator Stalin erinnert!

Im *Candido* formuliert der Schriftsteller seinen schauspielerischen Schiffbruch mit einer anderen Erklärung: »Man weiß nicht, ob in einem Moment geistiger Umnachtung oder durch schlechte Freunde beraten oder durch seinen politischen Opportunismus Guareschi sich bereit fand, die Rolle zu übernehmen. Jedenfalls drehte er einige Szenen mit bestem Erfolg. Dann dachte er wahrscheinlich an seine Frau, die ihm damit drohte, nach Venezuela auszuwandern, wenn er diese Verrücktheit nicht aufgeben würde. Und so nahm er sein normales Leben wieder auf und verzichtete auf seine Schauspielerkarriere.«

Szenen-Fotograf Osvaldo Civirani erlebt das Besetzungskarussell auf seine Weise: »Zunächst machte ich im Haus von Gino Cervi Bilder von ihm im Priesterkleid. Das schien entscheidenden Einfluss zu haben. Hatte es aber doch nicht. Wenige Tage darauf tauchte im Büro der Produktion ein französischer Schauspieler auf, den niemand kannte. Sein Name war Fernandel. Sie baten mich, von ihm ein Foto im Priestergewand zu machen. Unterstützt von dieser Aufnahme bekam Fernandel dann die Rolle … Die *Don-Camillo-*

Filme wurden dann eine wichtige Erfahrung für mich. Meine erste fotografische Kulisse. Ich durfte bei den Dreharbeiten umsetzen, was ich gelernt hatte.« Nicht ganz unwesentlich für die Besetzung der Priesterrolle dürfte es gewesen sein, dass Fernandel in dem französischen Film L'AUBERGE ROUGE (Die rote Herberge, 1951) gerade einen Mönch gespielt hatte und sich Julien Duvivier womöglich bei seinem Kollegen Claude Autant-Lara Informationen darüber einholte, wie sich der Schauspieler in dieser Rolle gab. Ein Wagnis ist es allemal, einen Komiker einen katholischen Priester spielen zu lassen. Ob das von der katholischen Kirche akzeptiert wird? Für die Verpflichtung Fernandels müssen die Produzenten tief in die Tasche greifen. Neben einem üppigen Salär handelt der französische Komikerstar auch aus, während der Dreharbeiten in dem besseren Hotel *Jolly* in Parma untergebracht zu werden und für den Weg zum Drehort, jeweils eine Wegstrecke von 20 Kilometern, eine Kostenerstattung für Benzin und Chauffeur zu erhalten.

Auch wenn Giovannino Guareschi seine misslungene Mitwirkung in dem Film schnell verkraftet, so hat er doch erhebliche Bedenken gegen die Wahl Fernandels. Er hält den Schauspieler für einen Komiker, der nicht für die Verkörperung seines Priesters geeignet ist. »Gino Cervi entspricht ganz genau meinem Peppone. Aber Fernandel hat nicht die geringste Ähnlichkeit mit meinem Don Camillo«, meint er zunächst. Mit dem Erfolg Fernandels ändert er aber seine Meinung: »Er ist so gut und hat Talent, sodass ich beim Schreiben neuer Geschichten das Gesicht von Fernandel vor Augen habe.«

Parallel zur Suche der beiden Hauptfiguren macht sich Regisseur Julien Duvivier auch auf, geeignete Schauplätze für die Dreharbeiten zu finden. Von Anfang an ist klar, dass die Poebene in der Emilia-Romagna Schauplatz der Außenaufnahmen sein soll. Kurz vor der Abreise aus Rom trifft sich der Regisseur mit dem Magazin *Cinema* für ein Interview und gibt einige Informationen zum Projekt preis: »Ich las nach dem Erscheinen die französische Ausgabe des Romanes und fand sie sehr lustig. Schließlich traf ich mich auf einer Urlaubsreise in Italien mit dem Produzenten, der die Filmrechte besitzt. Wir kamen überein, den Film zu machen …

Meine Absicht ist es, keinen Film mit sozialen oder politischen Problemen zu drehen. Vielmehr soll die Beziehung zweier Männer auf der menschlichen Ebene dargestellt werden. Ich glaube, dass ist auch die Absicht des Autors … *Was halten Sie von Gemeinschaftsproduktionen?* Ich denke, dass das aus wirtschaftlicher Sicht von Vorteil ist. Künstlerisch weiß ich nicht. Es ist der erste Film, den ich unter diesen Bedingungen mache. Ich befürchte, dass es schwierig sein wird, die Ansprüche des französischen wie auch des italienischen Publikums an diesen Film zu erfüllen. Vielleicht können wir am Ende keinen befriedigen. Gewisse Vorbehalte zu diesem Experiment meinerseits gibt es. Aber wir werden sehen. Richtige Probleme gibt es aber nicht. Das Drehbuch wurde von mir und René Barjavel geschrieben, und ich habe die Schauspieler, die ich wollte.«

Die Drehortsuche scheint ein aussichtsloses Unterfangen zu werden. Keiner der vorgeschlagenen Orte gefällt dem Regisseur. Entweder liegen die Ortschaften zu weit vom Po entfernt oder die wichtigen Schauplätze Kirche und Gemeindeplatz befinden sich nicht in der richtigen Lage zueinander. Denn das ist für den Filmemacher eine wichtige Voraussetzung, um die Geschichte möglichst perfekt umzusetzen. Man schaut sich in der »kleinen Welt« in der Umgebung Parmas Orte wie Busseto oder Roccabianca an. Keiner sagt dem Filmmann zu. Guareschi, der gerne seinen Heimatort Fontenelle als Drehort sehen würde, winkt verzweifelt ab. Mit dem Leiter des Tourismusbüros in Parma, Francesco Borri, wird die Suche fortgesetzt. Und siehe da: Duvivier findet tags darauf den passenden Ort. Es ist Brescello, am Ufer des Po 20 Kilometer nordöstlich von Parma gelegen. Vorteilhaft für ihn ist, dass auf der einen Seite der örtlichen Piazza die Kirche und auf der anderen Seite das Rathaus liegt. Ein unbeschriebenes Fleckchen Erde in der »kleinen Welt«. Aber schon die Suche nach dem »richtigen« Drehort hat gezeigt, dass Duvivier ganz andere Vorstellungen vom filmischen *Don Camillo* hat als Giovannino Guareschi.

Damit es mit den Dreharbeiten bald losgehen kann, sind noch einige Vorbereitungen zu treffen. Auf dem örtlichen Sportplatz müssen zwei Tribünen sowie Umkleideräume für die Spieler gebaut werden. Die Kirche bekommt ein Vordach verpasst. Dazu werden Filmrequisiten wie eine Glocke aus Pappmaschee und ohne Klöppel angefertigt. Der Bildhauer Bruno Avesani kreiert, mit Unterstützung eines einheimischen Tischlers, ein schönes, großes Kruzifix aus hellem Holz. Julien Duvivier möchte eigentlich drei unterschiedliche Köpfe von Christus mit unterschiedlichen Gesichtsausdrücken haben, die je nach Filmsituation ausgetauscht werden können. Die Idee wird aber aus Sorge vor Blasphemie-Vorwürfen verworfen.

Neben der Suche nach den alles prägenden Hauptdarstellern läuft auch das Casting der weiteren Akteure. Die Römerin Leda Gloria (eigentlich Leda Nicoletti) wird als *Peppones* Ehefrau, *Signora Bottazzi*, gut besetzt. Gleiches lässt sich für die Genossenschar um Bürgermeister *Peppone* sagen. Der großgewachsene, hagere Marco Tulli spielt den verschmitzten *Smilzo*, der bärtige Saro Urzi glänzt als *Barbier Brusco*. Aus Frankreich kommt der Darsteller des alten Bischofs (Charles Vissière), während den hochbetagten *Dr. Stiletti* wieder ein Italiener verkörpert. Mario Siletti ist zum Zeitpunkt der Dreharbeiten aber noch keine 50 Lenze alt, dank ausgezeichneter Maske gerät die Darstellung des Alten dennoch eindrucksvoll. Die renommierte französische Charakterschauspielerin Sylvie übernimmt den Part der alten Lehrerin *Christina*. Sie zählt immerhin schon 68 Jahre. Die *Romeo- und Julia*-Rollen, im Film heißen sie *Mariolino* und *Gina*, übernehmen Franco Interlenghi und Vera Talchi. Franco Interlenghi, der aufgrund seines guten Aussehens schnell den Durchbruch schafft und zu einem Teeniestar avanciert, erinnert sich an seine Verpflichtung: »Eines Tages rief mich Romano Dani (Anmerkung des Autors: Produktionsassistent von Rizzoli) an, und wollte, dass ich mit dem Zug komme, um vorzuspielen. Duvivier meinte direkt: ›Das ist *Mariolino*!‹ Ich weiß nicht, ob er mich schon in Frankreich auf der Leinwand gesehen hatte.« Dann geht es endlich los. Am 6. September 1951 fällt für den ersten *Don-Camillo*-Film die erste Klappe in Brescello. Fünf Wochen dauert es, bis alle Aufnahmen in und um den kleinen Ort in der Emilia-Romagna »im Kasten« sind. Am 12. Oktober ist der Außendreh abgeschlossen. Anschließend werden in den römischen *Cinecittà*-Studios die Innenaufnahmen in Szene gesetzt. Am 24. November sind die Aufnahmen endgültig abgeschlossen.

Nicht alle Aufnahmen, die im Film als Brescello zu sehen sind, können auch in dem Ort entstehen. So kann beispielsweise die Szene »Segnung des Flusses« nicht in Brescello gedreht werden, da der Ort überhaupt nicht am Po liegt. Diese Szenen filmt man in der Nachbargemeinde Boretto. Die Geschichte verlangt weiterhin den Dreh an verschiedenen Bahnhofsstationen. Neben der in Brescello (im Film sieht man den vollständigen Namen der Station »Brescello-Viadana«) finden Aufnahmen in den Nachbarortschaften Gualtieri und Boretto statt.

Die Menschen in Brescello stehen den Filmleuten aus *Cinecittà* und den Filmstars zurückhaltend neugierig gegenüber, wie Bilder von den Dreharbeiten in Brescello heute belegen. Gespannt verfolgt die Landbevölkerung das Wirken in ihrem Dorf. Am Tag nach dem Aufnahmestart, am 7. September 1951, sieht sich aber der Bürgermeister von Brescello veranlasst, in der örtlichen Zeitung *Gazetta di Reggio* einen Aufruf zu veröffentlichen: »Bürger, wie viele bereits wissen, wurde unsere Gemeinde für die Herstellung von einem großen internationalen Film unter der Regie des französischen Regisseurs Julien Duvivier mit weltweit bekannten Schauspielern ausgewählt. Ich appelliere an das Gefühl der angeborenen Höflichkeit und des guten Willens in unserer Bevölkerung, damit die italienischen und ausländischen Gäste den besten Empfang und jede mögliche Zusammenarbeit bekommen.«

Der Appell hat seine Berechtigung. Ein politischer Stoff wie der von Guareschi, der schon in literarischer Form für heftige Diskussionen sorgte, lässt sich nicht ohne Antwort der Betroffenen verfilmen. Besonders der kommunistischen Partei ist die Verfilmung des Stoffes ein »Dorn im Auge«. Es dauert folglich nicht lange, bis Plakate aufgehängt und »reaktionäre Zeitungsberichte« geschaltet sind, die über die »verleumderischen Geschichten« Guareschis herziehen.

Dem Filmteam kann das nicht gleichgültig sein. Für die Statistenrollen wie Dorfbewohner, Kirchgänger oder Parteigenossen, und davon wird jeweils eine Menge benötigt, sollen zum Großteil (lebensecht) Anwohner vor der Kamera agieren. Der Aufruf der »Roten« zum Boykott der Unterstützung für das Filmteam kann da besonders schmerzhaft werden. Für jeden Mitwirkenden sei es eine »Todsünde«, wenn er sich für solch eine Sache hergäbe, lassen diese verlauten. Gegen das Manifest demonstrieren die Anhänger der christlichen Partei energisch und appellieren an alle Bürger, die Zusammenarbeit fortzusetzen. Es wird debattiert und ein Streik droht. Aber die Notwendigkeit für die zumeist arme Landbevölkerung, sich ein bisschen Geld als Statist zu verdienen, überwiegt. Mit nur einem Arbeitstag können sie mehr Geld verdienen als bei einer Woche harter Landarbeit. Das Produktionsbüro, das unweit der Kirche in Brescello untergebracht ist, hat deshalb letztlich doch keine Schwierigkeit, die notwendigen Statisten zu rekrutieren. Gelegentlich kommt es allerdings vor, etwa bei den Aufmärschen der Kommunisten, wo viele von ihnen benötigt werden, dass sich einige der Statisten nur gegen ein klein wenig höheres Salär von 200 Lire als »Rote« einsetzen lassen.

Am Filmset außerhalb der Aufnahmen mit vielen Statisten geht es meist ruhig und gelassen zu. Es wird viel miteinander gesprochen, für Set-Fotograf Osvaldo Civirani hat man immer ein Lächeln übrig. Gino Cervi und Fernandel verstehen sich. Wobei der Italiener Gino Cervi weitaus mehr mit den örtlichen Zaungästen kommuniziert, während Fernandel doch mehr für sich ist. Julien Duvivier und sein Team setzen problemlos geduldig Szene für Szene um. Es sind friedliche Dreharbeiten, wie Franco Interlenghi heute ausführt: »Es war Sommer, alles lief gut und wir aßen immer gut. Am Set herrschte ein Hauch von Entspannung, es war ruhig und man merkte eigentlich nichts von dem Klima des politischen Kampfes, das seinerzeit in Italien herrschte.«

Auch gegen Besuche von Giovannino Guareschi am Set hat man nichts einzuwenden, denn die Filmleute machen ohnehin ihr eigenes Ding. Guareschi entwickelt mit der Zeit ein enges Verhältnis zu den beiden Hauptakteuren seiner literarischen Helden. Guareschis Sohn Alberto ist anfangs auch dabei: »Ich war einmal 1951 am Set. Damals war ich elf Jahre alt. Ich erinnere mich, dass an dem ganzen Nachmittag laufend eine Szene wiederholt wurde, verstand aber nicht, was das war. Etwas ganz Langweiliges. Jedoch später, nach dem Betrachten des Ergebnisses …« Vater Guareschi verfolgt indes mit Argusaugen den Dreh und fühlt sich rasch »verraten«. Alberto und Carlotta erinnern sich: »Während der Arbeit war er wütend über die willkürlichen Kürzungen seiner Geschichten.« Guareschi glaubt, dass Duvivier sein Buch nicht verstanden hat. Misstrauisch wie ein Politoffizier verfolgt er das Wirken Duviviers. »Wenn wir über den Film sprachen, zeigte ich ihm meine Enttäuschung«, äußert Guareschi in einem Interview in *Alto Adige* am 23. Mai 1952. Sogar ein bisschen gestritten haben sollen sich die beiden, obwohl Giovannino Guareschi insgesamt keine Konfrontation sucht. Er schüttelt nur den Kopf über den filmischen *Don Camillo.* Gegenüber seinem *Don Camillo*, einem »starken Mann mit großem Glauben und gesundem Menschenverstand«, wäre die Filmversion ein »überheblicher, beleidigender, anstößiger Priester«. Duviver hätte aus der Figur eine Posse gemacht! Letztlich zeigt sich aber auch Guareschi zufrieden, dass sein *Don Camillo* verfilmt wird, auch wenn es nicht in der Form geschieht, wie er es wollte. Zuvor hatte Guareschi schon im eigenen *Candido* am 23. März 1952 mitgeteilt, dass es eine »schwierige Ehe« zwischen ihm und Duvivier war. Zu seinem Kontrahenten meint er: »Genie und Rücksichtslosigkeit«. Der Film liefe unter Duviviers Namen und damit kann der Schriftsteller leben. Im Archiv des Schriftstellers befindet sich eine interessante Notiz vom 17. Oktober 1961 dazu, die Guareschi seinerzeit für den Produzenten Rizzoli verfasste: »Sie dürfen nicht vergessen, dass ich seit dem ersten *Don-Camillo*-Film mit Zähnen und Klauen meine armen Kreaturen gegenüber den Filmschaffenden verteidige. Diese wollen sie verzerren, ihre Persönlichkeit und den Geist der Überlieferung. Sie haben meine Geschichten variiert und verformt. Das rechtfertigt meine Ressentiments und meinen Kampf gegen die Filmleute. Es ist meine Pflicht, alle rechtmäßigen Mittel einzusetzen, um zu versuchen, mich in den Augen meiner Leser zu rehabilitieren. Wenn mir das gelingt, genügt es mir.« Am meisten scheint Guareschi aber »schwer im Magen zu liegen«, dass sogar die Kommunisten den Film mögen können. Sie kommen wesentlich besser weg als in seinen Geschichten im *Candido*. Die Filmleute lernen rasch und hängen später im Atelier vorsichtshalber ein höfliches Schild mit der Aufforderung »Es wird gebeten, nicht von Politik zu reden« auf.

Eine Besonderheit bei der Co-Produktion stellt die Herstellung von zwei unterschiedlichen Filmfassungen dar. Eine für den italienischen Markt, eine weitere für den französischen. Dabei handelt es sich nicht bloß um zwei unterschiedliche Synchronfassungen, sondern um zwei Versionen. Es werden unterschiedliche Fassungen mit verschiedenen Aufnahmen hergestellt. Bei den Endfassungen gibt es eine Reihe Unterschiede. Die Fassung, die in deutschen Kinos laufen wird, ist die französische Version. Einige Beispiele werden im Kapitel *Resonanz und Rezension* besprochen. Bei einer Szene (Kirmesbude: Wurf auf *Don-Camillo*-Figur) kommt es abseits der kirchlichen Zensur zu einer Auseinandersetzung zwischen Duvivier und Guareschi. Dem Autor gefällt es nicht, dass diese Szene aus der italienischen Fassung geschnitten werden soll (was letztendlich auch nicht der Fall ist).

Anzumerken ist noch, dass die Schauspieler die meisten Szenen in Italienisch und Französisch drehen. Einzig Fernandel und Sylvie (Darstellerin der alten Schullehrerin) sprechen ihre Szenen nur in Französisch und werden für die andere Fassung synchronisiert.

Alberto Guareschi über die Einflüsse auf die Filmarbeit: »Die Kirche beobachtete mit Argwohn den ersten Film, in welchem (erstmals!) der Protagonist ein Priester war, der zugleich als Priester und als Mann agierte. 1951 gab es in Italien viele Kinos, die nur Filme zeigten, die vom *Centro Cattolico Cinematografico* (Anmerkung des Autors: frühere Katholische Zensurbehörde Italiens) mit dem Vermerk ›Für alle empfehlenswert‹ klassifiziert waren. Deshalb hatte der Produzent eine ›katholische Autorität‹, die das Drehbuch las und den Film prüfte, Schnitte und Änderungen empfahl, damit der Film die Bewertung ›Für alle empfehlenswert‹ erhielt. Die PCI (Anmerkung des Autors: Kommunistische Partei Italiens) hatte meinen Vater verwünscht, da er (angeblich) die Kommunisten mit seinen Büchern verunglimpfte. Und Duvivier wurde ebenfalls von den Kommunisten beschimpft. Vater akzeptierte eine Einladung zu einer Gegenveranstaltung im Theater der Reggio Emilia, voll von Kommunisten, und mit ungefähr weiteren 20.000 Menschen auf dem Platz gegenüber dem Theater, die über Lautsprecher die Sprecher im Theater hören konnten. Er verteidigte sich, dass er nicht die Kommunisten verunglimpft hätte, sondern ganz im Gegenteil, ihm sei das Wunder gelungen, dass er Sympathien für Kommunisten erzeugt hätte.«

Diesen *Peppone* beschreibt Gino Cervi ein wenig später in einem Gespräch, aber natürlich ist das nicht die Art Genosse, den sich die PCI wünscht: »*Peppone* ist der rohe Kommunist. Impulsiv, unwissend, aber zur gleichen Zeit auch mit gehorsamer, frecher, pflichtbewusster Parteidisziplin. Gleichzeitig fühlt er sich auch etwas von seinem Gegner angezogen.«

Vom Filmteam besondere Erwähnung verdienen Kameramann Lucien Nicolas Hayer und Komponist Alessandro Cicognini. Der Franzose Hayer (1898–1978) ist ein erfahrener Kameramann im französischen Kino und hat sein Handwerk bei der Armee erlernt. Ihm gelangen beispielsweise eindrucksvolle Dokumentaraufnahmen in Indochina, die sogar in den USA für Aufmerksamkeit sorgten. Ein großer Spielfilmerfolg wurde seine Arbeit bei Jean Cocteaus ORPHÉE (Orpheus, 1949), wo er den inszenatorischen Einfällen einen optischen Rahmen zu geben weiß. Hayers Fähigkeiten macht sich Julien Duvivier auch bei dem *Don-Camillo*-Film zunutze. Der Italiener Cicognini (1906–1995) ist durch seine Zusammenarbeit mit Vittorio De Sica bekannt und hat das musikalische Gefühl italienischen Zeitgeistes in Noten umzuwandeln. Sein Leitmotiv für *Don Camillo* ist dem religiösen Thema angemessen und bewegt sich im rhythmischen Klang der Glocken. Die Melodie wird ein Ohrwurm und Markenzeichen für alle *Don-Camillo*-Filme mit Fernandel und Gino Cervi.

Filmhandlung

Kommentar am Anfang der deutschen Fassung: »Eine kleine Welt. Ein Landstädtchen. Irgendwo in Nord-Italien. Im Winter erschaudert man unter der Herrschaft des Regens, im Sommer schwingt aber die Sonne ihr Strahlenzepter. Entzündet die Leidenschaften und bringt das Gehirn zum Kochen. Doch in der klaren Helle bewahren selbst die ärgsten Konflikte noch einen Hauch von Liebenswürdigkeit. Man zankt sich, man schlägt sich. Aber man bleibt Mensch. Und so können hier Dinge passieren, die nirgendwo sonst in der Welt möglich sind. Es ist im Frühsommer 1946. Der Ort hat vor einigen Tagen seinen Gemeinderat gewählt. Die rote Partei stand gegen die christliche. Und die Roten mit den Kommunisten an der Spitze haben die Mehrheit errungen …«

Die rote Siegesfeier beobachtet *Don Camillo* argwöhnisch. Er beschwert sich bei Christus am Kreuz, mit dem er immer Zwiegespräche führt. Erfolglos! »Es ist schwer, mit dir zu diskutieren«, resigniert *Don Camillo*. Große Reden werden unterdessen vor der Tür geschwungen. Bürgermeister *Peppone* ruft überschwänglich »Wir feiern heute den Sieg des Fortschritts« und verkündet anschließend den Bau eines Volkshauses. *Don Camillo* verfolgt in der Kirche die Propagandareden. Was kann ein Priester dagegen tun? Er läutet die Glocken, sodass die Reden nicht mehr zu hören sind. Von oben sieht er, wie unten Bewegung aufkommt und ein Ansturm der Kommunisten beginnt. Vorsichtshalber holt *Don Camillo* einen Karabiner hervor. Der Sturm gilt aber keinesfalls der Kirche, sondern dem Haus des *Peppone*. Die freudige Botschaft über den neugeborenen Sohn ihres Parteivorsitzenden lässt sie jubeln. *Peppone* präsentiert stolz den Nachwuchs auf dem Balkon seines Hauses. *Don Camillo* lächelt, freut sich und spielt zur Freude ein Glockenspiel. Als nächstes Scharmützel folgt ein seltsamer nächtlicher Brand in einer Steinruine (*Don Camillos* »langer Arm« hat einige Munitionskisten des Gegners in Brand gesteckt), der als Revanche ein Feuerwerk im baufälligen

Glockenstuhl der Kirche nach sich zieht. Wutentbrannt läuft *Don Camillo* durch die Kirche. Doch Christus am Kreuz stoppt ihn. Da kommt *Frau Bottazzi*, die Frau des Bürgermeisters, mit dem Kind in die Kirche. Sie möchte den Nachwuchs auf den Namen *Lenin* taufen lassen. »Dann lasst ihn doch lieber bei den Kosaken taufen«, antwortet *Camillo*. *Peppone* erscheint, es kommt zum Zweikampf im Glockenstuhl, den der Priester für sich entscheidet. Der Nachwuchs soll jetzt auf den Namen *Iberio Antonio Camillo* getauft werden. »Dann darfst du ihn auch noch *Lenin* nennen«, fügt *Camillo* an.

Eine Liebesgeschichte auf dem Dorfe zwischen einem Mädchen aus einer reichen Familie und einem Jungen aus ärmlichen Verhältnissen, die sich seit Kindertagen kennen, hat sich entwickelt. Das bringt Probleme, zumal beide Familien bitterlich verfeindet sind. Unterdessen kritzelt ein Unbekannter auf *Peppones* Bekanntmachungen Worte wie: »*Peppone* ist ein Esel.« Christus redet *Don* Camillo ins Gewissen, denn es ist die Hand des Priesters, die tätig wurde. Zur Buße will *Camillo* auf seine letzte Zigarre verzichten. Christus ist aber nicht so einfach zu überlisten, sodass auch noch die zerdrückte Zigarre weggeworfen werden muss. Der Bürgermeister sucht überraschend den Beichtstuhl auf. Als Letztes beichtet er die »schwerwiegendste Sünde«: das Verprügeln von Don Camillo mit einem »frisch geschnittenen Eichenknüppel«. Ein sichtlich empörter *Don Camillo* brummt ihm dafür »zehn Ave Maria« auf. Aber er hilft auch *Peppone* »bei dessen politischen Dichtungen«. Natürlich verändert er dabei ein wenig den Text. So fügt er geschickt die Ankündigung des Baus eines Kindergartens ein, von dem *Don Camillo* schon lange träumt. Als Gegenleistung zeigt er sich bereit, der Grundsteinlegung des Volkshauses seinen Segen beizusteuern. Trotzdem belastet *Don Camillo* etwas. Er kann nicht mehr ruhig schlafen. »Woher hat *Peppone* das Geld für das Volkshaus?« Plötzlich fällt ihm etwas ein. Er stürmt in *Peppones* Werkstatt und erinnert seinen Widersacher an eine Geschichte aus dem Krieg: An eine verlorene Kriegskasse der Widerständler. 10 Millionen. Man schließt einen Deal: 7 Millionen für das Volkshaus und 3 Millionen für den Kindergarten.

Giovannino Guareschi

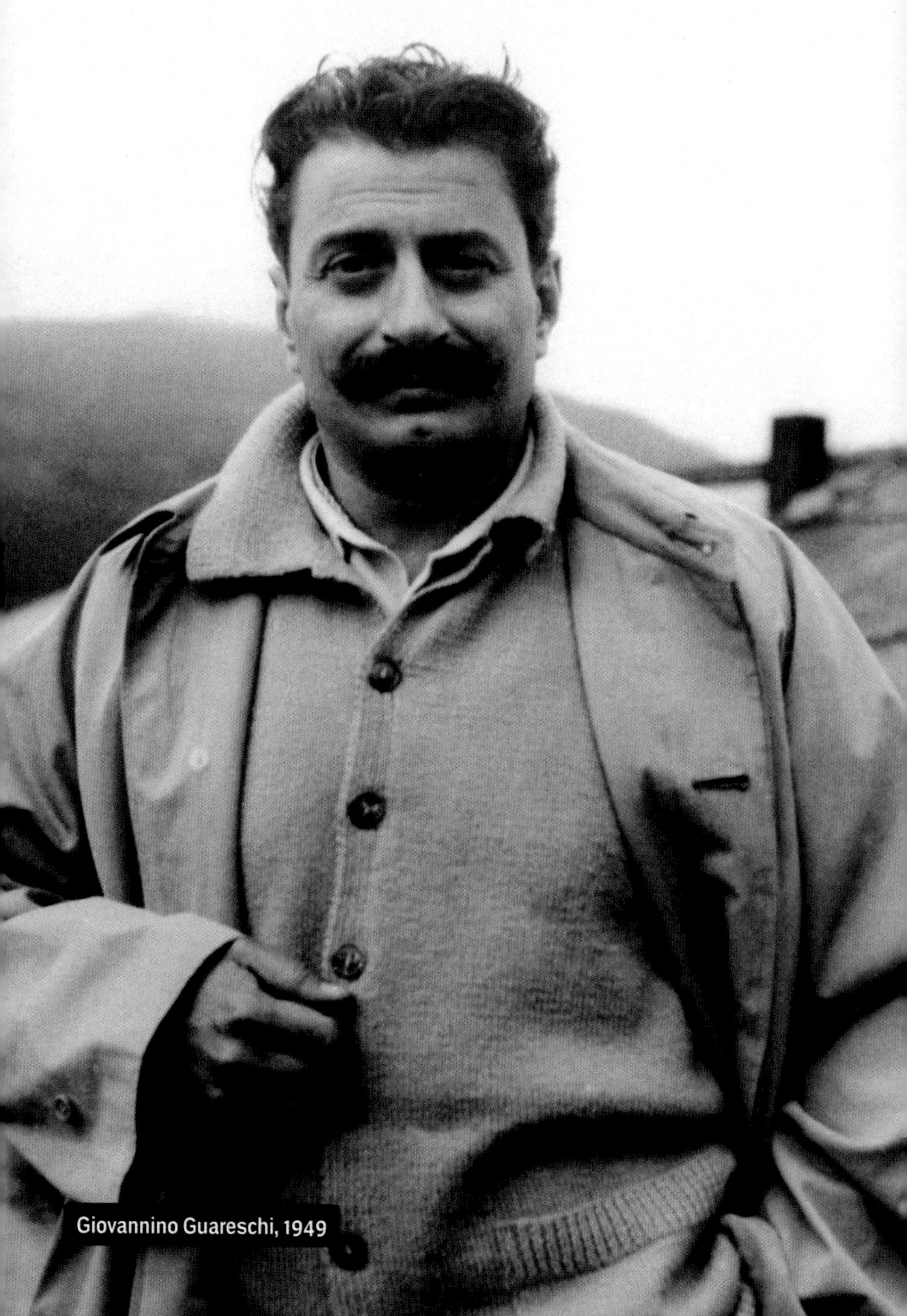

Giovannino Guareschi, 1949

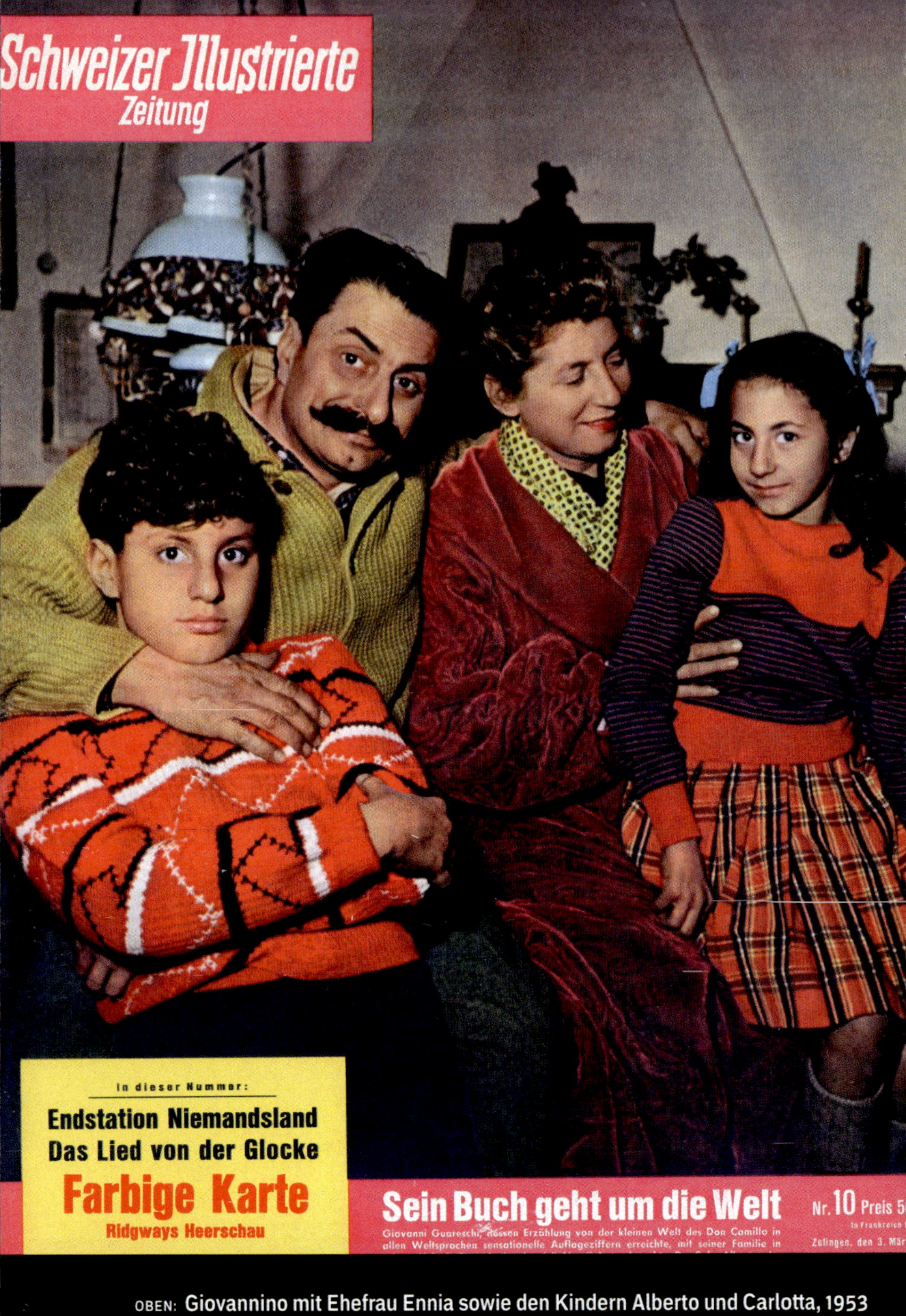

OBEN: Giovannino mit Ehefrau Ennia sowie den Kindern Alberto und Carlotta, 1953
RECHTS: Der Vater von Don Camillo und Peppone

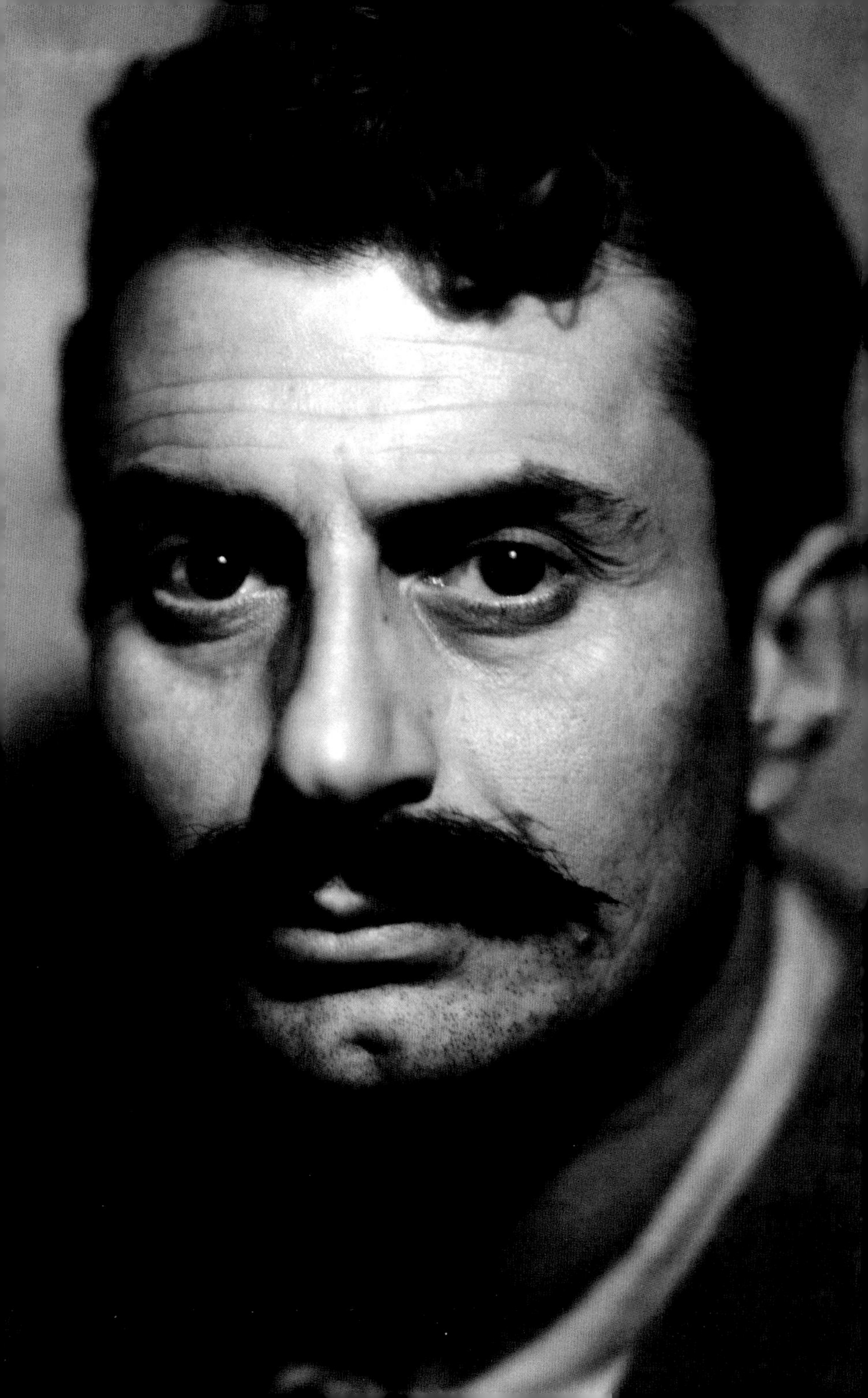

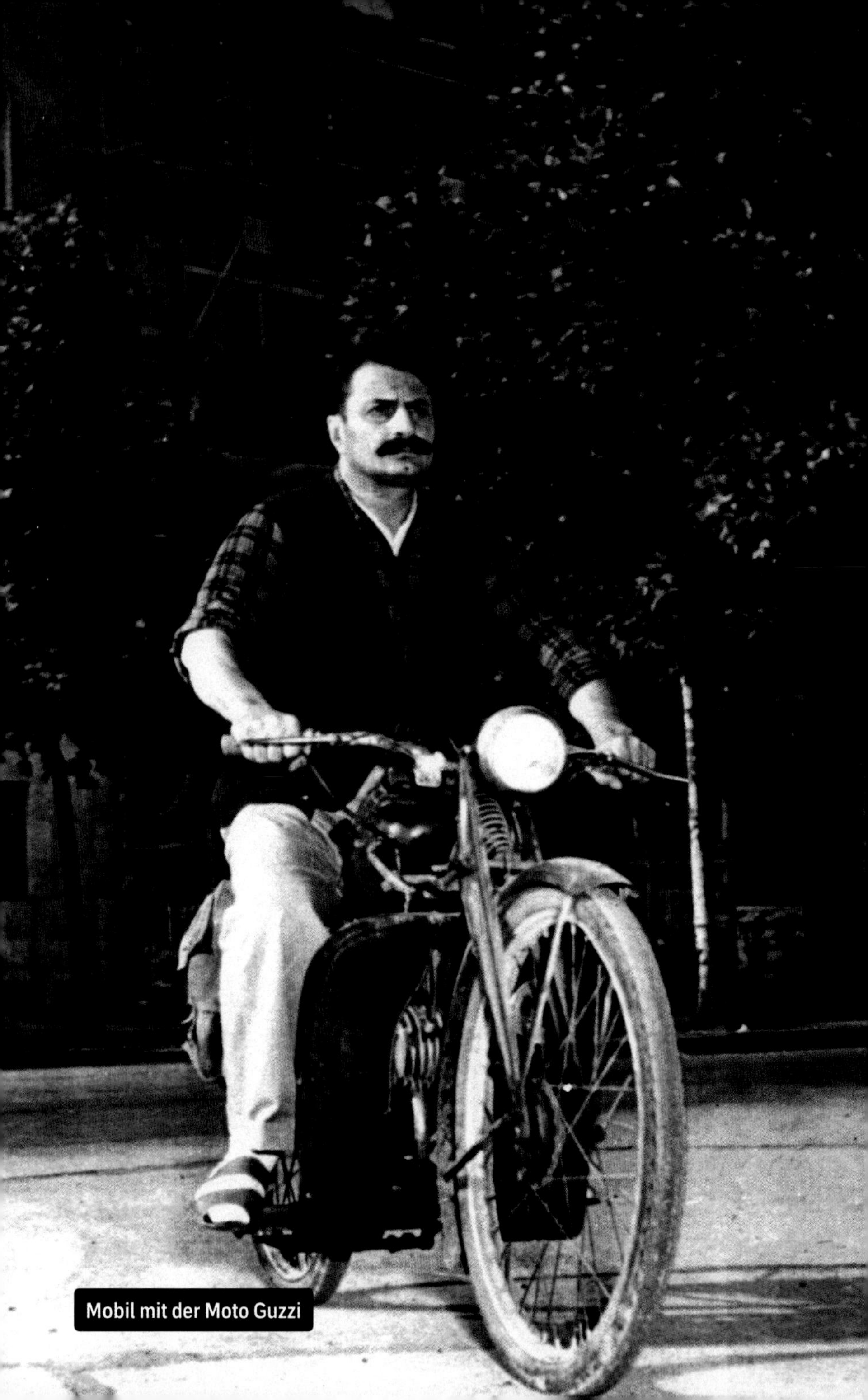

Mobil mit der Moto Guzzi

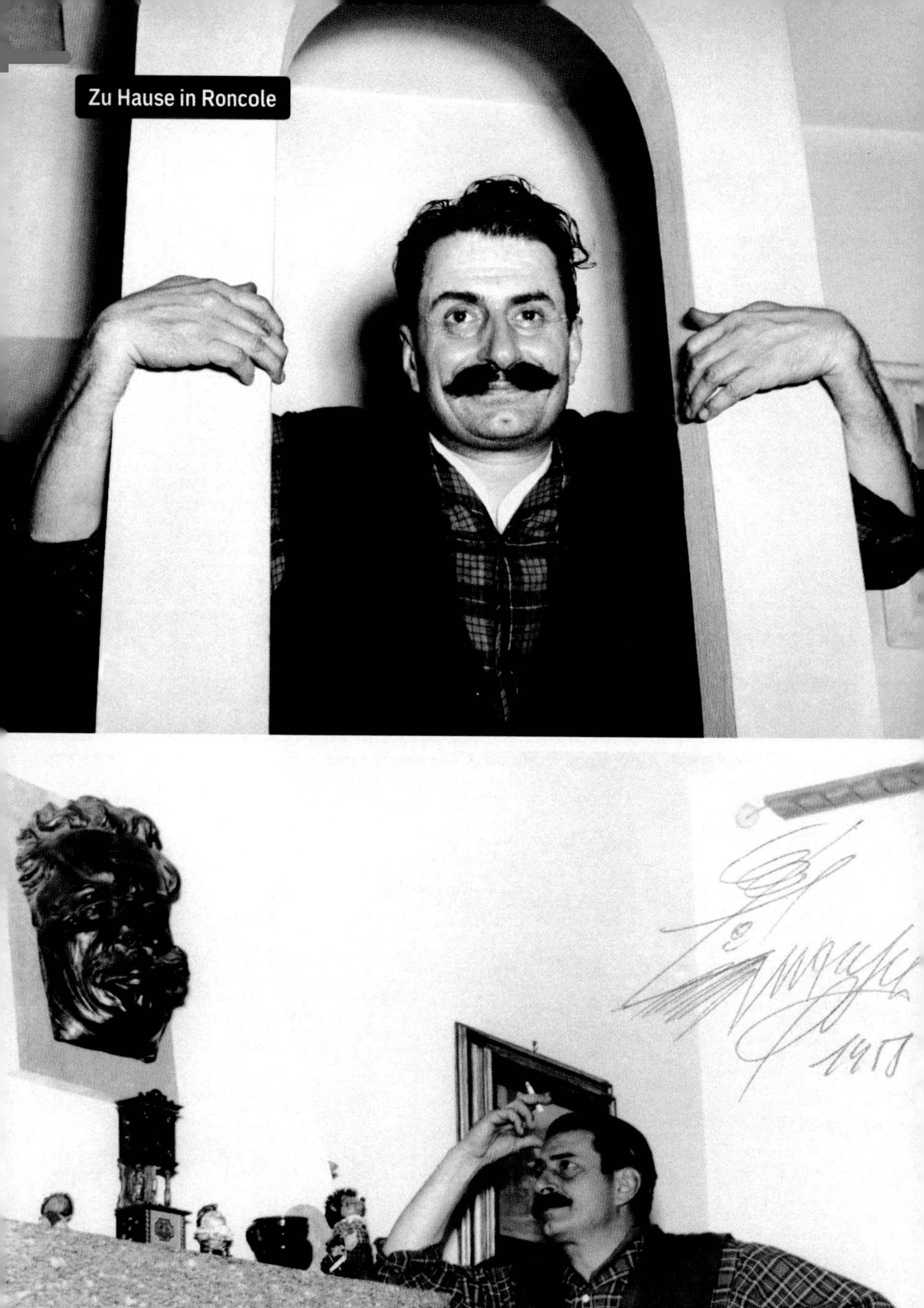

Zu Hause in Roncole

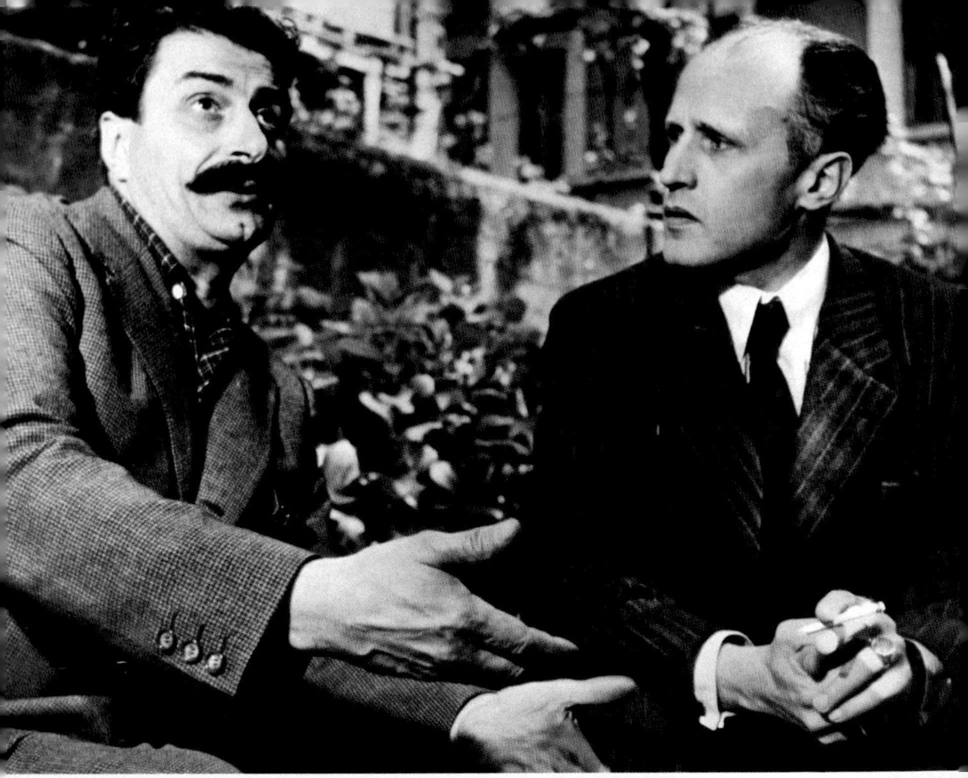

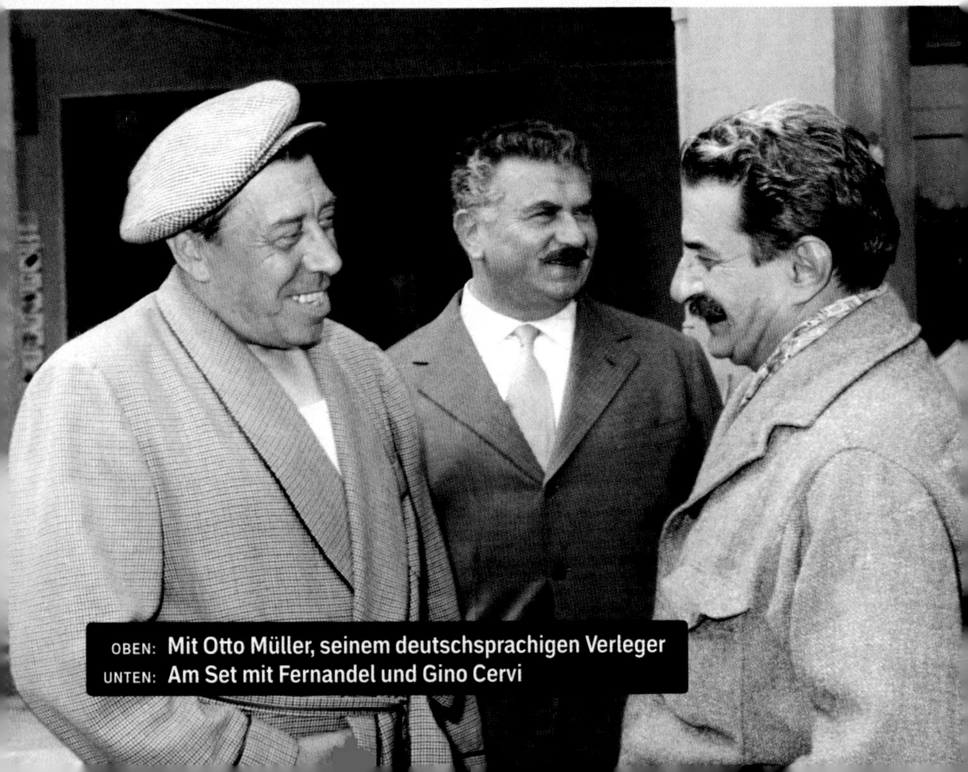

OBEN: Mit Otto Müller, seinem deutschsprachigen Verleger
UNTEN: Am Set mit Fernandel und Gino Cervi

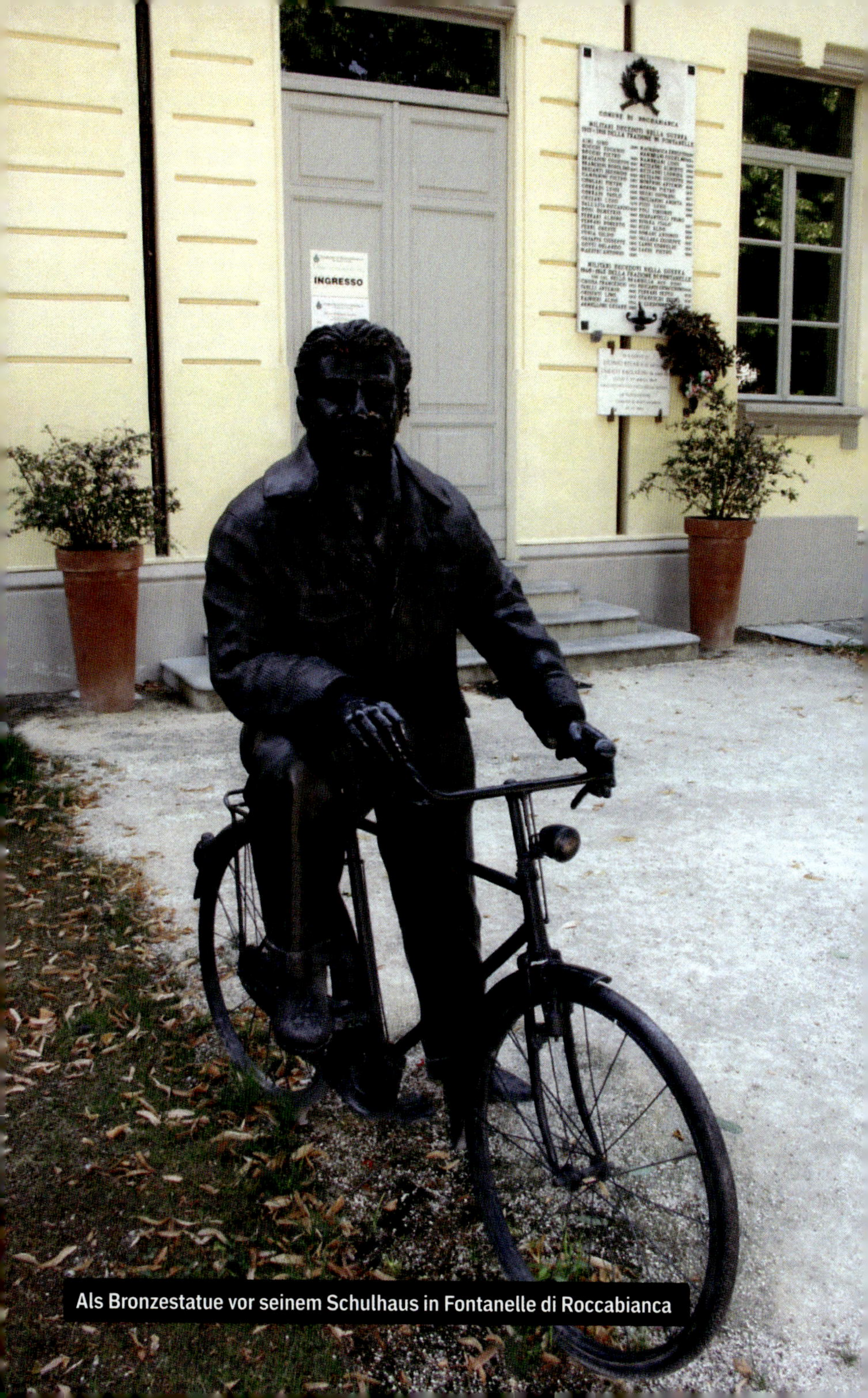

Als Bronzestatue vor seinem Schulhaus in Fontanelle di Roccabianca

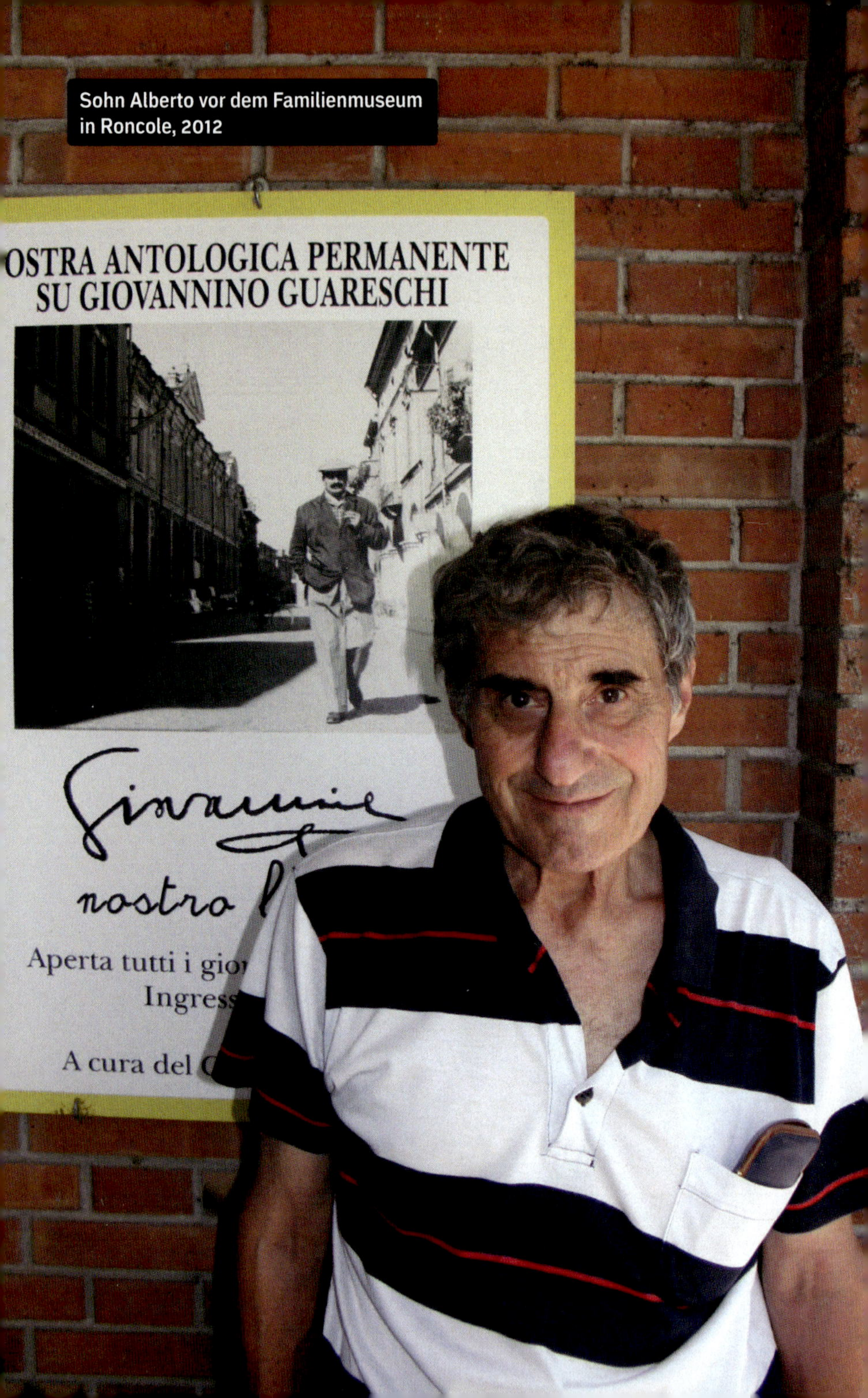

Sohn Alberto vor dem Familienmuseum in Roncole, 2012

Eine Protestaktion gegen die hohe Arbeitslosigkeit findet statt. *Peppone* will eine Sondersteuer auf den Grund und Boden erheben, die Grundbesitzer lehnen das strikt ab. Der Kommunistenchef ruft deshalb die Landarbeiter zum Streik auf. Ab sofort werden die Kühe auf den Höfen nicht mehr gemolken. Streikposten überwachen die Absperrungen. *Don Camillo* greift ein. Am Abend macht er sich mit seinem Karabiner auf den Weg. Unterdessen steht *Peppone* mit Gewehr in der Hand auf Wache. Beide Kontrahenten stehen sich schließlich Auge in Auge gegenüber. Aber statt zu schießen, melken beide gemeinsam die vor Schmerzen brüllenden Kühe und helfen bei der Geburt eines Kalbes. Nach getaner Arbeit trinken sie Milch aus Eimern. Der Streik ist zu Ende, die Verstärkung der Streikposten aus der Stadt muss wieder zurückfahren.

Als *Don Camillo* mit dem Fahrrad an einer vor einer Bar sitzenden Streikgruppe aus der Stadt vorbeifährt, machen sich die Roten über den »Pfaffen auf dem Fahrrad« lustig. *Don Camillo* unterbricht die Fahrt und es kommt zu einer Schlägerei. *Peppone* wendet sich an den Bischof, weil *Don Camillo* bei der Auseinandersetzung 15 (!) junge Männer niedergeschlagen hat. Der Bischof will einen anderen Priester in die Gemeinde schicken. *Peppone* spricht sich aber nur für einen Rüffel für seinen Widersacher aus. *Camillo* muss trotzdem beim Bischof erscheinen – und soll dort einen Beweis für seine Kraft zeigen. Er stemmt einen riesigen Tisch in die Höhe und wirft ihn kraftvoll durch den Saal. Der Bischof verzeiht ihm.

Die jährliche Prozession zum Fluss steht an. *Don Camillo* lädt auch den Bürgermeister ein. Dieser verspricht mitsamt der ganzen Ortsgruppe seiner Partei zu kommen. Sogar die rote Fahne will er mitbringen. Das widerstrebt *Don Camillo*. Schließlich ginge es um Religion, nicht um Politik. *Peppone* weigert sich prompt und will nun die Prozession mit aller Macht verhindern. Er droht jedem, der zur Prozession kommt, Prügel an, *Don Camillo* lässt sich aber nicht einschüchtern. Durch das menschenleere Dorf trägt er das schwere Kreuz mit Christus Richtung Ufer. Am Ortsausgang warten *Peppone* und sein Stoßtrupp und versperren den Weg. Vor dem Kreuz machen sie aber den Weg frei. *Peppone* zu *Camillo*: »Ich mache nicht vor Ihnen Platz, sondern vor ihm.« – »Dann nimm auch deinen Hut ab.« Die Prozession zum Fluss findet statt.

Nächste Herausforderung ist die Einladung zu einem Fußballspiel zur Einweihung des neuen Sportplatzes. *Dynamo* (die Kommunisten) gegen *Eintracht* (Christen) soll es auch auf dem Platz heißen. *Peppone* vor dem Spiel zu seiner Mannschaft: »Ich habe euch nur eines zu sagen. Ihr spielt gegen eine Mannschaft der Reaktion. Ihr müsst sie besiegen – oder ich zerreiße euch alle in der Luft.« *Don Camillo* zu seinem Team: »Liebe Kinder … Wenn unter euch so ein Lump sein sollte, der die Absicht hat, nicht bis zum letzten Blutstropfen zu kämpfen, dem schlage ich sämtliche Zähne ein. Und das Nasenbein. Verstanden?«

Der Schiedsrichter der Begegnung ist aber nicht unparteiisch. Zur Pause steht es 2:1 für *Eintracht. Mariolino*, auf Seiten der Roten spielend, macht den Ausgleich. Kurz vor Schluss steht es immer noch unentschieden. Doch der Schiedsrichter pfeift einen zweifelhaften Elfmeter. *Mariolino* verwandelt. Die eine Zuschauerhälfte macht Jagd auf den Schiedsrichter. In der Kirche äußert sich *Don Camillo* verzweifelt gegenüber Christus: »Herr, warum hast du mich so im Stich gelassen.« Da flieht der Schiedsrichter schon in die Kirche. *Don Camillo* stoppt den Mob. *Don Camillo* gegenüber gesteht der Schiedsrichter, 2.500 Lire von *Peppone* bekommen zu haben. *Don Camillo* zeigt sich entrüstet. Da erinnert ihn Christus daran, dass er, *Camillo*, 1000 Lire geboten hatte.

Die alte Lehrerin *Christine*, bei der auch alle Kommunisten des Stadtrates zur Schule gegangen sind, erkrankt schwer. Wenn sie stirbt, will die Monarchistin die Fahne des Königs auf dem Sarg haben. *Peppone* verspricht es ihr auf dem Totenbett, kurz danach stirbt die alte Frau. Eisern setzt *Peppone* den letzten Willen im Gemeinderat um.

Das junge, noch minderjährige Liebespaar *Mariolino* und *Gina* will unterdessen heiraten. Das passt keiner Seite. *Don Camillo* will bis zum nächsten Tag eine Lösung finden. *Peppone* lehnt auch ab, will aber auch bis morgen schauen, was vielleicht doch machbar ist. Am Abend gehen die Liebenden Richtung Flussufer. Sie wollen beide »ins Wasser gehen«. In letzter Minute können beide gerettet werden. *Don Camillo*: »Am Sonntag wird das Aufgebot verlesen.« Mit deutlichen Worten schlichtet er den Streit der Familien. Der Bischof höchstpersönlich soll die Trauung vollziehen.

Peppone will sein Volkshaus unbedingt vor dem Kindergarten einweihen. Beides ist beim Besuch des Bischofs geplant. Dazu fängt er mit seinem Stoßtrupp den Bischof ab, um ihn zunächst zum Volkshaus zu bringen. Der Coup gelingt, doch auf dem Weg dahin muss *Peppone* mit anschauen, wie sein Sohn in der christlichen Kindergartengruppe den Bischof empfängt. Ein Volksfest rundet den ereignisreichen Tag ab. An einem Wurfstand begegnen sich *Don Camillo* und *Peppone*. Dort gibt es Figuren mit ihren Köpfen, auf die geworfen werden kann. Als jemand es wagt, auf die *Don-Camillo*-Figur zu werfen, kommt es zur Schlägerei (es ist nicht zu sehen, dass die Figur überhaupt fällt). Das ganze Volksfest artet zur Massenschlägerei aus. Der Bischof schickt *Don Camillo*, der nicht ganz unschuldig an der Auseinandersetzung war, in einen »längeren Erholungsurlaub«. »Du brauchst Luftveränderung.«

In der Kirche verabschiedet sich Don Camillo von Christus. Zu seiner Abreise im Regen kommt aber niemand, da Peppone den Dorfbewohnern wieder gedroht hat. So gibt es für Don Camillo einen einsamen Gang durch das menschenleere Dorf. Traurig sitzt er im Zug. An der Station im nächsten Ort warten dann aber die Dorfbewohner. »Auf Wiedersehen, Herr Pfarrer.« Es gibt viele Geschenke für Don Camillo, der sprachlos ist. Wiederum eine Station weiter warten die Roten mit Musik. Es folgt der Abschied von Peppone und den Genossen. »Guten Erholungsurlaub. Die kommenden Kämpfe werden hart werden.« – »Ihr Nachfolger, dieser Don Pietro, macht es nicht lange. Dafür werde ich sorgen!«, versichert Peppone. Dann fährt die Eisenbahn mit Don Camillo weiter.

Der Kommentar am Ende der deutschen Fassung lautet: »Eine kleine Welt. Ein Landstädtchen. Irgendwo in der Po-Ebene. Jeder schlägt sich herum, um die Welt nach seiner Fasson zu ändern. Und es geschehen hier Dinge, die nirgendwo sonst in der Welt möglich sind.«

Resonanz und Rezension

Die Verfilmung der bekannten Geschichten von Giovannino Guareschi erfährt schon während der Dreharbeiten besondere Aufmerksamkeit. Einflussnahmen (siehe oben) gibt es viele. Nachdem der Film auf die Leinwände gekommen ist, schließt sich endgültig eine lebhafte (politische) Debatte an. Politiker, Kirchenvertreter, Kritiker und Publikum diskutieren leidenschaftlich über DON CAMILLO UND PEPPONE.

In europaweit vielen Artikeln spricht Regisseur Julien Duvivier über »seinen Film«. Wir entnehmen einem dieser Artikel aus der *Neuen Presse*, Coburg, vom 20. November 1952 Folgendes: »... ›Über den *Club francais du Livre*, der auch die erste Übersetzung herausbrachte, wurde ich mit Guareschis Roman bekannt. Kurze Zeit später – ich war gerade zur Erholung in Italien – wurde mir ein Herr *Amato* vorgestellt, der sich lebhaft danach erkundigte, ob ich an der Verfilmung interessiert sei. Wir unterhielten uns ausführlich über dieses Projekt, und Herr Amato wurde schließlich der italienische Partner der französisch-italienischen Gemeinschaftsproduktion, die damit in Gang kam. Ich musste bald feststellen, dass die beabsichtigte optische Fassung des Romans doch schwieriger sei, als ich anfangs annahm. Das Werk ist eigentlich eine Folge von Anekdoten, die der Autor in seiner Zeitschrift *Candido* laufend veröffentlichte, Anekdoten bzw. Kurzgeschichten, die das italienische Leben der letzten Jahre schilderten. Es fehlte der dramatische Zusammenhang. Unsere erste Aufgabe musste es daher sein, diesen zu erfassen, ohne dem Charakter oder Charme des Gesamtwerkes Abbruch zu tun. Die Aufnahmen begannen Anfang des Herbstes in Brescello, einem Dorf in der Po-Ebene, rund 30 km von Parma entfernt. Wenige Wochen später setzte das große Hochwasser ein, und die Häuser von Brescello standen bis zum ersten Stockwerk unter Wasser. Doch nach elf Wochen hatte ich meine Negative zusammen, eines für die französische und eines für die italienische Fassung. Über die Besetzung machte ich mir zunächst keine Gedanken: die

Gestalten Guareschis verlangten keine bestimmten Darstellertypen. Nach reiflicher Überlegung verfielen wir auf Fernandel. Er allein verfügte über die Mittel, die Rolle des Pfarrers zu gestalten, ohne ins Extreme abzugleiten. Meine Hauptdarsteller – Gino Cervi und Fernandel – sind zwar ausgefallene Typen, aber ich hoffe, dass sie Beifall finden. Ich war übrigens ständig bemüht, dem Werk seine Ursprünglichkeit, Kindlichkeit und seinen Charme zu erhalten. Ich hoffe, dass der Film auch so aufgenommen wird, wie ich bestrebt war, ihn bildhaft zu gestalten.‹«

Premiere hat der Film natürlich in den Co-Produktionsländern. Weltpremiere ist, in Anwesenheit von Giovannino Guareschi, am 15. März 1952 im *Capitol* in Mailand. Als DON CAMILLO macht er dann in Italien ab dem 28. März 1952 den Anfang, Frankreich zieht mit LE PETIT MONDE DE DON CAMILLO am 4. Juni 1952 nach. Von Anfang an ist das Interesse riesengroß und Publikumsmassen strömen in die Kinos. In die westdeutschen Lichtspieltheater kommt DON CAMILLO UND PEPPONE ab dem 31. Oktober 1952. Auch in Deutschland ist der Erfolg phänomenal und löst auch hier heftige Diskussionen aus. Der Siegeszug geht noch weiter. In Österreich ab Dezember 1952, in Großbritannien und sogar den USA im Jahr 1953. 1954 zieht auch Japan nach. Hinter den »eisernen Vorhang« schafft es der Film (erwartungsgemäß) zunächst einmal nicht. Den Kommunisten gefällt einfach das Sujet nicht. Doch auch im streng katholischen Spanien, wo die katholische Kirche religiöse Themen fördert, wird der *Don-Camillo*-Film erst einmal nicht freigegeben (wie schon bei der Buchveröffentlichung macht Argentinien im spanischsprachigen Raum den Anfang). Bei den Hardlinern auf beiden Seiten ist der Film zunächst nicht gewollt.

Die in Frankfurt am Main ansässige *Allianz-Film* verleiht in Deutschland den Film. Im Verleihkatalog der Firma wird den Kinobesitzern Folgendes angekündigt: »DON CAMILLO UND PEPPONE, Julien Duviviers Film nach Guareschis Bestseller, erregte bereits in Cannes Aufsehen. Fernandel und Gino Cervi spielen das Schelmenpaar. Die Handlung schildert die homerischen Kämpfe des Dorfpfarrers *Don Camillo* mit dem Kommunisten *Peppone* in gesunder und befreiender Heiterkeit.« Zum weiteren Angebot der *Allianz-*

Film des Jahres zählen auch Stoffe wie KÄPT'N BAY-BAY mit Hans Albers oder FANFAN, DER HUSAR mit Gérard Philipe. Weiter heißt es in einer Presseinformation über den Filmerfolg aus dem Ausland: »Der große Ruf, der diesem Film vorauseilt, gründet sich nicht auf die fantastischen Besucherzahlen und Laufzeiten, die er in Italien und Frankreich gefunden hat. Es sind vielmehr zwei Namen, die das gespannte Interesse der Öffentlichkeit erklären: Giovannino Guareschi hat mit seinem berühmten Schelmen-Roman *Don Camillo und Peppone* auch die deutschen Bücherfreunde gewonnen. Geistlichkeit, Presse und Buchhandel sind sich einig im einstimmigen Lob dieses von echtem Humor erfüllten Werkes, das seit Jahr und Tag an der Spitze aller Bestseller steht. Was lag näher, als dass ein Mann, der den Charme zur Weltanschauung erhoben hat, Julien Duvivier, von den filmischen Möglichkeiten dieses Buches angeregt wurde! Aus dem Großstadtmilieu UNTER DEM HIMMEL VON PARIS (Anmerkung des Autors: SOUS LE CIEL DE PARIS, 1951) sprang er hinüber in die gespannte Atmosphäre einer kleinen italienischen Gemeinde, um unter der Sonne des Südens eines der tragischen Probleme unserer Zeit auszuleuchten und das Herz über politische Gegnerschaften siegen zu lassen, sei es auch nur in seinem neuen Meisterwerk DON CAMILLO UND PEPPONE.« Das Werbematerial überschlägt sich mit Lob: »Der Film mit nie dagewesener Publikumswirksamkeit, der von wahrhaft urwüchsiger Heiterkeit durchstrahlt ist. Der Film von beglückender Menschlichkeit, der Frauen und Männer, Arm und Reich, Jung und Alt gleichermaßen bezaubert. Der Film unseres Jahrzehnts, der in allen Ländern der Erde helle Begeisterung auslöst. Der Film, der alle Kassen sprengt und alle Superlative erlaubt. Bisherige Besucherrekorde in Frankreich, Italien, Belgien, Schweiz, Holland, doppelt und dreifach übertroffen. Die Sensation der Italienischen Filmfestwochen in New York. Original-Fassung mit Untertiteln 31. Okt. 1952, *Cinema-Paris*, Berlin. Deutsche Fassung 11. Nov. 1952, *Residenz-Theater*, Düsseldorf, *Rex am Ring*, Köln/Rhein«

Einen gewichtigen Anteil an der ebenfalls gelungenen deutschen Synchronfassung haben die deutschen Stimmen von *Don Camillo* und *Peppone*: Alfred Balthoff und Werner Lieven. Die hiesige

Version basiert, wie bereits erwähnt, auf der französischen Filmfassung. In der sind am Anfang die Bilder von der Po-Landschaft zu sehen, in der die Geschichte spielt. In Italien präsentiert der Vorspann dagegen die Einblendung des Guareschi-Buches und legt Wert auf die Nennung von mehr Mitwirkenden des Filmes. Im Film sehr interessant ist die unterschiedliche Nennung des geplanten Taufnamens von *Peppones* Sohn. In Italien lautet die erste gewünschte Version »Liberio Antonio Lenin«, hierzulande hat man politisch umgetextet in »Lenin Liberio Antonio«. Das deutsche Publikum bekommt auch eine Szene nicht gezeigt, in der Christus nach dem verlorenen Fußballspiel seinen Priester aufmuntert: »Wie hoch soll die Revanche ausfallen?« *Don Camillo* kickt seinen Hut darauf in den Beichtstuhl und ruft laut: »3:0!«, und Jesus antwortet lächelnd: »Tor.« Eine Madonna darf dafür immerhin, im Gegensatz zu Italien, mit *Don Camillo* sprechen und in einer Szene den Zusatz »Das fällt in die Zuständigkeit meines Sohnes« sagen. Das italienische Publikum bekommt die gleiche Szene ein wenig abgewandelt mit Dialog von *Don Camillo* und Christus präsentiert. Eine ganz wichtige Änderung gibt es bei der Szene auf dem Rummelplatz, als auf die *Don-Camillo*-Figur geworfen wird. In der italienischen Fassung wirft *Peppone* zwar auf die *Camillo*-Figur, sie fällt aber nicht. »Das Scharnier klemmt«, heißt es. Beide Hauptpersonen gehen in Frieden auseinander. Die Schlägerei wird aus dem Off als politischer Streit erklärt und hat nichts mit den beiden Hauptprotagonisten zu tun.

Die Unterschiede sind der Zensur geschuldet. Auf das Gesamtprodukt und dessen Erfolg haben sie insgesamt kaum Einfluss. Das Publikum liebt von Beginn an die Geschichten und seine Interpreten. Die Kritiker arbeiten sich, je nach »Glaubensbekenntnis«, an dem Film mehr oder weniger ab. Die Besuchszahlen sprechen für sich. Nach einem Jahr hat DON CAMILLO in Italien alleine in 15 Großstädten rund 200 Millionen Lire eingespielt und es somit zum größten Blockbuster des Landes gebracht. Die ersten Besucherzahlen von DON CAMILLO UND PEPPONE in Deutschland sind nicht minder eindrucksvoll. Das Branchenmagazin *Film-Echo* vermeldet: »Düsseldorf in 6 Tagen: 18.000 Besucher

Hausrekord. Köln in 6 Tagen: 16.500 Besucher Hausrekord. Essen in 3 Tagen: 17.000 Besucher Hausrekord.« Die *Welt am Sonntag* veröffentlicht am 12. Dezember 1952 folgende Zahlen: »Düsseldorf 1. Woche 20.318 Besucher, 2. Woche 21.710 Besucher (bei 1000 Plätzen). Köln 1. Woche 18.303 Besucher, 2. Woche 18.501 Besucher. Essen in 11 Tagen bei 3 Theatern: 53.278 Besucher. Berlin: rund 63.000 Menschen.« Spätere Annoncen im *Film-Echo* sprechen von 150.000 Besuchern nach neun Wochen im *Residenz-Theater* Düsseldorf, im *Rex am Ring* in Köln sind zur gleichen Zeit 135.000 Besucher gezählt worden. »Beide Theater prolongieren!«, wird stolz verkündet. Zum Publikumserfolg gesellt sich eine hohe Auszeichnung. 1953 gibt es für DON CAMILLO UND PEPPONE einen *Bundesfilmpreis*. In der Begründung heißt es u. a.: »… Als bester Film zur Förderung des demokratischen Gedankens.«

Auch den Vater der literarischen Figuren lässt der Erfolg nicht unbeeindruckt, wenn er auch Gründe für diesen parat hält. Giovannino Guareschi schreibt, sichtlich beeindruckt von dem Filmerfolg, am 11. Oktober 1952 an Julien Duvivier u. a.: »… Das Geheimnis des ersten Filmerfolges ist zweifellos folgendes: In einer Welt voller Hass kämpfen die Menschen für ihre Träume, um zu leben. Männer werden nicht wirklich Feinde. Bei aller politischen Leidenschaft gewinnt am Ende der gesunde Menschenverstand. Der hat bei jedem Konflikt das letzte Wort.«

Die professionelle Kritik in Italien sieht die Verfilmung des politischen Romanes von Guareschi zwar größtenteils positiv. Allerdings bemängelt man, dass ein Franzose die italienischen Verhältnisse auf die Leinwand bringt und dass die wirklichen Gegebenheiten vor Ort nicht allzu realistisch darstellt werden. Im Filmmagazin *Oggi* schreibt Angelo Solmi am 27. März 1952: »… Das Ergebnis dieses Kompromisses ist die Filmversion von DON CAMILLO, in dem die Kommunisten weit weniger Kommunisten und Partisanen sind als in der Arbeit von Guareschi. Auch sein Priester näherte sich ihnen auf vielen Positionen mehr, als es sein Schöpfer beabsichtigt hatte und wollte. Diese Schwächung mit einem polemischen Ton, der Verschiebung des Schwerpunktes des Films auf einen humorvollen Comic, schadet nicht. Aber alles in allem macht er die Geschichte weniger glaubwürdig und rechtfertigt weniger bestimmte Verhaltensweisen der beiden Protagonisten … Am meisten leidet dadurch die Figur des Priesters, die sich so möglicherweise nicht ausreichend hinsichtlich Methoden und Mentalität von seinem Gegner unterscheidet. Jedoch ist *Don Camillo* ein starker Charakter, glücklich ins Bild gesetzt, der das mit seinen breiten Schultern tragen kann … Fernandel hat einen Schlüssel für *Don Camillo* gefunden … er gab ihm das Gesicht und die Seele, auf das die Leser des Buches warteten. Kurz gesagt: Der Film … verdankt seinen Erfolg weitgehend dem Fährmann Fernandel, in manchen Situationen weitaus mehr als dem Kapitän Duvivier. Zwei andere wesentliche Merkmale in dem Buch von Guareschi waren *Peppone* und Christus. Ersterer hervorragend gespielt von Gino Cervi, wie bereits erwähnt, immer nachgiebig und gutmütig … Die warme und überzeugende Stimme von Ruggero Ruggeri gab der Christus-Figur Würde und außergewöhnliches Prestige. Die Gespräche zwischen *Don Camillo* und Jesus … gehören zu den schönsten Dingen im Film … Angesichts der Zersplitterung des Buches … wusste Duvivier fast immer stimmungsvolle und poetische Sequenzen zu erstellen. Am überzeugendsten dabei die Prozession mit dem Segnen des Flusses …; das Finale, wo der Regisseur eine sentimentale Atmosphäre fand …« In *Settimana Incom* ist am 29. März 1952 zu lesen: »… Mit Fernandel als *Don Camillo* ist ein großer Film gelungen. Wer hätte gedacht, dass dieser Komiker mit Menschlichkeit und Praktikabilität so gut die Stimmungen von Guareschis brillantem Priester umsetzen würde? Ein Wunder von Fernandel, hat er (Sie dürfen nicht seine wunderbare Art der Darstellung in COIFFEUR POUR DAMES vergessen) doch völlig andere Gesten verwendet. Das ist nicht weniger gut als Gino Cervi als *Peppone* …« Gian Francesco Luzi meint schon kritischer in *Bianco e nero* (1952): »… Das Drehbuch wurde von zwei Franzosen geschrieben: Duvivier und Barjavel – eine typische italienische Geschichte nach Guareschis Buch. Es war zu erwarten, dass die Geschichte dadurch an Originalität verliert. Das ist auch geschehen. In der Tat ist der Unterschied zwischen Buch und Film groß. Alles lässt sich auf ein Wort vereinfachen: Varieté …« Doch wie nimmt die Kirche den Film auf? Am 4. April 1952 äußert sich Renato Buzzonetti erstmals in *Riviste del cinematografo* (Das monatliche katholische Filmzentrum) unter der Überschrift »*Don Camillo*: Hoffnungsvolle Abenteuer?«: »Duvivier ist sehr stumpf und weicht die scharfe Kontroverse von Giovanni Guareschi auf. Die französischen Gefühle stehen über den politischen und sozialen, und Duvivier schafft eine kleine Fantasiewelt. Er verlagert den Schwerpunkt des Films Richtung Fabel.« Kurz darauf führt er weiter aus: »... Die abwechslungsreiche und interessante Galerie der Priester auf der Leinwand ist durch einen neuen Charakter bereichert worden: *Don Camillo*. Er ist ein seltsamer Priester ... es ist ein Priester, aber er ist kein Heiliger ... obwohl er danach strebt ... Aber er ist kein Schafhirte, eher ein menschliches Exemplar, geprägt von der sozialen, moralischen und psychologischen Umwelt. Um seinen und alle anderen Charaktere zu verstehen, muss man zunächst diese spezielle Umwelt verstehen, wo die geniale Erzählung spielt ... Ein Land der heißen Leidenschaften und explosiven Gefühle ... Der Film ... behauptet nicht, tatsächliche Ereignisse zu zeigen ... er will eher mit tröstlichem Humor eine moderne Fabel erzählen ...« Alles halb so schlimm also für die Kirche. Die Einflussnahme auf die Produktion war erfolgreich.

In Frankreich lobt die Kritik, egal welcher politischen Blickrichtung, überschwänglich die Leistungen ihrer Landsleute Julien Duvivier, René Barjavel und Fernandel. *Combat*, Paris, die Zeitung der Résistence, meint am 5. Juni 1952, dass das »Team Barjavel-Duvivier nicht mit jedermann« zu vergleichen sei. Henry Magnan gibt am 6. Juni 1952 im linksliberalen *Le Monde* immerhin kund, dass »der *Don Camillo* Fernandel in der Seele liegt«. Louis Chauvet äußert sich zum Einfluss der Franzosen am gleichen Tag in *Le Figaro*, dem traditionell politisch rechts oder zumindest Mitte-rechts einzuordnenden Blatt, schon deutlicher: »... Der französische Anteil am Film ist sehr hoch. Der Takt, die Empfindlichkeit, das Lachen sind das Werk von Regisseur Julien Duvivier. Und kein Schauspieler der Welt hätte den Charakter des Dorfpriesters vergleichbar im Stil Fernandels interpretieren können ... Julien Duvivier malte das ländliche Leben einschließlich des psychologischen Klimas ... Fernandel ist als Priester clever und temperamentvoll, mit Humor und Vitalität, ist nicht vulgär, sondern einfach nur normal. Gino Cervi liefert eine intelligente Antwort. Ein verdienter Erfolg für alle.« Max Favelelli, *Paris-Presse*, weist am 7. Juni 1952 darauf hin, dass es René Barjavel zu verdanken ist, dass die einzelnen Geschichten »wie ein starkes Halsband« wirken und Duviviers Regie »nicht weniger verdienstvoll« ist. Fernandels Persönlichkeit sei »so genial, da er dem Charakter *Don Camillos* so viel Gewicht gäbe, das die Vorteile auf Seiten der Kirchenanhänger lägen«. Das Publikum würde in *Don Camillo* aber »weniger eine politische Maschine sehen«, sondern vielmehr »das Ergebnis einer gesunden, herzerwärmenden Heiterkeit«. Im *Figaro littéraire*, dem wöchentlichen literarischen Beiblatt des *Le Figaro*, begibt sich Claude Mauriac am 7. Juni 1952 nicht von seinem hohen Podest des Kritikers und meint trotz aller Besucherschlangen: »… Ein Film, der ohne Bedeutung bleiben wird … und die Autoren hatten keinen anderen Anspruch, als zu unterhalten … Das Ergebnis ist moralisch verwerflich, egal mit welchem Geist wir es betrachten …« Die Darstellung der Kommunisten und Christen im Film sei »schlicht und einfach Betrug«. Der Film, der »niemand befriedigt, über den aber alle lachen«, so wird zähneknirschend festgestellt, sei trotzdem »eine Erfolgsgeschichte« an der Kasse. Dagegen freut sich Michel de Saint-Pierre in der christlichen Wochenzeitung *Témoignage chrétien* am 20. Juni 1952 über die Co-Produktion: »… Julien Duvivier machte einen Film mit bestem Geschmack in bester Qualität … Die internationale Formel ist der einzig gangbare Weg, will man mit einem solchen Film Gewinn erzielen …« Und das katholische Magazin *Radio cinéma télévison*, J.-L. Tallenay, formuliert einige Zeit später am 21. Juni 1953 versöhnlich die Botschaft des Filmes: »… Gute Menschen können sich einigen, wie es hier auch geschieht …«

In Deutschland wird der Film oft auch unter dem Einfluss des Ost-West-Konflikts betrachtet und erfährt eine intensive politisch-kirchliche Betrachtung. Vertiefen wir uns ein bisschen in die deutsche Sicht der Dinge im Jahr 1952. Das Interesse an der Produktion ist schon lange vor der deutschen Premiere im Herbst vorhanden. Kurz nach der italienischen Uraufführung ist bereits ein erster Bericht zu finden. Er stammt von Erich Kuby, einem Journalisten, der seinerzeit als Redakteur für die *Süddeutsche Zeitung* arbeitete und der eine links-liberale Position innehatte. Er schreibt am 3. April 1952 von Erlebnissen in Italien: »Es war ein Tag Ende März, der sich nicht deutlich zu äußern wusste. Regen drohte, wir waren auf dem Wege nach Venedig. Haben Sie schon einmal Venedig im Regen erlebt? Wasser unten, Wasser oben, dazwischen Trostlosigkeit. Wir wollten Venedig nicht im Regen sehen, aber in diesem unzuverlässigen Vorfrühling unzuverlässig selbst in Italien – wir hatten gerade am Gardasee ein Nacht-Gewitter mit Hagel vor den Fenstern gehabt – schien es uns notwendig, gewisse Sicherheitsmaßnahmen gegen den Regen zu ergreifen. Wir hielten in Padua, wo man sonst nicht hält, obwohl das eine Schande ist, Vergeudung einer der schönsten Städte Italiens, und begaben uns in den Dom des Heiligen Antonius, nicht ohne vorher an einem der Stände auf dem Platz eine bildchengeschmückte Opferkerze für 150 Lire erworben zu haben. Diese Kerze gedachten wir am Altar des Heiligen anzuzünden, denn er ist zuständig für Sonne in Venedig, aber wir mussten bemerken, dass nur ein Tisch neben dem Altar stand, ein ganz gewöhnlicher Tisch mit einer Papierdecke, auf den sollte ich die Kerze legen. Wir sahen ihren Kreislauf voraus, zurück zum Stand auf dem Platz, mit 50 Prozent Rabatt der Händlerin wieder zur Verfügung gestellt für den nächsten dummen Fremden (alle Fremden in Italien genießen den Paragraph 51/2 a priori), und in dieses Geschäft, bei dem nur die Kerzenfabrik und natürlich der Heilige den Kürzeren ziehen, wollten wir nicht einsteigen. Wir reichten die Gabe einem Pater, der gerade Kerzenwechsel vornahm, die hohen Stufen hinauf und hatten die Genugtuung zu sehen, dass er sie brennend in einen lose gebundenen Kerzenstrauß steckte, der in einer wahrscheinlich wasserarmen Blechvase stand. Es war später Nachmittag, als wir wieder auf den Platz hinaustraten. Der Heilige gab ein Zeichen seines Wohlwollens, die Sonne durchstieß das unitalienische Gewölk. Wir standen vor der Frage, ob wir die 23 km Autobahn nach Venedig noch abfahren sollten, oder zur Nacht in Padua bleiben. Wir blieben und hatten es nicht zu bereuen. Auch abends, als die Kunst geschlossen wurde, blieb die Stadt uns auf den Fersen, die Schaufenster entwickelten eine starke Offensivkraft, Charme und Schick in den alten Mauern wurden im Neonlicht erst recht lebendig, und zuletzt fanden wir am Platz *Cavour*, wo er in Röhrlhosen auf Marmor steht, ein Kino, in dem das neueste Werk italienisch-französischer Filmkunst, Duviviers Verfilmung von *Don Camillo* und *Peppone*, gerade anlief. Ohne es zu wissen, sind die geschätzten Leser dieses Berichtleins bereits einer Probe unterworfen worden. Sollten sie Anstoß genommen haben an der Schilderung unserer Visite beim Heiligen? Dann sollten sie auch nie in diesen Film gehen, falls dieser in unbeschnittener Originalfassung jemals den Weg zu uns fände – was ich, offen gestanden, für unwahrscheinlich halte. Man hat hierzulande ein weniger naives Verhältnis zum lieben Gott als der streitbare Priester in Guareschis Buch, und der Film übertrifft in dieser Richtung das Buch noch bei Weitem. Hei, wie *Don Camillo*, zornig darüber, dass seine Mannschaft mittels Schwindels den Fußballkampf verliert, in der Kirche sein Barett zu Boden schleudert und, selbst ein kundiger Fußballspieler, es mit sattem Vollriss in den Beichstuhl jagt, sodass es den violetten Vorhang wegreißt. Auch sind Priester, die, das geladene und entsicherte Gewehr unter dem Arm, über Mauern klettern und das Leben ihres lieben, wenn auch roten, Nächsten bedrohen, keineswegs alltäglich, ganz zu schweigen von solchen, die ihre Widersacher mit aufgekrempelten Hemdsärmeln und zerbeulten Zelluloidkragen in die Glockenseile boxen, sodass eine der Glocken einen schnippischen Ton von sich gibt, der das Dorf aufhorchen lässt. Was für ein Film! Wir hätten nicht weit zu fahren brauchen bis zu dem Dorf, in dem Buch und Film spielen; die Paduaner nahmen Duviviers Film als die eitel Heimat-Wirklichkeit, die er ist, und ein kleiner Mann neben mir stieg plötzlich vor lauter Begeisterung auf den Klappstuhl und schrie sein Vergnügen hinaus. Auch wir sahen etliche Meter des Films nicht, weil uns Gelächter-Tränen die Augen blind machten. Dass Guareschis Weltschlager, weil er eigentlich kein Roman, sondern eine Aneinanderreihung von Anekdoten ist, bar einer durchgehenden Handlung, kein gutes Drehbuch abgeben würde, war zu erwarten. Aber über diese Grundschwäche des Plans, ihn zu verfilmen, ist Duvivier hinweggekommen dank der beiden Darsteller der Titelfiguren und seiner unsentimentalen Freiheit von falscher Devotion. Die größere schauspielerische Leistung zeigt *Don Camillo*; dennoch sind die Gewichte zwischen ihm und *Peppone* im Film noch gerechter verteilt als im Buch, oder vielmehr: Im Film sind sie gerecht verteilt, während man dem Buch nachsagen könnte (und nachgesagt hat), dass es letzten Endes doch eine fein gesponnene Propaganda für *Don Camillos* Welt ist. Nur auf die Welthetze projiziert, wirkt es so neutral, ist es aber nicht. Der Film ist es. Er lässt ganz offen, wer wen besiegt, *Don Camillo* verlässt seine Pfarre – an zwei Bahnhöfchen von den Schwarzen und den Roten gefeiert – gehorsam einer Weisung des Bischofs, dessen Palais er zuvor, gewissermaßen probeweise, mit einem gewaltigen Tisch zertrümmert hat. Aber niemand glaubt, dass der Film eine Gaudi sei, an Ernst steht er dem heiteren Buch in nichts nach. Aus dem Fenster des Abteils, in dem er fortreist, lässt *Don Camillo* einen Schwarm Tauben steigen, die er soeben als Abschiedsgeschenk bekommen hat. Wir finden diese Tauben anderntags wieder auf dem von blauestem Himmel überspannten, ganz fremdenleeren Markusplatz. Antonius hat geholfen!«

Spätestens mit dem Start von DON CAMILLO UND PEPPONE in Deutschland äußert sich jedes namhafte Medium zu dem Film. Schon das Pressematerial der Allianz-Film bringt unter anderem den renommierten Hamburger Filmkritiker Klaus Hebecker zu Wort, um die Außergewöhnlichkeit des Filmes darzulegen: »Eine politische Komödie hat nur Bestand, wenn sie über den Dingen steht, die zu glossieren sie sich vorgenommen hat. Während man in Ostdeutschland das ganze steife politische Vokabular den filmischen Antiwest-Kämpfern brockenweise auf die Synchronlippen packt und während der Westen politisch ambitionierte Filme um des lieben Geschäfts willen immer wieder mit Wildwest-Zutaten garniert …, zeigen die Geschichten Guareschis politische Alltagswunden auf mit dem sympathischen Schlussakkord, dass eines schönen Tages doch Vernunft über Doktrin siegen müsste. Die kleine Welt des Don Camillo ist optimistisch. Die ›große Welt‹ darf ihr nacheifern … Don Camillo und Peppone versuchen, davon zu überzeugen, dass hüben und drüben schließlich nur Menschen wohnen, an deren letzte Reste von Anständigkeit und Vernunft zu glauben sich lohnt. Natürlich kann der Autor Guareschi keine Patentlösung zwischen den Differenzen von Ost und West geben. Wie sollte er auch … Aber es werden wenigstens Möglichkeiten der Verständigung aufgezeigt, die eintreten könnten, wenn weltanschauliche Ressentiments fallen und gesunder Menschenverstand spricht …« Wilfried Berger nimmt, ebenfalls in der Fachlektüre Filmpress, unter dem Titel »Don Camillo und Peppone – eine Propagandafalle?« wie folgt Stellung: »Der Film ist so witzig, dass der Spaß, den er verbreitet, schon wieder bitterer Ernst wird. Wir sehen einen kommunistischen Bürgermeister, der äußerlich vor ›Linientreue‹ strotzt, innerlich aber vor Biederkeit und Gutmütigkeit überfließt, sodass selbst der im Film in Erscheinung tretende Bischof sich von dem Kommunisten Peppone um den Finger wickeln lässt. Der Pfarrer *Don* Camillo … greift in letzter Verzweiflung immer drohend zum Maschinengewehr, das in irgendeiner Kirchenecke steht …, um seinen Widersacher Peppone zur Raison zu bringen. Bei passender Gelegenheit biedern sich dann Camillo und Peppone wie zwei waschechte Stammtischpolitiker an, denn siehe da, es ist ja so einfach, aus tierisch ernst erscheinenden Kommunisten friedliche Bürger zu machen. Man muss sie nur zu nehmen wissen! Warum also Jammer und Debatten? Redet den Sowjets ein bisschen gut zu, und sie kommen euch auf halbem Wege entgegen. Jeder, der den Film sieht, muss zwangsläufig zu diesem Resultat kommen …«

Wie nimmt die katholische Kirche in Deutschland den Film auf? Die katholische Filmkritik Deutschlands betrachtet DON CAMILLO UND PEPPONE in der Zeitschrift *Film-Dienst* (Nr. 2078, 1952). Die Beurteilung erfolgt noch auf Sichtung der Originalfassung: »Das Buch von Giovanni Guareschi … wurde als köstliches Bild des italienischen Lebensstils von Ungezählten in aller Welt dankbar aufgenommen und mit Schmunzeln gelesen. In der gleichen Einstellung wie das Buch muss auch der Film, der die markantesten Szenen aus der Vorlage getreu überträgt, gewertet werden: als lächelnde Satire auf einen Ausschnitt italienischer Eigenart. Kenner der italienischen Volksseele versichern, dass hier Wesentliches zum Verständnis der kommunistischen Massen jenseits des Gotthards ausgesagt wird. Ein Großteil der kommunistisch Stimmenden hat sich in Italien, besonders auf dem Lande, viel weniger aus doktrinären, als aus sozial-wirtschaftlichen Erwägungen der Partei verschrieben. Der italienische Kommunist möchte zumeist weder gottlos sein, noch auch als gehässig antikirchlich gelten. Er träumt viel weniger vom Sieg des internationalen Kommunismus als von wirtschaftlicher Besserstellung. Die graue Theorie lässt ihn überhaupt kühl, sobald es um echte menschliche Werte geht: Über allem steht beim Mann von der Straße in Italien die Familie, das Kind. Man erwarte darum in DON CAMILLO UND PEPPONE keine filmische Abhandlung über letzte geistige Auseinandersetzungen. Zur Zeit liegt leider noch kein Bild aus einem zeitgenössischen Filmprospekt vor, daher hier nur ein Bild aus dem Film! Es geht um ein ganz anderes Anliegen menschlicher Art. Dies vorausgesetzt, folgt der Zuschauer mit wachsender Freude höchst belustigt den dramatischen Auseinandersetzungen zwischen den beiden Gegnern, die mit wechselndem Glück und ausgesprochener Schlauheit einander zuliebe leiden. Die Rollen sind ausgezeichnet besetzt; vor allem überrascht Fernandel in seiner Verkörperung des originellen, handfesten Pfarrers, der mehr auf seine Fäuste vertraut als auf die dialektische Schärfe seines Geistes. Wie weit allerdings der Film infolge einer gewissen, ungewollten ›Verniedlichung‹ bei wenig kritischen Zuschauern über die tödliche Gefahr des Kommunismus hinwegzutäuschen vermag, ist eine andere Frage. Bei uns ist diese Gefahr wohl weniger akut als in andern Ländern. Hingewiesen sei noch auf einige weniger gefällige Dialogstellen und die Beichtszene, doch beeinträchtigt dies den Gesamteindruck kaum … Von der deutschen Dialogfassung wird es abhängen, ob der auf romantische Mentalität abgestimmte humorvolle Grundton (Christus-Stimme!) seine unverfängliche Wirkung behält. Dies vorausgesetzt, wird der sehenswerte Film auch für Jugendliche etwa ab 16 geeignet sein. Sollten sich Abweichungen ergeben, geht der *Film-Dienst* nach Prüfung der deutschen Fassung erneut auf den Film ein.«

Im *Film-Echo* 1952, der Fachzeitschrift der Kinobesitzer, kommt Georg Herzberg zu folgendem Urteil: »Ein großer Teil der Welt lacht über das Buch von dem Priester *Don Camillo* und dem kommunistischen Bürgermeister *Peppone*, die sich in einem norditalienischen Landstädtchen einen harten Kampf liefern, aber im Grunde nette Kerle sind und demonstrieren, wie man gegensätzliche politische Meinungen auf den Generalnenner des guten Willens und der gegenseitigen Achtung bringen kann. Guareschis Werk ist eine Sammlung von Episoden, und Duvivier hat sich für seinen Film die schönsten und wirksamsten ausgesucht. Da raufen sich Schwarz und Rot, da teilen sie sich eine unterschlagene Kriegskasse, da tauft *Camillo* ein Kind auf den Namen *Lenin*, da trägt der Kommunistenhäuptling einen Sarg mit dem Königsbanner, da werden *Romeo* und *Julia* glücklich. Wenn das Öl der Versöhnlichkeit am Versiegen ist, sorgt der Gekreuzigte persönlich für Erneuerung. Ein prächtiges Buch wurde ein prächtiger Film. Fernandel ist die *ecclesia militans* in Person. Ihm nimmt keiner einen Centesimo aus dem Opferstock. Er schlägt notfalls um sich, dass die Fetzen fliegen, und hat überdies ein MG in Reserve. Gino Cervi ist ihm ein großartiger Gegenspieler, eine kreuzbrave Rothaut und schlau genug, im Kampf mit den Schwarzen die Spielregeln des italienischen Volksempfindens zu achten. Auch sonst gibt es eigentlich nur liebe Menschen auf dieser Filmerde. Duvivier hat sich mit Scharfblick die rechten Gesichter vor die Kamera geholt und der Po-Landschaft und den besonnenen Mauern und Straßen des als Hauptdarsteller verpflichteten Ortes alles abgeschaut, was für einen guten Film nötig war. Nur eines muss leider auch der Fachkritiker konstatieren: Von Deutschland und schon gar von Berlin aus gesehen spielt dieser Film nicht am Po, sondern auf dem Sirius. Doch darüber wird man sich ja wohl in der Tagespresse verbreiten. Die filmische Leistung und das Entzücken all derer, die noch in Freiheit lachen und denken können, werden von den politischen Einwänden nicht gemindert.«

Der Betrachtungen des Filmes gehen weiter. Dora Fehling meint am 2. November 1952 im (SPD-nahen) Berliner *Telegraf* über eine Aufführung im *Cinema Paris*: »Was ist das für ein wunderschöner Film geworden, den Julien Duvivier nach Giovanni Guareschis Roman *Die kleine Welt* gedreht hat! Guareschis schon heute als klassisch zu bezeichnende Schelmenromane haben auch in Deutschland Zehntausende von Menschen mit hellem Entzücken gelesen. Und nun stellen sie fest, dass der Film die Lektüre fast noch übertrifft. Erfolg: immer wieder Jubel bei offener Leinwand. Am liebsten möchte man das Kino nicht verlassen, sondern sich diese filmische Inkarnation so oft ansehen, bis sie Auge, Ohr, Verstand und Herz – Herz ist wichtig! – derart intensiv aufgenommen haben, dass sie als unvergessliche Dauerprojektion jederzeit verfügbar ist, wenn Eiserne Vorhänge niederzurasseln drohen … Es ist wie alles in diesem wundersamen Film, der sich aus vielen kostbaren Episoden zusammensetzt, die nicht zu beschreiben sind und auch nicht beschrieben werden sollen, weil jeder sie selbst erleben muss. Duvivier hat Guareschi von Herzen verstanden. Und so wird auch sein Meisterwerk von Herzen verstanden werden. Es ist verschmitzt und voller Tiefsinnigkeit; es ist deftig und zart; es ist, um Tränen des Lachens und des Weinens gleichzeitig zu vergießen. Es ist voller Menschlichkeit, wenn auch scheinbar voller rivalisierender. Ist es nicht schön, klipp und klar bewiesen zu bekommen, dass an allem Ärger ›nur die Politik‹ schuld sei? Und dass jeder Streit sich beilegt, sobald es darum geht, ein Baby zu taufen oder notleidenden Tieren zu helfen? Der herrliche Film endet bei der ›Erholungsreise‹ des priesterlichen Recken, die ihm sein Bischof anempfahl. Wer das Buch kennt, weiß, wie und wann *Don Camillo* zurückkehrt. Dieses nun will uns Duvivier in einem zweiten Film erzählen. Der Franzose Fernandel ist *Don Camillo*, der Italiener Gino Cervi der Kommunistenboss *Peppone*. Es erübrigt sich, ein weiteres Superlativ für ihre hinreißende Darstellung hinzuzufügen. Die Fotografie hat *Don Camillos* kleine Welt eingefangen, dass auch freudige Andacht aufkommt. Wie gesagt: Der Film ist wunderschön!«

In der kontroversen *Die Zeit*, Hamburg, ist am 6. November 1952 unter dem Titel »Ein Lächeln im Kalten Krieg« zu lesen: »… Julien Duvivier, Meister sehr verschiedenartiger, aber immer atmosphärischer Filme, machte aus Guareschis heiter-simplem Narrenroman keinen politischen, sondern eben wieder einen beschwingt atmosphärischen Film. Dem bramarbasierenden Kommunismus eines kleinen oberitalienischen Miniatur-Stalin werden mit genüsslich ausgespielten Szenen auf eine sehr zutrauliche Weise Haare gerupft, was der mit allen Mitteln drastisch zupackender Schläue seinem Herrn dienende Landpfarrer *Don Camillo* besorgt. Was das Buch an Lächeln über die Menschlichkeiten der großen Gegensätze bescherte – Duviviers Film hat gerade dieses glückliche Lächeln zur Essenz seines Filmes gemacht. Er muss vieles lassen, was besonders an kostbar verschmitzten Zwiegesprächen zwischen *Don Camillo* und Christus im Buche steht, doch er zaubert um die beiden vitalen Raufbolde, den Pfarrer und den Kommunistenführer, noch viele optische Akkorde einer modernen Eulenspiegelei. Der französische Charakterkomiker Fernandel ist wohl ein Idealfall für das Phänomen des italienischen Landkaplans, und dem Italiener Gino Cervi, der den kommunistischen Tribun zu spielen hat, glaubt man gern die starken Gesten auf der Straße und die Seele in Hauspantoffeln. Auch Duvivier führt nicht den Kommunismus ad absurdum, ebenso wenig wie er der Kirche etwa hemdsärmelige Streitbarkeit empfiehlt. Das alles gebe es nirgendwo anders als in diesem italienischen Dorf. So distanziert ein milder Sprecher sich von der Mutmaßung, Duvivier oder Guareschi wollten den Politikern Rezepte geben. Der Filmschöpfer hat ein heiteres Märchen gedichtet, das den grimmig sich Befehdenden zuzwinkert, zwischen ihnen sei so viel menschlich Gemeinsames, dass die Gegensätze davor wie Masken abfallen. Gerade in Berlin, das den harten Tatsachen so nahe zu leben hat, nahm man das politische Schelmenmärchen mit offensichtlichem Vergnügen entgegen.«

Ein K. K. schreibt am 28. November in der *Frankfurter Allgemeinen*: »Jetzt ist der Film auch in Westdeutschland zu sehen … Zwar trifft die in Remagen hergestellte klangharte deutsche Fassung leider wieder einmal die Wärme und Fülle des italienischen Tons nicht. Doch bleibt das Filmwerk mit seiner köstlichen hintergründigen Komik kräftig genug, um auch bei uns regelrecht Begeisterung auszulösen. Selten einmal rühren sich in Frankfurt für einen Film ohne anwesende ›Hauptdarsteller‹ die Hände zum Beifall. Hier geschah es … Der Duvivier-Film freilich enthüllt noch mehr – und es hat einigen Grund, wenn gesagt wurde, hier sei einmal der Film noch besser geraten als seine Buchvorlage. Die Fotografie ist bis auf einige wenige Szenen hell ausgeleuchtet, im guten Sinne dokumentarisch trocken, wie wir das aus den neoveristischen Filmen der italienischen Nachkriegsproduktion kennen. Gelegentlich erzielt Duvivier mit realistischen Mitteln überrealistische Wirkungen, so, wenn er den Pfarrer *Don Camillo* winzig klein über den in heller Mittagshitze daliegenden Marktplatz gehen lässt, indem die Kamera auf dem hohen Kirchturm postiert ist. Noch stärker wird solche reale Symbolik in der großartigen Szene, da der von seinen Getreuen verlassene Pfarrer allein das übermannshohe Kruzifix in einsamer Prozession an den Po schleppt, damit der Fluss den Feldern Segen bringe ... Der Schlüssel zu der ungeheuren Wirkung dieses Films, dessen Hauptfigur immerhin ein katholischer Priester in der Soutane ist, wenn ihm auch das Barett verwegen schief auf dem langen Pferdekopf sitzt, ist die natürliche Echtheit der Hauptträger der Handlung, insbesondere des großen Schauspielers Fernandel. Man stelle sich einmal vor, bei uns käme ein Regisseur auf den Gedanken, Lingen oder Moser in eine Soutane zu stecken. Man kann da nur sagen: Gottlob kommt niemand auf die Idee. Fernandel, komisches Charakterfach – man erinnere sich an seinen geckenhaften Provinzfriseur in CARNET D'UN BAL –, ist halt mehr als ein Komiker. In diesem Pferdegesicht mit den vorquellenden Augen wird hinter dem Schalk, hinter dem Dümmlingsriesen, dem Kraftkerl und Dreinhaugewaltigen eine großartige Melancholie sichtbar. Und diese Melancholie ist der Hintergrund, auf dem das Hunderte von Malen als komisch verschlissene Gesicht etwas eminent Priesterliches bekommt. Es wird keinen Katholiken geben, der die paar Momente, in denen der Pfarrer *Camillo* im Kasten des Beichtstuhls und ein um das Geheimnis der Absolution wissendes Priestergesicht sichtbar werden, nicht mit dem Schauer der Ehrfurcht vor dem Sakramentalen sähe. Und doch kann der Film schon im nächsten Augenblick den Riesen im Pfaffenrock höchst menschlich zeigen, wenn er, der soeben als Beichtiger erfuhr, dass *Peppone* es war, der ihn eines Nachts mit dem Eichenknüttel zerwalkte, noch in der Kirche sein Beichtkind mit einem Fußtritt auszahlt. Auf dem Hintergrund einer ungebrochenen südländischen Katholizität entfaltet der Film die Fülle der bekannten urkomischen Vorfälle zwischen den beiden Rivalen. Fernandel-*Camillo* ist im Film, mehr als im Buch, die Hauptperson. Gino Cervis *Peppone* wirkt dagegen wie ein, allerdings prächtig getroffener, Typ, aber doch nur wie ein Typ. Wenn auch die meisten Zuschauer sich der Hintergründe dieses Werks und Erfolgs nicht bewusst sein dürften, so spricht doch die Tatsache, dass das Heilige, Liturgische, der redende Christus, die Taufzeremonien, die Soutane, die Prozessionen und Kreuzzeichen von allen, ob Christen oder Nichtchristen, ob Protestanten oder Katholiken, wie das Selbstverständlichste von der Welt hingenommen werden, für die ungeheure Macht großer Komik. Es bewahrheitet sich wieder einmal, dass am ehesten Komödie spielen kann, wer in seiner Substanz noch echt ist. Es mag intellektuell interessantere Duvivier-Filme geben. Dieser ist kräftig.«

Die Welt, Hamburg, bürgerlich-konservative Tageszeitung, kommentiert am 29. November 1952: »Wenn große Regisseure, fasziniert von der literarischen Literatur, das Werk eines Schriftstellers verfilmen, sind sie im Grunde doppelte Verräter – an der eigenen Sache und an der Sache des Autors. Duvivier nimmt nur die Hälfte der Szenenfolge Guareschis und muss auch aus dieser Hälfte noch einige köstliche Intermezzi wegfallen lassen, um die programmgemäße Filmlänge einzuhalten. Nun macht das diesmal nichts aus. Die Schelmengeschichten zwischen dem schwarzen und dem roten Oberhaupt der kleinen Gemeinde am Po können endlos fortgesponnen werden, und der – einstweilige – Abschied *Don Camillos* ist für den Film vielleicht sogar ein bekömmlicheres Finale, als der Schluss des Romans es wäre. Das Wort ›groß‹ erhält jetzt eine andere Färbung. Groß ist jetzt die Haltung des Regisseurs, der sich dem Text unterwirft, ihm allein dient – abhörbar nicht so sehr am Wort, das aus dem Lautsprecher dringt, sondern noch mehr abzulesen an der genauen Übersetzung des Wortes ins Bild. Und Duvivier war ein getreuer Diener. Es geht nichts verloren von der Innigkeit, die diese beiden Männerherzen ganz verborgen verbindet, von dem Verzeihen, das die Zeichnung menschlicher Schwächen führt. Die Kritik ist durch das Bild nicht schärfer, das Innige nicht süßlich geworden. Ja – am Ende ist es so, dass die ›Internationale‹ lieblich klingt wie ein Volkslied. – Gefährlich? Man muss schon völlig blind sein, wenn man nicht erkennt, dass jene Kommunisten Guareschis und Duviviers und besonders der liebenswerte Bürgermeister Gino Cervis innerhalb von sechs Monaten aus der Partei getilgt wären, wenn diese Partei zum Staat würde. Das Evangelium der Liebe, das hier verborgen unter zahlreichen Prügeleien und doch unmissverständlich verkündet wird, bekommt dann und wann allerdings einen Ton, der nicht von Guareschi stammt: das Halbdunkel im Stalle, darin das Kalb geboren wird, die große Stille über dem Fluss, die Wanderung mit dem Schmerzensmann durch die weite, leere Stadt … Ja, Duvivier hätte anders gepredigt, aber er war getreu.«

Heinrich G. Reichert äußert sich am 5. Dezember 1952 im *Wiesbadener Tageblatt* über den »heitersten Dorfkrieg der Welt«: »Das ist ein großartiger, einzigartiger Film, eine Labsal im politischen Ärger und Wirrwarr. Das Buch Guareschis, das vielen Menschen Heiterkeit schenkte, scheint in manchem vom Film übertroffen. Weil Duvivier nichts hinzutat, sondern mit der Kamera und trefflichen Schauspielern nacherzählte. Weil Frankreichs bester Komiker, Fernandel, diesen Saftkerl von einem Priester sichtbar macht. Weil eben in diesem pfiffig-melancholischen Pferdegesicht mit den lauernden Augen und dem schmollenden Munde abzulesen ist, was alles in dieser Soutane steckt; nämlich ein böses Teufelchen der Reizbarkeit, des kleinen Betruges, der Intrige, des Schalkes, fast heidnischer Frömmigkeit, aber auch ein kleiner Engel mit einem goldenen Herzen, christlicher Sakramentalität, der Güte und der Liebe zu Volk und Tier. *Camillo* wirft mit Eichentischen auf die Kommunisten. Neben seinem Rosenkranz liegt schussbereit die Maschinenpistole. Er dient Gott mehr mit Fäusten und Fußtritten als mit dem Wort des Evangeliums. Er hadert mit Christus über eine verlorene Fußballschlacht, aber er trägt denselben Christus mutig in einem grandiosen Bild, fromm und sieghaft, an den Po und zwingt die Roten, ihm bewundernd zu folgen und so Christus eine rote Prozession zu bilden. Unvergesslich ist das. Er prügelt sich mit dem roten Bürgermeister *Peppone* im Glockenturm, dass die

Glocken zu bimmeln anfangen. Wie er mit Christus Zwiesprache hält und wie er mit dem Dorf-Stalin *Peppone* abrechnet. Wie er über ihn im Beichtstuhl richtet und nach der Beichte ihn bestraft, das ist die grandioseste Komik, die wir je sahen. Eine Komik jenseits des Gewöhnlichen, weil sie aus unvorstellbaren gläubigen und volkshaften Tiefen hervorkommt. Wir spüren, wie wir diesen Prachtkerl mit den Schmiedehänden lieben. Auch diesen Dorf-Stalin (Gino Cervi). Er beherrscht die ganze Partei-Phraseologie, er trifft den Ton bis ins Halstuch hinein, aber zu Hause gibt er Milchfläschchen, und demütig kniet er vor seinem Pfarrer, den er heimlich nachts überfallen und windelweich geprügelt hat. Oh, echtes, frommes, heidnisches, unverfälschtes, katholisches Italien! Das alles ist im Film. Und wie echt kommt das bei Cervi und vor allem bei Fernandel. Über alle Ideologie siegt die animalische Verbundenheit der beiden mit Erde, Vieh und Mensch. (Lest vor dem Film einmal die Vorrede Guareschis zu seinem Buch.) Wie wundervoll, dass trotz allem rüpelhaften, erdhaften Benehmen der Respekt vor dem Heiligen, dem Sakramentalen, heilig gewahrt wird, wie etwa auch in Graham Greenes Buch *Die Kraft und die Herrlichkeit*. Man klatscht und jubelt in den Film hinein. Christen und Kommunisten lachen befreit, verklärt, weil über alles Trennende, um deswillen sie die Köpfe vertrommeln, jedes Mal die Liebe siegt, wenn Not am Mann ist. Gott, wenn Stalin und der Papst sich so einigen könnten, wie dieser liebe *Camillo* und dieser treffliche *Peppone*!«

Schriftsteller und Filmkritiker Hans Hellmut Kirst äußerst sich am 21. Januar 1953 unter der Überschrift »Der streitbare Priester und der rote Häuptling« im konservativen *Münchner Merkur*: »… Ein Schwarz-Weiß-Film, der deutlich in schwarzen und roten Farben gehalten sein musste, wobei sogar das Rot, täuschten uns Augen und Verstand nicht, ein leichtes Übergewicht besitzt … Über den Film selbst, als künstlerische Aussage, wird es keinen Streit geben. Er ist des mit Recht berühmten Julien Duvivier durchaus würdig, darf also getrost ein Meisterwerk genannt werden. Es ist eine großartige Arbeit … Die Gespräche des Priesters mit seinem Christus, um die jeder bangen musste, der sich über diesen Film im Voraus seine Gedanken machte, sind durch Diskretion und taktvollen Abstand überwältigend gut gelöst. Ein Vergnügen ist das Fußballspiel der roten gegen die schwarze Mannschaft; die Rede des bestochenen Schiedsrichters über die Unparteilichkeit des Sports ist ein Kabinettstück fröhlicher Demagogie. Die darstellerisch eindrucksvollsten und auch filmisch stärksten Szenen sind im nächtlichen Stall zu finden, wo Priester und Parteigenosse gemeinsam Kühe melken und Milch trinken. Einfach genial aber und mit knappen, frappierend einleuchtenden Schnitten unvergleichlich sicher gelöst, viele kleine Szenen; die Prügelei in der Sakristei zwischen Glockenseilen, die optisch und akustisch ausschließlich durch Bilder des Kirchturms und Glockengeläute deutlich gemacht wird; die Kraftdemonstration im Arbeitszimmer des Bischofs, wo *Camillo* wie ein knurrender Löwe einen riesigen Tisch zerschmettert; die Armseligkeit jeglicher Kreatur, versinnbildlicht im Priester, der, von Kirchturmhöhe aus photographiert, winzig wie ein Insekt durch die einsamen Straßen wandelt. Auch die Besetzung der Hauptrollen ist schlechthin vollendet. Gino Cervi ist ein stolzer, knorriger und dickschädeliger *Peppone*, in der Maske Stalin nicht unähnlich, im Wesen eher eine Art ländlicher Götz von Berlichingen, der aber nicht grollend zu protestieren braucht, da er sich höchst zufrieden und recht ungefährdet an der Macht befindet. Fernandel, dem südfranzösischen Komiker mit dem Pferdegebiss, der bisher nur als unternehmungslustiger Clown, scheinbar ohne jede Tiefe, galt, gelingt hier eine ergreifende darstellerische Leistung. Diese dahinsegelnde Pinguingestalt, in der schlotternden Soutane und den übergroßen Galoschen, ist von herausfordernder Lächerlichkeit; aber jede Geste verrät Kraft und die ständige Bereitschaft, sie zu gebrauchen; und das flächige Gesicht mit den Tränensäcken und den klaftertiefen Falten ist wie eine faszinierende Landschaft unter ständig wechselnden Witterungseinflüssen. Ein Film, der mehr noch als das Buch durch Handgreiflichkeiten überzeugt, die überaus gerne und übermäßig reichlich ausgeteilt werden – was der Leser in mehreren Tagen gutgelaunt über sich ergehen lässt, bekommt hier der Zuschauer in 90 Minuten fast pausenlos vorgesetzt. Aber es ist auch ein Film von hohen künstlerischen Graden. Ein Fest, ihn zu sehen; fast eine Gefahr, nicht über ihn nachzudenken.«

DON CAMILLO UND PEPPONE gerät zu einem riesigen Erfolg in deutschen Kinos. Parallel dazu kommt es zu Diskussionen über das Thema. Die *Kölnische Rundschau* fragt am 31. Januar 1953: »Warnung vor *Don Camillo*?«: »Besucherzahlen eines Filmes können alles oder nichts über seine künstlerischen Qualitäten aussagen. DON CAMILLO UND PEPPONE … hat jetzt auch in Deutschland Kassenerfolge, wie sie nach dem Kriege noch nicht da waren. Und er ist als Film gerade das Gegenteil von dem, was das Mitteilungsblatt des deutschen Autorenverbandes den Drehbuchfabrikanten von heute empfiehlt: nämlich religiöse, politische und in der Inszenierung kostspielige Manuskripte zu vermeiden. *Don Camillo* also hat ein überraschendes Echo gefunden, und nach zwölf Wochen will das Lachen in den Erstaufführungskinos nicht nur in Köln noch nicht verstummen. Spätestens hier aber setzt die Kritik der Besorgten ein. Worüber lachen denn eigentlich die Besucher dieses Films? Verletzt er nicht in erschreckendem Maße die Ehrfurcht vor dem, was uns heilig ist? Zerrt er nicht die Unantastbarkeit, die Majestät Gottes, herab auf ein irdisches, plumpes und unverschämtes Verhältnis ›auf-du-und-du‹? Verniedlicht er nicht überdies in gefährlicher, verantwortungsloser Weise die brutalen Absichten der zerstörenden Mächte, des Bolschewismus, des Kommunismus? So war eine Situation entstanden, die zwar nicht zu einer Einladung drängte – dazu war die Ablehnung zahlenmäßig zu gering –, wohl aber zu einer grundsätzlichen Aussprache. Und es zeigte sich in überaus erfreulicher Weise, dass die Kölner nicht nur lachen oder ablehnen, sondern auch sagen können, warum sie lachen oder ablehnen … Der Diskussionsleiter wies zunächst auf die Unterschiede zwischen Film und Buch hin, das weltanschaulich eine eindeutigere Position beziehe und von den italienischen Kommunisten sehr gefürchtet sei, weil es ihre Doktrinen ad absurdum führe. Was aber für die innere Haltung auch des Films spreche, sei sein Erfolg in einer der vom Kommunismus am meisten bedrängten Städte, in Berlin. Eine Teilnehmerin warf zwar ein, ein Westberliner Sender hätte eindringlich gewarnt vor der ›politischen Naivität‹ dieses Films, aber in diesem Falle scheint das gesündere Empfinden doch beim Volke zu liegen. Eine ganze Reihe von Stimmen unterstrich in diesem Zusammenhang den menschlichen, versöhnlichen Ton, der sowohl dem Buch als auch dem Film eigen sei, aber auch die innere Bereitschaft derer, die ihn gesehen haben. Denn mitten in der Verhärtung, die nach den glücklichen Anfängen der Nachkriegszeit wieder eingetreten sei, zeige DON CAMILLO plötzlich die Möglichkeit und den Wert des menschlichen Kontakts, wobei es gleichgültig sei, dass die Form des geschilderten Kommunismus eine spezifisch italienische ist. Zwei Männer, ein katholischer Pfarrer und ein evangelischer Christ, betonten mit Nachdruck und in ehrlicher Überzeugung ihr Erschrecken über DON CAMILLO und seinen Erfolg. Nicht allein, dass das Göttliche herabgezogen, die Religion entwürdigt, das Priestertum durch einen boxenden und Fußtritte austeilenden ›Schläger‹, durch eine vertrottelte Bischofsgestalt verächtlich gemacht werde – es sei darüber hinaus mit Sorge zu betrachten, wie besonders die katholischen Besucher sich diesem Film gedankenlos hingäben und irgendwelchen unkontrollierbaren Gefühlen freien Lauf ließen. Dagegen erhoben sich recht gewichtige Stimmen, größtenteils aus den Reihen des katholischen Klerus selbst. ›Wenn einer ein guter Katholik ist, muss er diesen Film vertragen können und helle Freude daran haben. Don Bosco hat seinen Jungen Zauberkunststücke vorgeführt und ist ein Heiliger geworden. Warum also nicht auch *Don Camillo*?‹ Und mit diesem Priester wandten sich viele Stimmen dagegen, zu viele Probleme in diesem Film zu sehen … verlas Redakteur Mogge einige aufschlussreiche Stellen über die Aufnahme des Films in den Niederlanden, wo viele katholische Kleriker begeistert seien und Widerspruch zumeist aus den Reihen der Laien käme. Zu diesen bezeichnenden Erscheinungen gab Direktor Klochs, der Leiter der katholischen Filmarbeit in Deutschland, einige humorvolle Erklärungen, die ein wenig von dem vorwegnahmen, was dem Schluss der Diskussion noch einmal stärkste Akzente verlieh, von dem nämlich, was die Beauftragten der Katholischen Filmliga und der Evangelischen Filmgilde als Gründe dafür angaben, dass DON CAMILLO UND PEPPONE auf die Jahres- bzw. Monatsbestliste gesetzt worden ist. Und diese Gründe fasste Pfarrer Heß, der Filmbeauftragte der Evangelischen Kirche in Deutschland, zusammen in dem Gedanken an das ›herrlichste Geschenk‹ des Films: die in ihm Wirklichkeit gewordene dauernde Aussprache mit dem menschgewordenen Gottessohn.«

Auch im hessischen Darmstadt wird heiß diskutiert, wie das *Darmstädter Echo* am 3. Januar 1953 berichtet: »… Am Neujahrsabend fand nach der letzten Abendvorstellung des *Helia* eine Diskussion über den Film DON CAMILLO UND PEPPONE statt. Veranstalter waren die Evangelische Filmgilde und die Katholische Filmliga … Der katholische Theologe, Professor Dr. Alfred Schüler vom Pädagogischen Institut Juggenheim … erklärte: ›Am liebsten würde man jetzt seinen Mund halten und mit einem leisen Schmunzeln nach Hause gehen.‹ Er wies darauf hin, dass die eigentlichen Gespräche, in denen vom christlichen Standpunkt etwas ausgesagt werden müsse, bei ganz anderen Filmen lägen, etwa bei FAHRRADDIEBE oder ENDSTATION SEHNSUCHT. Hier säßen die großen menschlichen Probleme. Der Filmbesprecher des *Darmstädter Echos* habe bei DON CAMILLO UND PEPPONE sehr richtig von einem ›Traumland‹ geschrieben. Auch die Utopie könne Fragen aufreißen, die in der Wirklichkeit nahezu verschüttet seien … Professor Schüler … Da Italien von Haus aus katholisch sei, bleibe das Geschehen wenig verbindlich, denn es komme zu keiner weltanschaulichen Begegnung. *Peppone* habe seine Idee noch nicht zur Religion erhoben, sondern trage auch als Kommunist die jahrhundertalte Tradition in sich. Das müsse man streng nüchtern sehen, wolle man nicht zu falschen Schlüssen kommen. Auf die Basis menschlicher Qualität hinweisend, auf der sich der Kommunist *Peppone* und der Priester *Camillo* trotz aller rabiaten Vitalität immer wieder treffen, wünschte Professor Schüler den Deutschen, sie möchten etwas von der Elastizität der Menschen südlich der Alpen haben …«

Je länger sich die Medien mit dem Thema befassen, desto mehr kritische Kommentare kommen zum Vorschein. Die *Deutsche Zeitung*, Stuttgart, verbreitet am 11. Februar eine angeblich neue Meinung des Vatikans (dabei wird dort DON CAMILLO UND PEPPONE tatsächlich wohl vielmehr als »ungefährliche Sache« betrachtet). Unter dem reißerischen Aufmacher »*Don Camillo* in

Ungnade?« heißt es: »Der Heilige Stuhl, so war dieser Tage zu lesen, bedaure den Ton des Buches von *Don Camillo* und *Peppone*, da er den Gefahren des Kommunismus nicht gerecht werde und den Eindruck erwecke, als ob eine praktische Verständigung mit den Kommunisten möglich sei ...«

Mit der Zeit (und dem Anlaufen der unterschiedlichen Propagandamaschinen) gewinnen die Kritiker die Oberhand. Wolfgang Herrmann ist am 14. Februar 1953 in der *Westdeutschen Allgemeinen* der Meinung: »Ich bin gegen DON CAMILLO UND PEPPONE«: »... Nun, ich sah mir unbefangen den Film ... an. Ich lernte den Priester *Don Camillo* kennen, der sich mit ›seinem‹ Jesus – durch geschickte Kamerahandhabung wurde gelegentliches Kopfnicken erzeugt – in lustiger Weise unterhielt, wie auch den gutherzigen, manchmal etwas poltrigen, aber im Allgemeinen durchaus menschlichen Kommunisten *Peppone*. Die Karikierung gewisser erstarrter Formen der landläufigen Kirche, wenn ich sie so nennen darf, ist eine brauchbare Idee, sofern sie sich innerhalb der Grenzen des Möglichen bewegt. Die Karikierung des Kommunismus ist eine äußerst gefährliche Angelegenheit. Hier werden Kommunisten gezeigt, die sich zwar tölpelhaft benehmen und auch eine Art Statistenfanatismus an den Tag legen, aber im Grunde gute Menschen sind. Die These heißt also in diesem Film: Kommunisten sind doch gute Menschen, sobald man sie richtig anfasst ... Es fragt sich nur, wann aus dem Lachen ein Weinen wird. Wann man einsehen wird, was danach kommt, wenn man einem Kommunismus, ganz gleich, wie er aussieht, eine Lebensberechtigung gibt und dabei herzlich lacht. Vielleicht sollten wir doch gelegentlich die Leute im Osten fragen. Ich denke mir, dass diese Leute einige Erfahrung in der Beurteilung solcher politischen Probleme haben. Ja, ich denke mir sogar, dass diese Leute vor Jahren einmal ähnlich naiv wie Herr Guareschi dachten und diese Gedanken vielleicht heute als Kurzsichtigkeit erkennen müssen.«

In Österreich kommentiert die *Tiroler Tageszeitung* in Innsbruck am 2. Januar 1953: »Eine idealere Plattform für eine solch aristophanische Auseinandersetzung als die dem Dichter heimatliche vertraute italienische Volksmentalität kann es allerdings kaum geben, denn in ihr lösen sich schließlich alle Konflikte wie von selbst in befreiendem, alle Kritik entwaffnendem Lachen … Atmosphäre und Umwelt, Temperament und Stimmung sind unübertrefflich, die Darstellung könnte die einmaligen Typen Guareschis nicht besser verkörpern. Fernandel war als *Don Camillo* das köstliche Original eines heißblütigen Pfarrers, wie man ihn wohl nur südlich des Po finden könnte, mit seinem Herrgott auf Du und Du, ein herzensstarker Freund und Helfer des Volkes, aber auch ein handfester, schlagkräftiger Partner seiner Gegner. Gino Cervi sieht als roter Bürgermeister *Peppone* wie Guareschi selbst aus und mimt den energischen, im Grunde altbürgerlich-gutmütigen Revolutionär so ausgezeichnet, dass man ihn ebenso wie seinen brüderlichen Gegenpart *Don Camillo* als Kernmenschen schätzen muss. Aus den übrigen Mitwirkenden ragt Sylvie als wunderbar charakterisierte alte Lehrerin *Christina* hervor. Einzelne Szenen, wie die Meeresprozession mit dem kreuztragenden *Don Camillo*, der Bischof am Arm des Kommunisten *Peppone*, der Tod *Christinas*, auch die des jungen Liebespaares, besonders aber das turbulente Fußballmatch – gibt es eine treffendere Satire auf die moderne Sportpsychose? – bleiben in ihrer künstlerischen Eindruckskraft unvergessbar. Zum Schluss begreifen wir alle, dass *Don Camillo* ebenso von den Schwarzen wie von den Roten geliebt, nach erzwungener ›Erholung‹ wohl bald wieder in sein Dorf zurückkehren wird …«

In Großbritannien meint das renommierte Monthly Film Bulletin (Vol. 20 No. 230 März 1953) zu dem Erfolg vom Kontinent: »… Genau wie das Buch ist das ein kluger und gemütlicher Film. Fernandel gibt eine exzellente Darstellung und bekommt ausführlich Gelegenheit, seine komischen Talente zu zeigen, aber wie die Geschichte das Beste aus beiden Welten zeigt, vorhandenen Streitfragen mit einer leichten Ironie ausweicht, wirkt nicht sehr echt oder erbaulich. Als Teil der Inszenierung ist Duviviers Regie erstklassig; er weiß, was er will, und sein Stil ist deutlich und sicher. Die Schauplätze sind ziemlich ansprechend, aber das ungewöhnlich grelle Sonnenlicht, in dem einige Außenszenen gefilmt wurden, ermüdend …«

Nur gut zwei Monate nach der deutschen Erstaufführung kündigt sich der Filmerfolg auch schon in den USA an. Die *New York Times* bringt am 11. Januar 1953 einen kleinen Beitrag mit einigen Fotomotiven und vermeldet zu DON CAMILLO AND THE MAYOR: »Der Film startet diese Woche in New York.« In US-amerikanischen Kinos läuft der Film aber unter dem Titel THE LITTLE WORLD OF DON CAMILLO (zu Deutsch: »Die kleine Welt des Don Camillo«). Neben diversen Aufführungen der italienischen Originalfassung mit englischen Untertiteln läuft hauptsächlich eine synchronisierte Fassung, bei der kein Geringerer als Orson Welles erläuternde Einführungsworte zur Geschichte spricht. Welles hat auch persönlich die englischsprachigen Stimmen ausgewählt. Diese Filmversion hilft dem US-amerikanischen Publikum beim Einordnen des Geschehens und sorgt unter dem Strich für noch mehr gute Laune im Publikum. Die »Moral der Geschichte« lässt sich nun viel besser nachvollziehen.

Kritiker Bosley Crowther bringt den amerikanischen Lesern am 18. Januar 1953 in der *New York Times* unter dem Titel »Spaß in Italien« das Thema nahe: »Fern von einer kritischen Überlegung zu THE LITTLE WORLD OF DON CAMILLO kann gesagt werden, dass diese französisch-italienische Komödie nach mehr ausschaut, als sie ist. Oberflächlich betrachtet, scheinen die stürmischen Aktionen auf der Leinwand des *Bijou*-Theaters den ursprünglichen Konflikt zwischen dem Kommunismus und der römisch-katholischen Kirche auszudrücken. Die Gegner in dieser Geschichte sind ein kommunistischer Bürgermeister und ein katholischer Priester einer kleinen italienischen Stadt, angesiedelt in einer ländlichen Gegend, die nach der ruhelosen Po-Ebene ausschaut. Und die ganze Zeit gehen der Priester und der Bürgermeister mit vollem Elan und vollem Einsatz aufeinander los, und das Kreuz sowie Hammer und Sichel werden oft symbolträchtig nebeneinandergestellt. Aber ein näherer Blick auf den Film … offenbart, dass der grundsätzliche Konflikt im täglichen Leben nicht zwischen irgendwelchen gesellschaftlich-religiösen Lehren besteht, sondern zwischen den unterschiedlichen Naturen der zwei eigensinnigen (dickköpfigen) Männer. Während der Priester deutlich von seiner eigenen Ansicht moralischer Redlichkeit sowie seiner Empörung und Entrüstung über die Anwesenheit der Kommunisten in der Stadt geleitet wird, (einiges davon rührt fraglos von seinem starken religiösen Glauben und seiner Disziplin her), spiegelt er nicht die Politik der römischen Kirche wider. Und der Bürgermeister, der das kommunistische Etikett trägt, hat offenbar keine Verbindung zu *Onkel Joe* (Anmerkung des Autors: Sowjet-Diktator Joseph Stalin wurde im Westen »Onkel Joe« genannt). Er ist nur ein eigensinniger Bauer, der den Menschen seiner Stadt helfen möchte. Eine fröhliche Philosophie. Wenn auch weder Priester noch Bürgermeister wirklich starke Prinzipienreiter sind und die Konflikte zwischen diesen beiden Unentwegten hauptsächlich Verwicklungen ihres persönlichen Stolzes und Eifers sind, wodurch jede politische Bedeutung für diesen Film ausgeschlossen wird, gibt es dennoch eine Menge verbaler Belehrungen in dieser fröhlichen Philosophie. Was über diesen lustigen Film, der auf den lebensnahen Geschichten von Giovanni Guareschi basiert, die hierzulande große Popularität genießen, gesagt werden kann, ist, dass die Menschen vom Grunde her anständige und freundliche Lebewesen sind, ungeachtet ihrer eingefleischten Vorurteile und egoistischen Wünsche. Letzten Endes sind sie freundlich und verständnisvoll unter der gesunden italienischen Sonne und Luft. Nun, das ist vielleicht etwas idealistisch, und ihre perfekte Darstellung in diesem Film folgt mehr dem Wunsch als den reinen Realitäten. Fernandel, mit seinen grimmigen Ausbrüchen und seinen launischen Gesprächen mit Gott, ist vielleicht eher eine komische Idee als ein richtiges Porträt eines Priesters. Ganz sicher ist sein wildes und groteskes Um-sich-Schlagen mitten in einer allgemeinen Schlägerei, die ein Fußballspiel zwischen Kirchenanhängern und den örtlichen ›Roten‹ beendet, unverdorbener Slapstick, völlig spontan und natürlich. Und Signor Cervi, mit seinen linkischen Bitten und seinem offen zur Schau getragengen Gefühl, erscheint als überraschend naiver und verwundbarer Kommunist. Wie auch immer, die Zusammenstöße dieser Charaktere sind kraftvoll und gut ins Bild gesetzt. In der Summe ist das Treiben ein heiterer und warmherziger Film.« Eine Reihe weiterer Besprechungen in den USA sind Ausdruck des Interesses an dem ungewöhnlichen katholischen Priester. Das New Yorker Magazin *Cue* (17. Januar 1953) meint: »… einer der reizendsten und feinfühlig-amüsantesten

Filme seit Jahren. Unter der geschickten Regie von Julien Duvivier spielt der großartige Fernandel – in seltener Form – den Priester *Camillo*, der, um die Roten besser zu schlagen, seine bodenständige Theologie mit praktischer Frömmigkeit, muskulösen Überredungskünsten und sorgfältig kalkulierter Verschwörung mischt. Der italienische Schauspieler Gino Cervi spielt den dagegenstehenden kommunistischen Bürgermeister, der *Camillos* Feind, treuer Bewunderer und widerwilliger Freund ist. Der Film enthält viele urkomische Ereignisse aus dem Buch … Der Film ist einerseits mitfühlend und tragisch, humorvoll und dramatisch, ein wunderbarer Mix von brillanter Polemik, guter Komödie und bodenständiger Unterhaltung – alles hervorragend ausgemalt durch die superben Darstellungen von Fernandel, Cervi und einer prächtigen Truppe von Schauspielern.« *Time Magazine* schreibt am 19. Januar 1953: »THE LITTLE WORLD OF DON CAMILLO ist ein Dorf irgendwo im Norden Italiens in der Po-Ebene, wo die Sonne auf die Köpfe der Menschen wie ein Hammer niederschlägt, und wo man mit den Fäusten diskutiert … eine klug ausgedachte Reihe von Bildern, die charmant daherkommen und Humor mit scharfem Charakter aufzeigen. Zeitweise gerät der Film opernhaft, und der Streit zwischen dem gottlosen Bürgermeister und dem aufrichtig frommen Priester gerät beinahe zur *Quirt-Flagg*-Routine (Anmerkung des Autors: *Quirt* und *Flagg* waren die rivalisierenden Charaktere in dem Raoul-Walsh-Klassiker WHAT PRICE GLORY?/RIVALEN, 1926, mit Edmund Lowe und Victor McLaglen). Aber die meiste Zeit ist der Film eine lebhafte und entwaffnend menschliche Komödie seines Themas, großartig seine Charaktere betrachtend, jedoch nicht als ›rot oder schwarz, sondern als einfache, gewöhnliche Menschen … jeder müht sich auf seinem eigenen Weg, um die Welt besser zu machen.‹ …« John McCarten ist ein Fan von *Don Camillo* und zieht im *New Yorker* am 24. Januar 1953 Vergleiche: »… Fernandel spielt den Priester, er ist eine prächtige Mischung aus Rocky Graziano und dem heiligen Franz von Assisi, wobei seine starke Seite gewöhnlich die Oberhand über seine geistliche behält. Die Späße sind ganz derb, gehen selbst so weit, dass der Geistliche sich Gespräche mit Gott am Kreuz über dem Altar erlaubt … ich sollte auf

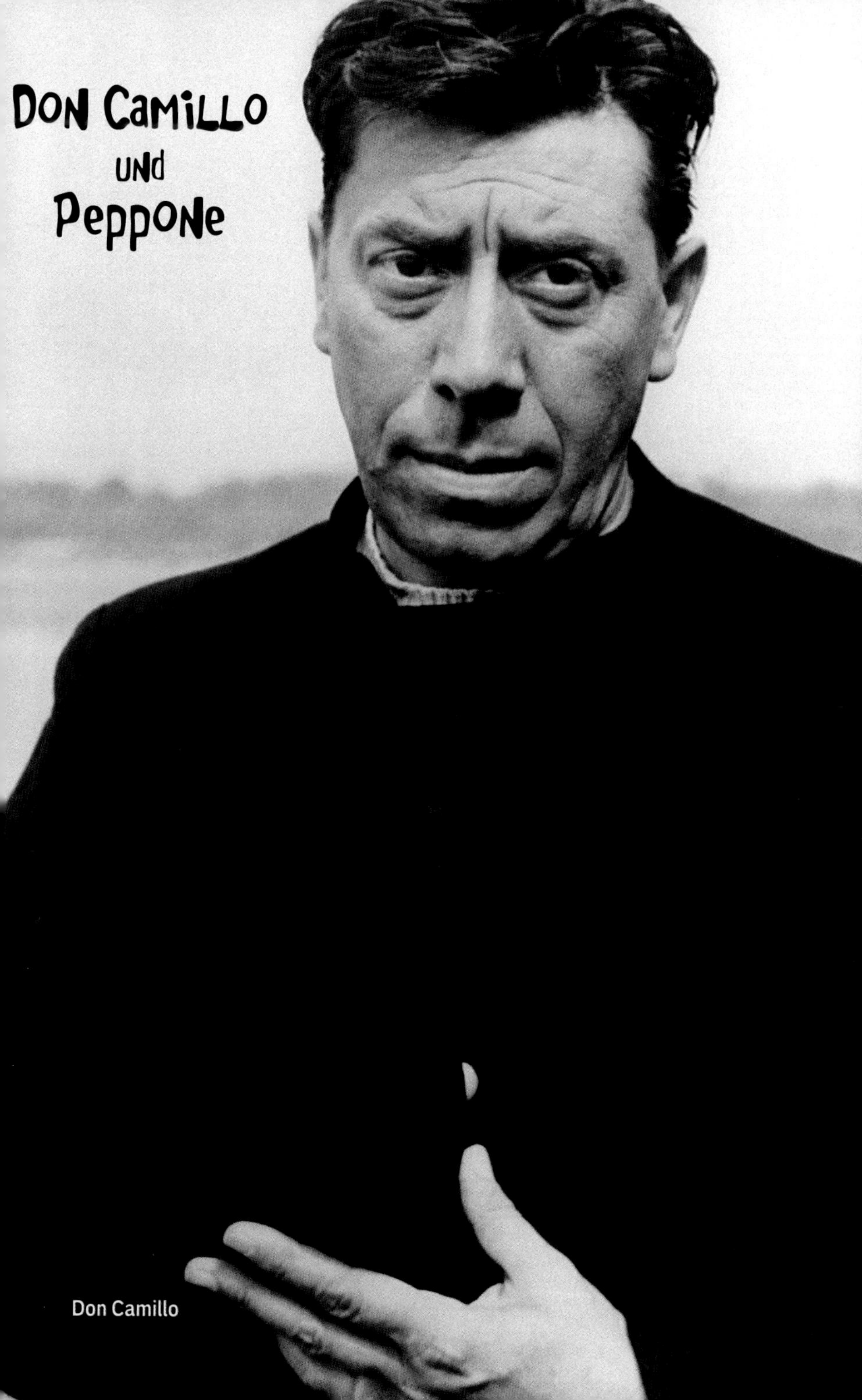

Don Camillo

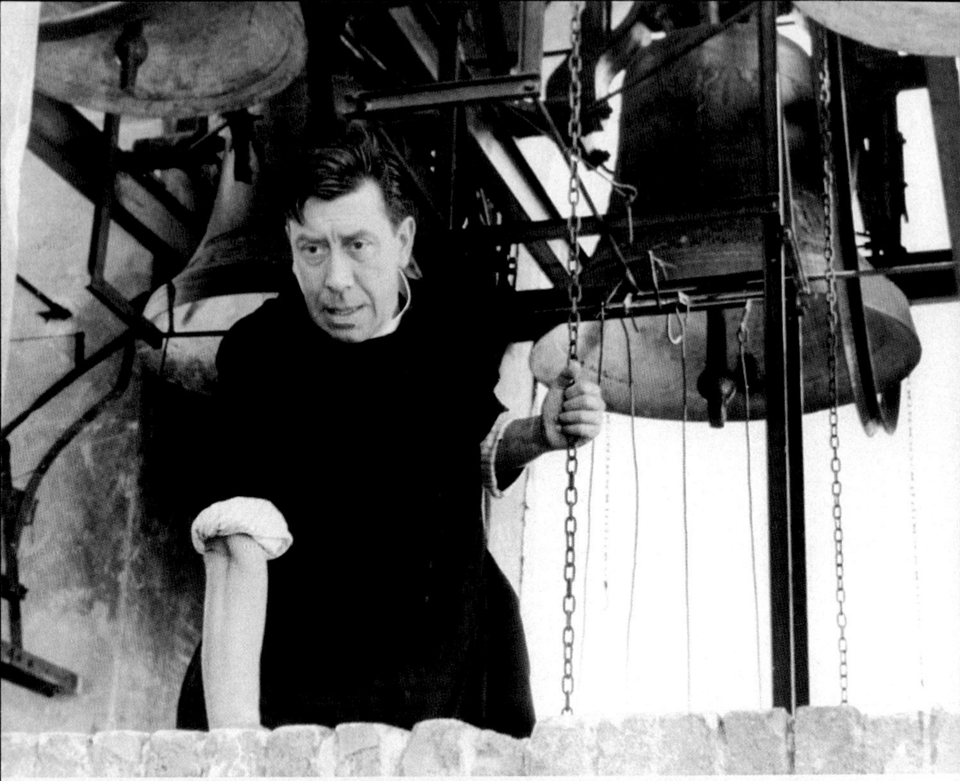

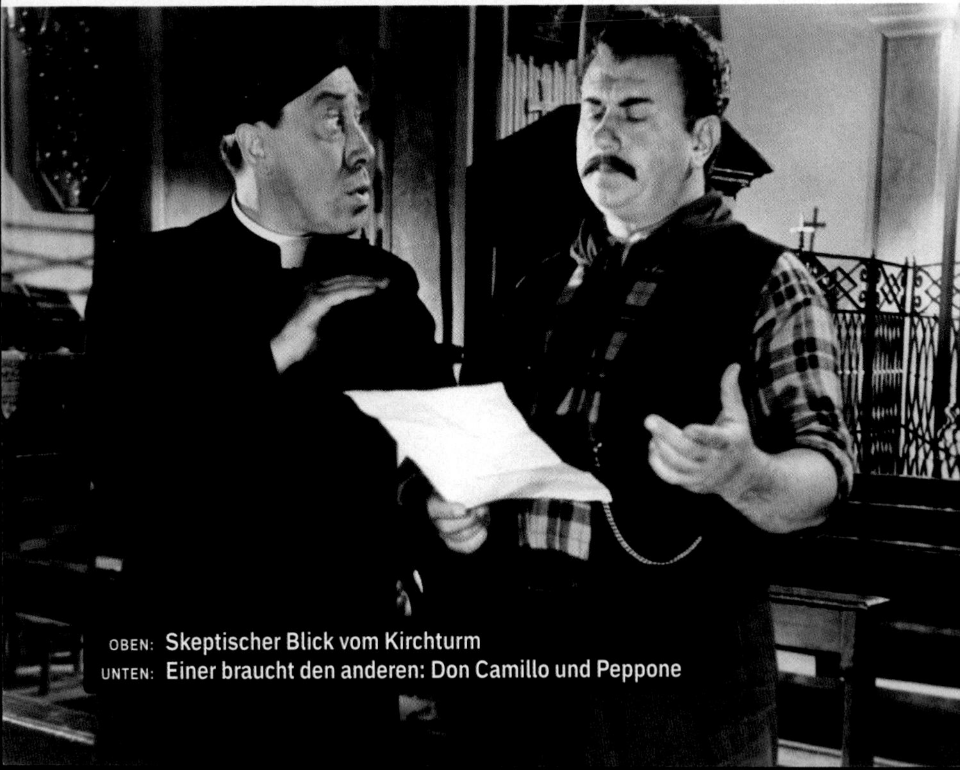

OBEN: Skeptischer Blick vom Kirchturm

UNTEN: Einer braucht den anderen: Don Camillo und Peppone

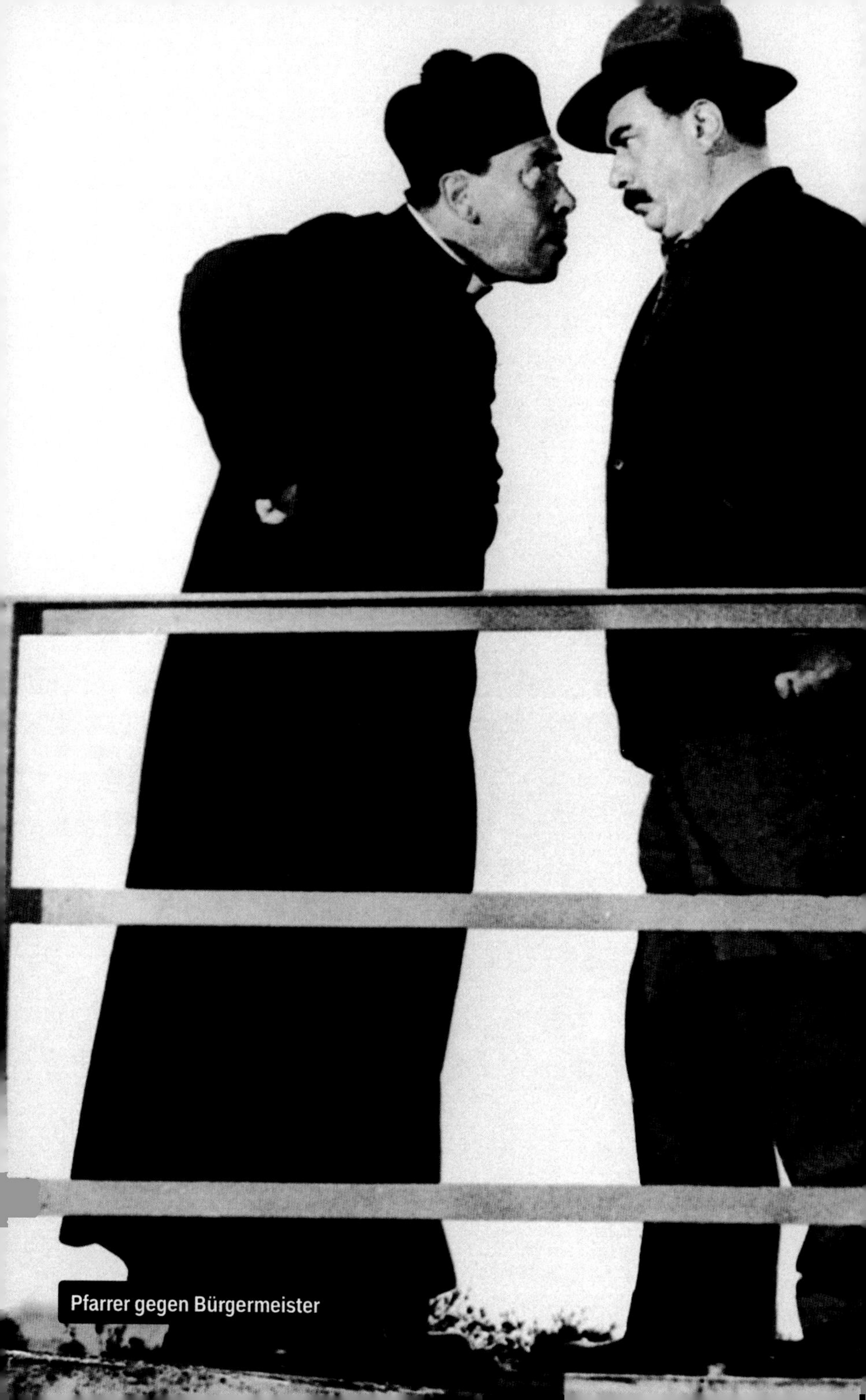

Pfarrer gegen Bürgermeister

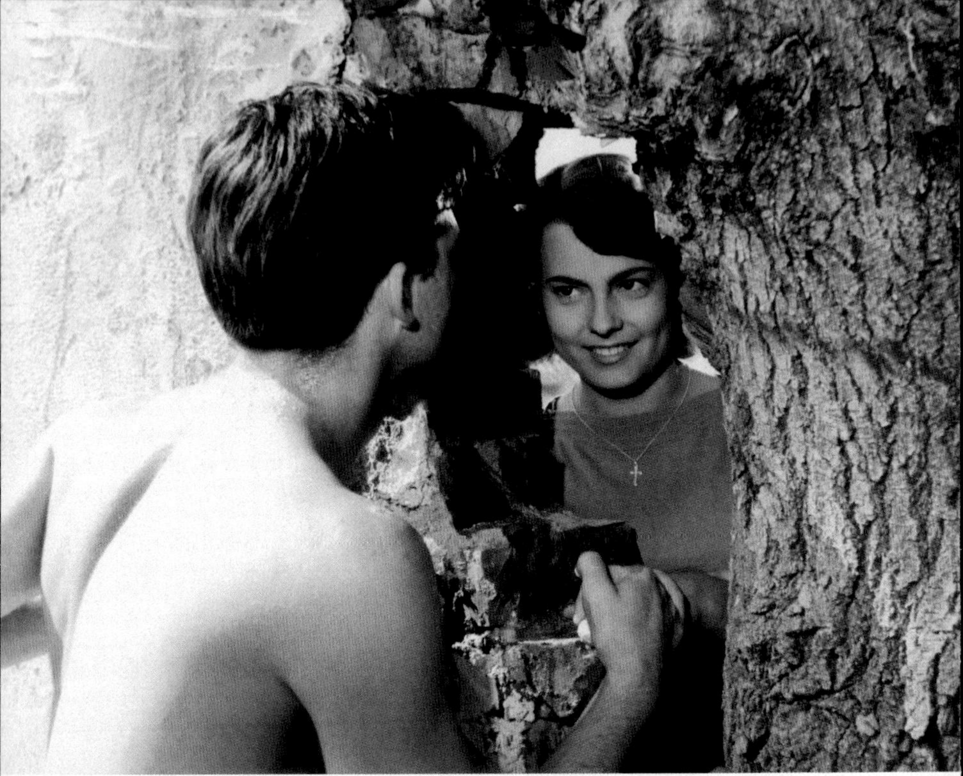

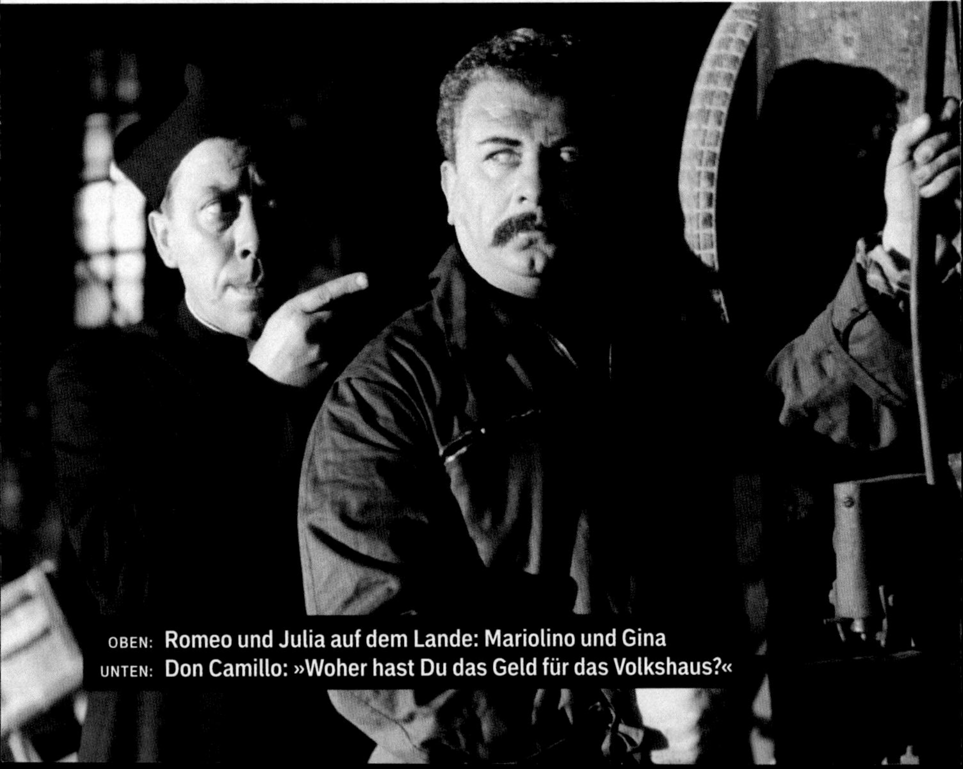

OBEN: Romeo und Julia auf dem Lande: Mariolino und Gina
UNTEN: Don Camillo: »Woher hast Du das Geld für das Volkshaus?«

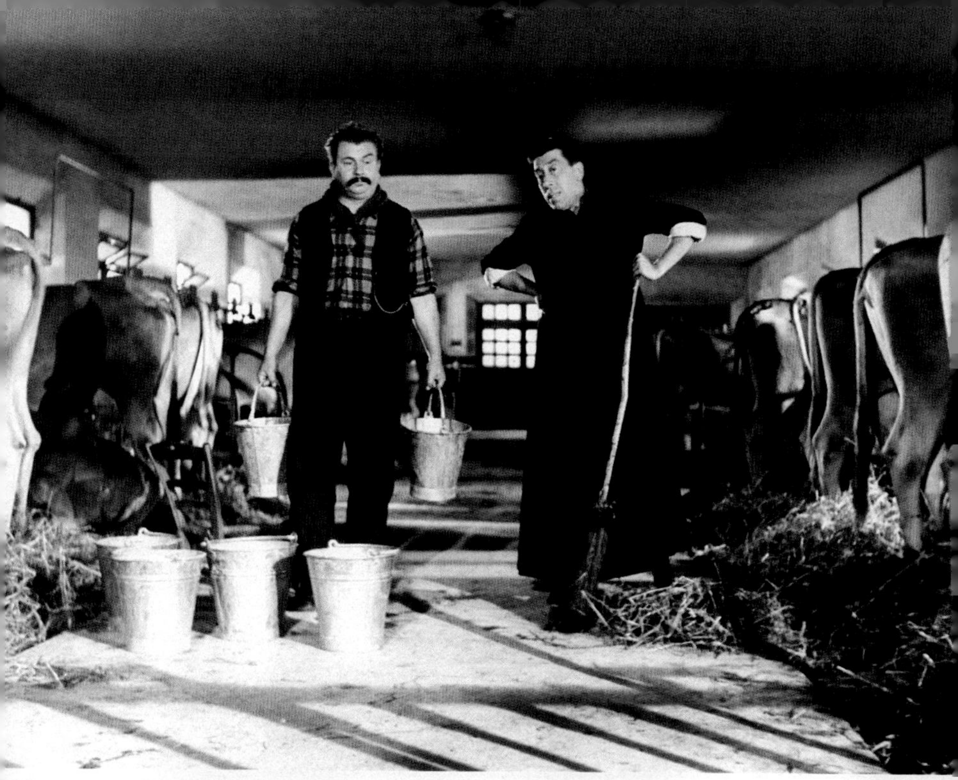

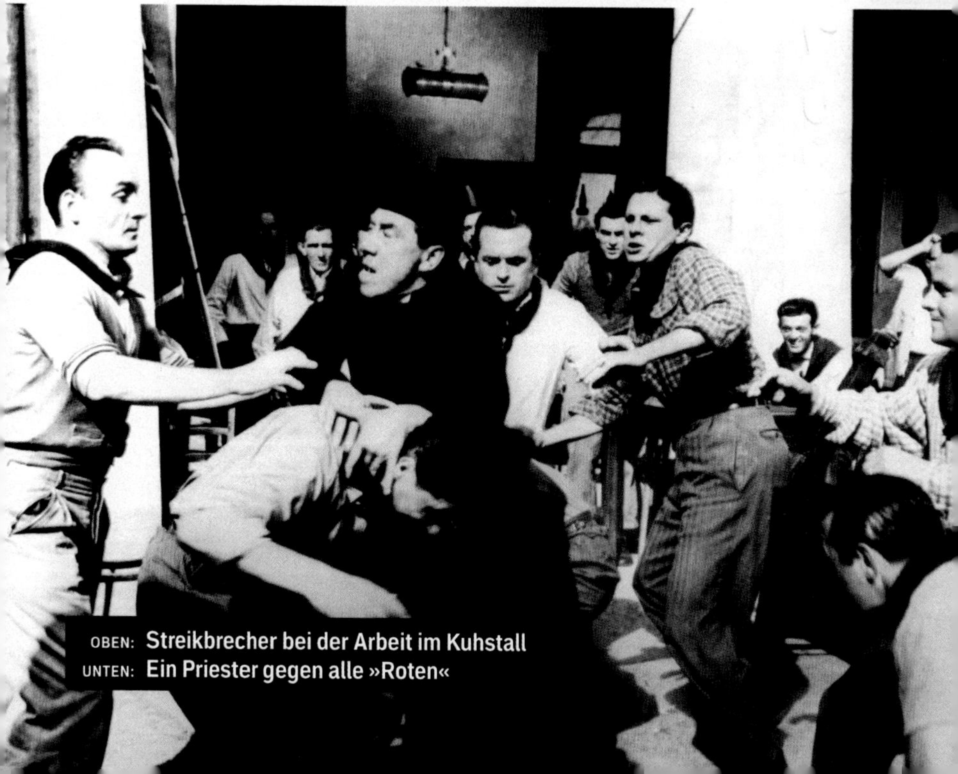

OBEN: Streikbrecher bei der Arbeit im Kuhstall
UNTEN: Ein Priester gegen alle »Roten«

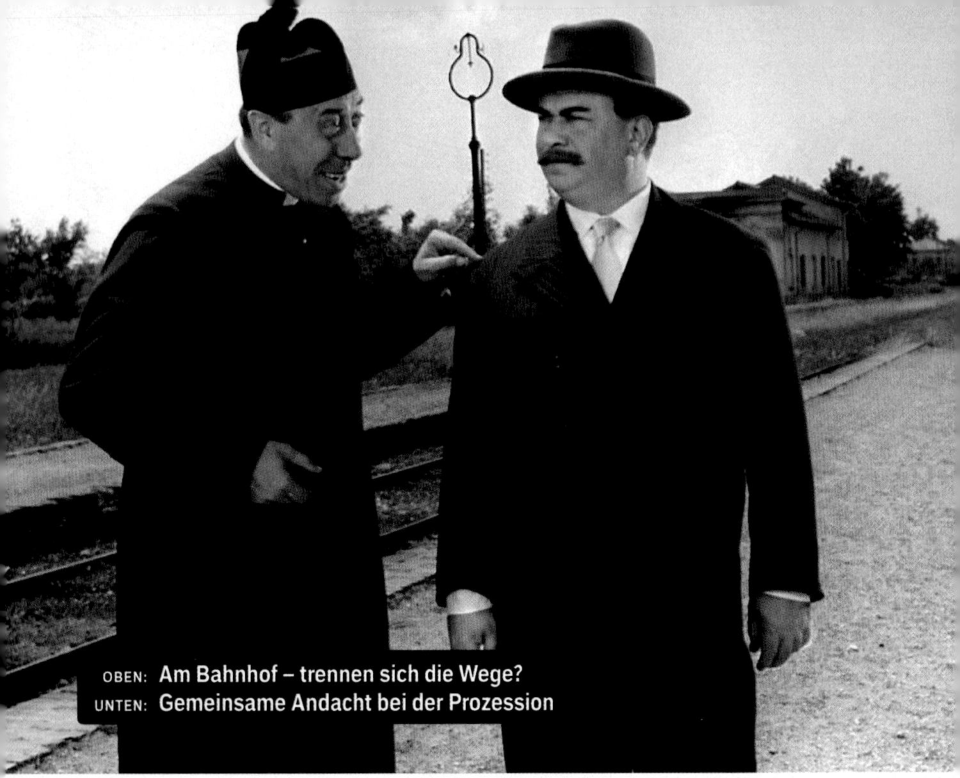

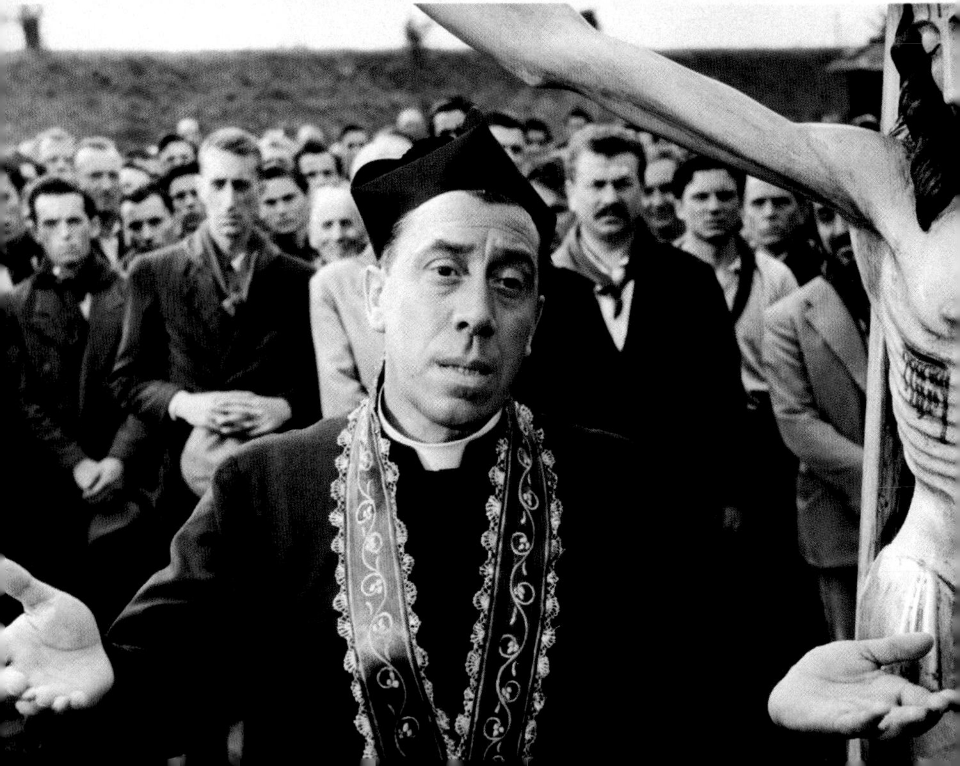

OBEN: Am Bahnhof – trennen sich die Wege?
UNTEN: Gemeinsame Andacht bei der Prozession

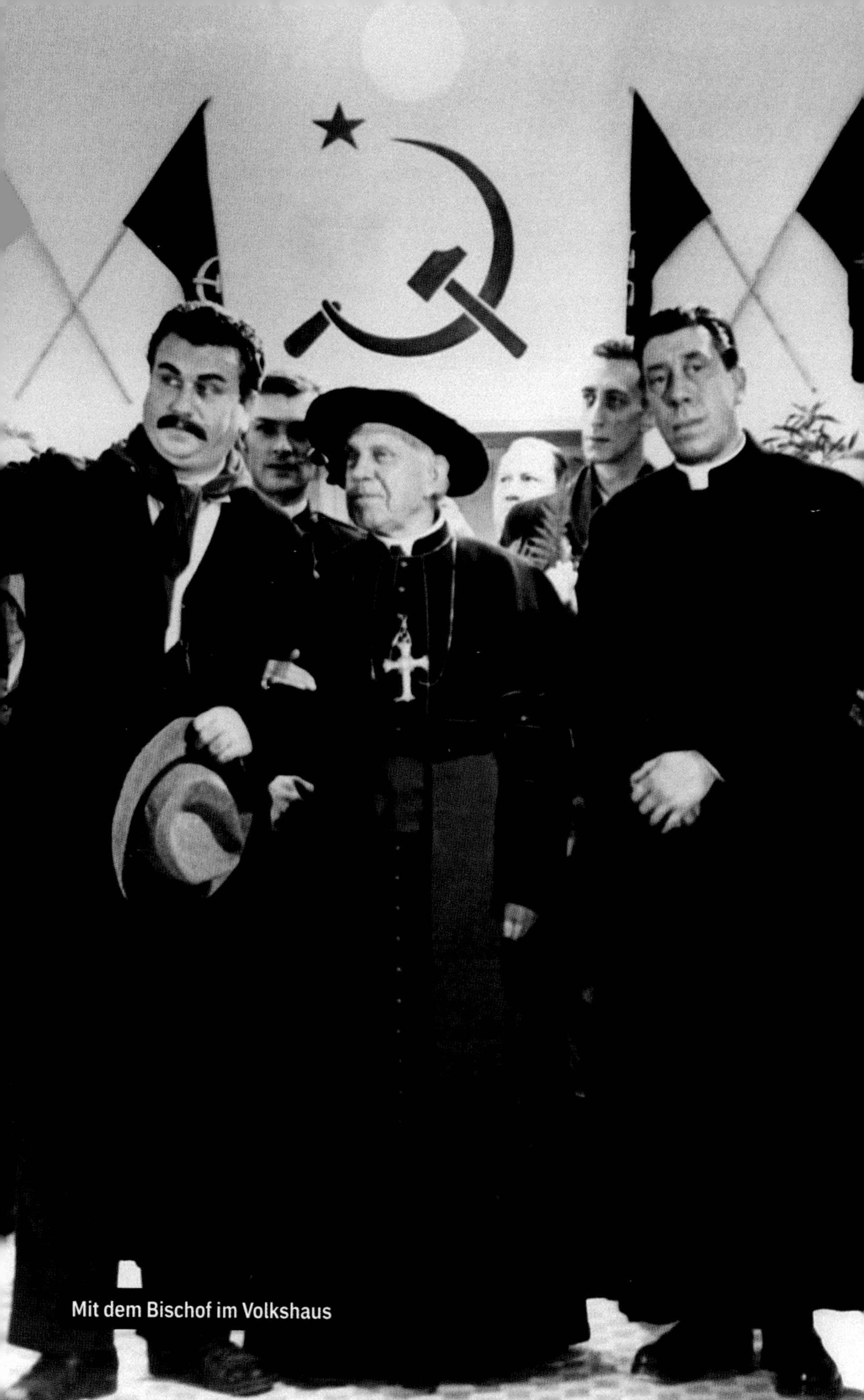

Mit dem Bischof im Volkshaus

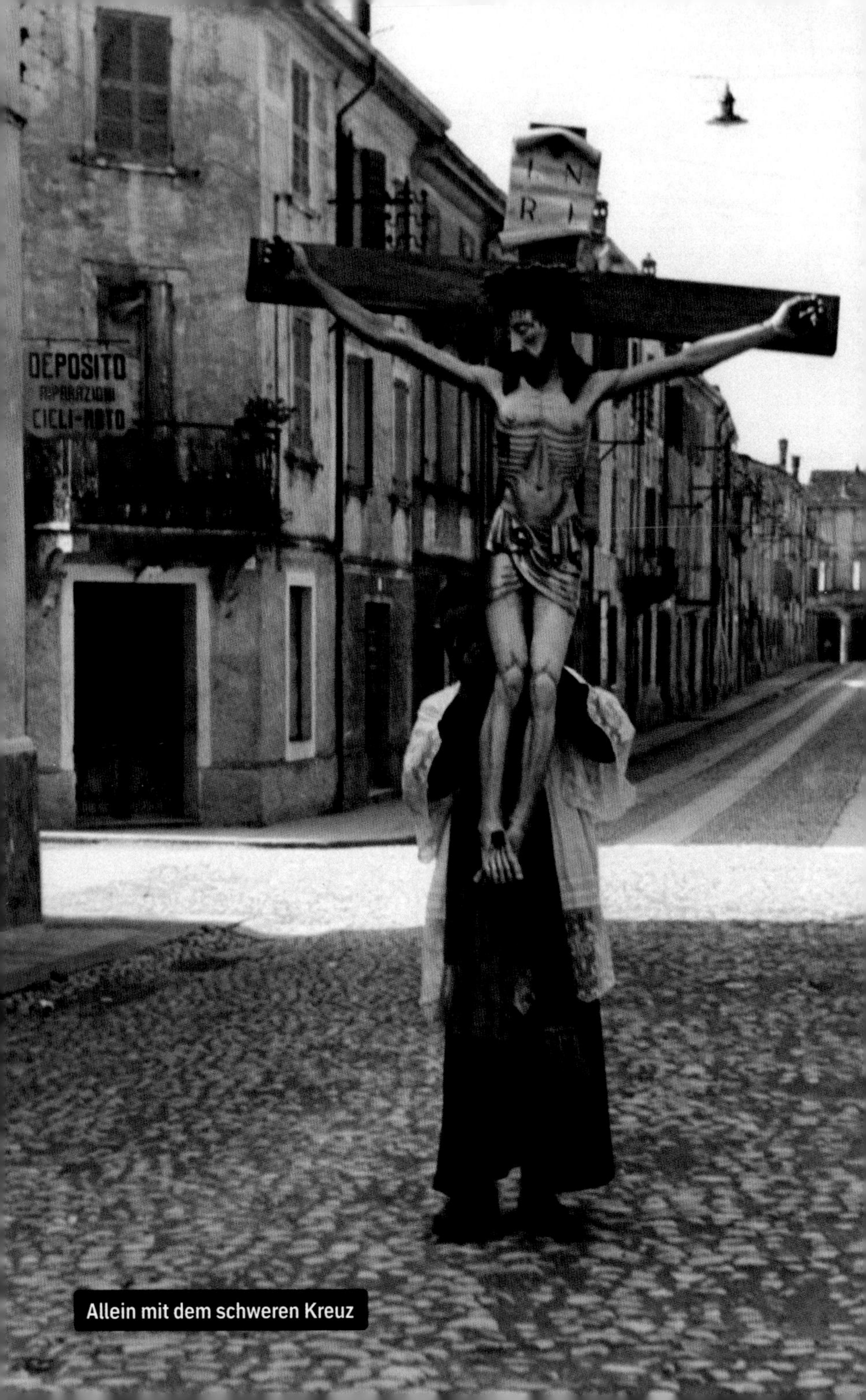

Allein mit dem schweren Kreuz

die überraschende Tatsache hinweisen, dass THE LITTLE WORLD OF DON CAMILLO keinen wirklichen Unterschied zwischen dem Priester und dem Kommunisten zeichnet, denn beide werden als Männer dargestellt, die an nichts anderes denken als an die Fürsorge für ihre Gefolgsleute. Trotzdem muss ich gestehen, das ist ein lustiger Stoff, auch wenn man weiß, dass er in einer Traumwelt spielt.« Der *Motion Picture Herald* (24. Januar 1953) schließt sich nach Betrachtung der italienischen Originalfassung mit englischen Untertiteln an: »… Fernandel in einem köstlich verschmitzten und humorvollem Porträt eines aufgeblasenen Priesters trägt viel dazu bei, dass der Film sich in einer höheren Kategorie bewegt …«

Es ist kaum zu glauben, aber THE LITTLE WORLD OF DON CAMILLO mausert sich in US-Kinos zu einem Kassenerfolg. Anfang Mai 1953 vermelden die *L.A. Daily News*, dass der Film alle Box-Office-Rekorde im Los Angeleser Kino *Vagabond* gebrochen hat. In Guareschis *Candido* gibt es am 26. Juli 1953 einen stolzen Vermerk über eine achtseitige Sonderbeilage der *Washington Post*, die über *Don Camillo* und die italienische Filmkunst berichtet. Am 10. des Monats sei der Film in drei verschiedenen Sprachen in drei Kinos der gleichen Stadt gelaufen. Ein denkwürdiges Ereignis in der Kinogeschichte der USA.

Natürlich gibt es im englischsprachigen Raum auch andere Stimmen. William Whitebait kommt in *The New Statesman* (21. Februar 1953), einer eher linksorientierten britischen politischen Wochenzeitung, zu Wort: »… Der Priester mit Pferdegesicht, der sich gegen die Roten mit Händen und Füßen wehrt, spreizfüßig läuft, wird mit verbalem Tadel nicht nur seines Bischofs, sondern auch von Gott konfrontiert. Sie werden ihn wirklich charmant finden in seiner Sachlichkeit und seinem Glaubenseifer. Der ganze Film betört und berührt und veranlasst einen, seine allzu großen Vereinfachungen zu akzeptieren. Nichtsdestoweniger ist man nicht wirklich zufrieden. Der Eröffnungsdialog unter dem Altar zwischen dem hitzigen Priester und dem vernünftigen Gott ist nicht nur überlang, sondern auch sehr skurril. Vielleicht verzeiht man das, wenn alltägliche Dinge geschehen, dennoch ist Zurückhaltung gerechtfertigt (und nicht nur bloßes puritanisches Zurückschrecken), denn der Höhepunkt ist die Szene, in der der Priester durch feindliche Straßen schreitet und das Kreuz hochhält: ein Moment gekünstelter Intensität, wie der andere künstlich entspannt war. Rührseligkeit ist nicht notwendigerweise schlecht, aber das Gesamtbild muss stimmen. Das gelingt nicht, wenn man mit unterschiedlichen Arten von Sentimentalität jonglieren will. Dies versucht Duvivier jedoch (und vermutlich auch der italienische Autor im Hintergrund), und der ganz besondere Höhepunkt wird ohne plausible Vorgeschichte nicht erreicht. Trotzdem möchte ich nicht die Schwäche eines Filmes aufbauschen, der im Allgemeinen sein Ziel erreicht. Er weist auf die einwandfreie Moral hin, dass zwischen dem ›einzigen Licht‹ und der roten Morgendämmerung nichts anderes sein kann als Krieg; dass Männer aus dem gleichen Ort aber in erster Linie Männer sind und erst dann Kreuzritter. Londoner haben übrigens die Wahl, den Film entweder auf Französisch im Rialto oder auf Italienisch im Continentale zu sehen …«

Angesichts des großen Erfolges des ersten *Don-Camillo*-Films ist schnell klar, dass es weitergehen soll. Dafür ist aber auch das Okay des Vaters von *Don Camillo* und *Peppone* notwendig.

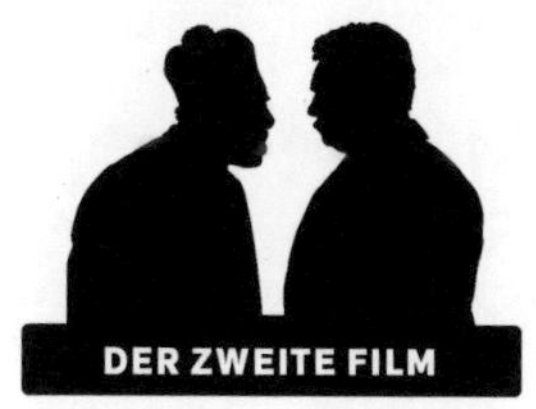

Don Camillos Rückkehr (1953)

Vorbereitung und Produktion

Produzent Angelo Rizzoli gelingt es, Giovannino Guareschi zu überzeugen weiterzumachen. Obwohl der enttäuschende Kommentare zum ersten Film abgab, weiß auch Guareschi, dass ihm ein »Nein« und das Ende der Filmerei letztendlich nichts bringt. Welcher andere Filmemacher würde nach dem großen Erfolg jetzt noch einen anderen *Don Camillo* als Fernandel auf die Leinwand bringen? So einigt man sich erneut. Auch sonst bleibt bei der Fortsetzung alles beim Alten. Die *Welt am Sonntag*, Essen, vermeldet am 11. Dezember 1952: »… Der Autor erklärte sich mit einer Drehbuchfortsetzung einverstanden. Regisseur Julien Duvivier ist bereits auf dem Weg nach Rom, wo schon am 8. Dezember in der Umgebung gedreht werden soll. Auch Fernandel, der Pfarrer, ist unterwegs. Er und Gino Cervi (Bürgermeister) behalten ihre Rollen. Der Titel heißt DIE RÜCKKEHR DES DON CAMILLO …« Die Buchvorlage, woraus man sich jetzt bedient, heißt *Don Camillo und seine Herde* (im Original: *Don Camillo e il suo gregge*). Wiederum erfolgt eine zum Teil freie Bearbeitung, für die neben Duvivier auch wieder René Barjavel verantwortlich zeichnet. Einige Anregungen stammen außerdem von Giuseppe Amato, sodass er ebenfalls in den Credits geführt wird. Eigentlich wollte Julien Duvivier nicht noch einen weiteren *Don Camillo* machen. Zu seinen Erfolgsrezepten zählt es, dass er niemals vor der Filmkamera das Gleiche tut, was er vorher schon einmal getan hat! Getreu dieser Devise wollte er eigentlich nicht, hat sich aber zu diesem »Wortbruch« hinreißen lassen.

So geht es für alle Beteiligten wieder weiter wie beim ersten Mal. »Unser Vater zollte Regisseur Duviver schon Bewunderung. Vielleicht weniger als Mensch, aber er schrieb über ihn, dass ›Duvivier so großartig ist, dass er sich den Luxus erlauben kann, unsympathisch zu sein‹«, äußern sich heute Alberto und Carlotta Guareschi über die Beziehung ihres Vaters zu Julien Duvivier. Noch mit der »Wut im Bauch« über die Veränderungen im ersten Film, erhält Giovannino Guareschi die erste Version des neuen Drehbuches. Wieder gibt es einige Szenen, die Guareschi überhaupt nicht gefallen. An einer Stelle ist sogar der Vorschlag gemacht worden, *Don Camillo* sterben und im Jenseits (neben *Peppone*) aufwachen zu lassen. Umgehend schreibt Guareschi Protestbriefe an den Regisseur und den Produzent und fordert Aufklärung. In der endgültigen Version des Drehbuches sind die extravaganten Ideen der Franzosen dann nicht mehr zu finden. Alberto und Carlotta Guareschi heute dazu: »Wir glauben nicht, dass Duvivier vorgeschlagen hat, seine beiden Hauptfiguren ›zu töten‹. Vielleicht war das Barjaval. Auf jeden Fall hätte das der Produzent nicht akzeptiert, denn nach dem großartigen Erfolg des ersten Films gab es sicherlich schon Überlegungen, mehrere Filme machen zu können.« Ein weiterer Streitpunkt im Skript ist die Szene mit *Don Camillo*, wo dieser jemanden zwingt, Rizinusöl zu trinken. Die Szene verbleibt aber im Film. Wie später noch deutlich wird, hat die Produktion bereits sehr früh schon nach einem neuen Regisseur für den dritten Film Ausschau gehalten. Denn schon früh hat Julien Duvivier durchblicken lassen, dass er nur für *eine* Fortsetzung zur Verfügung steht.

Die Hauptdarsteller und ein Teil der weiteren markanten Charaktere wie *Signora Bottazzi*, *Smilzo*, *Barbier Brusco* und der alte Bischof sind auch für den zweiten Teil gesetzt. *Camillos* vorläufige Vertretung in Brescello, *Don Pietro*, übernimmt diesmal der Franzose Tony Jacqout. Das fällt nicht weiter auf, da die Figur im ersten Teil kaum Auftritte verzeichnete. Wichtigste neue Rolle ist die des alten *Dr. Spiletti*, die ein weiterer Franzose, Edouard Delmont, übernimmt. Der 69-Jährige gibt eine eindrucksvolle Vorstellung des lebensmüden Arztes. *Peppones* Sohn *Beppo* kommt auch aus Frankreich. Der achtjährige Claudy Chapeland hat bereits vor zwei Jahren einen Filmauftritt gehabt und ist in den kommenden vier Jahren in weiteren Kinderrollen zu sehen, bevor er von der Leinwand verschwindet. Dem dickköpfigen Gutsbesitzer *Cagnola* und dem zeitweise »seelenlosen« Genossen *Nero* geben mit Thomy Bourdelle und Alexandre Rignault gleichfalls zwei Franzosen Gesichter. Ein bekannter Name aus dem italienischen Kino ist dagegen Paolo Stoppa, der den früheren Faschistenführer *Marchetti* spielt. *Camillos* Haushälterin im Exil, die gestrenge *Perpetua*, kommt auch aus Italien. Die vielbeschäftigte Aktrice Pina Gallini, die ein bisschen auf das Rollenfach der alten Jungfer oder der älteren Gouvernante festgelegt ist, stammt sogar aus der Emilia-Romagna. Ihr filmischer Auftritt in *Camillos* Exil bleibt aber ihre einzige Mitwirkung im Erfolgsstoff ihrer Heimat.

Mit dieser guten Besetzung gilt es, die Geschichte weiterzuführen. Um Kontinuität zu schaffen, setzt DON CAMILLOS RÜCKKEHR mit dem abfahrenden *Don Camillo* melancholisch dort an, wo DON CAMILLO UND PEPPONE endet. Ein jüngeres Ereignis am Po wird in die Geschichte eingearbeitet. Im November des Vorjahres hatte eine Hochwasserkatastrophe riesigen Ausmaßes für das Brechen der Dämme auf weiter Front gesorgt. Nach den Dammbrüchen am 14. November 1951 wurden ganze Städte von den Wassermassen eingeschlossen, Hunderte Tote beklagt und es gab Tausende Obdachlose. Anbaufläche ging unter und viele Häuser wurden beschädigt. Auch die Gegend um Brescello bleibt nicht verschont (die Dreharbeiten für den ersten *Don-Camillo*-Film waren seinerzeit bereits in die Filmstudios von *Cinecittà* umgezogen, sodass es diesbezüglich keine Beeinträchtigungen gab). Nun findet die Katastrophe Einlass in die Geschichte. Neben Spielszenen mit den Schauspielern werden Ausschnitte aus einem Dokumentarfilm von Mentore Nasi verwendet. Im römischen Studio lässt man die Schauspieler auch vor einer Rückprojektion mit Aufnahmen von der Überschwemmung agieren. Nasi, Kameraassistent des ersten *Camillo*-Films, hatte nach den Dreharbeiten in Brescello die Katastrophe im Bild festgehalten.

Don Camillos Exil liegt in einem abgelegenen Bergdorf namens Montenara (»Das verlorene Dorf in den Wolken«). Die meisten Aufnahmen dazu entstehen im Studio. Auch der Aufstieg mit dem Tragen des Kreuzes wird innen gedreht. Im Film besonders am künstlichen Schneeschaum zu bemerken, der vom Kreuz tropft (siehe dazu auch die Erläuterung in den Extras auf der deutschen DVD). Allerdings sind auch echte Außenaufnahmen von einem Ort mit einer Kirche zu sehen. Erst vor einigen Jahren konnte das Rätsel des Drehortes (wieder) gelöst werden, als sich ein ehemaliger Bewohner des Ortes beim Filmmuseum in Brescello meldete. Das Exil des Priesters befindet sich in der kleinen Gemeinde Rocca di Cambio in den Abruzzen, rund 400 Kilometer entfernt von *Don Camillos* Heimat. Heute erinnert eine kleine Gedenktafel an den Stufen zur Kirche *San Pietro* an die Dreharbeiten, die 2007 mit einem Treffen der Bürgermeister der beiden *Don-Camillo*-Drehorte enthüllt wurde. Als das Filmteam im Winter 1952 in die Bergwelt reist, wo es noch die gewünschten kleinen Häuser im traditionellen Mauerwerk, Straßen ohne festen Boden und Frauen in traditioneller Kleidung gibt, liegt zum Leidwesen der Crew kein Schnee. Man will auch hier auf Kunstschnee ausweichen, doch zur großen Freude gibt es in der Nacht vor den ersten Aufnahmen Schneefall.

Der kleine Ort weit entfernt von Brescello war aber kein geheim gehaltener Drehort. Er taucht schon in zeitgenössischen Berichten über die Dreharbeiten auf. In Deutschland, das sich durch den Erfolg von Guareschis Romanen und des ersten Films im »*Don-Camillo*-Fieber« befindet, wird über die Arbeit am neuen Film berichtet. Annaliese Mieth schreibt am 1. März 1953 im Berliner *Telegraf*: »Monsieur Fernand Contandin, d. h. *Don Camillo* alias Fernandel, ist zur Zeit in Rom. Nach dem Riesenerfolg von DON CAMILLO, in Italien spricht man von fast 3 Milliarden Lire Einnahmen, ein bisher nie erreichter Rekord, haben die Produzenten sich entschlossen, eine Fortsetzung zu drehen. Fernandel und Gino Cervi wurden wieder verpflichtet, und der zweite Teil beginnt in Brescello, einem

Dorf in der Nähe von Parma. Weitere Außenaufnahmen wurden in Rocca di Cambio gemacht, und jetzt werden in Rom in *Cinecittà* die Innenaufnahmen gedreht. In den ersten Dezembertagen reiste Fernandel von Marseille, wo er seinen Wohnsitz hat, in Begleitung seiner 26-jährigen Tochter Josette nach Italien. Sie machten in Genua und Florenz Station, und dann ging der Papa zu den Dreharbeiten in das Dorf bei Parma. Josette, ein sehr hübsches Mädchen, hat noch eine Schwester, Jeanine, und einen 17-jährigen Bruder Franc Gérard. Jeanine studiert Malerei und Franc besucht die Universität. Er will Ingenieur werden. Josette ist verheiratet und hat ein Kind. Sie will mit ihrem Vater Italien genießen. Die Fortsetzung von DON CAMILLO trägt den Titel DIE RÜCKKEHR VON DON CAMILLO und Fernandel sagt: ›Man wird sich erinnern, dass ich in dem Film mit dem Zuge abgereist bin. Nun, da der Film gut gegangen ist, kehre ich jetzt zurück. Das Sujet ist natürlich von Guareschi, Regie führt Julien Duvivier, das Drehbuch schrieben Guareschi und Barjavel.‹ … Fernandel hatte sich sofort in das Drehbuch zu DON CAMILLO verliebt. ›Als ich sah‹ – erzählt er ›dass es Dialoge mit unserem Herrn Jesus Christus enthält, sagte ich mir: Fernand, unterschreibe den Vertrag, du wirst niemals mehr einen ›Kollegen‹ dieser Art haben!‹ Anfangs kannte Fernandel viele Dinge, die ein Priester ausüben muss, nicht, denn er hatte niemals einen Pfarrer gespielt. So erteilte ihm der Priester von Brescello … ›Unterricht‹. ›Ich habe gelernt zu segnen … die Messe zu lesen … zu beichten: so zu tun, selbstverständlich. Trotzdem muss ich ein ziemlich priesterliches Aussehen gehabt haben, denn eines Tages näherte sich mir ein Mädchen aus dem Ort und sagte zu mir in Italienisch: ›Mein Vater, wollt Ihr mich segnen?‹ – ›Meine Kleine, ich kann dich nicht segnen, weil ich ein … falscher Pfarrer bin.‹ – ›Gut‹, sagte die Kleine, ›dann gehe ich meine Puppe holen …‹ Wie bekannt, endet der Film DON CAMILLO mit seiner Bestrafung durch den Bischof und Versetzung in eine ferne Pfarrei. Die Handlung des zweiten Films wird noch streng geheim gehalten …« Anlässlich eines späteren Atelierbesuches zu Fernandels 50. Geburtstag gibt der Hauptdarsteller noch einige weitere Anmerkungen zum Dreh kund: »›Es war eine harte Arbeit‹, gesteht Fernandel. Er musste, bis zu den Knien im Wasser stehend, predigen – dazu ein Wasserguss von oben. Das fünf Stunden lang. ›Im Film muss es immer viermal so viel regnen wie in Wirklichkeit, damit das Publikum es glaubt!‹, stellt Fernandel lakonisch fest. Und dann geht eine merkwürdige Verwandlung mit ihm vor. Er erzählt von einer anderen Szene, in der sich einer bei ihm über einen ehemaligen Faschisten beschwert, der ihn früher einmal gezwungen hatte, eine Flasche Rizinusöl zu trinken. In lebhaftem Spiel bringt Fernandel den gesamten Text der drei Partner, charakterisiert den erbosten Bauern mit aufgeregten Gesten, flüstert heiser den winselnden Exfaschisten und setzt mit einem tausendfältigen Lächeln um die guten Augen *Don Camillos* Urteil auf das Ganze: dem Faschisten *auch* eine Flasche Rizinusöl! Auge um Auge – Tropfen um Tropfen! Eine kurze Pause – eine wegwischende Handbewegung – schon lächelt Fernandel wieder privat, erzählt von seinen Töchtern, die ebenfalls Ambitionen für die Bühne haben, von seinen Enkelkindern, die ihm so viel Freude machen, dass ihre Bilder immer vor dem Garderobenspiegel stehen, und – natürlich von Henriette, der Gattin … Und als ihn der Aufnahmeleiter schon längst wieder zur nächsten Einstellung ins Atelier geholt hat, wird uns das eigentliche Geheimnis dieses eigenwilligen Künstlergesichts offenbar: Es ist die Harmonie der Disharmonie, die Fernandel so interessant – und liebenswert macht.« (aus *Der neue Film*, Wiesbaden, vom 25. Mai 1953).

In Wahrheit sind diesmal die in Brescello und Umgebung gefilmten Szenen überschaubar. Der überwiegende Teil der hier angesiedelten Szenen kann im Studio hergestellt werden. Die Außenkulisse der Szene, wo *Don Camillo* den Sohn *Peppones* zurück ins Internat bringt, entsteht in Fiano Romano (Region Latium). Die berühmte Naturbrücke *Ponte Sfondato*, die auf der Tour von *Camillo* mit *Peppone jr.* am Bachlauf zu sehen ist, steht in Montopoli di Sabina (nach einem Einsturz existiert diese Brücke aber heute nicht mehr).

Die Kirche *Santa Maria Nascente* in Brescello benötigt für die Aufnahmen allerdings wieder ein Vordach. Das aus Holz erstellte Modell für den ersten Film war am Ende des Drehs wieder abgebaut worden. *Cinecittà* fertigt deshalb eine neue Attrappe an und versendet sie mit Bahnfracht. Statt nach Brescello-Viadana wird die Fracht allerdings versehentlich nach Viadana-Brescia geliefert. Als die Sendung schließlich in Brescello ankommt, stellt sich das Modell aber als unbrauchbar heraus. Nach einem kurzen Gespräch mit dem richtigen Dorfpfarrer, Don Dino Alberici, darf ein richtiges Mauerwerk gebaut werden – das dann an die Kirche gespendet wird.

Solche Anekdoten sind die einzig bekannt gewordenen Probleme während der Drehzeit. Für mehr Aufmerksamkeit sorgt da schon die Audienz Fernandels bei Papst Pius XII. Im Februar 1953 berichten italienische Blätter darüber. In *Rivista del cinematografo* ist so unter anderem zu lesen, dass sich Fernandel beeindruckt über das Wissen des Papstes vom Filmgeschehen zeigt. Nach der Audienz stürzten die Reporter auf den großen Komiker los und fragten ihn, in welcher Sprache sie sich unterhalten hätten. »Der Heilige Vater sprach französisch«, strahlte Fernandel als eingefleischter Franzose stolz: »Ohne jeden Akzent – nicht einmal Pariserisch ...« Deutsche Leser erfahren kurz vor der Premiere des zweiten Films von der Audienz. So schreiben die *Ruhr-Nachrichten*, Dortmund, am 5. August 1953: »Fernandels liebenswerte Gestalt des wackeren *Don Camillo* ist für Millionen Filmbesucher zum Inbegriff des aufrechten, brüderlichen Priesters schlechhin geworden. Den schwarzen Rock trägt dieser Darsteller vorbildlich – äußerlich wie innerlich, sozusagen. Denn wer Fernandel persönlich näher kennt, weiß, dass er ein grundgütiger Mensch ist, voller Ehrfurcht. Durch Vermittlung des Pariser Kardinals Feltin wurde er, zusammen mit seiner Tochter Jeanine, während der römischen Aufnahmen zu DON CAMILLOS RÜCKKEHR im Vatikan vom Heiligen Vater empfangen. Der Papst – so hieß es – war sehr leutselig und gewährte dem großen französischen Schauspieler eine ungewöhnlich lange Audienz. Fernandel beim Heiligen Vater – vatikanische Kreise deuten den herzlichen Empfang des französischen Stars nicht zu Unrecht als bewusste öffentliche Widerlegung jener Gerüchte, die zeitweise von einer Verstimmung des Papstes über die *Camillo*-Filme wissen wollten. Wissbegierige Reporter bestürmten den Schauspieler nach der Audienz, ob sich der Papst mit ihm über die

Camillo-Filme unterhalten habe. Und siehe da: Man hatte es nicht getan – nicht, weil man nicht darüber sprechen wollte, sondern weil beide Gesprächspartner erkannten, dass man nicht darüber sprechen kann. Sie zogen wortlos die Grenzen zwischen Ehrfurcht vor dem Heiligen und den Möglichkeiten der Schauspielkunst. Der Papst und Fernandel sprachen nicht über *Don Camillo* – aber der Heilige Vater lächelte *Don Camillo* zu. Er konnte Frankreichs großem Charakterdarsteller nichts Schöneres, Beglückenderes schenken, zeigte ihm das Lächeln des Heiligen Vaters doch, dass der Künstler Fernandel auf dem rechten Weg ist.«

Filmhandlung

Kommentar am Anfang der deutschen Fassung: »Das ist *Don Camillo*. Kennen Sie ihn noch? Den Pfarrer des kleinen Ortes zwischen Strom und Gebirge irgendwo in Oberitalien. Dieser kleinen Welt, in der Dinge geschehen, die sich nirgendwo anders ereignen. *Don Camillo* fährt in die Verbannung, weil er seine Ideen mit den Fäusten gegen den kommunistischen Bürgermeister verteidigt hat, der manchmal sein Freund, aber meistens sein Feind war. Fausthiebe sind keine passenden Argumente für einen Priester. Und seine Eminenz, der Bischof, hat ihn zur Strafe weggeschickt. Weit weg von der kleinen Welt, die *Don Camillo* so liebt.«

Der Zug setzt sich in Bewegung. *Don Camillo* schaut traurig aus dem Fenster. Am Zielbahnhof hört er Musik erklingen und eine Menschenmasse wartet am Gleis. Ein für *Don Camillo* unerwarteter Empfang? Nein, der Auflauf gilt nicht ihm, sondern einem berühmten Radrennfahrer, der von der Menge begeistert auf den Schultern getragen wird. Vom Bahnhof ist es noch ein Stück bis in die abgelegene neue Pfarrgemeinde Montenara. Ein Motorradfahrer nimmt *Don Camillo* ein Stückchen des Weges über die Bergstraße hinauf mit. Das letzte Stück in »das verlorene Dorf in den Wolken« geht es aber nur zu Fuß. *Don Camillo* findet ein karg eingerichtetes Pfarrhaus vor. Als er sich setzen will, zerbricht zu allem Unglück auch noch der Stuhl. Die herbeieilende Haushälterin *Perpetua*, die des Pfarrers fast einziger menschlicher Kontakt sein wird, gibt *Don Camillo* zu erkennen, dass sie sich nicht vor ihm fürchtet. »Mein Vater hat noch mit Wölfen gekämpft.« Die Kirche selbst ist noch karger eingerichtet. *Don Camillo* dazu: »Ich bin erschüttert, Herr. Dein Quartier ist noch schlechter als meins.« Doch Christus antwortet ihm nicht.

Unterdessen plant *Peppone* in Brescello den Bau eines neuen Dammes für den Fluss. Die Grundbesitzer weigern sich aber, ihm Land dafür zur Verfügung zu stellen. Der neue Pfarrer, *Don Pietro*, ist überhaupt kein Ersatz für *Don Camillo*. Er findet beim Bürgermeister kein Gehör für seine Probleme. Der Kirchturm ist nämlich einsturzgefährdet, die Glocke *Gertrude* droht sogar hinabzufallen. *Peppone* indes ist anzumerken, dass ihm die früheren Streitigkeiten mit *Don Camillo* doch fehlen. Der alte, alteingesessene Arzt, *Dr. Spiletti*, scheint kurz vor dem Tod zu stehen. Aber so ganz will er doch nicht. Seine Familie, der Pfarrer und *Peppone* stehen an seinem Sterbebett. Als der junge Arzt den Tod feststellt, öffnet *Dr. Spiletti* die Augen und meint: »Ich sterbe erst, wenn mir *Don Camillo* die Absolution erteilt hat.« Der anwesende *Peppone* schimpft: »Dann müssen Sie noch ein bisschen warten. Vielleicht bis zum jüngsten Tag.« Ohne *Don Camillo* ist nichts mehr, wie es einmal war. Sogar die Alten wollen nicht mehr sterben.

Camillo hat ganz andere Sorgen. Frühmorgens macht er sich auf den Weg nach Brescello. Bei seiner Visite schaut er bei *Peppone* vorbei. Der empfängt ihn sarkastisch, aber freundlich. *Peppone* aufreizend: »Seit Sie hier weg sind, herrscht der gesunde Menschenverstand.« *Don Camillo* berichtet: »Meine neuen Pfarrkinder sind so gläubig.« Erst im Gespräch mit *Peppones* Sohn kommen schließlich die Wahrheiten ans Licht. *Don Camillo* ist aber nur zurückgekehrt, um sein Kreuz ins Exil mitzunehmen. *Peppone* soll den Transport übernehmen und fährt *Camillo* in der stürmischen, regenreichen Nacht zurück bis zum Weg, der nach Montenara führt. Zuvor hat *Peppone* allerdings eine Auseinandersetzung mit dem Gutsbesitzer *Cagnola* gehabt und glaubt, diesen im Streit erschlagen zu haben.

Don Camillo schleppt das Kreuz durch Regen und Sturm auf dem Weg nach Montenara. Unterwegs bricht er erschöpft zusammen. Da hört er wieder Christus zu ihm sprechen, was ihm Mut und Kraft gibt. Wenig später erscheint plötzlich Peppone im Pfarrhaus, um »eine große Dummheit« zu beichten. Als auch noch Gutsbesitzer *Cagnola* auftaucht und meint, einen Genossen getötet zu haben, muss *Don Camillo* die übereinander herfallenden Streithähne trennen. Beiden zwingt er eine Einigung für den Dammbau auf, von der *Cagnola* aber später nichts mehr wissen will.

Peppone streut beim alten Bischof das Gerücht aus, dass *Don Camillo* durch den Gang ins Exil in den Augen vieler zum Heiligen werden wird. Man sage sich, er würde schon Wunder bewirken. Peppone beichtet: »Die Gemeinde braucht *Don Camillo*. Geben Sie uns *Don Camillo* zurück.« Der Bischof akzeptiert.

Don Camillo kehrt zurück nach Brescello. Niemand empfängt ihn aber am Bahnhof. Der listige *Peppone* hat verkünden lassen, *Don Camillo* käme erst mit dem Abendzug. Und *Camillo* wurde erzählt, er solle den Mittagszug nehmen. Dazu hat *Peppone* einen großen Boxkampf im Volkshaus organisiert – damit wirklich niemand am Bahnhof ist. *Don Pietro* schildert in der Kirche *Don Camillo* die Weigerung *Peppones*, den Glockenstuhl zu sanieren. Es kommt, wie es kommen muss: Beim Läuten fällt die Glocke *Gertrude* herunter. *Don Camillo* stürmt zum Boxkampf. Dort verliert gerade ein örtlicher Boxer die Provinzmeisterschaft. *Peppone* klettert in den Ring und nimmt selbst den Kampf gegen den Meister auf. Und wird k.o. geschlagen. *Don Camillo* greift ein. Er befördert den Meisterboxer aus dem Ring. Zu den Menschen ruft er: »Ich bin froh, wieder da zu sein, wo ich hingehöre.« Es folgt eine Brandrede über Boxkämpfe. *Camillo* berichtet vom Fall der Glocke und erwartet alle am Samstag in der Kirche. Zur Messe erscheinen *Peppon*e und sein Stoßtrupp mit Verspätung. *Don Camillo* predigt über den vernachlässigten Kirchturm. Nach dem Gottesdienst erwartet er die »milden Gaben« der Gemeinde. *Peppones* Stoßtrupp steuert zwei große Beutel Geld bei. Beim Gespräch mit Christus wird *Don Camillo* an seine Vergangenheit als Boxer erinnert und getadelt. »Jesus, du hast mich doch mit diesen großen Händen ausgestattet«, lautet seine Antwort.

Die Renovierung des Glockenturms kann erfolgen. Dank des vielen Geldes kann *Don Camillo* auch eine Uhr anschaffen, quasi als Gegenstück zur Uhr am Volkshaus. Der Ort hat nun zwei – verschieden gehende – Uhren. Fortan ist je nach »Parteizugehörigkeit« eine andere Uhr maßgeblich.

Der wieder muntere *Dr. Spiletti* kauft dem bei ihm arbeitenden Genossen *Nero* für 10.000 Lire die Seele ab. Beide Seiten sind sich sicher, ein gutes Geschäft gemacht zu haben.

Don Camillo hütet zu Hause wegen einer Grippe das Bett. *Peppone* sucht ihn wegen seines Sohnes *Beppo* auf, der Schwierigkeiten im Internat hat. *Camillo* bietet sich als Vermittler an, macht einen Besuch im Internat und stellt fest, dass *Peppones Sohn* draußen in der Natur eine ungeheure Aktivität entwickelt. *Don Camillo* hilft dem Junior zu »verschwinden«, lässt ihn bei sich schlafen. Der besorgte Vater gelobt schließlich Besserung und sieht ein, dass das Internat nichts für seinen Jungen ist. Währenddessen macht sich *Nero* doch Gedanken wegen seiner Seele und lässt sich vom jungen Arzt untersuchen. *Peppone* erhält ein Parteischreiben mit einer Einladung nach Moskau, unterschrieben von einem »Bontoni«. *Brusco* fragt: »Wer ist das denn?« – »Irgendein Funktionär«; die Einladung wird als geheime Sache betrachtet. Barbier *Brusco* tönt überall herum, er »würde dem Pfaffen die Kehle durchschneiden, wenn dieser mal in seinen Laden« käme. Am Karnevalstag steht *Don Camillo* bei ihm im Geschäft. Er fragt den anwesenden *Peppone*, wann er denn nach Moskau fährt? Der ist überrascht und fragt sich, woher *Camillo* davon weiß. *Camillo* bei der Rasur zu *Brusco*: »Wunderbar, sich von Ihnen rasieren zu lassen.«

Was niemand weiß, ist, dass *Don Camillo* im Besitz einiger Briefbögen der Kommunistischen Partei ist. Die »Roten« haben dieselbe Druckerei wie die Pfarrei. Und bei einer günstigen Gelegenheit hat *Don Camillo* zugegriffen. Christus redet ihm ins Gewissen, noch ein weiteres Schreiben aufzusetzen.

Im Karnevalstreiben wagt sich verkleidet auch der frühere Faschistenführer *Marchetti* wieder in den Ort. Doch er wird erkannt und kann gerade noch zu *Don Camillo* ins Pfarrhaus fliehen. *Marchetti* ist der Mann, der früher einmal *Don Camillo* und *Peppone* Rizinusöl einflößte. Beide sind seither nicht mehr gut auf ihn zu sprechen. Nun ist die Zeit für Revanche gekommen. *Peppone* ist herbeigeeilt, wird aber von *Marchetti* überlistet und muss nun selbst im Angesicht eines Gewehrlaufes wieder Rizinusöl trinken. *Don Camillo* weiß natürlich, dass sein Karabiner nicht geladen ist, nun lässt er auch *Marchetti* trinken. Am Ende muss er aber auch noch nachziehen. Christus belehrt ihn: »Lüge und Gewalt müssen bestraft werden.«

Tag und Nacht regnet es jetzt unaufhörlich. *Peppones* Sohn bekommt bei einer Rauferei mit anderen einen Stein an den Kopf. Schädelbruch. *Don Camillo* steht *Peppone* seelisch bei, er kauft auch Kerzen für Christus, denn *Peppone* wollte nur der Muttergottes Kerzen bringen. *Beppo* wird wieder gesund.

Hochwasser am Po. Eine große Evakuierung steht an. *Don Camillo* will den Fluten trotzen und in seiner Kirche bleiben. Dann bleibt auch *Peppone*, sagt dieser, *Dr. Spiletti* bleibt ebenfalls. Der gibt den »Seelen-Vertrag« zurück an *Nero*. *Don Camillo* zu dem Genossen: »Jetzt, wo du die Seele wieder hast, willst du sie vielleicht mal reinigen lassen?« – »Ich brauche Ihr Waschpulver nicht.«

Dr. Spiletti läutet die Glocken. Da fällt vom immer noch baufälligen Glockenturm *Don Camillo* etwas auf den Kopf. Diesmal ist es *Peppone*, der ihn rettet und aus dem Wasser zieht. *Peppone* ruft allerdings die Pflicht, er muss in der Stadt die Dinge für die Flüchtigen regeln. So bleibt *Don Camillo* (zusammen mit *Dr. Spiletti*) vor Ort zurück. Man trennt sich im Einvernehmen. *Don Camillo* hält in der mittlerweile überfluteten Kirche eine Messe. Die abreisenden Bewohner hören ihm vom Damm aus zu. Zum Schluss schlagen sogar die beiden Uhren im Ort gleich.

Kommentar am Ende der deutschen Fassung:

»*Don Camillo*: ›Ich stehe zur Verfügung, Herr.‹« (Kein sonstiger Kommentar)

Resonanz und Rezension

Wären doch alle Wortbrüche der Welt so charmant«, lautet die Erkenntnis der Werbung im deutschen Presseheft. Gemeint ist Julien Duviviers »Wortbruch«, eigentlich keinen zweiten *Don-Camillo*-Film mehr drehen zu wollen. Weiter wird angekündigt: »Alle jene, die bei Bekanntwerden dieses neuerlichen *Camillo*-Films zunächst skeptisch die Stirn runzelten, werden nun eines Besseren belehrt: Hinter den Schelmenstreichen blitzt noch stärker das Menschliche schlechthin auf, dass selbst die letzten Zweifler bewundernd kapitulieren. Auch die Kirchen, die schon bei *Camillos* ersten Abenteuern in das große befreiende Lachen einstimmten, werden es diesmal – vom höchsten Würdenträger bis hinunter in die kleine Pfarre, wo man manchmal konservativer urteilt – noch herzhafter tun dürfen, weil Julien Duvivier sich hier entscheidend dem großen Thema gegenseitiger Duldsamkeit verschrieben hat und so eine völlig neue Perspektive gewinnt. Die Geschichte vom Rückkehrer *Camillo*, dessen Pferdegebiss uns so herrlich vertraut geworden ist, ist auch diesmal wieder überglänzt von tausend Sprühteufeleien eines gutmütig-bissigen Humors … Mit *Don Camillo* ist die Heiterkeit ins Dorf zurückgekehrt.«

Die Fortsetzung von DON CAMILLO UND PEPPONE ist natürlich auch ein Produkt der Filmindustrie, den Erfolg des ersten Filmes zu wiederholen oder sogar zu übertreffen. Und auch DON CAMILLOS RÜCKKEHR kommt beim Publikum an. Den Anfang macht diesmal Frankreich mit der Premiere am 5. Juni 1953. Als Nächstes zieht nicht etwa Italien nach. Nein, am 14. August 1953 kommt die Rückkehr von *Don Camillo* erst noch nach Westdeutschland. Hierzulande ist die Fangemeinde des streitbaren Pfarrers und seines kommunistischen Gegenübers riesengroß. Erst ab dem 23. September 1953 startet IL RITORNO DI DON CAMILLO in italienischen Kinos.

Die Nachrichten aus Paris von dem Uraufführungsstart sind überwältigend positiv. 350.000 Besucher lachen in den ersten fünf

Wochen über Fernandel, Gino Cervi und ihre neuen Schelmenstreiche. Die Kritiken aus Paris, wo LE RETOUR DE DON CAMILLO schon in den ersten 21 Vorstellungen den Besucherrekord, den der erste Film in 28 Vorstellungen aufstellte, überrundete, sind wieder voll des Lobes. Jean De Baroncelli gesteht am 11. Juni 1953 in *Le Monde* sogar ein: »... Bei DON CAMILLO hatte ich den Eindruck, dass der Film diese unnachahmliche italienische Leichtigkeit nicht erreichen kann. Trotz meiner Wertschätzung für Julien Duvivier war das meine Meinung ... Ein De Sica, Luciano Emer oder Zampa wären geeigneter gewesen, die italienische Lebensweise auf die Leinwand zu bringen, dachte ich ... Der Triumph von DON CAMILLO nicht nur in Frankreich, sondern auch in Italien, wo die Volkstümlichkeit Fernandels die Vorstellungskraft übersteigt, wies mir meinen Fehler auf ... Ich schreibe das ohne Ironie ... Der Erfolg hat manchmal obskure Gesetze ... Auf den Champs-Élysées bildeten sich Schlangen von Fans ...« De Baroncelli fühlt sich wie »exkommuniziert«. Aber vielleicht falle der dritte Film dann aus der Reihe. Für jetzt »begnadigt« sie den filmischen *Don Camillo. Témoignage chrétien* berichtet am 19. Juni 1953, dass auch »die Rückkehr des *Don Camillo* nicht langweilig geraten ist«, und auch wieder christliche Werte hochhält. Weitere begeisterte Kommentare – *Noir et Blanc* schreibt: »DON CAMILLOS RÜCKKEHR ist genauso charmant wie der erste Film, die Damen werden sagen: Sehr charmant!« *L'Aurore* begeistert sich: »Allen voran Trumpf Nummer eins: Fernandel, wie beherrscht in seiner Menschlichkeit!« *Le Figaro* konstatiert: »Man empfindet helle Freude, diesen Dorfpriester wiederzusehen: verschmitzt, aufbrausend, von athletischem Körperbau und zarter Seele. Die beiden Darsteller Fernandel und Gino Cervi begeistern durch ihr ausgezeichnetes Talent. Julien Duvivier dirigierte mit dem gleichen beschwingten Rhythmus und dem gleichen Lächeln!« Gegen den Trend schwimmt nur wieder Claude Mauric in *Le Figaro littéraire* am 20. Juni 1963, der dem Filmgeschehen wieder Falschheit vorwirft. Und die Wochenzeitschrift *Comoedia* (Jean Fayard) urteilt am 9. Juni 1953: »Fernandel ist sehr gut, sehr natürlich ... aber fast alle seiner Kollegen scheinen mehr als fraglich. Auch Gino Cervi, der diesmal als *Peppone* eher konventionell ist ... Ich bezweifele, dass es möglich ist, jedes Jahr einen guten *Don Camillo* zu machen, und denke, man sollte die Dinge nicht missbrauchen.«

Grundsätzlich ist man sich aber schnell einig: DON CAMILLO II gerät hinreißend: vom Bildkünstlerischen her wie vor allem im Menschlichen, inspiriert vom Geiste der Versöhnung. Der Humor bekam in DON CAMILLOS RÜCKKEHR Tiefgang, und aus der glitzernden Träne des Lachens werden die heimlichen Tränen echter Rührung und Ergriffenheit. Auch die Erfolgsspur des zweiten *Camillo*-Films zieht sich über die ganze Welt. Von Österreich geht es über Finnland und Japan auch wieder in die USA. Aber auch in Mexiko oder Argentinien sind die Schelmenstreiche zu sehen.

Wie bei der ersten Produktion sind erneut verschiedene Versionen im Umlauf. Besonders auffallend ist so in der französischen Fassung der Aufstieg *Don Camillos* mit dem Kreuz in das Bergdorf Montenara länger und es entspinnt sich ein Gespräch zwischen *Camillo* und Christus. Außerdem sieht man nur in dieser Fassung, wie *Don Camillo* und *Beppo* Kastanien von einem Straßenhändler kaufen oder wie *Dr. Spiletti* mit einer Flinte seine eigenen Verwandten bedroht.

Im Fachmagazin *Film-Echo* der Filmbranche wird viel Hoffnung auf die Produktion gesetzt. Erste Eindrücke werden nach der Präsentation von DON CAMILLOS RÜCKKEHR außerhalb des regulären Festspielprogramms bei den Internationalen Filmfestspielen in Berlin geschildert: »... Der Film lief in der Originalfassung ohne Untertitel, die vorherrschende Meinung, dass er zu viele und zu lange Dialoge enthalte, scheint ein vorschnelles Urteil zu sein. Man wird erst anhand der deutschsprachigen Fassung entscheiden können, ob es dem Regisseur Duvivier gelingen wird, mit der Fortsetzung den Welterfolg des ersten Teils zu wiederholen. Die Besprechung des Werkes stellen wir bis zum Vorliegen einer synchronisierten oder wenigstens getitelten Fassung zurück.«

Zum Glück für die deutschen Filmfreunde sind die deutschen Synchronstimmen für die Hauptdarsteller die gleichen wie beim Vorgängerfilm. Über die Arbeit der »Hintermänner von *Don Camillo* und *Peppone*« gibt folgender zeitgenössischer Bericht aus dem Pressematerial Auskunft: »Warnend leuchtet es uns über einer Tür entgegen: ACHTUNG AUFNAHME! Wir öffnen behutsam und treten in einen verdunkelten Raum. Zwei Männer stehen inmitten des Raumes vor einem Pult mit Leselampe und Mikrofon. Auf der Leinwand vor ihnen erscheinen gerade die überlebensgroßen Gesichter der feindlichen Brüder *Don Camillo* und *Peppone*. Und das ist das Seltsame: Jede Regung in den Gesichtern der beiden da oben, jede Geste ihrer Hände, spiegelt sich in den beiden Männern vor dem Mikrofon wider. Doch es ist kein Nachäffen, kein Kopieren, es ist ein gespanntes Einfühlen in das Spiel der Kollegen vor der Leinwand. Ja, Sie haben richtig geraten: Wir befinden uns in einem Synchronisationsstudio. Hier wird in aller Stille ein Kapitel schwerer künstlerischer Arbeit vollendet. Synchronisieren heißt ja nicht übersetzen und nachreden, sondern erfühlen, übertragen und neu schaffen. Sprache ist etwas Lebendiges: Man spricht nicht nur in ihr, man denkt, fühlt und – lebt in einer Sprache. Es wäre einfach, wenn man etwa eine französische Dialogpointe nur zu übersetzen und sprechen brauchte – Witz und Humor hat man damit noch nicht herübergerettet. So kommt es hier durchaus nicht nur auf sachliche Korrektheit an. Es ist eine Arbeit des unerhörten künstlerischen Fingerspitzengefühls, die gegebenenfalls lieber ersetzt und Entsprechungen sucht, als pedantisch zu übernehmen. Selbstverständlich soll dabei nicht etwas zustande kommen, was zwar den eigenwilligen Ideen eines Synchronregisseurs, nicht aber dem Film gerecht wird. Was auch immer hier geschieht, steht im Dienst des Films, des Drehbuchautors, der Schauspieler. Aus dem Mosaik Film werden einige Steinchen entfernt und andere, neue eingefügt. Die Harmonie darf dabei nicht zerstört werden. Einstellung für Einstellung werden Dialogparts von 2–3 Sätzen gesprochen. Fernandel und Gino Cervi erscheinen spaghettiessend auf der Leinwand und noch ist der französische Dialog leise hörbar. Ebenso leise tasten sich die Sprecher mit ihrem deutschen Text hinein in die Szene, den Blick auf die Leinwand konzentriert. Nun rollt die gleiche Szene wieder ab, diesmal stumm. Alfred Balthoff – der Sprecher *Don Camillos* – und Werner Lieven – *Peppone* – proben nun laut und vernehmlich, von Regisseur Rothkegel verschiedentlich unterbrochen: ›Etwas breiter bitte das *Lenin*, ja? Man muss zwar hören, dass du isst, aber es darf drum nicht unverständlich werden‹. – ›Aber man muss fühlen, dass du lügst. Nimm's eine Idee zurück. Ja, so. Genau so bleiben!‹ – Drei-, viermal Probe vor dem immer wieder ablaufenden Bild, dann Aufnahme. Der Regisseur ist nun drüben in der Tonkabine. *Don Camillo* und *Peppone* bekommen neue Worte in den Mund gelegt, die das Gleiche meinen wie die unhörbar gewordenen französischen. Balthoff und Lieven haben einen Finger in den Mund gesteckt. Der Eindruck ist vollkommen. Sie essen Spaghetti und sprechen mit vollem Mund. – ›Sehr schön, danke‹, tönt die Stimme des Regisseurs aus dem Lautsprecher. Eine weitere Szene aus DON CAMILLOS RÜCKKEHR ist für das deutsche Publikum verständlich gemacht worden. Eine Szene von hunderten. – Synchronisation, eine dienende, doch eine schwere künstlerische Arbeit.«

Das *Film-Echo* rührt weiter die Werbetrommel: »… Er kehrt zurück und Verleih und Theaterbesitzer hoffen, die Besucher auch. Die Vorwerbung, hier angezeigt, ist ebenso geschmackvoll wie modern. In Paris lief der Film in drei Erstaufführungshäusern mehr als sechs Wochen. Und was in Paris recht ist, sollte in Bundesdeutschland billig sein. Oder?«

Im Pressematerial der *Allianz-Film* kommt als Erstes wieder Filmkritiker Klaus Hebecker zu Wort. Er äußert sich über »Die geliebten Komödianten«: »Es gibt Stücke und Filme, die werden von Schauspielern populär gemacht. Nun soll im Falle DON CAMILLO UND PEPPONE beileibe nicht gesagt werden, dass etwa des Autors Giovannino Guareschi Geschichten zugunsten von zwei Schauspielerpersönlichkeiten in die Schmollecke verwiesen werden sollen, doch wird man bei allem Rätselraten um den schier sensationellen Erfolg dieses Filmes nicht umhin können, einen guten Teil des Ruhmes den Hauptdarstellern gutzuschreiben. Damit hat es eine ziemlich genau zu präzisierende Bewandtnis. Schauspieler allein, die ihre Kunst der Menschendarstellung beherrschen, hätten vermutlich das Aufheben um diese Filme nicht legitimiert. Man kann sich beim Lesen des Buches den *Don Camillo* und auch den *Peppone* so und so vorstellen: Keiner wird die beiden Figuren dergestalt erwartet haben, wie Fernandel und Gino Cervi sie spielen. Und darin scheint uns ihre Überzeugungskraft zu liegen: Zu der politisch-reizvollen Ironie des Buches ist das Komödiantische in den Schauspielern gekommen. Die beiden hatten so viel Spaß an ihren Rollen, dass sie ihre gute Schauspieler-Erziehung ganz und gar vergaßen und sich ungeniert zum Komödiantentum bekannten. Das ist heute, jedenfalls hierzulande, ein Naturereignis.

Schauspieler sind in punkto Temperamentäußerung sehr zurückhaltend geworden. Sie richten sich viel mehr nach ihrem Maßschneider als nach ihrem Blut, das bei einer schönen Rolle eigentlich in Wallung kommen sollte. Selbst die Pfarrer in unseren Filmen scheinen sich nach der Mode zu orientieren. Anders bei Fernandel. Der fasst seinen *Don Camillo* als einen in der Tat urwüchsigen Landpfarrer auf, der bestimmt noch nie ein Filmatelier gesehen hat. Fernandels *Don Camillo* ist nun aber auch wieder keine Idealgestalt der Kirche: Er verbindet die Würde seines Amtes und die ehrliche Überzeugung seines Glaubens mit dem rustikalen Alltagsgebaren eines offenen, unkomplizierten Charakters. Auf diese Weise *interpretiert* Fernandel nicht den *Don Camillo*, sondern er *ist* es! Gerade bei diesem Schauspieler, der ja von Hause aus Komiker ist, hat man grundsätzliche Untersuchungen angestellt, ob ein solcher Darsteller denn überhaupt fähig sei, ernste Rollen zu spielen. Und man ist anhand von allerlei Filmen zu dem Schluss gekommen: Nun ja, er gibt sich Mühe, aber er bleibt denn doch immer, pardon, der Spaßvogel mit dem liebenswerten Pferdegesicht. Niemand hat merkwürdigerweise für derartige Betrachtungen den *Don Camillo* herangezogen, weil wohl die Versuchung zu nahe liegt, im Rahmen der heiteren Guareschi-Geschichten auch die Rolle des *Don Camillo* als eine lustspielerische Angelegenheit aufzufassen. Das scheint nun grundverkehrt, und eigentlich hat nur die Kirche prompt erkannt, welchen Blutes dieser Fernandel-*Don Camillo* ist: wenn die Kirche auch nicht unbedingt mit allen Wendungen in Guareschis Buch einverstanden sein mochte, so ist ihre hervorstechend positive Einstellung zu den beiden Filmen nicht zuletzt der Darstellungsweise Fernandels zuzuschreiben. Der nämlich macht, mit lauteren, komödiantischen Mitteln (der echte Komödiant ist nie geziert oder gekünstelt!) den *Don Camillo* zum *Menschen*. Und nur darauf kommt es, vor allem der Kirche, an! Da erweist sich auch, dass Fernandel durchaus nicht nur ein Spaßmacher ist, sondern ein bewusst ernst zu nehmender Schauspieler. Viele seiner Rollenaufgaben waren zwar nach Meinung der Autoren ernst, aber sie waren nicht ernsthaft! Der *Don Camillo* von Fernandel aber ist es! Das geht nach unserem Dafürhalten aus DON CAMILLOS RÜCKKEHR, der vom Schauspielerischen her, sowohl für Fernandel als auch für Gino Cervi der Dankbarere ist, noch viel stärker hervor. Beim *Peppone* Gino Cervis liegen die Dinge gleich, nur: Die Wirkung auf die Betroffenen ist eine andere. Während die Kirche ihren *Don Camillo* als einen Mann von ihrem Geiste akzeptiert, mögen die Kommunisten ihren *Peppone* nicht eben sonderlich gern. Er ist ihnen zu bourgeois! Für eingefleischte Kommunisten sind immer Leute bourgeois, die sich in politischen Dingen zu menschlich benehmen. Würde Cervi den *Peppone* jedoch als einen sogenannten ›Linientreuen‹ spielen, dann brauchte man sich den Film gar nicht anzusehen, gar nicht über ihn zu diskutieren. Es käme zu keinem Gleichgewicht, zu keinem weltanschaulichen Florettgefecht auf höherer Ebene. So wird der Kommunist durch die Brille eines Komödianten gesehen, und wir sind heilfroh, dass sich bei einem aktuellen Stoff das Komödiantische durchgesetzt hat. Dadurch nämlich machen Fernandel und Gino Cervi auch Duviviers neuen Film DON CAMILLOS RÜCKKEHR zu einem echten, wenn auch auf literarischer Ebene idealisierten Zeitdokument. Wie genau das Publikum diese Gangart empfindet, beweisen die Einspielergebnisse. Hätten wir mehr Drehbücher, woran der Schauspieler angeborenes Komödiantentum sich entzünden könnte, hätten wir auch mehr gute Filme.«

Der katholische *Film-Dienst* lässt diesmal (Kritik Nr. 2678, 1953) über den *Don-Camillo*-Film verlauten: »Wieder rivalisieren der grobschlächtige-streitbare *Don Camillo* und der Miniaturdiktator *Peppone* um die Vorrangstellung im Dorf. Aber es ist ein Rivalisieren mit einem neuen Unterton: *Don Camillo* wird gebraucht. Kein anderer hatte seine Rückkehr beim Bischof erwirkt als *Peppone* persönlich. Wird auch diese neue Nuance in den Szenen mit dem antikommunistischen Arzt, der nicht ohne *Camillo* sterben will, durch häufige Wiederholungen um einen Teil ihrer Wirkung gebracht, so wird sie doch in den (sehr echt empfundenen) Schlussszenen bei der Überschwemmung zum beherrschenden Gedanken. Alle Meinungsverschiedenheiten schwinden vor der gemeinsamen Sorge für die Unglücklichen. Was den Humor angeht, so ist der zweite Teil noch feiner, noch geistvoller, noch dialoggebundener, wenn ihm auch jetzt das überraschende Neue fehlt. Die größere Sorgfalt bei der Vermeidung von ehrfurchtslosen Einzelheiten im sakralen Bereich muss dankbar anerkannt werden, obgleich einige Szenen – isoliert betrachtet – etwas heikel sind. (Fall unter dem Kreuz, Predigt in der überschwemmten Kirche). Der Gefahr der Verniedlichung des Kommunismus versuchte man durch häufige, ernster zu nehmende Seitenhiebe zu begegnen. Dass aber diese ›Streitgespräche‹ nicht ins Doktrinäre abgleiten, dafür sorgen die unvergleichlichen Darsteller des *Don Camillo* (Fernandel) und des *Peppone* (Gino Cervi). Man sollte den Film für das nehmen, was er sein will: eine geistvoll satirische Komödie und nicht ein Schlachtfeld grundsätzlicher Meinungsverschiedenheiten. Dann wird er seinen unterhaltenden Wert voll aufleuchten lassen.«

In den deutschen Filmzeitschriften wird DON CAMILLOS RÜCKKEHR durchweg gut aufgenommen. Dr. Helmut Müller attestiert in *Der neue Film* vom 20. August 1953: »... Julien Duvivier, der zusammen mit René Barjavel das ausgeglichene Drehbuch schrieb, löste sich diesmal vom Prinzip der Episodenreihung und schuf eine durchgehende, im Zeichen menschlicher Nächstenliebe stehende Handlung ... *Don Camillo* und *Peppone* – ist es noch nötig zu sagen, dass Fernandel und Gino Cervi diese beiden wieder zu vollsaftigem Leben erwecken? Mit Hochachtung registriert der Kritiker, wie zuchtvoll und verinnerlicht besonders Fernandel, noch stärker als das erste Mal, seine Pfarrerrolle durchführt. Paolo Stoppa, E. Delmont, Charles Vissières, Claudy Chapeland und alle anderen bringen eine echte Ensembleleistung zustande, meisterlich geführt von Julien Duvivier. Ein besonderes Lob gebührt der Kamera unter Anchise Brizzi, der den subtilen Intentionen der Regie mit großartigen Aufnahmen zur Seite stand. Die deutsche

Synchronisation mit Sprechern wie Alfred Balthoff (*Camillo*), Werner Lieven (*Peppone*) und Heinz Schimmelpfennig, Hans Teschendorf, K.D. Fröhlich sowie Ernst Kuhr (*Stimme Jesu*) unter der Regie von Georg Rothkegel ist als Kabinettstück überzeugender Eindeutschung zu bezeichnen. Das Publikum bei der Frankfurter Premiere quittierte Politik und Komik wiederholt mit herzhaftem Szenenapplaus, war von der Menschlichkeit der Handlung tief beeindruckt und spendete zum Schluss ungewohnt herzlichen Beifall.« Und im *Film-Echo* 1953 steht: »DIE RÜCKKEHR DES DON CAMILLO, lang angekündigt und noch länger erwartet, hat sich nun vollzogen ... Die Grundlinie freilich ist nicht neu, ihr Überraschungseffekt fehlt, man weiß, worum es geht – aber neben ein paar vom Publikum kaum bemerkten Längen gibt es auch wiederum Szenen von starker thematischer Dichte. Julien Duvivier bewies erneut, dass er das Unmögliche möglich machen und die verschiedenartigsten Elemente der Dramatik und der Komik zu einem Ganzen verschmelzen kann. Fernandel und Gino Cervi in den Hauptrollen bedürfen kaum einer lobenden Betrachtung – ihre Leistungen sprechen für sich selbst. Die erwartungsvolle *Don-Camillo*-Gemeinde belohnt die Rückkehr ihres Helden im Priesterrock mit Anerkennung und Applaus. Die ›Rückkehr‹ wird dem ›Vorangegangenen‹ geschäftlich nicht nachstehen.«

Auch sämtliche großen deutschen Zeitungen widmen sich wieder mit ausführlichen (!) Besprechungen dem neuen *Don-Camillo*-Film und seinem Thema. Lesen wir, zu welchen Schlussfolgerungen seinerzeit die Kritiker kamen.

Paul Hübner schreibt am 15. August 1953 in der *Rheinischen Post*, Düsseldorf: »Die Ballade der geistlich-weltlichen Dickköpfigkeit hat ihre Fortsetzung erhalten ... Der Kampf zwischen *Don Camillo* und dem roten Bürgermeister *Peppone* ist noch mehr aus der politischen Ebene in die Schelmerei verlagert. Das ist die Wiederkehr der uferlosen Aventüren des Barocks mit den filmischen Mitteln des 20. Jahrhunderts. Bis zu Grimmelshausen und seinem Simplizissimus muss man zurückgehen, um auf eine ähnliche Nachbarschaft von Zeitgeschehen mit tragischem Hintergrund und übermütiger, ja rabaukig verwilderter, dabei aber immer herzhaft erfrischender Darstellung des Heiligsten zu stoßen. Alle Schnurren von Pastören, wie sie auch rheinauf, rheinab von der Freiheit der Kinder Gottes erzählt werden, sind in den italienischen Variationen und mit dem italienischen kindlichen Gemüt hier wiederzufinden. Und da sie der französische Regisseur Duvivier mit leichter Hand und zuweilen prächtiger Kameraführung zur Anschauung gebracht hat, ist etwas von einer europäischen Heiterkeit entstanden: ein Stil hemdsärmeligen Spotts, die Gegner unseres Jahrhunderts zanken und streiten und sich handgreiflich verbläuen und wieder vertragen und wieder entzweien zu lassen, solange die Einfälle reichen. Wird dieser zweite Teil den Welterfolg des ersten erreichen? Wer das Neue allein zum Maßstab erhebt, wird in der Wiederholung des Ähnlichen nur einen Nachklang der Lachdrommeten des ursprünglichen ersten Werkes hören. Der Humor hat an überschäumender Kraft verloren, das Gelächter hagelt nicht mehr, das Zwerchfell hat Zeit, sich zu erholen. Es gibt besinnliche Strecken wie *Camillos* Simeon-von-Cyrene-Weg mit dem ›gestohlenen‹ Kreuz in die Bergeinöde. Und gleich daneben gibt es Raufereien (in der Schule und im Boxring), in denen der Klamauk der Wildwester ein bisschen arg in pfarrherrlicher Nähe angesiedelt worden ist. *Peppone* wird bei aller Ruppigkeit noch liebenswürdiger gezeichnet. Soll man's ankreiden? Wird er nicht gerade deshalb durch *Camillos* Tun immer stärker den eigenen Prinzipien entfremdet und bleibt nur noch in den Phrasen ein Anhänger seiner Partei? Der Wettstreit zwischen Rathausuhr und Kirchturmuhr ist einer der köstlichen Einfälle, die alle hie und dort aufkeimenden Bedenken zerstäuben. Nach der Predigt im tiefen Wasser vor dem Altar, nach *Camillos* Rettung aus den Hochwasserfluten durch *Peppone* schlagen die Uhren friedlich zu gleicher Zeit: Symbol des Einstands, Halbzeit des Gefechts, in dem es dank Fernandel 2:1 für *Camillo* steht.«

Die *Süddeutsche Zeitung* vom 17. August 1953 meint: »… Dem fehlt auf diese Weise die echte Würze und der rechte Witz. Dennoch ist das alles nach wie vor ungemein liebenswert – trotz mancher Längen, und obwohl der Spannungs-Bogen brüchig wurde. Die Details entzücken, die Menschlichkeit rührt an, und aus der Hochwasser-Katastrophe, da das ganze Städtchen überschwemmt und evakuiert wird, hat Julien Duvivier eine heiter-ernste Schluss-Apotheose großen Stils gemacht. Wie hier, durch Echo-Wirkung weitergetragen, die Predigt des einsam in der Kirche gebliebenen Pfarrers zur weit entfernten Gemeinde dringt, das ist bester Tonfilm und zugleich von jener Aussage- und Symbolkraft, ohne die Guareschis Buch und Duviviers Filme nicht das wären, was sie sind: ein Bekenntnis zum Glauben, trotz und in unserer Zeit.«

Ein gewisser K. K. philosophiert in der *Frankfurter Allgemeinen* am gleichen Tag: »Es gibt eine Gattung erzählender Literatur, die den glücklichen Effekt der Frage macht: Wie ist es weitergegangen? Das ist eine Kinderfrage der Literatur. Aber man rümpfe darüber nicht die Nase, denn die Bücher dieser glücklichen Art reichen vom *Trotzköpfchen* über das *Heidi* bis zum Wilhelm Meister. Vielleicht findet sich einmal ein akademischer Literaturprofessor, der untersucht, worauf wohl dieses Fortsetzungsbedürfnis bei bestimmten Büchern der niederen und bei der hohen Literaturregion beruht … Das jüngste Beispiel ist der *Don Camillo* des italienischen Journalisten Guareschi. Die übereifrigen Leute, die dem Buch böse sind, weil es einen menschlich sympathischen Kommunistenhäuptling, *Camillos* Freund-Feind *Peppone*, liebenswert schildert, sind mit ihren flammenden Protesten nicht weit gekommen. So ist es nun einmal in der freien Welt. Dem großen Kinde Publikum kann man nicht verbieten, was ihm gar so gut gefällt. *Camillo* ist unwiderstehlich, auch und gerade in Deutschland. Man bedenke, was das heißt: Ein richtiger Pfaffe in langer Soutane, das Barett oder den flachen römischen Hut auf dem Pferdekopf, wird allenthalben zum erklärten Liebling! Dawider sollte man nicht angehen. Offenbar ist die Anziehung dieses Kraftkerls mit der Kinderseele zu stark. Was sind Fernandel-*Peppone* denn anders als Riesen mit Kinderseelen aus dem Märchen? Im Grunde scheinen Buch und Film zu beweisen, dass auch ein mit allen Raffinements modernster Kinotechnik vertrautes Publikum das große Kind geblieben ist, das es in naiveren Jahrhunderten war. Wir können die Versuche, vor der angeblichen politischen Gefährlichkeit des *Peppone* zu warnen, auch diesmal wieder nur als fruchtlos ansehen. *Camillo* ist wiedergekommen. Autor und Verleger, Duvivier und die Filmproduktion samt einem lieben Verleih haben es sich nicht nehmen lassen. DON CAMILLOS RÜCKKEHR heißt die Folge römisch II, und wenn je ein Reklametext zu einem Film etwas Richtiges enthielt, dann der zu diesem, worin es heißt ›mit neuen Schelmenstreichen‹. An den neuen Schelmenstreichen hat man denn auch diesmal sein Vergnügen, selbst wenn es die neuen alten sind, zum Beispiel *Don Camillo* im roten Volkshaus alle niederboxend. Im Ganzen aber ist die Fortsetzung beträchtlich schwächer als der erste Film. Manches ist sogar peinlich. So wenn *Camillo* seinen Kruzifixus heimlich aus seinem Landstädtchen holt und ihn in das elende Bergnest, wohin er verbannt ist, schleppt. Da soll – man spürt die Absicht deutlich – der Riese und Rausschmeißer im Priesterrock wieder symbolisch zum echten Kreuzträger werden wie in der berühmten Szene der einsamen Prozession an den Fluten des ersten Films. Aber es ist ein Abklatsch! Die Rivalität im zivilisatorischen Fortschritt bedient sich diesmal des Wettstreits der öffentlichen Uhren. *Peppone* hat eine auf dem Volkshaus anbringen lassen und *Camillo* nicht faul eine dröhnende auf seinem rissigen Kirchturm. Einer übertrumpft den anderen durch Vorstellen der Uhr, sodass der ›Fortschritt‹ wieder einmal zum baren Unfug wird. Unter den Streichen der beiden spielen Rizinuskuren eine Rolle. Neu ist der alte *Doktor Spiletti*, der die Leute mit seinem Sterben narrt und es mit *Camillo* hält. *Lenin-Camillo*, der Pepponespross, ist ein Bengel geworden, nach dem sich *Don Camillo* zu oft listig verschlagen erkundigt. Sentimental und ermüdend durch seine Längen ist die Rührgeschichte von *Camillo*, der das Pepponesöhnchen aus dem Internat befreit, allzu gefühlig und dramaturgisch auf ›Ende gut – alles gut‹ gestimmt ist der Schluss, die große Überschwemmung des Po und die Flucht der Bevölkerung. Natürlich bleibt Held *Camillo* auf seinem Turm und predigt, bis an den Bauch im Wasser stehend, die Gemeinde auf dem fernen Deich an, wobei die Regie eine lustige Travestie der Lautsprecherübertragung einflickt. Fernandel und Gino Cervi bleiben wiederum bei allem verschmitzten Schelmenwesen menschlich. So ist es eine Lust, die beiden großen Kinder Spaghetti fressen zu sehen. Duvivier hat sich diesmal doch mehr darin gefallen, szenisch das sonnige Italienklischee zu vermeiden.

Es regnet viel, und das Frühjahr scheint wie der Film streckenweise kein Ende zu nehmen. Die Verbannung in dem Bergnest mit viel künstlichem Schnee ist nicht glücklich ausgefallen. Vieles ist Wiederholung erprobter Wirkungen. Aber, die begierig wissen wollen, wie es weitergeht, werden auf ihre Kosten kommen.«

Beim *Münchner Merkur* kommt man am 18. August 1953 zu folgendem Urteil: »... Die Überraschung ist geringer, aber die Wirkung scheint größer zu sein. Der erste Teil war noch ein Wagnis, der zweite ist nur noch eine Rechnung, die auch prompt aufgeht. Beim ersten Versuch hielt sich Duvivier eng an Guareschi, benutzte seine Geschichten und löste sie bildlich auf; jetzt, bei der zweiten Expedition in ein inzwischen schon erforschtes Gebiet, verwertete Duvivier lediglich Guareschis genial gedachte Gestalten und stellte sie in eine bildhaft durchdachte Handlung. Der erste Teil war ursprünglich und nicht ohne Gewalt; der zweite ist filmischer und glänzend bis glatt – aber es scheint unmöglich, überzeugend zu begründen, welcher dieser Filme der ›bessere‹ von beiden ist; sehenswert ist der eine so gut wie der andere. DON CAMILLOS RÜCKKEHR funkelt von Einfällen, die nur zu geringem Teil neu sind: aber Duvivier ist ein Meister der Pointe, und der Mann versteht sein Handwerk! Und er weiß, was ein Höhepunkt ist. Er brennt kein filmisches Feuerwerk in ununterbrochener Reihenfolge ab, *Peppone* verpulvert nicht frühzeitig seinen ganzen Mutterwitz, und *Don Camillo* gebraucht seine Fäuste nicht pausenlos. Es sind vielmehr die Kampfpausen, die diesem Film seine Kraft verleihen, und einige von ihnen sind erfüllt von einer gläsern lyrischen, fast schwermütigen Stimmung, von karger Zartheit und nachdenklicher Stille. Das Bemühen um Verständigung, das ehrliche Vergessen-Wollen aller Gegensätze, die Vorurteil und Borniertheit wie unüberwindliche Mauern aufgerichtet haben, das ist es wohl, so will mir scheinen, was diese beiden Filme so ungemein anziehend macht. Der fröhliche Krawall, die witzigen Wortgefechte, die spitzbübischen Intrigen zwischen dem streitbaren Priester und dem dickköpfigen roten Stadthäuptling, sind da mehr köstliche Zugaben, erheiternde Rüpelspiele auf der Weltanschauungsbühne der Gegenwart, zwar unbedingt notwendig und durchaus plausibel, immer überzeugend und niemals langweilig, aber im Grunde doch zweitrangig. Denn hier handelt es sich ja gar nicht um unversöhnliche Gegner, nur um verkrachte Brüder, die sich um den Wert ihrer Lektüre streiten. Aber wenn, zum Schluss, *Don Camillo* ausruft: ›Auf Wiedersehn, meine Kinder‹, dann ist das beinahe schon die Ankündigung eines dritten Teils; doch damit sollten clevere Produzenten vorsichtig sein – dieser *Don Camillo* ist ein Symptom, kein Klischee; er kann ein Beispiel sein, eine Vorspiegelung ›richtiger‹ Tatsachen ist er nicht. Weiter so, und es handelt sich dann nur noch um Bandware einer politisierenden Traumfabrik.«

Neben dem westdeutschen Widerhall ist auch ein Kommentar der *Berliner Zeitung* aus dem Ostsektor der Stadt vom 28. August 1953 erhalten geblieben. Darin äußert sich allerdings kein ostdeutscher »Linientreuer«. Nein, im Ostsektor bedient man sich einer übersetzten Kritik des Italieners Umberto Barbaro. Barbaro ist ein über die Grenzen seiner Heimat hinaus bekannter Filmkritiker, Filmtheoretiker, Autor von Drehbüchern und Dokumentarfilmer. Er gilt auch als »Erfinder« des Begriffes *Neorealismus* und vertritt einen marxistischen Ansatz bei seiner Arbeit. Unter der Überschrift »*Don Camillo* – noch schlechter« gibt es zunächst folgende Einleitung: »Der Film DON CAMILLO UND PEPPONE, der mit großem Reklameaufwand in Westdeutschland und Westberlin gespielt wurde, hat auch in der demokratischen Presse der DDR eine Diskussion ausgelöst. Es gab Stimmen, die den Film als ein Verständigungswerk auffassen wollten. Im Zusammenhang mit dieser Auseinandersetzung bringen wir einen Artikel aus der italienischen Zeitschrift *Vie Nuove*, der sich mit dem jetzt angelaufenen zweiten *Camillo*-Film beschäftigt.« Es folgt der Text des italienischen Linken, der für sich spricht: »Der Regisseur des DON CAMILLO UND PEPPONE und dieses jüngsten DON CAMILLOS RÜCKKEHR, Julien Duvivier, galt einst als ein großer Filmkünstler. Er war es nicht. Er war ein Regisseur, der (in Filmen, deren virtuose Technik sie auch heute noch zu Pflichtstücken im filmischen Rückblick macht) eine pessimistische Weltanschauung zum Ausdruck brachte. Er zeigte eine Welt, der die (grundsätzlich und tatsächlich guten) Instinkte der Menschheit, die sie bevölkert, keine Ordnung, keinen Sinn geben können. Jeder in sich verkapselt, mit der eigenen nutzlosen Güte und dem eigenen illusorischen und stets enttäuschenden Ideal behaftet, leiden die Helden dieser Filme sämtlich Schiffbruch in der Kleinlichkeit des täglichen Lebens – wie erbärmliche, widerliche Insekten, die am Fliegenfänger kleben bleiben. Diese Art, das Leben zu betrachten und darzustellen, gebärdet sich als ein unvoreingenommenes und treues Spiegelbild der Wirklichkeit; tatsächlich ist sie jedoch eine Verfälschung der Wirklichkeit, die man nicht auf den allgemeinen Bankrott beschränken darf, das Charakteristikum nur abnormer Gestalten und am Rande liegender Ausnahmefälle. Als der Krieg seine fürchterliche Wirklichkeit aufdrängte, erkannte man daher, wie weit die Filme Duviviers und anderer von der Kunst entfernt waren, wie lügenhaft sie waren, wie viel lebendigen und brennenden Stoff sie nicht widergespiegelt, sondern vernachlässigt hatten, wie sehr sie, alles in allem, ihre Aufgabe und ihre Mission verraten hatten. Duvivier blieb es vorbehalten, Filme zu machen aus den Witzchen Guareschis, eines Mannes, dem die vom Faschismus herbeigeführte Katastrophe Italiens und die mühseligen Anstrengungen des italienischen Volkes nur Anlass zu ungesunder Vergnüglichkeit auf der Linie der niedrigsten antikommunistischen Propaganda gab. In den Filmen, die Duvivier darauf gemacht hat, löst sich diese Propaganda im Nebel auf und verschwindet beinahe in einem Maße, dass DON CAMILLO UND PEPPONE geradezu als von der Kommunistischen Partei gegen die Regierung produziert galt und, als die Wahlen vom 7. Juni bevorstanden, von den Spielplänen gestrichen wurde. Das geschah aus zwei Gründen. Der erste war der, dass ›die Tatsachen halsstarrig sind‹, d. h. die Realität der Kommunistischen Partei Italiens ist so verschieden von den verleumderischen Darstellungen, die die bürgerliche Presse von ihr gibt, dass sie im Film wegen seiner unmittelbaren Beweiskraft einfach nicht möglich sind: Sie würden sich sofort als Lügen erweisen. Wenn daher eine ›Gnädige‹ auf ein unschuldiges Dienstmädchen schimpft und der Mann dieses verteidigt, würde man auch in den bürgerlichen Filmen sagen: ›Na, na spiel nur nicht den Kommunisten!‹ (›Sonne in den Augen‹). Wenn einem Arbeiter das Fahrrad gestohlen wird, wendet er sich vor allem an die kommunistische Sektion (›Fahrraddiebe‹). Wenn sich ein vom Leben enttäuschtes Mädchen das Leben nehmen will, gelingt es nur den Kommunisten, sie zu retten (›Toto und Carolina‹). Die Kommunisten mit dem Dolch zwischen den Zähnen und der Pistolenmündung auf den Nacken gedrückt sind Vogelscheuchen, auf die sich selbst das gerupfteste Vögelchen ruhig niederlässt, um fröhlich zwitschernd an ihnen zu picken. Will sagen: Sie sind Verleumdungen, über die auch der dümmste Italiener lacht. Der andere Grund für diese Umwandlung des *Don Camillo* wird besonders deutlich in seiner ›Rückkehr‹, und er stellt seine negative Seite dar. Es ist die traurige Bankrottauffassung vom Leben, die Duvivier hat. Aus dem täglichen Bankrott des Menschen kann in keinem Sinne eine positive und überzeugte Zustimmung erwachsen. In Duviviers Filmen, auch in diesen seinen letzten Machwerken, gibt es niemals eine konkrete Gegenüberstellung von Gut und Böse. *Don Camillo*, Pfarrer eines Dorfes im Po-Tale, und *Peppone*, kommunistischer Bürgermeister desselben Dorfes, verkörpern nicht das Gute und das Böse. Sie bekämpfen einander nicht, sondern sie sticheln aufeinander. Gegner sind sie nur äußerlich, sie stellen nicht der eine die reaktionären und der andere die fortschrittlichen Kräfte dar, sondern nur sich selbst und ihre armseligen Bedürfnisse. Und natürlich sind sie getrieben von guten Instinkten, beseelt von guten Absichten, gegenständlich verbündet in guten Werken, die niemals verwirklicht werden. Sie sind gut nach Duvivers Manier – die Güte eines *Karlchen Mießnick*, der nicht die Kraft hat, sich auf irgendetwas einzulassen, zu handeln, einen Entschluss zu fassen. Natürlich kann ein *Don Camillo* so konzentriert werden, da er besser erscheint als *Peppone*, natürlich behält er zum Schluss immer recht, aber beide Personen sind die vorbildlich geringwertigen Menschen aller Filme Duvivers, die niedrige Fauna, deren Unterschiede nicht interessieren und auch gar nicht feststellbar sind – etwa die Unterschiede der einzelnen Individuen eines Ameisenvolkes. Da ist eine Szene, in der klar gesagt wird, dass *Peppone*, der zum Wohle des ganzen Dorfes einen Deich bauen will, und der Gutsbesitzer, der das Fetzchen Boden verweigert, das für die Arbeiten gebraucht wird, moralisch gleichwertig seien. Und damit gar kein Zweifel aufkommen kann, muss der Agrarier, als der Fluss über seine Ufer tritt, das Dorf überflutet und es zwingt, im Elendszuge auszuwandern, da muss der Agrarier – ein guter Mensch wie alle anderen, auch wenn er zum Teil für das Unglück verantwortlich ist – in seinem Kranwagen der Familie des Bürgermeisters Plätze anbieten: höfliches Hüteschwenken, Händeschütteln, Dankesworte, ›embrassons-nous!‹ (Umarmungen). Selbst Jesus Christus, der in diesem Film mit *Don Camillo* schwatzt, ist gotteslästerlicherweise auf das bescheidene Maß der übrigen Helden erniedrigt. Das kann man in der besonders erbärmlichen Szene mit dem Faschisten sehen, der seinerzeit *Peppone* und *Don Camillo* Rizinusöl eintrichterte, einer Szene, die in einer neuen innerlichen Reinigung für alle drei endet. Duvivier stattet, kurz gesagt, seine Personen mit einer abstrakten Güte aus, aber er degradiert sie, indem er sie jeder menschlichen Würde entkleidet. Wir brauchen nicht darauf hinzuweisen, dass in DON CAMILLOS RÜCKKEHR zu sehen ist, wie sich der kommunistische Bürgermeister für das Wohl des Opfers opfert, wie er fähig ist, die Werte zu erkennen und zu preisen, wo immer sie sich finden, auch bei dem alten reaktionären Arzt, der bereit ist, sein Leben zu wagen, um seinen Gegner aus den Fluten zu retten. Mit alledem bleibt er ein gutmütiger Mensch, dumm und unfähig. Dass die anderen wie er und mehr noch als er dumm und unfähig sind, rettet den Film in unseren Augen nicht. Dass er die Kommunisten ein bisschen weniger verleumdet, geschieht unter der Bedingung, dass die ganze übrige Menschheit verleumdet wird.«

Bevor weitere Kritiken aus dem Land von *Don Camillo* und *Peppone* folgen, noch ein Blick ins Nachbarland Schweiz. *Die Tat*, Zürich, betrachtet die Sache am 23. August 1953 nicht aus dem politischen Blickwinkel: »… Was aber mit *Don Camillo* zurückkehrt, das sind die atmosphärischen Schönheiten einer ungeschminkten italienischen Landschaft, das ist die ausgezeichnete Photographie, das ist Duviviers wirkungssichere Regie, die überall dort am stärksten fesselt, wo sie auf der Hauptlinie der Handlung bleibt und sich nicht mit der Konstruktion von Nebengeleisen befasst, das ist Giovanni Guareschis ursprünglicher Witz, der fast immer auch verfilmbar ist, und das sind Fernandel und Gino Cervi, die den beiden rüpelhaften Helden erneut das Profil geben. In all diesen Richtungen wurde mit unverminderter Sorgfalt gearbeitet, obschon der Blick generell mehr auf den Einzeleffekt als auf das Wesentliche gerichtet war. Und schließlich wird hinter all den grotesken Situationen doch noch der Geist und die Absicht Guareschis spürbar; wir erkennen die kleine Welt *Don Camillos* …«.

In Italien, wo das Publikum wie in allen anderen Ländern in die Aufführungen strömt, tun sich die Kritiker wieder schwerer, positive Worte zu finden. Das Werk des Franzosen Duvivier wird erneut kritisch betrachtet. In *Cinema nuovo*, Nummer 21/1953, heißt es u. a.: »… das französische Kino ist in Gleichgültigkeit verkommen und der typische Vertreter der Ära und des Trends heißt: Julien Duvivier. Der Bandit der Kasbah (Anmerkung des Autors: Anspielung auf Duviviers PÉPÉ LE MOKO/IM DUNKEL VON ALGIER, einen Gangsterfilm von dokumentarischem Wert über die Kasbah (Burg) von Algier) trägt die Soutane und wurde zu *Don Camillo*, zum Friedensstifter in einem kleinen Dorf in der unteren Po-Ebene … Filme mit *Don Camillo* haben vielleicht das Verdienst, für ein besseres Verständnis untereinander zu werben. IL RITORNO DI DON CAMILLO beinhaltet als Höhepunkt ein kollektives Verständnis von Kommunisten und klerikalen Grundbesitzern bei der Po-Flut. Aber die italienische Realität wird mangelhaft wiedergegeben … Es gibt schöne Momente im Film, aber oberflächlich und gleichgültig von Duvivier inszeniert … Die Tatsache, dass die Kommunisten, wenn auch als Karikatur, wie normale Menschen dargestellt sind, lässt die Rückkehr von *Don Camillo* an angemessener Bedeutung verlieren …« *Rassegna del film*, Nr. 18/1953, meint: »DON CAMILLO (1952) war ein Film, der eine Reihe Punkte enthielt, die als typische Definition von bestimmten italienischen Charakteren gelten. Guareschi hatte es schon einfach beschrieben, Duvivier benutzte die Folklore, die nicht weniger falsch ist. Mit der Rückkehr von *Don Camillo* (1953) können wir nur wiederholen, dass das zwar jetzt aussagekräftiger als beim ersten Film ist, aber im Grunde doch nutzlos. Der Film wälzt keine großen Probleme …« Man bemängelt ganz besonders, dass die Kommunisten »verniedlicht« werden: »… Ja, weil in diesem wundersamen Klima in

Don Camillos Rückkehr

Abschied aus Brescello

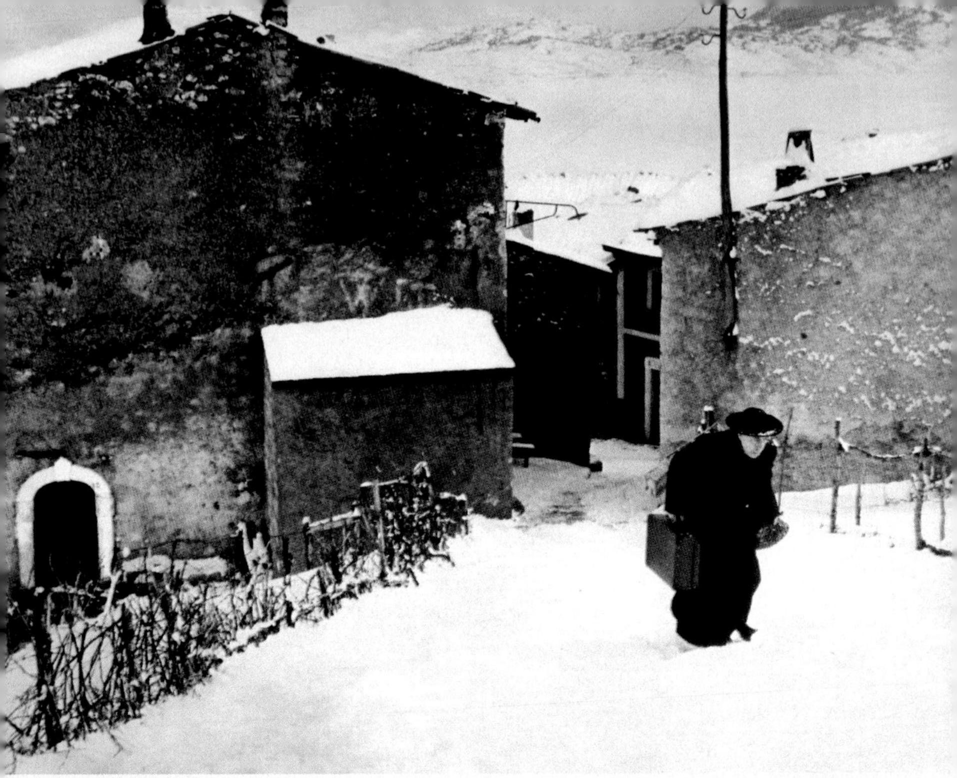

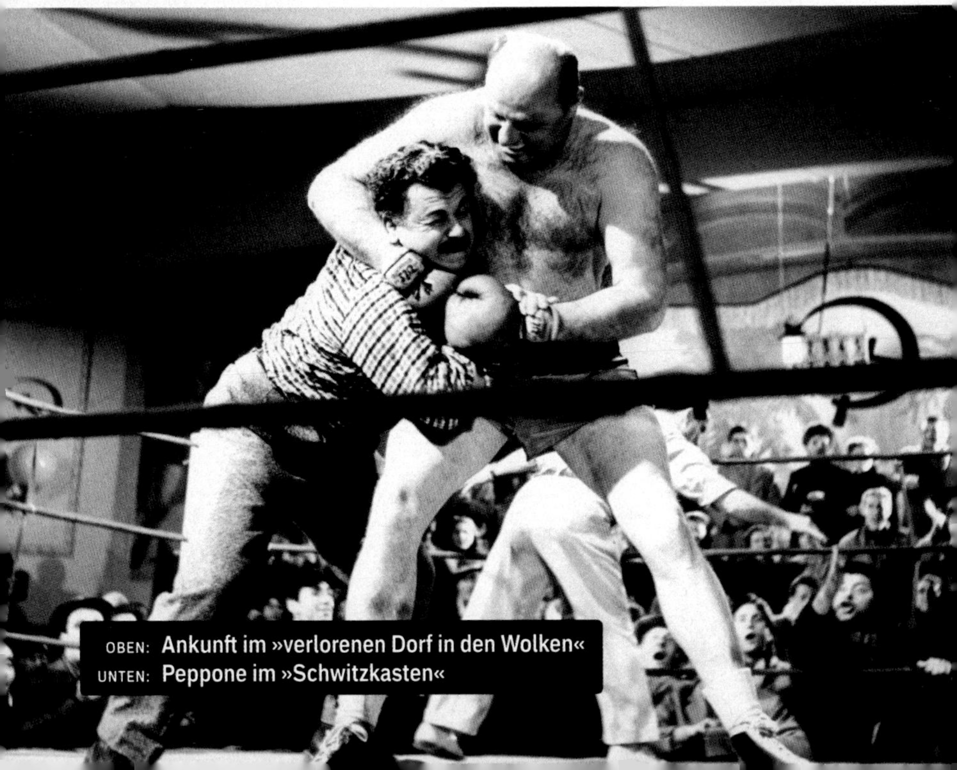

OBEN: Ankunft im »verlorenen Dorf in den Wolken«
UNTEN: Peppone im »Schwitzkasten«

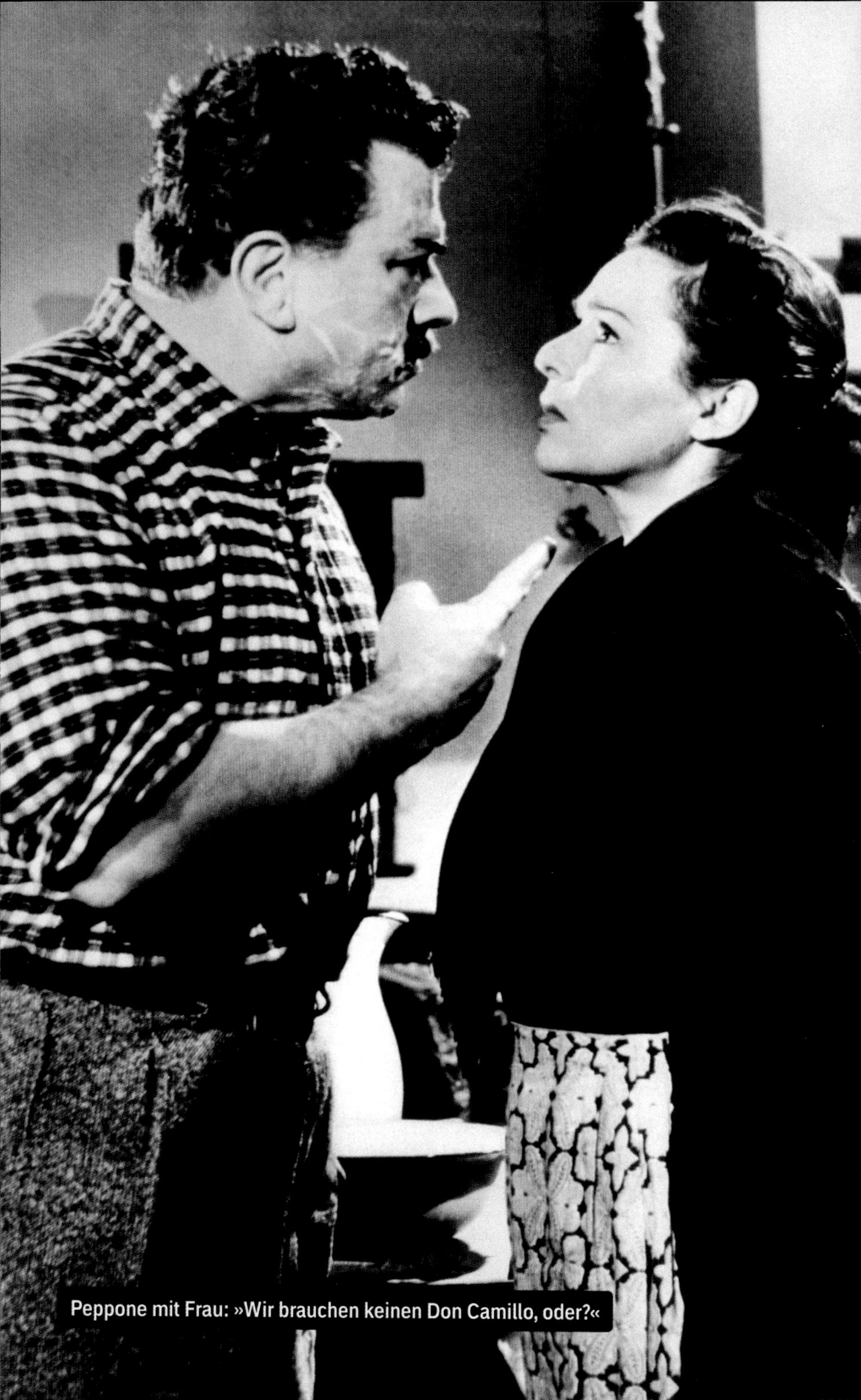

Peppone mit Frau: »Wir brauchen keinen Don Camillo, oder?«

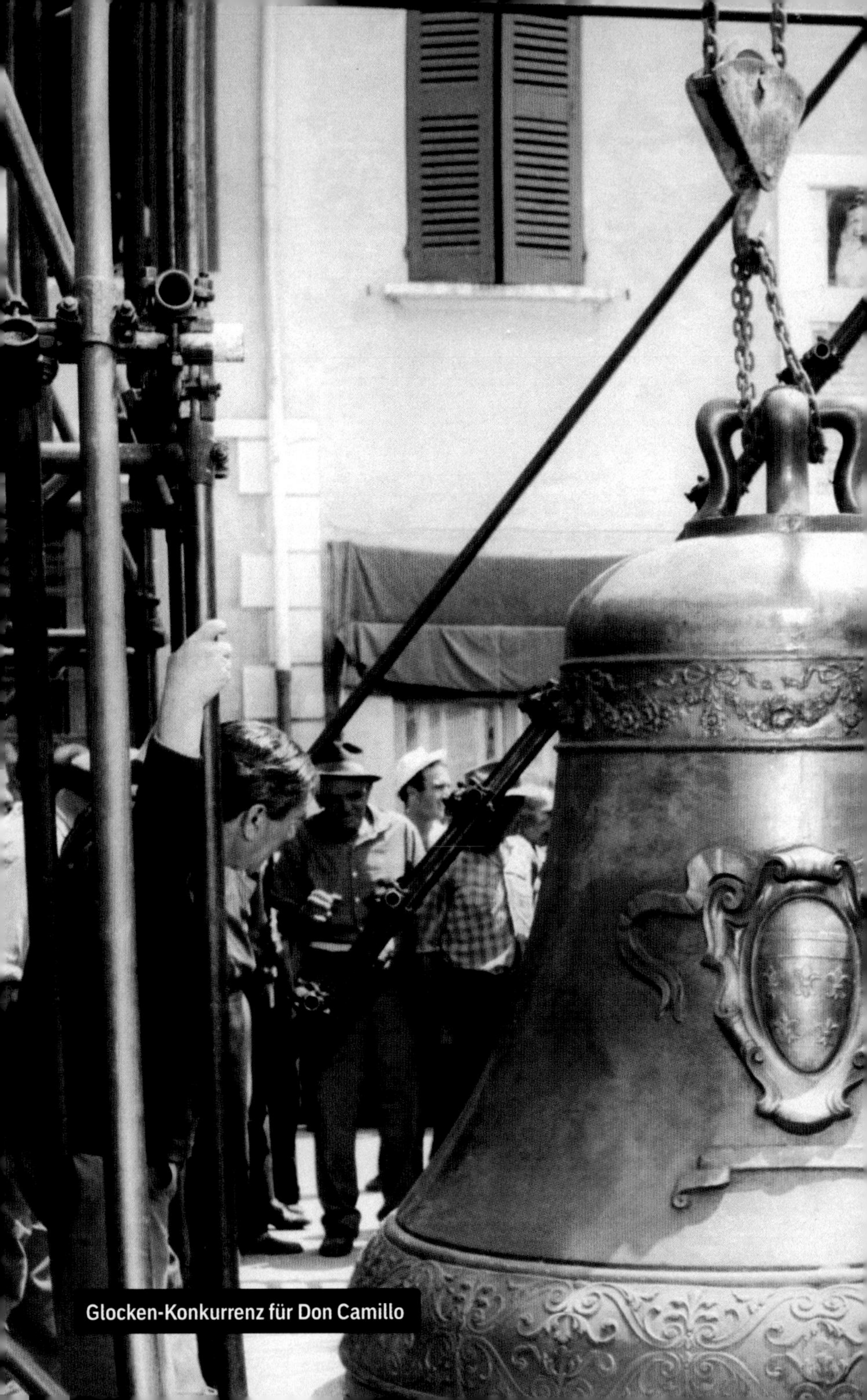
Glocken-Konkurrenz für Don Camillo

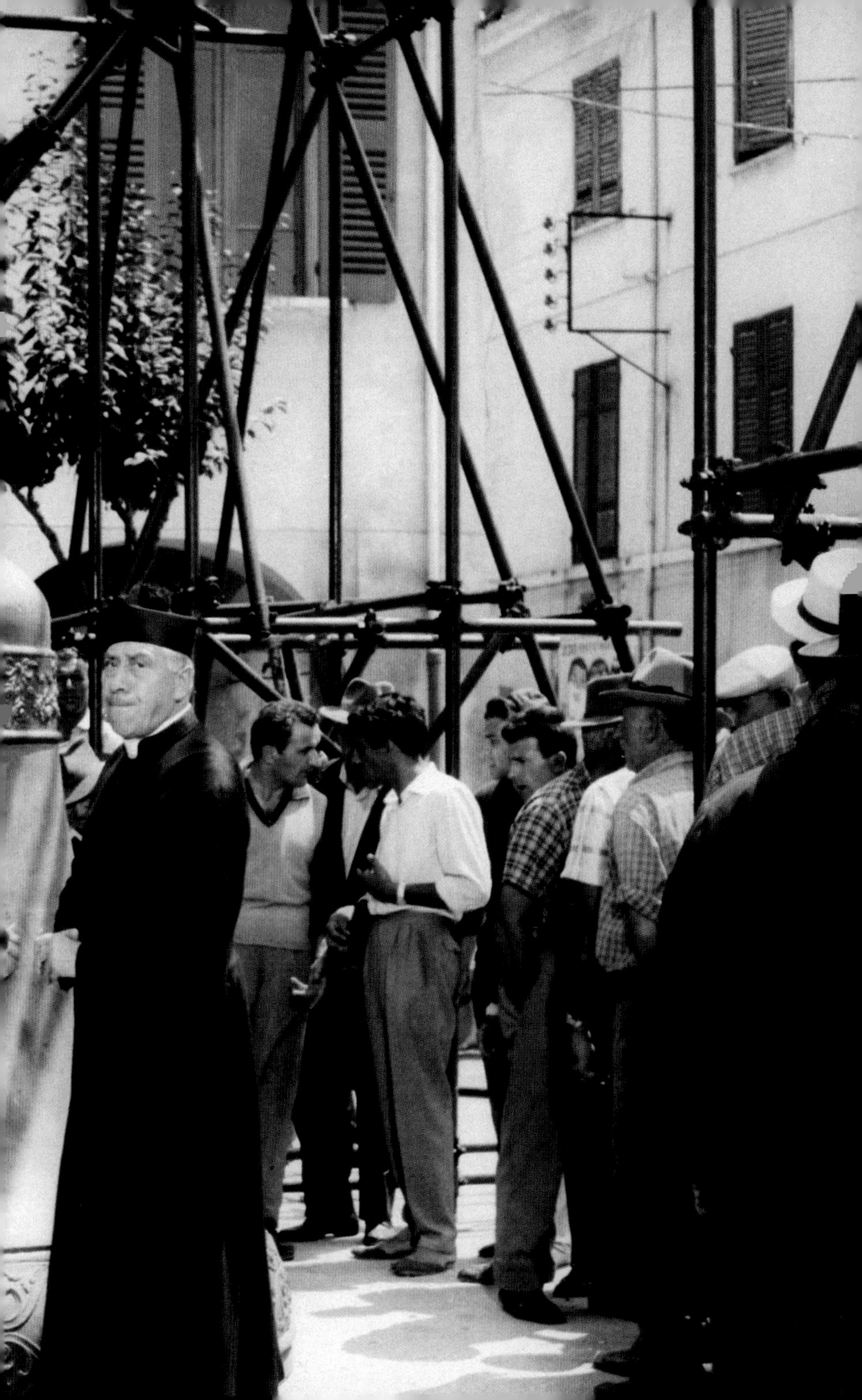

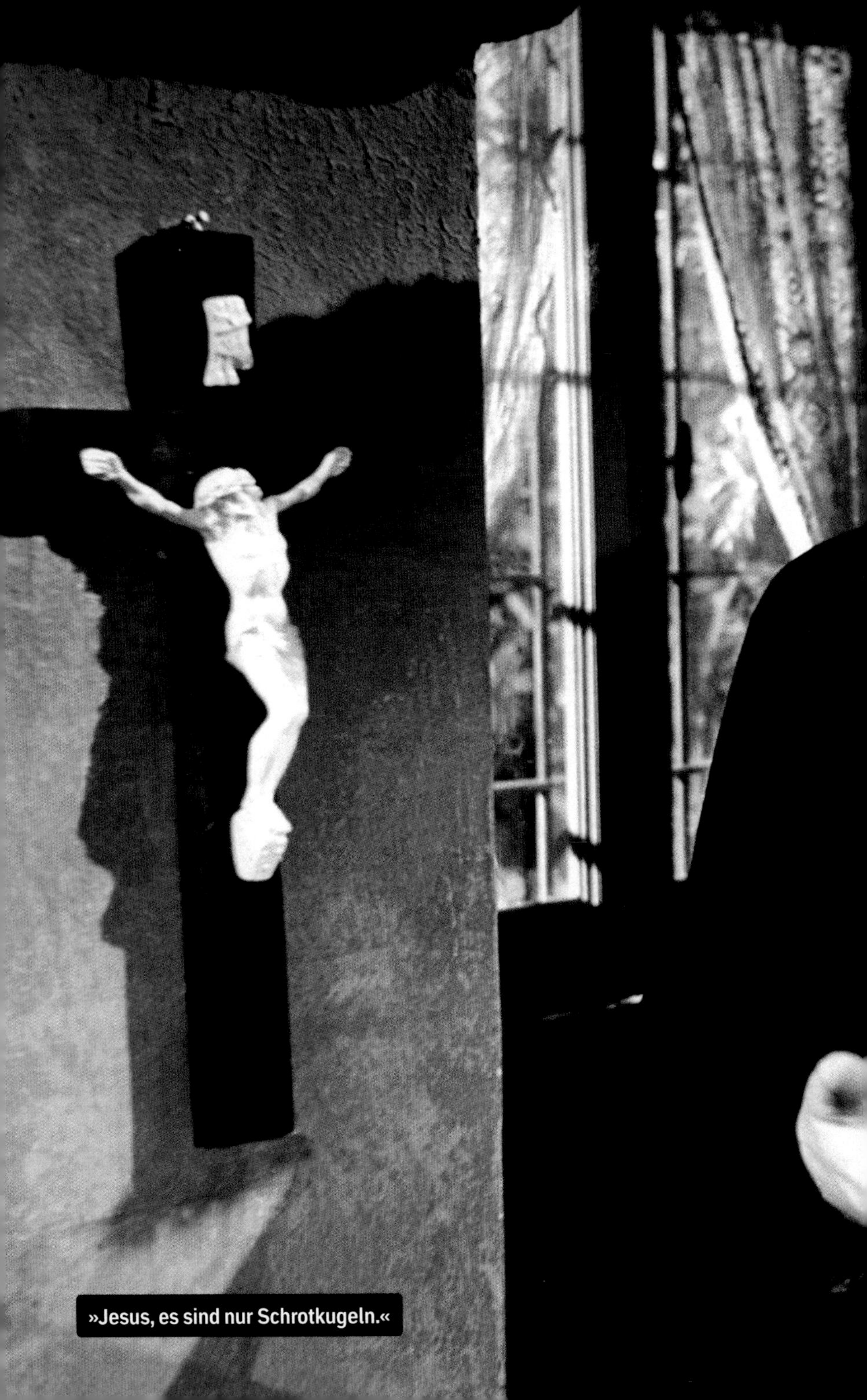

»Jesus, es sind nur Schrotkugeln.«

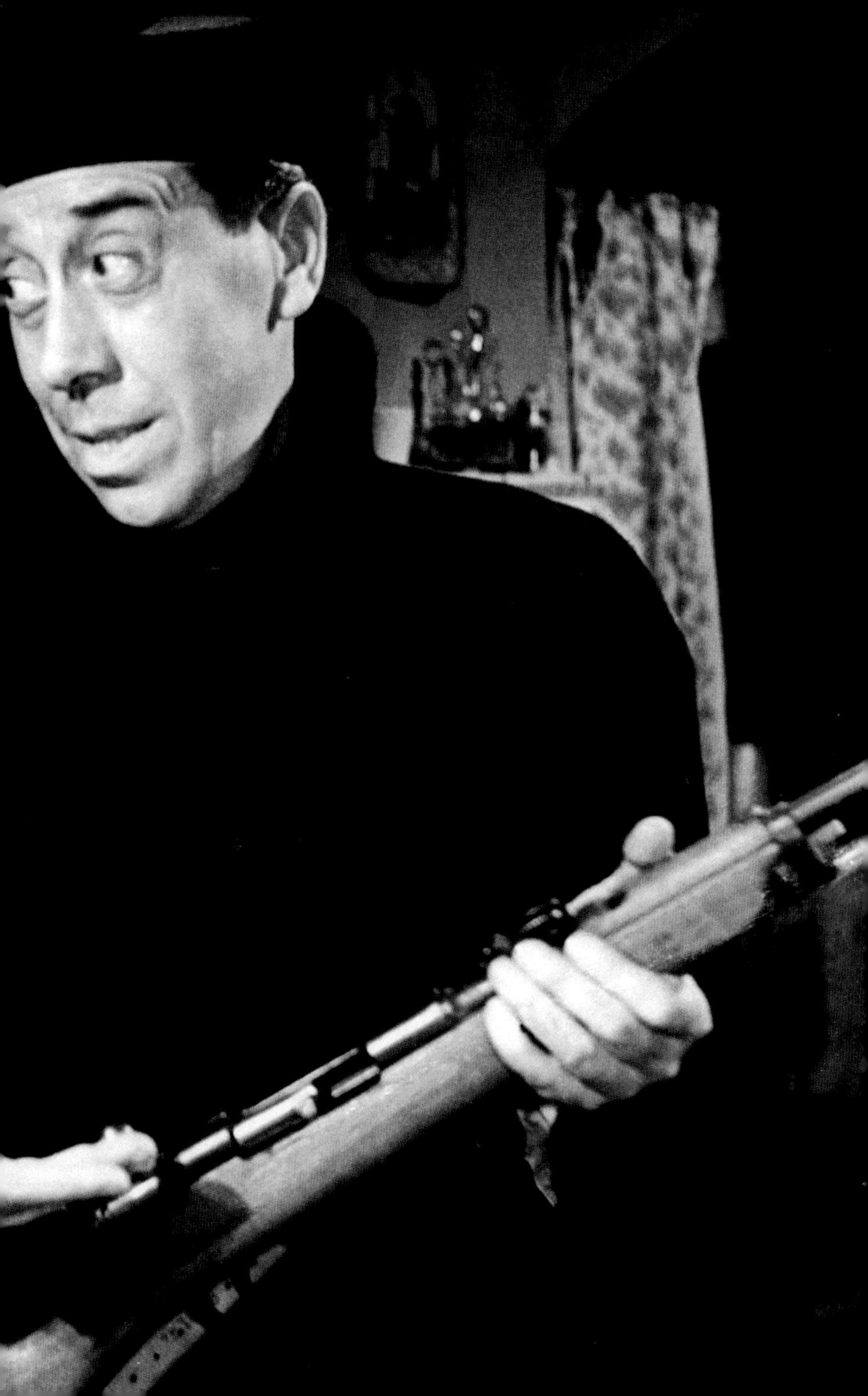

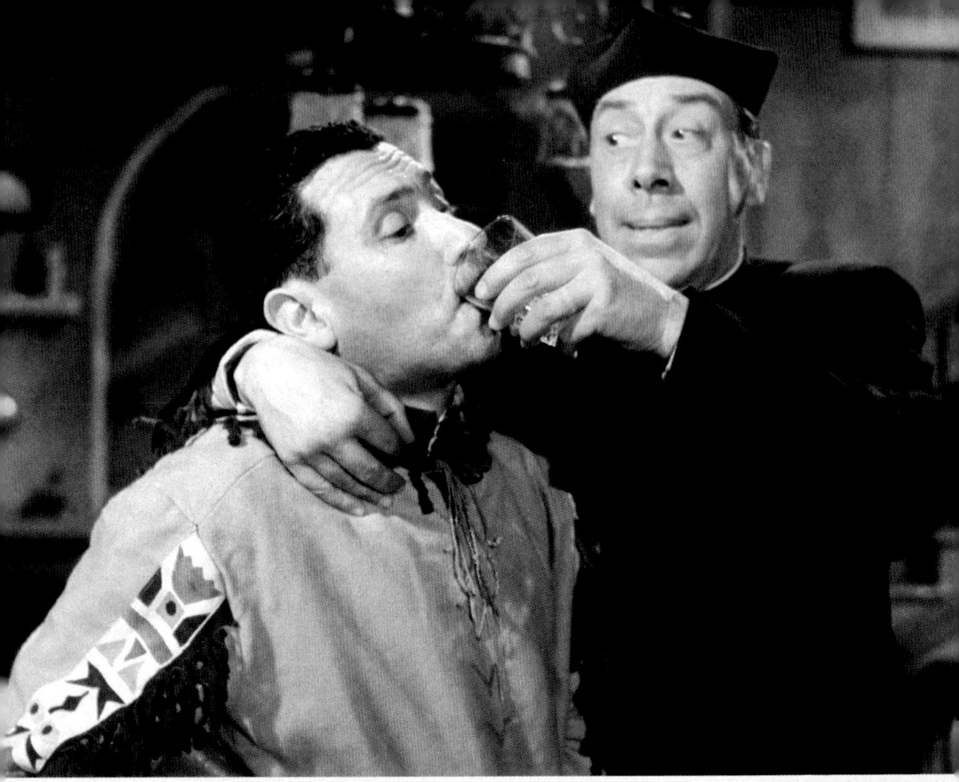

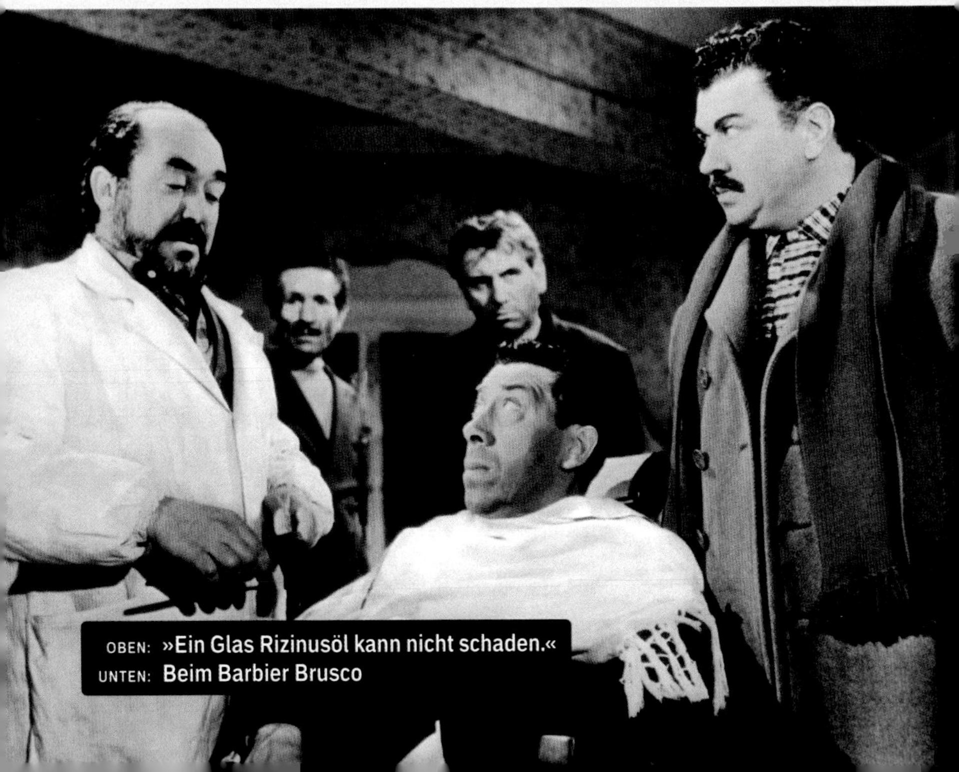

OBEN: »Ein Glas Rizinusöl kann nicht schaden.«
UNTEN: Beim Barbier Brusco

der unteren Po-Ebene, wo Geschichte und Fakten Hand in Hand zur Legende werden, die Kommunisten zum Märchen werden … sogar humanitäre Seiten haben … liebevoll ungeschickt und auch ein bisschen langweilig sind, aber gute Menschen, die in die Kirche gehen, Kinder taufen lassen, ihre Seele verkaufen, weil sie sagen, sie glauben nicht, dann diese zurückkaufen, weil es ihnen doch lieber ist, wenn auch heimlich, im Zeichen des Kreuzes zu stehen. Die Menschen hier haben wenig mit kommunistischen italienischen Politikern gemeinsam. In diesem Märchen sind sie aber köstliche Typen. Aber die Geschichte, das sollten wir hinzufügen, ist schön. Wir nehmen sie aber nicht zur Kenntnis und vergessen sie wieder. Der größte Fehler des Filmes ist es, dass er nicht stören will …« – »Langweilig und albern« sei der Film und eine »Aneinanderreihung von schlechten Witzen (und überhaupt nicht komisch)«, wird weiter kräftig gemotzt. Pasquale Ojetti äußert in *Eco del cinema*, Nr. 58/1953, dass diese Art Film »glaubhaft versucht, eine politische Lehre darzustellen«, es sich aber tatsächlich »ein Verrat am gesunden Menschenverstand und demokratischen Geist« handelt. Guareschi hätte *Don Camillo* und *Peppone* nicht dazu erfunden, um sie nur humoristisch zu betrachten. Im Film wären die beiden Figuren zu »zwei Clowns« geraten, die sich »wie Zirkusclowns unendlich oft wiederholen«. Die Realität wäre eine ganz andere. Im Vergleich zur Literatur ist laut Ojetti »die Kraft der Bilder natürlich stärker, die Täuschung gefährlicher«. »Handwerklich ist der Film in Ordnung, aber Kunst ist er nicht«, fällt Ojetti abschließend sein Urteil.

Das britische *Monthly Film Bulletin* (Vol. 21 No. 248 September 1954) kommentiert zum zweiten Film hingegen wieder überwiegend positiv: »…Die auffällige Virtuosität seiner letzten Filme vermeidend, verleiht Duvivier dieser Geschichte seinen üblichen fachmännischen Schliff, und, abgesehen vom wirkungsvollen Spiel Fernandels und Gino Cervis, enthält der Film einige vorzügliche Außenaufnahmen von Brizzi (ganz besonders in der erfreulich ungekünstelten Landschaftsgeschichte mit Peppones Sohn) und einen guten Cicognini-Score …«

So kontrovers man den Film in Europa sieht, *Don Camillo* und *Peppone* treten auch wieder einen Siegeszug über Europa hinaus an. Sie schaffen erneut den Sprung in US-amerikanische Kinos. Es dauert diesmal aber bis März 1956, bis ihre neuen Erlebnisse als THE RETURN OF DON CAMILLO in die Kinos kommen. Das US-Fachmagazin *Variety* berichtet schon im Sommer 1953 über den neuen Film und ist sich bereits sicher, dass er speziell in »künstlerischen Häusern« Erfolg in den USA haben wird. Mit guten Besuchszahlen können denn auch die entsprechenden Kinos dann aufwarten. Ruth Waterbury macht am 17. März 1956 im *Los Angeles Examiner* auf die Rückkehr des Priesters aufmerksam: »Ein alter Freund, für Liebhaber von feinsinnigem Humor und echter Logik, kommt in Kürze wieder ins *Vagabond*-Theater. Es ist *Don Camillo*, der italienische Gemeindepriester in einem von Kommunisten dominierten Dorf, der sich wünscht, ein Heiliger zu sein, der aber allzu menschlich ist, wenn er sich ärgert – was dauernd vorkommt. Dieser herzerwärmende, sich selbst nicht ernst nehmende, freundliche Film im *Vagabond* ist THE RETURN OF DON CAMILLO. Ein Sequel zur Einführung dieses Charakters, die schon ein besonderer Genuss war. Lassen Sie sich aber nicht davon abhalten, diesen Film anzusehen, bloß weil er eine Fortsetzung ist. Und lassen Sie sich auch nicht davon abschrecken, falls Sie den ersten Film nicht gesehen haben sollten. Lernen Sie *Don Camillo* kennen, egal, ob er ganz neu für Sie ist oder ob Sie bereits ein alter Freund der reizenden Geschichten Giovanni Guareschis sind … Ehrlicherweise muss ich sagen, der erste *Don Camillo* hatte mehr Humor, aber die Fortsetzung besitzt mehr Herz … THE RETURN OF DON CAMILLO ist so warm wie ein Babylächeln und erwärmt Ihr Herz in derselben Weise.« Viola Hegyi Swisher stellt am 19. März 1956 in *Mirror-News* fest: »*Don Camillo* ist wieder zurück. Dieser wunderbare italienische Dorfpriester mit seinen hohen Idealen und niedrigem Siedepunkt ist gegenwärtig wieder auf der Leinwand zu sehen … Wie schon im ersten *Don-Camillo*-Film spielt Fernandel wieder den Priester mit unnachahmlicher Kraft und Sensibilität. Gino Cervi übertrifft sich erneut als *Peppone*, einzigartiger kommunistischer Bürgermeister eines Dörfchens, wo sonderbare Dinge passieren und der Humor die bitteren Gegensätze mildert. Sie müssen nicht Italienisch verstehen, um Spaß an

DON CAMILLO zu haben. Alles was Sie brauchen, ist eine flüchtige Kenntnis der menschlichen Natur. Ordentlich unterstützt durch englische Untertitel zum italienischen Dialog, überwindet der Film munter Sprachbarrieren …« Und Marvin Fisher meint in *Variety* am 20. März 1956: »… Zeitweise ist das Tempo lethargisch, gleichwohl gibt es aber durchweg mehr als genug komische Sequenzen, um in der Regel großes Interesse zu wecken … Fernandel ist ausgezeichnet komisch als Geistlicher … Gino Cervi ist der robuste Bürgermeister, der inbrünstig den Moskauer Lehren folgt. Man kann nicht helfen, erfreut sich aber am stummen Spiel und individuellen Vorstellungen von den zwei politischen Denkweisen. Julien Duvivier bringt erfolgreich Realistik in die Geschichte … Er ergänzt die Fantasie mit natürlicher Glätte und hat Nebendarsteller mit Tempo, die für Giovanni Guareschis Geschichten grundlegend und der Schlüssel zum Erfolg sind …«

In (West-) Deutschland erhält DON CAMILLOS RÜCKKEHR, wie schon sein Vorgänger, von der Filmbewertungsstelle Wiesbaden das Prädikat *wertvoll.* Die Diskussionen über den Film und Guareschis Werk halten an. Es wird eifrig diskutiert, beispielsweise ob es noch zu einem weiteren Film kommen soll. Bert Markus, Feuilletonchef der *Düsseldorfer Nachrichten,* nimmt DON CAMILLOS RÜCKKEHR zum Anlass, um die Frage zu erörtern, ob dem zweiten Teil noch eine Fortsetzung folgen soll. In *Die Filmwoche*, Baden-Baden, vom 26. September 1953 sind seine Argumente und ein Aufruf für eine Fortführung unter der Überschrift »*Don Camillo* soll nicht sterben« zu lesen: »… Manche Verfasser erblickten in Duviviers Film DON CAMILLO UND PEPPONE einen so einmaligen ›Wurf‹, dass sie die Frage einer Fortsetzung damit sowieso für erledigt hielten. Andere warnten mit der These, dass ein ›Aufguss‹ erfahrungsgemäß immer dünner werden müsse als der Originaltrank. Beide sind durch DON CAMILLOS RÜCKKEHR widerlegt worden. Wieder sagten alle Kreise ›Ja‹, die dem unvergleichlichen Siegeszug des ersten Films so begeistert gefolgt waren: die Kirche, die Theaterbesitzer und – nicht zuletzt – das Publikum, das in allen Lichtspielhäusern zur Zeit Prolongationen erzwingt, die zwar nicht ganz das gleiche Ausmaß wie im ersten Fall erreichen werden, dafür aber auch einen klareren und gültigeren Test abgeben. Der Grund ist einzig in dem Fortfall des ›Überraschungsmomentes‹ zu sehen. Damals zählten Menschen zu den Besuchern, die sich überhaupt keine oder eine falsche Vorstellung gemacht hatten von diesem Film, der plötzlich in aller Munde war und sich Monate hintereinander auf dem Programm hielt. Dieser geringprozentige Streusand fällt diesmal natürlicherweise fort. Übrig aber bleibt noch eine so große und stattliche Filmgemeinde – eine so echte Anhängerschaft –, dass die beiden Interpreten und Polarisationstypen unseres Zeitalters: *Don Camillo* und *Peppone* – sich nicht als einmalige Erscheinungen erweisen, sondern sich nunmehr als allgemeingültige Volksfiguren nachhaltig manifestierten. Sollen sie nun darum nur sterben, weil das ›Gesetz der Serie‹ es befiehlt? Im Leben bestätigt die Ausnahme immer die Regel. Wir sind dafür, dass dies hier so eine Ausnahme ist und – bleibt! Aber wird man überhaupt auf uns hören? Unser ›Nein‹ verhallte stets ungehört, wird unser ›Ja‹ nun das richtige Ohr erreichen? Als mit Heimatfilmen plötzlich die Heide grünte und die Kinokassen klimperten, da haben die Herren Produzenten uns nämlich nicht gefragt, ob wir mit der Flut einverstanden waren, die sich dann hemmungslos über uns ergoss und die letzten Inseln des guten Filmgeschmacks hinwegzuspülen drohte. Sie drehten lustig weiter. Im Falle *Don Camillo* droht nun der groteske Fall einzutreten, dass wir endlich einmal einem begnadeten Filmschöpfer und Regisseur zurufen: Bitte, dreht weiter!, und gerade der sagt vielleicht: Nein – !?

Wohlgemerkt: dieser Zuruf richtet sich speziell an Duvivier und nicht an eine anonyme Produktion. Denn eine Fortsetzung *Don Camillos* ist selbstverständlich schwierig und hat ihre bestimmten künstlerischen Voraussetzungen. Sie verlangt auf der einen Seite ihre gerade innere Linie und auf der anderen Seite ihre komödiantische Variation. Mit DON CAMILLOS RÜCKKEHR hat Duvivier uns wiederum den Beweis erbracht, dass er die künstlerische Phantasie und technische Version besitzt, die ihn dazu prädestinieren, jenen historischen volkstümlichen Figuren eines *Don Quichote* oder *Till Eulenspiegel* ein echtes Spiegelbild unserer Zeit hinzuzufügen. Wir wissen, dass Duvivier immer nur das tut, was er vor sich selbst verantworten kann. Aber wir wissen auch, dass dem wahren Künstler, der – von Zweifeln geplagt – um seine Werke ringt, viel aufrichtiger Zuspruch nottut. Was jene anderen ›Unternehmer‹ an Unbedenklichkeit zu viel haben, wenn sie um die Kunst einen großen Bogen machen und lustig ihren Nippes produzieren, das hat der echte Künstler oft an Bedenklichkeiten zu viel. Deshalb kann es gar nicht genug der Stimmen geben, die unseren großen Freund Duvivier in den Stunden des inneren Zweifels erreichen und die ihm zurufen: Lass ihn nicht sterben, deinen *Don Camillo*, sondern arbeite weiter an diesem großartigen Porträt unseres Lebens; nimm den Meißel der Kunst aufs Neue in die Hand und grabe die nächsten Runen und Furchen des Zorns und des Schalkes in die vertrauten Züge eines Gesichtes, das uns schon zum künstlerisch-gültigen Abbild unserer Zeit geworden ist!«

Die Berliner Tageszeitung *Der Abend* vertritt am 6. Oktober 1953 zum »Musketier Gottes« eine andere Meinung: »Das sagt sich schnell: So gut wie der erste ist er nicht. Aber man vergisst dabei, dass der zweite Teil auch nicht das Überraschungsmoment des ersten für sich hat. Denn diesmal sitz ich noch nicht recht in meinem Sessel, da weiß ich schon, was mir blüht: der ewige Streit befreundeter Gegner. Zwangsläufig musste es zu Wiederholungen kommen. Sie blieben auch hier nicht aus … die Handlung ist nicht aus einem Guss, und Aufguss wurde nicht vermieden. Die Synchronisation gab sich alle Mühe, dem *Camillo* durch Balthoffs Stimme einen gebildeteren Zungenschlag zu geben. Heiterkeit im Parkett. *NA UND …? Den noch, doch bitte keinen dritten Teil.*«

Die Filmindustrie (und auch das große Publikum) lechzen aber nach einem weiteren *Don-Camillo*-Film. »Offene Briefe« werden veröffentlicht. Das *Film-Echo* 1953 bringt die Gedanken von Manes Kadow, *Frankfurter Neue Presse*, zu Papier: »Hochverehrter Herr Duvivier! Nun dringt von Paris her ein noch ungeklärtes Gerücht zu uns über den Rhein. Es besagt, dass Sie nicht mehr gewillt seien, die köstlichen und volkstümlichen Figuren des streitbaren Priesters *Don Camillo* und seines kommunistischen Widersachers *Peppone*, die von dem italienischen Dichter Guareschi skizziert wurden, mit dem Zauberstab Ihrer Regiekunst zu berühren. Diese Ihre hoffentlich nicht endgültige Entscheidung beunruhigt mich so sehr, dass ich Ihnen diesen Brief öffentlich zugehen lasse. Lassen Sie sich zunächst nicht durch die kritische Blechmusik, von der die bisherige Fortsetzung des Themas in einem Teil der westdeutschen Presse begleitet wurde, beirren, verstimmen und unsicher machen. Selbst die bittersten Worte, die sich grundsätzlich nur gegen das Gesetz der Serie wandten, die ferner Ihre Arbeit als einen verdünnten Aufguß bemängelten, sind immerhin von einem Nebenton bestimmt, der Sie beruhigen darf. Letzten Endes handelt es sich hier um enttäuschte Liebhaber, die von ihrem Ersterlebnis nicht loszukommen verstehen. Doch sie bleiben immerhin heimliche Liebhaber. Man sollte das Gesetz der Serie nicht allzu schnell abfällig beurteilen. Sicherlich, es gibt Wildwest-, Gangster- und Gruselfilme minderer Art, die im hilflosen Unterhaltungsbedarf der Masse ausgebeutet werden. Aber es gibt auch literarisch wertvolle Bestände in Volksliedern und Volksbüchern, deren kristallischer Kern stets durch die Mithilfe anonymer Dichter mit neuen Werten und Strophen angereichert wurde. Es gibt anekdotische Gestalten und Paar-Figuren, um die sich der Witz und die Weisheit des Volkes sammeln, um gewissermaßen Erfahrungen zu formulieren, Doktrinen zu entlarven und das Menschliche in der Welt zu bewachen … In diesem verquerten Nachkriegseuropa hat wohl niemand sonst eine echte Volkstümlichkeit erlangen können, wie die beiden streitbaren Geisteskinder des schnauzbärtigen italienischen Giovanni Guareschi. Und niemand unter den französischen Filmregisseuren hat den Arbeitselan und die befreiende Laune aufgebracht, das kritischste Thema unserer Tage in die Bildersprache umzusetzen. Schließlich gibt es wohl auch kein Publikum, das dieser Filmfolge ernster und leidenschaftlicher folgte, als der Menschenschlag, der zwischen Rhein und Elbe zu leben und nachzudenken gezwungen ist. Aus diesen Gründen, meine ich, sollte man doch noch eine weitere Fortführung der *Don Camillo*- und *Peppone*-Geschichten wagen. Es stehen überdies noch starke dramaturgische Möglichkeiten und Akzente aus. *Don Camillo* könnte sich eines Tages in das Netz sozialer Verpflichtungen und Realitäten verfangen und mit seinem

Herrn hadern, dass die armen Leute immer die schwere Kreuzeslast zu tragen haben. *Peppone* könnte vielleicht in Gewissenskonflikte geraten, die ihm sein leiblicher Sohn *Lenin* oder seine eigene Partei auferlegen. Doch das bleibt dem künftigen Drehbuch und Ihrer kunstvollen Regiearbeit überlassen. Darf man wohl hoffen, dass *Camillo* und *Peppone* noch nicht sterben?«

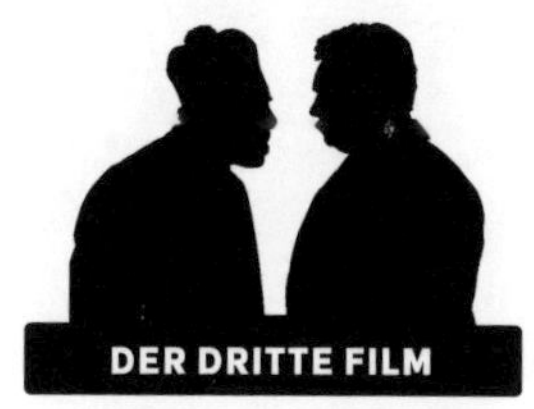

Die große Schlacht des Don Camillo (1955)

Vorbereitung und Produktion

Alles Bitten hilft nicht. Längst steht fest, dass Julien Duvivier keinen dritten *Don-Camillo*-Film in Szene setzen will (und wird). Alberto und Charlotta Guareschi dazu: »Duvivier lehnte den dritten Film ab. Wir glauben aber, dass Duvivier später doch gerne den Film gemacht hätte. Da war aber schon der Vertrag mit Gallone geschlossen.« Nach den riesigen *Don-Camillo*-Erfolgen macht Duvivier erst einmal eine kreative Pause, bevor er 1955 mit der deutschen Literaturverfilmung MARIANNE mit Marianne Hold und Horst Buchholz auf die Leinwand zurückkehrt. Ein Comeback bei *Don Camillo* und *Peppone* wird es für ihn nicht mehr geben.

Camillo-Produzent Angelo Rizzoli hat bereits Anfang 1953 die Zeichen der sich anbahnenden Veränderung erkannt. Am 16. Januar 1953, noch während Duvivier den zweiten Film dreht, nimmt er deshalb nochmals Kontakt zu US-Regisseur Frank Capra auf. Der hat, wie aus Amerika zu hören ist, vielleicht immer noch Interesse an einem *Don-Camillo*-Film. Rizzoli schreibt u. a.: »… Guareschi hat bereits eine neue, witzige Geschichte verfasst. Wir dachten, dass Sie als Regisseur diesen Film machen könnten, um den bisherigen Erfolg zu erneuern. Die Schauspieler wären im September frei. Bis dahin bleibt genug Zeit, um das Drehbuch zu schreiben und die notwendigen Vorbereitungen zu treffen. Lassen Sie uns bitte wissen, ob Sie im Prinzip für unser neues Projekt zur Verfügung stehen. Wir wären darüber natürlich sehr glücklich. Wenn Ihre Antwort positiv ausfällt, würden wir Ihnen umgehend den vorliegenden Text schicken. Seien Sie versichert, dass es nicht schwierig sein würde, eine Einigung zu erzielen. Wir stehen Ihnen zur Besprechung von Details gerne zur Verfügung …« Wenige Tage danach erhält Frank Capra einen Brief vom 28. Januar 1953, worin sich N. Peter Rathvons, der frühere Präsident von *RKO*, jetzt mit seiner *Rathvon Overseas Limited* in New York tätig, zu dem Thema äußert: »Lieber Frank, entsprechend unserem Gespräch in Los Angeles habe ich meinen Freunden in Rom berichtet, dass Du Interesse geäußert hast, den dritten *Don-Camillo*-Film zu inszenieren. Ich bin sicher, Herr Rizzoli hat Dir schon direkt geschrieben. Es ist geplant, diesen Film mit der bewährten Besetzung zu machen, die mit dem ersten *Don-Camillo*-Film öffentlichen Jubel erntete. Es ist buchstäblich wahr, dass dieser Film praktisch jeden Kassenrekord in Frankreich und Italien erzielte. Derzeit angestrebter Drehbeginn ist Herbst dieses Jahres. Zum Honorar schlage ich vor, Du regelst das mit Mr. Rizzoli. Wenn ich mich aber darum kümmern soll, zögere nicht, an die obige Adresse zu schreiben. Dein ergebener N. Peter Rathvon.« Auf den 9. Februar 1953 ist die Antwort Capras nach Rom datiert, noch nichts wissend vom Entschluss seines französischen Kollegen: »Mein lieber Herr Rizzoli, das ist eine verspätete Antwort auf Ihren sehr netten Brief, in dem Sie mich fragen, ob ich Interesse an Mr. Guareschis dritter Geschichte hätte. Eines wüsste ich natürlich gern: Warum wollen Sie ein Team ändern, das sich so erfolgreich beim ersten Film bewährt hat? Mein Interesse am ersten Buch war außerordentlich groß. Ich wusste, es kann kein Fehlgriff werden. Aber ich bin mir nicht so sicher, ob es eine gute Idee für mich ist, mit einem dritten Film zwei erfolgreichen Vorführungen zu folgen, nachdem die Charaktere und der Stil so vollkommen und erfolgreich von jemand anderem etabliert wurden. Außerdem wird der ganze US-amerikanische Markt in einem Jahr oder mehr dreidimensional sein, was bedeutet, dass es keine US-amerikanischen Erlöse gibt, wenn der Film nicht in 3D gedreht wurde. Nichts würde mich mehr erfreuen, als einen Film nach Herrn Guareschis wunderbaren Charakteren zu machen. Es ist der wunderbarste Stoff seit Mark Twain. Falls es einen Weg gibt, den Film auf Englisch in 3D zu drehen, würde ich es weiter diskutieren. Zwischenzeitlich hoffe ich, dass Ihr zweiter Film genauso aufregend ist wie der erste. Meinen Glückwunsch an Sie, Duvivier, und an Herrn Guareschi zur Produktion solch grandioser Unterhaltung. Ihr Frank Capra.« Angelo Rizzoli gibt nicht auf, den US-Regisseur für ein Projekt gewinnen zu wollen. Er schickt ihm Guareschis Roman *Il marito in collegio* aus dem Jahr 1944 über einen Lehrer, in der Hoffnung, dass vielleicht dieser Stoff mehr Interesse weckt. Frank Capra teilt sein Desinteresse aber am 27. April 1953 mit: »Mein lieber Herr Rizzoli, ich habe Guareschis *Il marito in collegio* gelesen und finde ihn natürlich sehr unterhaltsam. Sie waren so nett, mir vorzuschlagen, dieses Buch in Italien zu verfilmen. Ich bin ganz sicher, dass es ein reizvoller Filmstoff ist. Aber er sollte vielleicht besser von jemandem gemacht werden, der das Land und die Leute besser kennt als ich. Ich war an *Don Camillo* interessiert, denn die Charaktere sind so gut wie universell, und der Konflikt hatte (einen) internationalen Charakter. Für lokale menschliche Komödien bleibe ich lieber beim amerikanischen Schauplatz, den ich besser kenne. Vielen Dank für Ihr Interesse an mir und alles Gute für Ihre zukünftigen Produktionen. Ihr ergebener Frank Capra.« Die Welle der 3D-Filme in Hollywood ist bereits nach zwei Jahren verebbt. Hoher Aufwand und technische Unzulänglichkeiten sind die Gründe dafür. Einer Neuausrichtung des *Don-Camillo*-Stoffes in 3D, was wohl die einzige Herausforderung für Capra gewesen wäre, ist damit rasch die Grundlage entzogen. Bedingt durch das Ausscheiden von Julien Duvivier dauert somit die Suche nach einem neuen Regisseur an.

Erst 1955 kommt es zu einem dritten Film. Giovannino Guareschis Gefängnisaufenthalt verlangsamt ebenfalls die Vorbereitungen. Nach seiner Entlassung kann befreit an die neue Produktion gegangen werden. Als neuer Regisseur kommt diesmal ein Italiener zum Zug. Wohlwissend um die Notwendigkeit, die italienische

Atmosphäre mehr herauszuarbeiten, verpflichtet Angelo Rizzoli den renommierten Carmine Gallone. Der bereits 69-jährige Filmemacher blickt auf eine langjährige Karriere zurück. Sein Œuvre reicht vom Monumentalfilm über Opern- und Musikfilme (seine eigentliche Spezialität!) bis zu Komödien. Schon seit Stummfilmzeiten ist Gallone im Filmgeschäft tätig. Neben der Heimat hat er auch im europäischen Ausland gearbeitet, unter anderem in Deutschland. Seine Monumentalfilm-Inszenierungen bringen ihm den Ruf eines »italienischen Cecil B. DeMille« ein. Nach Kriegsende hat Gallone allerdings hauptsächlich Opernfilme gedreht. Er besitzt ein Gespür für landestypische Stimmung und komödienhafte Szenen. Ausschlaggebend für seine Verpflichtung dürfte neben der Kenntnis des italienischen Alltages vor allem gewesen sein, dass er schon für Rizzoli arbeitete und sich mit der Arbeit an europäischen Co-Produktionen auskennt. Diese Vorzüge werden auch bei der Vorstellung des neuen Mannes genannt: »... Dass aber das überschäumende komödiantische Temperament nicht mit den beiden Hauptdarstellern Fernandel und Gino Cervi durchgeht, dazu bedarf es einer sehr präzis bändigenden Hand. Sie gehört in dieser dritten Folge des *Don-Camillo*-Stoffes dem italienischen Altmeister der Filmregie: Carmine Gallone. Er versteht es, den dramatischen Knoten von Szene zu Szene minutiös enger zu ziehen, lässt die schlagkräftigen Pointen keine Kapriolen schlagen, sondern sie sicher im Parkett landen und gibt der dörflichen Idylle intensive und echte Atmosphäre. Mehr als ein halbes Hundert Filme hat der heute fast 70-Jährige gedreht, der schon in der Stummfilmzeit ›dabei‹ war. 1919 entstand seine erste Inszenierung. Das große historische und biblische Ausstattungsstück war eine bevorzugte Domäne des Filmschaffens jener Jahre. Carmine Gallone übernahm das legitime Erbe großer Vorgänger. Entscheidend für seine Arbeit wurde sein musikalisches Temperament. Als echtem Kind des sangesfrohen Neapels liegt ihm die Musik im Blut. So war es für ihn eine natürliche Entwicklung, dass er sich der Verfilmung großer Opern und klassischer Operetten zuwandte ... Die sichere Hand für das groß angelegte Zeitgemälde, die Fähigkeit, Opern aus dem Geiste der Musik in die dynamische Bildsprache auf der Leinwand umzusetzen, und die Kraft, eine ungewöhnliche Lebensgeschichte vor der Kamera zu einem dramatischen Crescendo zu verdichten, geben Carmine Gallones bedeutendsten Filmschöpfungen das Gepräge. Mit dem subtilen Fingerspitzengefühl für Atmosphäre und Lebensechtheit, das ihn an großen Stoffen alles hohle Pathos vermeiden ließ, hat er sich jetzt der kleinen Welt des *Don Camillo* zugewandt. Mit musikalischer Verve lässt er das herzhafte, humorige Geplänkel der beiden Feind-Freunde auf- und abschwellen und steigert es sicher zum dramatischen Höhepunkt. Wer Carmine Gallone einmal sah, wird die imposante Erscheinung nicht vergessen. Um Haupteslänge überragt er die meist nur mittelgroßen Italiener. Ruhig und konzentriert steht er im Atelier. Er hält nichts von lautem Getön. Er ist einer von den Stillen, umso durchdachter sind darum die Anweisungen, die er gibt. Einen ›sanften Riesen‹ hat man ihn einmal genannt. Niemals macht sich dieser Meister seines Fachs die Arbeit leicht. Sehr sorgfältig trifft er die Wahl seiner Darsteller und seiner Stoffe. Es war keine leichte Aufgabe, die er mit der Regie des dritten *Don-Camillo*-Films übernahm. Eng ist der Erfolg der ersten beiden mit dem Namen seines bedeutenden französischen Kollegen Duvivier verknüpft. Es wäre bestimmt falsch anzunehmen, dass das nationale Prestige für Gallone ausschlaggebend war, als Italiener den Bestseller seines Landsmannes Guareschi zu einem neuen filmischen Höhepunkt zu gestalten. Dass dennoch ein gut Teil Ehrgeiz in ihm war, auf der Höhe seines Ruhms gerade diesen prallen Schelmenstoff zu formen, der so unmittelbar im Boden seiner Heimat wurzelt, ist ein vielversprechendes Vorzeichen für DIE GROSSE SCHLACHT DES DON CAMILLO.«

Das fertige Drehbuch stammt diesmal tatsächlich aus Guareschis Feder, zwei italienische Autoren (Agenore Incrocci und Furio Scarpelli) bearbeiten lediglich einige Dialogpassagen. Guareschi verwendet dabei einige Kurzgeschichten, die bereits in *Don Camillo und seine Herde* enthalten sind. Aus dem Gefängnis schreibt Guareschi Rizzoli im Oktober 1954 eine Reihe von Anregungen für den neuen Film: »… Der Film muss bestens dosiert sein. Sentimental, dramatisch und komödiantisch. Die Kamera muss hervorragende Bilder liefern und die Menschen von Brescello authentisch herüberkommen.« Außerdem weist er auf die Wichtigkeit einer besonderen Frau hin: »*Cleonilde* ist wichtig.« Eine Frau, die es dem Bürgermeister antun wird!

Guareschi wird erhört. Der Part der *Clotilde*, wie sie in der deutschen Version heißt, einer jungen Parteigenossin, wird mit der Französin Claude Sylvain besetzt. Auch der dritte Film der Reihe ist eine Co-Produktion zwischen Italien und Frankreich, sodass jedes Land Teile von Stab und Besetzung stellt. Natürlich bleiben die Hauptakteure, Fernandel und Gino Cervi, die gleichen. Auch Leda Gloria (*Peppones* Frau) oder Saro Urzì und Marco Tulli (*Peppones* Stoßtrupp) sind wieder vertraute Gesichter. Umberto Spadaro gibt den Bauern *Bezzi*, Guido Celano einen Carabiniere und Stefano Alberici ist diesmal *Peppone junior*.

Die Kameras laufen im April und Mai 1955 in Brescello und Umgebung. Im Gegensatz zu Duvivier dreht Gallone keine unterschiedlichen Versionen für den italienischen und französischen Markt. Es gibt eine Version, die aber an manchen Stellen in den jeweiligen Landesfassungen unterschiedlich geschnitten ist.

Zum Vorteil des Films befinden sich wieder sämtliche Außenmotive in und um Brescello. Interessanterweise darf diesmal sogar im Inneren der Kirche gefilmt werden, sodass später weniger in *Cinecittàs* Studios rekonstruiert werden muss. Die Dorfschule Brescello kommt zum Vorschein und es wird gar ein privates Haus mit Garten von *Don Camillo* gezeigt. Allerdings wird hier nur die Fassade eines Hauses in Brescello verwendet. Für die Dreharbeiten setzt man noch eine Bogengalerie auf die Straße davor, um damit mehr Eindruck zu erzielen. Nach den Dreharbeiten wird diese wieder abgebaut. Auch der Hühnerstall auf der anderen Straßenseite ist eine Attrappe. *Peppones* »Abschiedsszene« wird auf dem Bahnhofsgelände von Boretto, einige Kilometer entfernt, gedreht. Die Fahrradszene der beiden Hauptprotagonisten am Ende spiegelt dafür realistisch die Topografie wider. Sie inszeniert Gallone auf der Straße von Boretto (im Hintergrund ist die Kirche des Dorfes zu sehen) nach Brescello. Eine besondere Episode ist die Schilderung, wie sich *Don Camillo* und *Peppone* kennenlernten. Auch diese Szenen können problemlos im Umland gefilmt werden.

Gerade in Deutschland fiebert eine große *Don-Camillo*-Fangemeinde auf den neuen Film hin. Ein Pressetext berichtet im richtigen Jargon im Vorfeld von einem Treffen mit den »kampflustigen Filmkomikern in der Kantine zwischen Suppe und Pudding« in den Filmstudios: »Als wir Fernandel und Gino Cervi in einer römischen Künstlerkantine begegneten, dachten wir an jenen unvergessenen Berliner Vorgang und warteten argwöhnisch auf die ersten Schwinger. Nichts von all dem! Beide hockten friedfertig nebeneinander, genossen ihre Suppe und redeten krauses Zeug – so schien es wenigstens. ›Gutes Wetter, Fernandel.‹ ›Miserabel, ein Dreckswetter, Gino.‹ ›Köstliches Süppchen.‹ ›Die Suppe schmeckt nach italienischer Seife.‹ ›Du bist bockig, Kunstgenosse.‹ ›Der Sündenbock bist du. Das nächste Mal spielst du den Kaplan. Es wird eine ausgezeichnete Seelenmassage für dich sein, gewissermaßen ein Training des Herzens.‹ Wollten die spitzbübischen Plauderer sich gegenseitig oder aber beide zusammen den verblüfften Gast hochnehmen? Sie führten das ulkige Gespräch mit tierischem Ernst und komödiantischem Behagen – zwei glaubwürdige Spaßmacher, die offenbar ihre Scherzhaftigkeit nicht nur beruflich auspacken. Die Mahlzeit war inzwischen bei einem grün zitternden Gelatine-Pudding angekommen, der weitaus durchsichtiger war als die merkwürdige Situation zwischen den beiden Kampfhähnen. ›Pardon, meine Herren, Ihre Zusammenarbeit mit Carmine Gallone, dem Regisseur, wäre vielleicht interessant genug …‹, begann vorsichtig der Besucher. Fernandel zupfte die Ärmel seiner Soutane zurück, als wollte er Holz fällen oder einen Kinnhaken vorbereiten: ›Gallone sorgt täglich für Überraschungen, auch bei uns. Er gibt den urechten Guareschi, wie er im Buche steht, aber er geizt keineswegs mit überrumpelnden Einfällen. Er braucht mich nur anzuschauen, um einen neuen Gag zu haben.‹ Fernandel fletschte vergnügt seine Zähne gegen seinen Kunstgenossen, der – während er dem grün zitternden Pudding huldigte – seinerseits hinzufügte: ›Gallone ist mein Landsmann. Er kennt Land und Leute und die lustigen Spannungen, die gerade in ländlichen Gemeinden Klerus und Bauernvolk gegenseitig anregen und ›aufregen‹. Es ist zudem ein entscheidender Vorzug für DIE GROSSE SCHLACHT DES

DON CAMILLLO, dass Guareschi das Drehbuch selbst schrieb, dass sein künstlerischer Nerv die Vorgänge, die menschliche Versteckspielerei, das drollige Verstocktsein norditalienischer Bauern und deren unfreiwilligen Witz ungeschminkt wirken lässt. Guareschi und Gallone kennen sich aus, sehr genau sogar.‹ Auch Fernandel und Cervi kennen sich aus, der rustikale Südfranzose und der bäuerliche Italiener. Beide wissen, dass Fröhlichkeit und Frömmigkeit in romanischen Naturen unmittelbar benachbart sind, dass dieses Bündnis ganz weltoffen wirkt, mit temperamentvoller Bejahung der beiden natürlichen Lebenspole: des Diesseits und des Jenseits. Bevor beide ins Atelier zurückgingen, fragten wir mit gebotener Vorsicht nach dem seltsamen Streitgespräch, das sie vorher über die Qualität von Witterung und Suppe geführt hatten. Fernandel klärte den Tatbestand: ›Das ist ein ziemlich verrücktes, aber bewährtes Mittel, um von der Arbeit den inneren Übergang zum ruhigen Essen zu finden. Alle Komiker der Welt betreiben diesen erfrischenden Blödsinn. Fragen Sie einmal Ihre großen Komödianten in Deutschland, die bestimmt ebenso wie wir ohne dieses entspannende Ventil nach der nervösen Arbeit ein ärgerliches Haar in der Suppe finden würden.‹«

Filmhandlung

Kommentar am Anfang der deutschen Fassung: »Noch einmal wollen wir Ihnen eine wahre Geschichte erzählen. Wieder eine von den Geschichten, die aus der großen Ebene dem Flusse zuströmen und der sie zum Meer hinunterträgt wie tote Blätter. Nichts hat sich da unten verändert, wenn inzwischen auch einige Zeit vergangen ist. Die gleichen Menschen, die gleiche Sonne, die ihre glühenden Strahlen auf die gleichen harten Schädel niederbrennen lässt. Neu ist in diesem Augenblick nur, dass die Gehirne der Menschen auch nachts noch kochen, denn im Lande ist das Wahlfieber ausgebrochen.«

Es herrscht Wahlkampf um den Einzug ins italienische Parlament in Brescello. Mit großem Aufgebot zelebrieren die Kommunisten den »Tag des Friedens«. *Peppone* und sein Stoßtrupp verteilen gedruckte Propaganda. *Don Camillo* ruft aus der Menge heraus nach der Zeitung des Vatikans. Als sich der Parteivorsitzende daraufhin zu ihm wendet, meint er lakonisch: »Entschuldigung, von hinten sehen Sie wie ein Zeitungsverkäufer aus.« In der Kirche klagt *Don Camillo* Christus sein Leid. »Jesus, hast du gesehen, er steht auf der Liste fürs Parlament.« In seiner Verzweiflung meint er weiter: »Du weißt am besten, dass es keinen Menschen gibt, der Lüge und Trug hasst wie ich.« Christus schweigt. »Was sagst du?« – »Ich habe nichts gesagt.« Es stellt sich heraus, dass *Don Camillo* die Parteipropaganda mit Falschgeld bezahlt hat. Das echte Wechselgeld spendet er für die Armen.

Derweilen setzen die »Roten« ihren Wahlkampf auch mit einer attraktiven, weiblichen Aktivistin fort, die für viel Aufsehen sorgt. Um Abgeordneter zu werden, benötigt *Peppone* den Volksschulabschluss. Da er diesen noch nicht hat, muss er ihn nachholen. Großspurig tönt er, dass er keine Angst vor der Kommission hat. »Habe auch vor Maschinenpistolen keine Angst gehabt!« Gewissenhaft büffelt *Peppone*. Am Tag der Prüfung im Schulhaus schleicht sich *Don Camillo* an die Rückseite des Gebäudes heran. »Ich muss alles wissen, was er sagt. Und vor allem alles, was er nicht sagt.« *Peppone* bekommt Probleme bei der Prüfung. Ihm fällt absolut nichts mehr ein und er fängt an zu schwitzen. Er hat alles vergessen! In der Not murmelt er: »Jesus Christus, hilf mir.« *Don Camillo* schreitet ein. Für eine »dringliche behördliche Sache« lässt er den Bürgermeister herausrufen und bietet einen Handel an. Lösung der mathematischen Formel gegen Einwilligung über den Bau einer Kapelle. *Peppone* schäumt, der Priester antwortet: »Erpressung? Nein. Ein Geschäft.« Auch zum Aufsatzthema »Ein Mensch, den ich nie vergesse« gibt es einen Tipp. Natürlich ist dieser Mensch – *Don Camillo*. *Peppone* formuliert eine Geschichte aus dem Widerstand im Krieg und mit der ersten Begegnung der beiden. Allerdings schreibt er das Geschehen sehr viel vorteilhafter für sich nieder.

Nach überstandener Prüfung herrscht rasch wieder Alltag. *Don Camillo* will einer obdachlosen Familie zu ihrem rechtmäßigen »Dach über dem Kopf« verhelfen. Aber *Peppone* und die Genossin *Clotilde* treffen Gegenmaßnahmen. Der Angriff wird bei dem strittigen Wohnobjekt, einem Haus abseits des Ortes, vermutet. *Don Camillo* lässt die Familie aber samt Viehbestand vor dem Rathaus kampieren. Ein anderer Genosse gesteht *Don Camillo* Überraschendes von einem »verlorenen« Panzer, der auf dem strittigen Anwesen stünde. *Don Camillo* fragt wütend: »Gab es seit 1945 keine Gelegenheit, die Behörden zu unterrichten?« Rasch erkennt er aber den Vorteil der Angelegenheit. *Operation Panzer* kommt ins Rollen. Zusammen mit dem Bürgermeister will er den US-Panzer in einem verlassenen Waldgelände abstellen. Vierzehn Tage später soll ein anoymer Anruf die Polizei darauf hinweisen. Wie gut, dass der Mechaniker *Peppone* problemlos auch einen Panzer fahren kann. Aber *Don Camillo* hat etwas ausgetüftelt. Er lässt den Panzer so manövieren, dass man in einem Wassergraben stecken bleibt. Dann lässt er *Peppone* am Abzug der Kanone spielen. Tatsächlich löst sich ein Schuss. Die Kanone des Panzers ist so ausgerichtet, dass der Schuss die Friedenstaube der »Roten« auf dem Gemeindeplatz trifft.

Beim Volksauflauf auf dem Platz droht *Peppone* schon wieder, *Don Camillo* schließt sich dem Protest gegen das »feige Attentat« an. Der große Wahltag rückt immer näher. *Don Camillo* hat bei seinem Besuch des Bischofsordinariats den Zug verpasst und versucht sich an der Landstraße als Anhalter. Kein Wagen hält, bis *Peppone* kommt. Nach dem Einstieg kann sich der in Wahlkampfstimmung befindliche *Camillo* mit Sprüchen wie »Womit läuft der Wagen? Benzin oder Wahlversprechen« nicht zurückhalten. Schließlich wird es *Peppone* zu bunt und er wirft den Priester heraus. »Warten Sie auf den Wagen des Vatikans.« Im Aussteigen schließt *Don Camillo* aber noch den Benzinhahn, sodass *Peppones* Wagen nach einigen Metern zum Stehen kommt. »Wenn der Wagen des Vatikans vorbeikommt, könnte er Sie vielleicht abschleppen?« Natürlich zeigt sich *Camillo* hilfsbereit, aber als *Peppone* den

Wagen für einen Neustart ein bisschen schieben soll, öffnet das listige Priesterlein den Benzinhahn und fährt ohne den im Hintergrund fluchenden Parteichef ab. *Peppone* läuft die Galle über, weiß er doch, dass sich seine Wahlpropaganda im Wagen befindet. Diese mistet *Don Camillo* auch aus, bis er auf ein 2 x 3 Meter großes Plakat von *Peppone* stößt. Ein böser Gedanke erwacht. Bei dem Ausrollen des Plakates auf dem großen Platz kommt die Malerei *Camillos* mit dem Teufelsbärtchen für *Peppone* zum Vorschein. Großes Gelächter, aber *Peppone* knirscht zu einem Genossen: »Diesmal bezahlt er. Verlass dich darauf.«

Die »Roten« beraten, man will auf eine günstige Gelegenheit warten. Unvorsichtigerweise schläft *Don Camillo* eines Abends in der Kirche ein. Das nutzt jemand, um die Hühner des Priesters zu stehlen. *Peppone* stellt zur selben Zeit ein großes Kreuz in der Kirche auf. Als *Don Camillo* erwacht, bemerkt er rasch den Diebstahl. Dem Wachhund macht er bittere Vorwürfe und schreit (böse) Worte in die Nacht. Wenig später bringt ihm »sein Geheimdienst«, eine ältere Frau, den entscheidenden Hinweis. *Peppone* und sein Stoßtrupp sitzen vergnügt beim Essen. Es gibt Hühnerbraten. *Don Camillo* erscheint. Ein Mitessen lehnt er aber ab. »Kleine Magenverstimmung.« Als er seinen Wachhund ebenfalls beim Essen sieht, ruft er nur noch laut »Von Moskau gekauft« und verschwindet. Nach dem Priester erscheint noch ein Polizist, der *Peppone* mit Zeugenaussagen von seinem Kirchbesuch konfrontiert. Auch fragt er den Bürgermeister, woher die Hühner kämen. »Ich führe kein Hühnerstammbuch«, äußert sich *Peppone.* Aufgrund der Beobachtungen kommt es aber zu einer Verhandlung. *Peppone* will nicht aussagen. *Don Camillo* schlachtet jedoch *Peppones* Besuch für den Wahlkampf aus und bezeugt, dass *Peppone* öfter in die Kirche käme. Der Kommunistenführer ist am Boden zerstört. Doch *Clotilde* baut ihn wieder auf: »Männer wie du werden uns zum Sieg führen.« Bei ihrem romantischen Beisammensitzen am Po-Ufer passiert aber nichts, *Peppone* fehlt die Courage. Das weiß aber seine Frau nicht, sie macht eine Szene und verschwindet. Zusammen mit *Don Camillo* begibt sich der nervöse *Peppone* auf einem Motorrad mit Beiwagen auf die Suche. Als sie die Frau auf der einsamen Landstraße finden, ist es diesmal *Don Camillo*, der zurückbleibt. Er muss die 25 Kilometer bis Brescello mit dem Fahrrad der Bürgermeister-Gattin zurücklegen.

Der Wahltag naht. *Don Camillo* hat sein »letztes Wort« bisher zurückgehalten. Lautsprecher verkünden über den Glockenturm: »Mitbürger, denkt daran, nur die dümmsten Kälber wählen ihren Schlächter selber.« *Peppone* palavert auf dem großen Dorfplatz. Als *Don Camillo* einen Militärmarsch auflegt, gerät die Rede immer hysterischer. Der Kommunist wird zum glühenden Patrioten. Ein Funktionär versucht noch vergebens, ihn zu stoppen. Die Massen jubeln nur noch und alle marschieren durch die Straßen zum Kriegerdenkmal.

Dann ist die Wahl vorbei. *Peppones* Partei hat nicht die absolute Mehrheit erzielt. *Don Camillo* bleibt aber sehr nervös. Hat *Peppone* es geschafft? Im Radio hört er, dass *Peppone* gewählt wurde, und rennt in die Kirche. »Herr, *Peppone* ist gewählt.« – »Armer *Don Camillo*, deine Wut ist so groß, dass du nicht einmal weißt, wie gotteslästernd das ist, was du sagst.« Die Opposition verlangt nach der Abgeordnetenwahl den gesetzlich vorgeschriebenen Rücktritt *Peppones* als Bürgermeister. Dessen Gefolge droht und will das unter allen Umständen verhindern. *Peppone* erklärt aber seinen Rücktritt als Bürgermeister selber, was die Opposition dann bedauert. So sind die Menschen in der »kleinen Welt«.

Peppone verabschiedet sich von der Familie und macht sich auf den Weg nach Rom, um sein Amt als Abgeordneter anzutreten. Es ist ein trauriger Gang mit den Genossen. Beim Einsteigen in den Zug drischt *Peppone* politische Phrasen zum Abschied. Im Zug sitzend schaut er aber traurig drein. Am Bahnhof in Boretto wartet *Don Camillo*. »Ich habe nicht vergessen.« – »Ich gehe nicht in Verbannung.« *Camillo* versucht *Peppone* wachzurütteln, was er zu Hause zurücklässt. »Wie sehr wird dir alles fehlen? Du wirst nie zurückkehren. Viel Spaß, Herr Abgeordneter.« Als der Zug den Bahnhof verlässt, steht auf dem anderen Gleis *Peppone*. *Don Camillo* ist heilfroh und bietet sich gerne als Gepäckträger an. Bei dieser Gelegenheit bekommt er auch sein Falschgeld zurück. Beide radeln gemeinsam zurück nach Brescello.

Kommentar am Ende der deutschen Fassung:

»Sehen Sie, da hat der ewige Wettlauf wieder begonnen. Bei dem jeder so tut, als ob er verzweifelt versucht, der Erste am Ziel zu sein. Doch wenn der eine zurückbleibt, dann wartet der andere. Denn die Straße ist die gleiche. *Peppone* links, *Don Camillo* rechts. Uns bleibt nur zu wünschen und zu hoffen, dass es zu keiner ernsthaften Panne kommt.«

Resonanz und Rezension

Für das besonders treue deutsche Publikum vermeldet das *Film-Echo* am 21. September 1955, wenige Tage vor der Premiere, eine Überraschung: »DIE GROSSE SCHLACHT DES DON CAMILLO heißt der dritte Film um den streitbaren Priester und seinen bürgermeisterlichen Widersacher. Am 30.9. wird *Allianz* im Großeinsatz Fernandel in seiner unsterblichen Rolle wieder über die bundesdeutschen Leinwände wandeln lassen, diesmal sogar in Farbe.« Die Welturaufführung des Filmes findet in Deutschland im *Luitpold-Theater* in München statt. In Italien startet der Film erst am 25. Oktober 1955, Frankreich folgt am 18. November.

Auch wenn der Film letztendlich wieder »nur« in Schwarzweiß ist, ist die Begeisterung hierzulande riesengroß. Ein Pressetext der *Allianz*-Film führt Näheres aus: »Es dürfte aus den letzten Jahren keine Film- oder Buchgestalt geben, die es mit dem streitbaren Dorfpfarrer *Don Camillo* und seinem raubeinigen Widerpart, dem roten Bürgermeister *Peppone*, an Volkstümlichkeit aufnehmen könnte. Für zwei sehr erfolgreiche Filme haben ihre prallen Streiche bisher den Stoff geliefert. Einige Jahre sind darüber hingegangen. Es war für die Initiatoren des dritten Streifens eine sehr ernsthafte Frage, ob sie das Thema noch einmal aufgreifen sollten. Mit ihrer Bejahung lagen auch die Anforderungen fest, die an diesen Film zu stellen waren: Keine bloße ›Fortsetzung‹, sondern ein eigenständiges dramatisches Werk aus dem Geiste jenes kompakten Humors mit tieferer Bedeutung musste entstehen. Guareschi selbst schrieb das Drehbuch, Carmine Gallone, der Altmeister des italienischen Films, übernahm für diesen im Boden seiner Heimat verwurzelten Stoff die Regie. Immer ist im Filmschaffen das Publikum die große Unbekannte. Seine Reaktion lässt sich niemals mit Bestimmtheit voraussagen. Die außerordentlich gute Aufnahme, die das Buch Guareschis fand – rund 400.000 Bände wurden allein in Deutschland verkauft –, und die Popularität der Hauptgestalten nach den vorangegangenen Filmen ermöglichten es in diesem Falle jedoch, noch vor dem Erscheinen des dritten das Interesse des Publikums zu erforschen. *Don Camillo* und *Peppone* sind nicht vergessen. In keinem Falle war es notwendig, dem Gedächtnis nachzuhelfen. Sehr klar und fest umrissen leben die beiden profilierten Gestalten in der Erinnerung. Der weitaus größte Teil der Befragten – sie gehörten den verschiedensten Alters- und Berufsschichten an – war von vornherein geneigt, sich den neuen Film anzuschauen. Die Antworten lagen zwischen der spontanen Vorfreude der jungen Verkäuferin und ihres Kollegen: ›Prima, die beiden müssen wir uns auf jeden Fall ansehen, da kann man bestimmt wieder richtig lachen‹, und den wohlüberlegten Worten des erfahrenen Buchhändlers: ›Ich kenne die Bücher und schätze sie, ich kenne die Filme und glaube bestimmt, dass die Fülle des Stoffes einen dritten Film rechtfertigt. Das Thema mit seinem versöhnlichen Humor in aller handfesten Komik ist auf jeden Fall begrüßenswert. Ich werde mir den Film ansehen, weil mir die Personen so vertraut sind.‹ Man hütete sich jedoch fast durchweg ganz betont, Vorschusslorbeeren zu verteilen – das stellt dem so häufig als kritiklos verschrienen Publikum kein schlechtes Zeugnis aus –, und machte bei aller grundsätzlichen Aufgeschlossenheit die Berechtigung des neuen Streifens davon abhängig, dass der Film auch ›gut‹ sei. Das Vertrauen aber überwog bei Weitem die Skepsis. Eine gewisse Übermüdung, eine Art Saturiertheit durch Buch und Film zeigte sich nur bei sehr wenigen. Ein Sprecher der *Evangelischen Filmgilde*, nach seiner persönlichen Meinung befragt, begrüßte die erneute Wahl eines Themas, das mit versöhnlichem Humor die Problematik des menschlichen Zusammenlebens an der Wurzel trifft. Seine heilenden, aufbauenden Kräfte, das echte Sentiment, das ihm innewohnt, seien eine wirkliche Notwendigkeit in unserer Zeit. Man könne gar nicht genug darauf hinweisen. Dass nicht allein die schlagkräftige Komik des Schelmenpaares, sondern ebenso der tiefere Gehalt des Stoffes das Herz des Publikums erobert hat, ergab sich bei dieser kleinen Rundfrage sozusagen als erfreuliche Tatsache am Rande. Hierin aber dürfte, wenn man das Fazit zieht, die Ursache dafür liegen, dass *Don Camillos* und *Peppones* Wiederkehr auf der Leinwand von so vielen mit freudiger Spannung erwartet wird.«

Auch der dritte Film der Reihe überzeugt in Deutschland das Publikum, das wieder massenhaft in die Kinos strömt. »Wo ich hinkomme, da ist was los!«, vermelden Anzeigen im Fachmagazin *Film-Echo*. Aufgrund des Besucherandrangs prolongieren alle Filmtheater den Filmeinsatz. München, Frankfurt, Berlin, Hamburg, Nürnberg, Herne, Freiburg, Mainz, Krefeld, Offenbach und Mannheim vermelden »volle Häuser« in den ersten Einsatzwochen. »Die kleine Politik des *Don Camillo*«, wie ein weiterer Pressetext der *Allianz-Film* betitelt ist, zeigt Erfolg: »Längst bevor das Wort in der großen politischen Debatte fiel, hatte es in der kleinen Welt des *Don Camillo* schon seine lebendige Prägung erhalten: Co-Existenz. *Camillo* und *Peppone* sind somit die Präexistenz der Co-Existenz, oder die beiden ersten Co-Existentialisten. Dass sie sich trotz ›Co‹ so contra benehmen, beweist ihren politischen Realismus. Erst wo sie in einem lammfrommen Frieden die Gegensätze vertuschen würden, wäre ihr Friede wirklich verdächtig. Würde jeder Kalte Krieg mit so viel Herz und poltriger Heiterkeit geführt wie der zwischen *Don Camillo* und *Peppone* – die Eisberge müssten schmelzen. Mögen sich die beiden auch gelegentlich die kalte Schulter zeigen – ein kaltes Herz zeigen sie nie. Nach einem frostigen Schweigen folgt immer wieder eine Eishalbzeit, in der sie sich versöhnlich zulächeln. Vielleicht versäumt die große Politik solche Pausen. Vielleicht hat sie außerhalb der Wochenschau das Lächeln verlernt. Denn ein Lächeln müsste immer noch möglich sein, selbst da, wo man wirklich nichts mehr zu lachen hat.«

Wie seinerzeit üblich, läuft neben dem Hauptfilm auch ein Vorfilm im Kino. Zum *Camillo*-Film läuft passenderweise BESUCH IM DOM, laut Kommentar des *Film-Echos*: »Ein sehr schöner und vorbildlich kommentierter Film über den Dom von Speyer.«

Die katholische Kritik zum dritten *Don-Camillo*-Film im *Film-Dienst*, Nr. 4423/1955, fällt indes weniger löblich aus und gerät zu einer Verquickung mit der weltpolitischen Lage: »Der dritte Teil von *Don Camillo* und *Peppone*. Viel prächtiger Klamauk zum Lachen, aber der hintergründige Humor der ersten Filme ging großenteils verloren. Für Jugendliche, denen das scherzhafte Spiel die christliche und politische Wirklichkeit vernebeln könnte, nicht zu empfehlen. Die Meinung des Kritikers: Dies ist nun der dritte Film, der seine sehr drastischen Komödieneffekte aus der heiter-feindseligen Beziehung zwischen *Don Camillo*, dem streitbaren Priester, und *Peppone*, dem aufgeblasenen Kommunisten, bezieht. Er ist – unter der Regie von Carmine Gallone – turbulenter als seine Vorgänger (Regie: Duvivier), und man kommt leider nicht mehr um die Feststellung herum, dass diese sonderbare Hassliebe, an der er sich ergötzt, die Wirklichkeit vernebelt. Die Schablone ist abgenutzt, und wenn sich früher liebenswürdige menschliche Züge einmischten, die ihren lebensbezogenen Hintersinn hatten, so tritt hier die laute Groteske in den Vordergrund. Die Zwiesprache zwischen *Camillo* und Christus wirkt nicht mehr naiv, sondern als bloßer Effekt. Dem Pfarrer mit den massiven Fäusten und den schlauen Einfällen geht es jetzt darum, zu verhindern, dass sein Widersacher, der Kommunist *Peppone*, Abgeordneter wird. Aber abseits von diesem Vorhaben breitet sich viel Anekdotisches aus. Da ist die Geschichte mit dem Panzer, der unrechtmäßig verborgen gehalten wird; da ist der Schelmenstreich mit dem Auto *Peppones*, dem *Camillo* den Benzinhahn abdreht; da ist die Zwistigkeit um den Hühnerdiebstahl. Ungemein grotesk ist die Wahlrede *Peppones*. Er beginnt wie ein waschechter Kommunist. Als aber *Don Camillo* eine Marschplatte in beträchtlicher Lautstärke spielen lässt, versteigt sich *Peppone* schreiend in die nationale Phrase und schließt sogar mit einem Hoch auf die Monarchie. Das ist eine intelligente Parodie auf die emotionale Wirkung des Militärmarsches. Hier hat der Film einmal beziehungsreichen Witz, an dem es ihm sonst einigermaßen gebricht. Unbehaglich wird es, wenn zum Schluss *Camillo* und *Peppone* eine kleine Radrennfahrt veranstalten und dazu etwa gesagt wird: der eine fährt rechts, der andere links, aber beide fahren sie auf der gleichen Straße. So einfach liegen die Dinge nun nicht, und man muss bezweifeln, ob es vertretbar ist, wenn schwerwiegende Gegensätze mit einer derart freundlichen Redensart verschleiert werden. Dieser Film soll doch mehr sein als ein bloßer Spaß und die – zum Teil mit sehr realistischen filmischen Mitteln erreichte – Verquickung von Ernsthaftem mit Spaßigem wird gefährlich, wenn sie sich in die Bereiche tiefster innerer Gegensätze begibt. Da wird die Realität des Christentums ebenso verschwommen wie die Realität des Kommunismus. Und eben das darf zu einer Zeit nicht kritiklos hingenommen werden, in der das Unterscheidungsvermögen ohnehin auf besorgniserregende Weise defekt geworden ist.«

Weitaus weniger emotional urteilt Georg Herzberg im *Film-Echo*: »Da sind sie also wieder, der heißblütige Priester *Don Camillo* und der kommunistische Bürgermeister *Peppone*. Sie streiten sich und raufen sich wieder zusammen; den Vorteil hat die Gemeinde. Rot und Schwarz kümmern sich gleichermaßen um ihr Wohlergehen und sorgen gleichzeitig dafür, dass die Bäume der Gegenpartei nicht in den Himmel wachsen. Wie gut hat man es doch in Brescello. Diesmal geht es hauptsächlich um die Wahl *Peppones* in das italienische Parlament. *Don Camillo* wünscht zwar seinem Gegner eine blamable Niederlage (und muss sich wegen seiner allzu persönlichen Einstellung mahnende Worte des Gekreuzigten gefallen lassen), aber als er die Möglichkeit sieht, bei den Wahlvorbereitungen einen guten Handel für die Kirche abzuschließen, greift er mit seinen beiden großen Händen zu und wird so zum Helfer seines Widersachers. Als der aber nun als frischgewählter Abgeordneter sein Bürgermeister-Amt zur Verfügung stellt und wehmütigen Abschied von der Stätte seines Wirkens nimmt, da ist es letztlich *Don Camillo*, der ihn bewegt, auf das Mandat zu verzichten und weiterhin die Geschicke von Brescello zu lenken. Womit Teil vier der Filmfolge gesichert erscheint. Alle, die die ersten beiden

Teile vergnüglich fanden, werden auch diesmal auf ihre Kosten kommen. Guareschis Einfallsreichtum sorgt schon dafür, dass in dem Kampf der beiden keine Runde ohne aufregende Zwischenfälle verläuft. Am schönsten fand ich die Szene, in der *Peppone* und *Camillo* gemeinsam einen von den Roten für den Tag X versteckten Panzer zwecks ›zufälligen‹ Auffindens in einen Sumpf dirigieren und der Bürgermeister auf des Priesters Zureden so lange an der Inneneinrichtung des Gefährtes herumspielt, bis sich ein Schuss löst und justament die Friedenstaube auf der kommunistischen Siegessäule trifft. Unter Gallones Regie wird munter und zweckdienlich gespielt. Fernandel demonstriert wieder einmal mit hurtigen Bewegungen, zornigem Augenblitzen und verschmitztem Triumphlächeln das Temperament des Priesters, Gino Cervi macht deutlich, wie schwer es ist, ein guter Funktionär und ein guter Mensch zu sein, zumal wenn eine hübsche Parteisekretärin (hier wurde Claude Sylvain mit weiser Zurückhaltung eingesetzt) die Beziehungen zur Gattin (Leda Gloria) trübt. Der Film dürfte den Besuchern wie den Theaterbesitzern zur Freude gereichen.«

Und auch sonst zeigt sich die Kritik in Deutschland mit dem neuen Film größtenteils gnädig, wenn auch mit Abstrichen gegenüber den früheren Filmen. Ein kleines Potpourri von Süd nach Nord soll das wieder verdeutlichen. So meint Kurt Preis im *Münchner Merkur* am 2. Oktober 1955: »›Ring frei zur dritten Runde!‹ möchte man fast sagen. Denn DIE GROSSE SCHLACHT DES DON CAMILLO, ausgefochten in einem Wahlkampf um den Parlamentssitz seines kommunistischen Widersachers und Freundes Peppone, geht mit Boxhandschuhen vor sich. Nicht etwa, dass sie den beiden Kämpen über die Fäuste gezogen wären – der Boxkampf findet auf geistigem Gebiet statt. Wo im ersten und auch im zweiten *Don-Camillo*-Film noch mit dem Florett des Witzes, der Ironie voll tieferer Bedeutung gefochten worden war, wird jetzt derb zugeschlagen. Alles hat sich vergröbert – von den Gesprächen mit dem Gekreuzigten angefangen (mit dem *Camillo* nun schon sehr ›auf Du und Du‹ steht) bis zu den Schlagwort-Duellen ›Hie Kreml – hie Vatikan‹. Panzer rasseln durch die Nacht, Brücken werden unterminiert (was leider unglaubhaft untermauert ist), viel Volks einschließlich einer attraktiven Genossin begleitet mit südländischer Lautstärke den Kampf. Unverändert und unübertrefflich bleibt Fernandels *Don-Camillo*-Mimik. Sie wird ihm in alle anderen Filme hinein, gleich welcher Art, immer bleiben. Aber was Duvivier in den ersten Filmen meisterhaft gelang – die dichte Atmosphäre eines Kleinstadtlebens, der hitzeflimmernden Landschaft, die Fülle prägnanter Gestalten, gelingt seinem Nachfolger Gallone erstaunlicherweise – da er doch Italiener ist – viel seltener. Es mag auch daran liegen, dass die Episoden-Schelmenstückchen rund um den Wahlkampf nicht so nahtlos aneinandergeknüpft sind und von einem Sprecher miteinander verknüpft werden müssen. Dass köstliche Späße dabei sind ... versteht sich bei Guareschi von selbst. Aber das festgefahrene Schema der gegenseitigen Hilfe im letzten Augenblick ist längst keine Überraschung mehr, und von einer gewissen Ratlosigkeit zeugen auch die wiederholten Hinweise auf die früheren Filme: ›Ich kann doch nicht wieder wie damals ...‹. – Beinahe wie damals endet der Film: *Peppone* ist gewählt worden und reist ab nach Rom. Auf der nächsten Station redet ihm *Camillo* ins Gewissen und als Bürgermeister kehrt er in sein Städtchen zurück. Was mit einiger Sicherheit eine vierte Runde der unverwüstlichen Schelme in greifbare Nähe rückt.« In Berlin äußert sich J. Wilksen in den *Filmblättern* am 7. Oktober 1955: »*Don Camillo* und *Peppone*, die beiden, lieben Dickköpfe, sorgen weiterhin für Abwechslung im heimatlichen Dorf und fürs Gaudi beim Publikum. Unter neuer Regie hauen sie kräftig auf die bewährte Pauke ... Die beiden schauspielerischen Leistungen der beiden Hauptdarsteller darf man schon als bekannt voraussetzen: Sie sind mit ihren Rollen eins geworden. Auch von den vielen Chargen lässt sich nur Gutes sagen, und was die Kasse betrifft: Wer 1 und 2 gesehen hat, wird sich Nr. 3 auch nicht entgehen lassen.« Beim *Rheinischen Merkur* kommentiert Walter Bittermann am 14. Oktober 1955: »Ob Guareschi seine zwei Kampfhähne für unsterblich hält, ist noch nicht heraus. Ganz sicher ist er jedenfalls nicht, denn er tut alles dazu, ihr Leben zu verlängern. Diese Verlängerungskur hat natürlich auch finanzielle Gründe, hat es sich doch herausgestellt, dass die zwei befreundeten Feinde gute Geldverdiener sind. Und wer im Gefängnis sitzt, kann schließlich froh sein, wenn andere für ihn arbeiten. Aller guten Dinge sind drei, sagte auch Carmine Gallone und nahm den Faden dort auf, wo Duvivier ihn liegen gelassen hatte. Der Faden ist etwas dünner geworden, und das Garn, das Guareschi daraus spann, ist nicht mehr ganz so haltbar, doch wäre es nicht recht, den beiden einen Strick daraus zu drehen. Für einen zweiten Aufguss ist der dritte *Don-Camillo*-Film sogar gut, obwohl … Fangen wir mit dem lieben Gott an. Es gab Leute, die schon beim ersten Buch bzw. Film anmerkten, *Don Camillos* Christus verstehe zu viel Spaß. Ihnen konnte man mit Fug Humorlosigkeit vorwerfen. Aber es lässt sich schlecht leugnen, dass ihre Argumente einiges Gewicht bekommen, wenn nun der dritte Teil zur Diskussion steht. Hier nämlich wird *Don Camillos* Christus zu einer Art Hausgott, ja manchmal gleichsam zu einer Respektsperson aus der näheren Verwandtschaft, gegen die mehr respektlos aufgemuckt wird als demütig protestiert wird. Der Umgangston wird recht familiär, und dementsprechend klingt das Lachen des Publikums mehr amüsiert als verständig. Ansonsten wäre von dem Film manches Gute zu berichten, zumal einige Episoden aus dem ersten und zweiten Buch mitverarbeitet sind. *Don Camillos* große Schlacht ist übrigens eine Wahlschlacht, in deren Verlauf sich Bürgermeister *Peppone* aus dem heimatlichen Brescello fortwählen lässt. Diesmal ist es *Don Camillo*, der seinen Gegenpol heimholt und also davor bewahrt, im Parlament der Hauptstadt ein anonymer Neinsager zu werden. *Peppone* braucht Erde unter den Füßen, um der herzhafte Kerl zu bleiben, der er ist … Guareschis Wirkung beruht auf Balance-Akten mit Sentiments, auf einer sauberen Gleichung mit zwei Bekannten, die sich überdies leicht aufeinander zurückführen lassen. Das Schema der grimmigen Herzensgüte ist perfekt. Guareschi betreibt eine pfiffige Mathematik des Gefühls; wenn sie auch nicht bis zur Differential- und Integralrechnung hinaufreicht, so kann er sich doch damit beruhigen, dass die gute alte Algebra immer mehr Publikum haben wird. Der Film ist sauber und mit Schwung gemacht, vielleicht etwas mehr berechnet als die beiden Vorgänger von Duvivier, doch sicher nicht ohne Atmosphäre, zumal die großen Zwei, Fernandel und Gino Cervi, wieder viel mehr verkörpern als zwei Marionetten des guten Willens.« Im Norden des Landes ist unter der Überschrift »Himmlische Heiterkeit mit Haaren auf den Zähnen« am 27. Oktober 1955 in der *Wilhelmshavener Zeitung* zu lesen: »Kann ein beruflicher Spaßvogel einen Priester spielen, ohne die geistliche Würde zu verletzten? Die Frage scheint berechtigt, wenn nämlich der angebliche Spaßvogel ein zynischer, negierender Possenreißer ist. Das Prinzip des echten, herzenswarmen Humors aber bejaht die Frage, da jeder wirkliche Spaßvogel seine persönliche und künstlerische Würde besitzt, die den Respekt vor der Umwelt und Mitwelt unveräußerlich einschließt. Erst aus dieser respektvollen Distanz wird der wahrhafte Humor wirksam und fruchtbar. Fernandel, der entwaffnende Eulenspiegel Frankreichs, gibt mit der Gestalt seines unvergesslichen *Don Camillo* das zugleich aktuelle und klassische Beispiel dafür, dass Humor und Frömmigkeit auch im Film eine herzliche Partnerschaft eingehen können. Wer jetzt die dritte heitere Episodenfolge aus Guareschis Schelmenroman sieht, DIE GROSSE SCHLACHT DES DON CAMILLO mit der strategischen Komik ihrer Kanonaden, Stoßtrupps, Blindgänger, Absetzbewegungen und sonstigen Manövern – der wird den versöhnlichen Segen des produktiven, optimistischen Humors mit dem gleichen Vergnügen quittieren wie Fernandel selbst, der in seiner Soutane den fröhlichen Tumult dieser ›Schlacht‹ entfacht: der grimmige Geistliche gegen seinen geharnischten Widersacher mit rötlicher Krawatte und Weltanschauung. In ihrem Herzensgrund sind die beiden echte Humoristen – nicht nur Fernandel und der knorrige Gino Cervi, sondern auch die von ihnen verkörperten Kampfhähne, hinter deren kriegerischer Fassade immer das frohe und fromme Gemüt wirksam wird, selbst bei *Peppone*, dem eifernden Apostel östlicher Parolen. Als wir einem Frankfurter Ordensgeistlichen die Frage stellten, die unseren Artikel einleitet, gab er eine Antwort, die sich ohne Vorbehalt mit unseren Hinweisen deckt: ›Der kernige, lustige Fernandel hat gottlob Haare auf seinen langen Zähnen. Das ist in solchen Situationen ungemein wichtig. Es ist überhaupt leider so, dass alle Vorgänge und Erscheinungen, die im geistig-geistlichen Rahmen der modernen Seelsorge stehen, oft falsch gewertet werden, als gingen wir mit

Scheuklappen und hängenden Ohren durch die Welt, als miesepetrige Duckmäuser. Frömmigkeit und Frömmelei stehen sich weitaus fremder und feindschaftlicher gegenüber als, sagen wir beispielshalber, *Don Camillo* und *Peppone*, die doch im Kern ihrer Herzen rechte Brüder sind, mag auch der eine ein Linker sein.‹ Diese Meinung des Ordensgeistlichen scheint allgemeingültig. Sie vertritt einen christlichen Grundsatz, der ganz überkonfessionell ist. Ob katholisch oder protestantisch, der Ausdruck echter Frömmigkeit muss immer fröhlich sein. Er kann sogar Haare auf den Zähnen haben, wenn der heilige Zorn nur der frohen Bejahung des Lebens gilt, also der optimistischen Pointe unserer Lebensfreude, wofür DIE GROSSE SCHLACHT DES DON CAMILLO wieder ein großartiges Beispiel gibt. Der erhabene Humor der Heiligen hatte seit jeher seine Chancen; denn auch der Wunderwein der biblischen Hochzeit zu Canaan wurde nicht allein zu exemplarischen Zwecken verwandelt, sondern zur festlichen Förderung der fröhlichen Geselligkeit.«

Im Heimatland der Protagonisten kommt der Wechsel auf dem Regiestuhl gut an. Auch die Italiener bleiben *Don Camillo* und *Peppone* treu, und es bilden sich wieder Schlangen vor den Kinokassen. Bei den Kritikern im Lande haben es die Filme aber weiter schwer. *Cinema*, Nr. 154/1955, stellt fest: »… Es ist ein mehr kommerzieller Zweck der Produktion offensichtlich. Aber das Publikum liebt Guareschi … Letztlich ist es unerheblich, wer Hand anlegte. Duvivier oder Gallone, wenn nur Fernandel und Gino Cervi mit dabei sind …« *Cinema nuovo*, Nr. 70/1955, urteilt ausführlicher: »Das Publikum folgt mit Vergnügen auch dem dritten Teil der Abenteuer von *Peppone* und *Don Camillo* … Betrachtet man aber die Substanz und Merkmale der Personen, die stark unterschiedlich sind, erkennt man, dass *Don Camillo* und andere Filme nicht so einfach einzuordnen sind. Der Erfolg hat gleiche Ausmaße, aber auf jeweils unterschiedlichem Weg. Dramatik und Leidenschaft veranschaulichen den Konflikt, aber alles ist verallgemeinert. Zeit, Kleidung, Psychologie der Darstellungen, wobei der *Don-Camillo*-Film durch eine comic-pathetische Formel gekennzeichnet ist. Die Filme bedienen den melodramtischen

Geschmack der Öffentlichkeit …« Im Vergleich zur LIEBE, BROT UND …-Filmreihe mit Vittorio De Sica und Gina Lollobrigida in den Hauptrollen der romantischen Erfolgskomödien werden die *Camillo*-Filme aber gelobt, denn in ihnen gäbe es immerhin die »grundlegende Komponente« der Politik. Das »politische Element« sei auch der Erfolg der Filmreihe, denn weder Fernandel noch Gino Cervi seien zuvor Kassenmagneten gewesen. »Die *Don-Camillo*-Filme erzeugen Spannung (oder sagen wir vielleicht Kitzeln) bei der politischen Meinung des Zuschauers«, wird der Faden weitergesponnen. Es sei interessant zu sehen, wie die Filmemacher »die politische Sensibilität der Zuschauer« in den Griff bekommen hätten und als Ergebnis »einen Kompromiss zwischen der Wirklichkeit (wo Kommunisten nicht das Böse schlechthin sind) und der utopischen kleinen Welt von Guareschi« bieten. Zum Regiewechsel heißt es: »Auch auf die Gefahr hin, gelyncht zu werden, sagen wir, dass Gallone guttut. Durch ihn ist die schwere, raue und grobe Atmosphäre des Dorfes verschwunden, die Duvivier nicht aus seinen Filmen entfernen konnte.« Zudem findet man, dass das Tempo des Filmes nun wesentlich lockerer sei. Als Fazit kommt man allerdings zum Schluss, dass die negativen Elemente überwiegen. Insbesondere der »alberne konservative Geist« von Guareschis Politik sei zu stark aufgetragen. Die Parteigenossin würde als »Vamp aus der Vorstadt« präsentiert, der »parteipolitische Kampf und die wirtschaftlichen Konflikte der Bauern verharmlost und lächerlich gemacht«. Hier wäre der Film nicht »auf Augenhöhe mit den vorherigen Episoden« (also doch ein kleines Lob für Duvivier!).

Angelo Solmi macht sich am 10. Oktober 1955 wieder seine Gedanken in *Oggi*: »Viele waren neugierig zu sehen, was Carmine Gallone gemacht hat … Gallone genießt allgemein keine gute Presse, aber diesmal muss anerkannt werden, dass es prima funktionierte … Das betrifft sowohl die Auswahl der Episoden wie auch das Zusammenführen und die Ausarbeitung der Dialoge … Mittlerweile rezitieren die Akteure ihre Texte mit geschlossenen Augen, weil sie wissen, was sie zu machen haben. Vielleicht fehlen in dieser dritten Auflage Szenen wie die Prozession im ersten *Don Camillo*, aber es gibt zahlreiche Geschichten mit Anmut und Gusto.

Am besten die Rede des kommunistischen Bürgermeisters von Brescello, die durch die patriotischen Klänge des Pfarrers gestört wird ... Eine weitere erfolgreiche Sequenz sind die Szenen mit dem Panzer ... Das alles ermöglichte den Kommunisten, erstmals ein kleines Lob für diese Filme auszusprechen ... Guareschi war in der Lage, die Kommunisten zu vermenschlichen, was aber nicht bedeutet, dass sich die Emilia plötzlich rot gefärbt hat ...« Die Zeit der »Entspannung« hat wohl auch das *Don-Camillo-und-Peppone*-Land erreicht? Die Zukunft wird es zeigen.

In Frankreich ist die *Don-Camillo*-Begeisterung bei den Kritikern, im Gegensatz zum Erfolg beim Publikum, durch das Ausscheiden von Julien Duvivier deutlich zurückhaltender geworden. Selbst die katholische Tageszeitung *La Croix* offenbart am 25. November 1955, dass es besser »keinen vierten *Don Camillo*« geben soll. Grundsätzlich herrscht die Meinung, dass nur noch die Leistungen von Fernandel und Gino Cervi für Schwung sorgen. »Öde und traurig sei alles geworden. Es wird nur selten gelacht ... Langeweile ist eingezogen« (*Lettres françaises* vom 30. November 1955). J. Arbois in *Radio cinema* am 4. Dezember 1955: »... Die gleichen Spielchen ... An manchen Stellen überwiegen deutlich Albernheiten ... Gelegentlich fühlt man sich in einen Laurel- und Hardy-Film versetzt ...«

Auch die Arbeit des neuen Regisseurs lässt sich jedoch wieder in viele Länder verkaufen. In der Schweiz beispielsweise startet der Film im Februar 1956. *Die Tat* in Zürich schreibt am 19. Februar des Jahres: »Auch die dritte Fortsetzung von DON CAMILLO E PEPPONE ist wiederum bis zu einem sehr hohen Grade eine Verherrlichung dessen, was die beiden politischen Erzfeinde – den Kommunisten und den Priester – über alle Schranken ihrer scharf entgegengesetzten Auffassungen hinweg *verbindet*: die gemeinsame heimatliche Liebe zu dem Fleckchen fruchtbarer Erde, auf dem ihr kleines Städtchen steht und auf dem sich die einfachen menschlichen Vorgänge abspielen, die sie als *Menschen* zueinanderführen. Eine ›Farce‹ nennt der Filmkommentar einmal die ganze Geschichte – und etwas Farcenhaftes trägt sie natürlich an sich. Denn es liegt in der Partnerschaft der zwei im Grunde befreundeten

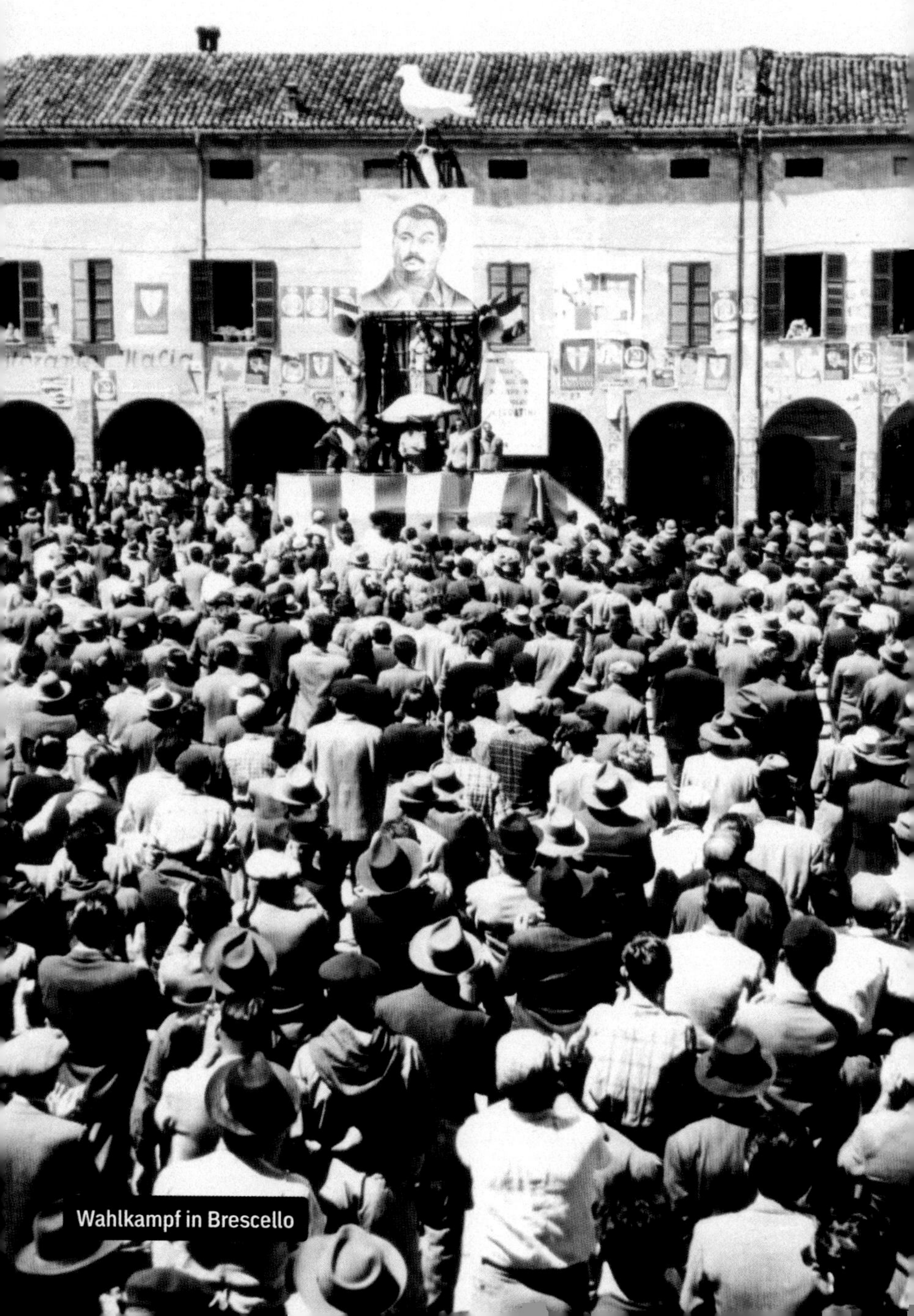

Wahlkampf in Brescello

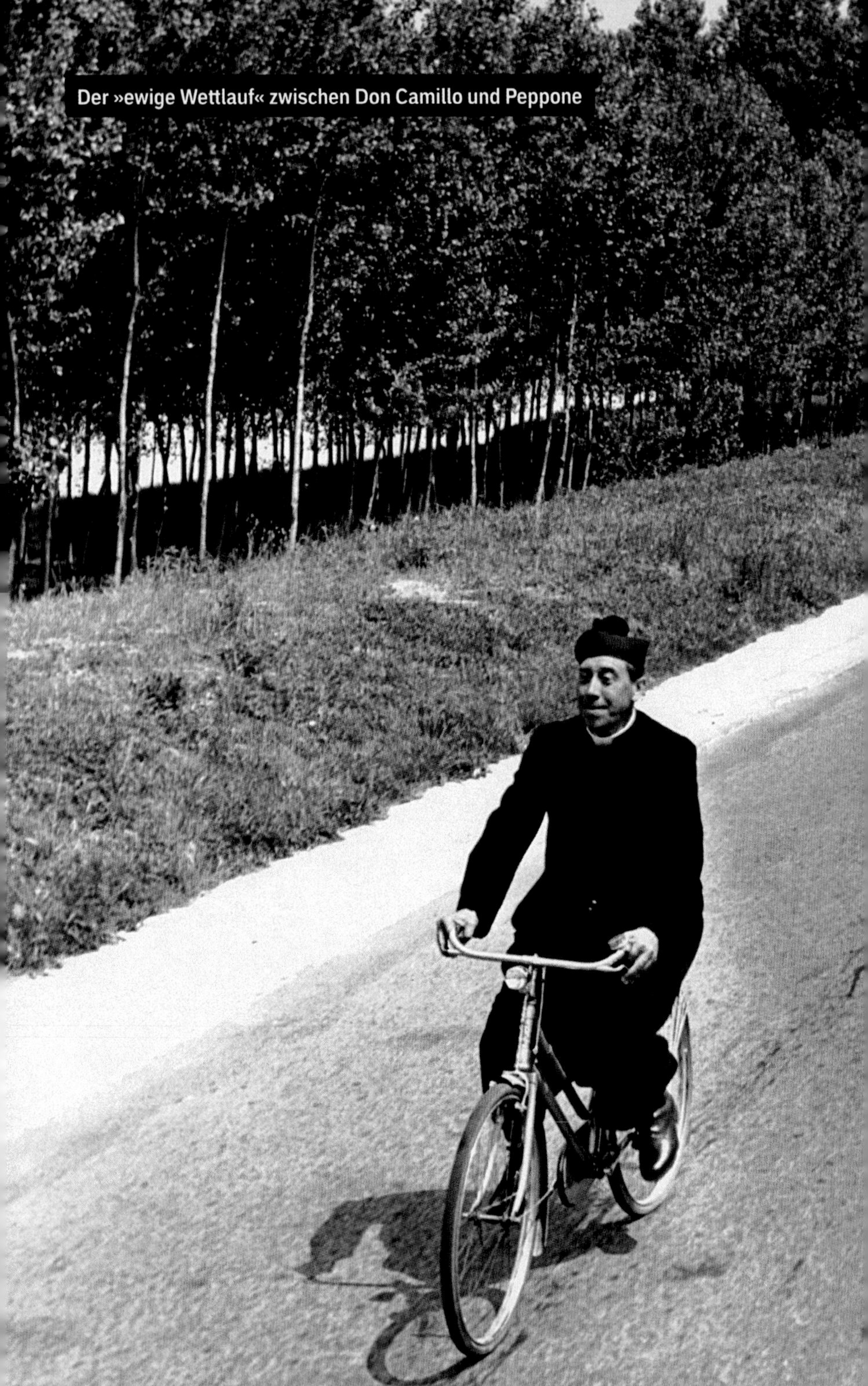

Der »ewige Wettlauf« zwischen Don Camillo und Peppone

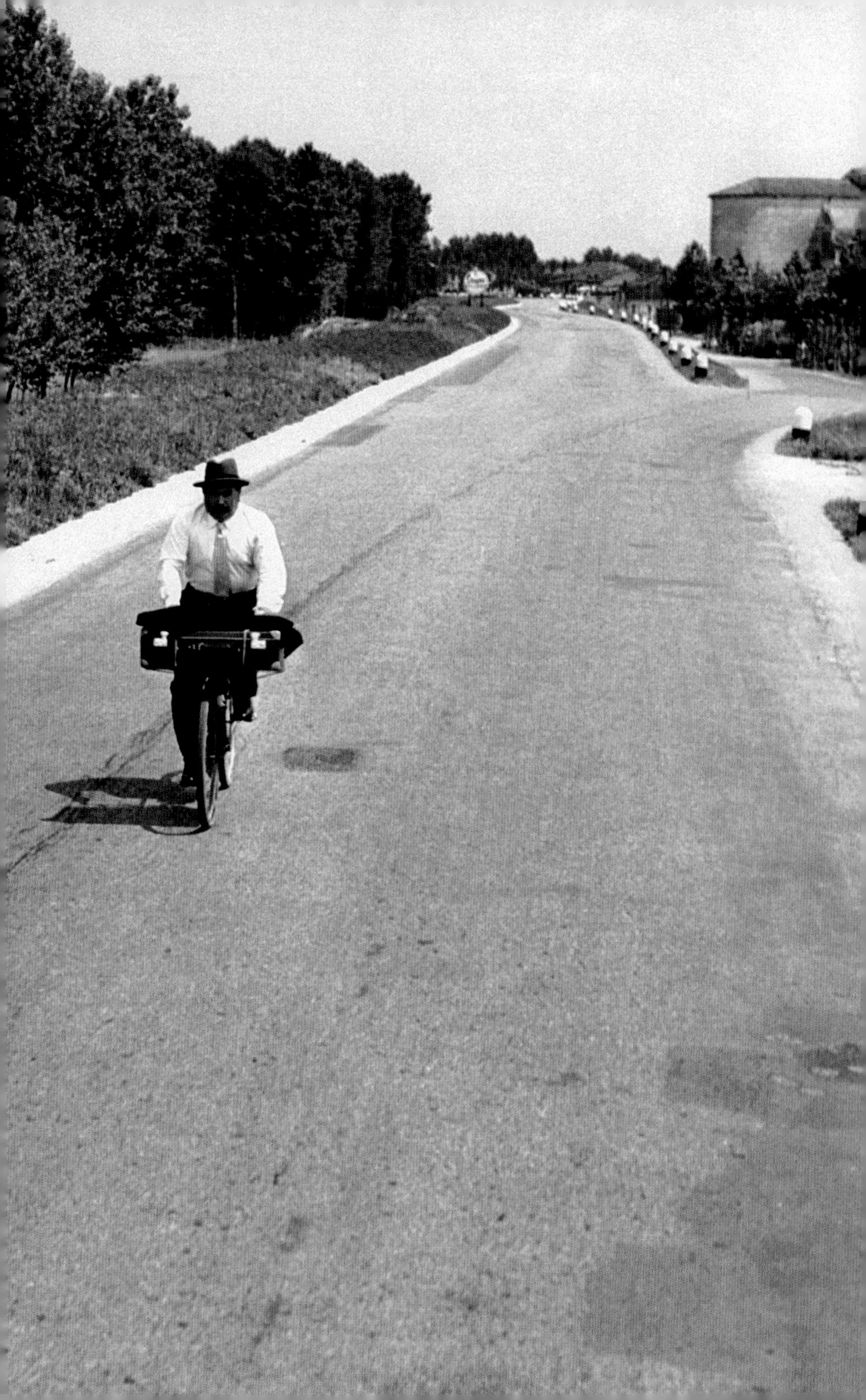

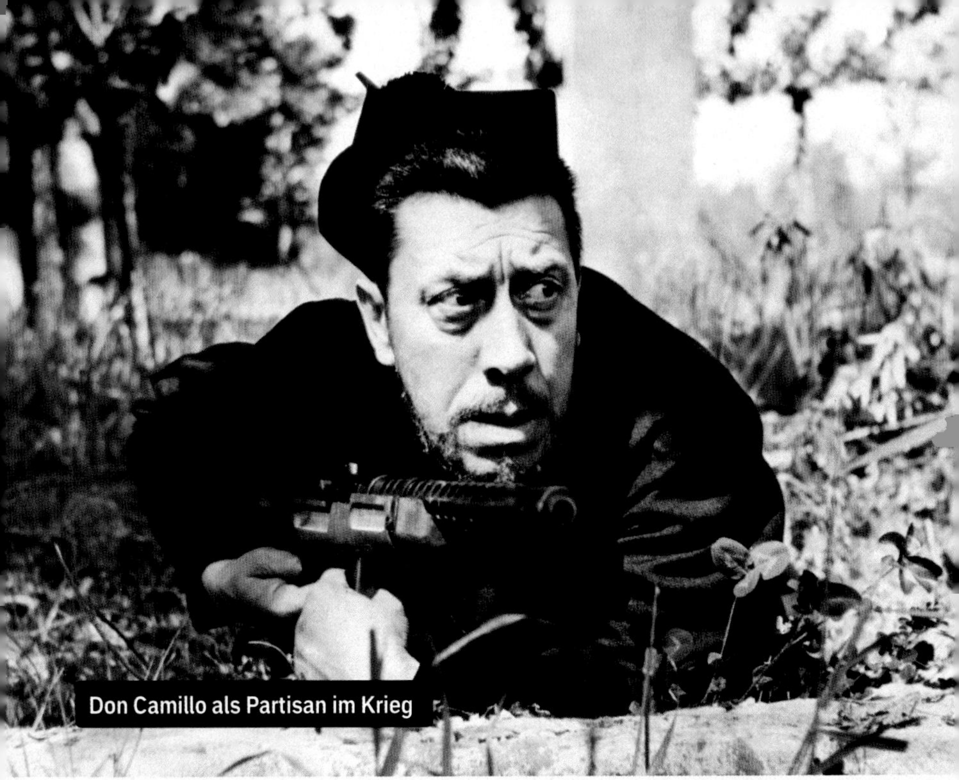

Don Camillo als Partisan im Krieg

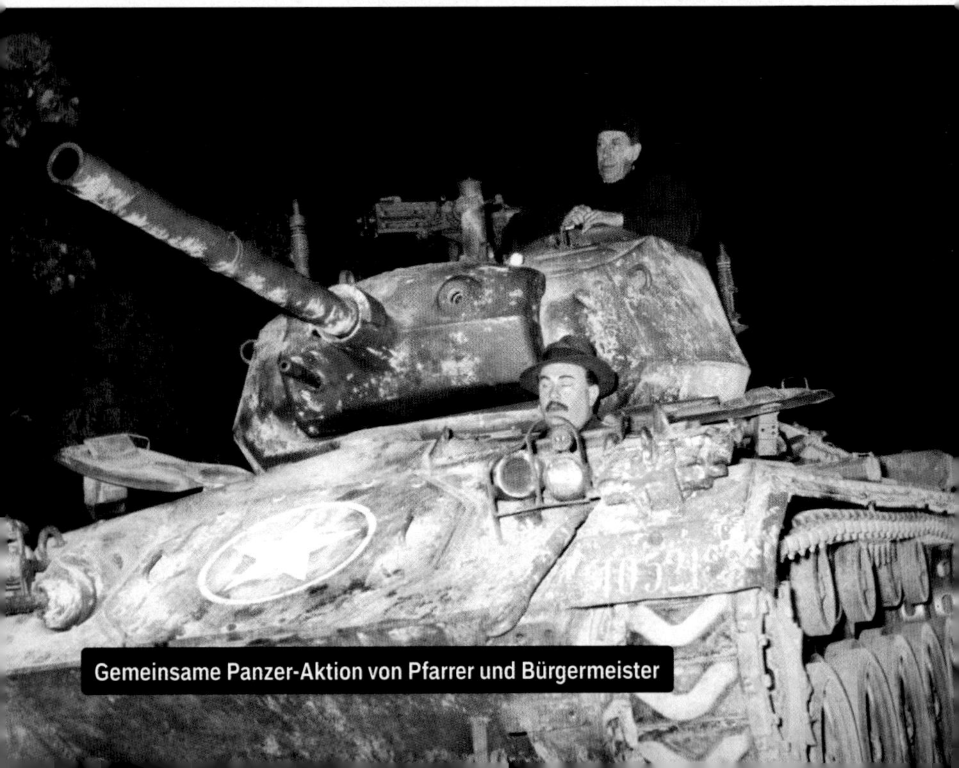

Gemeinsame Panzer-Aktion von Pfarrer und Bürgermeister

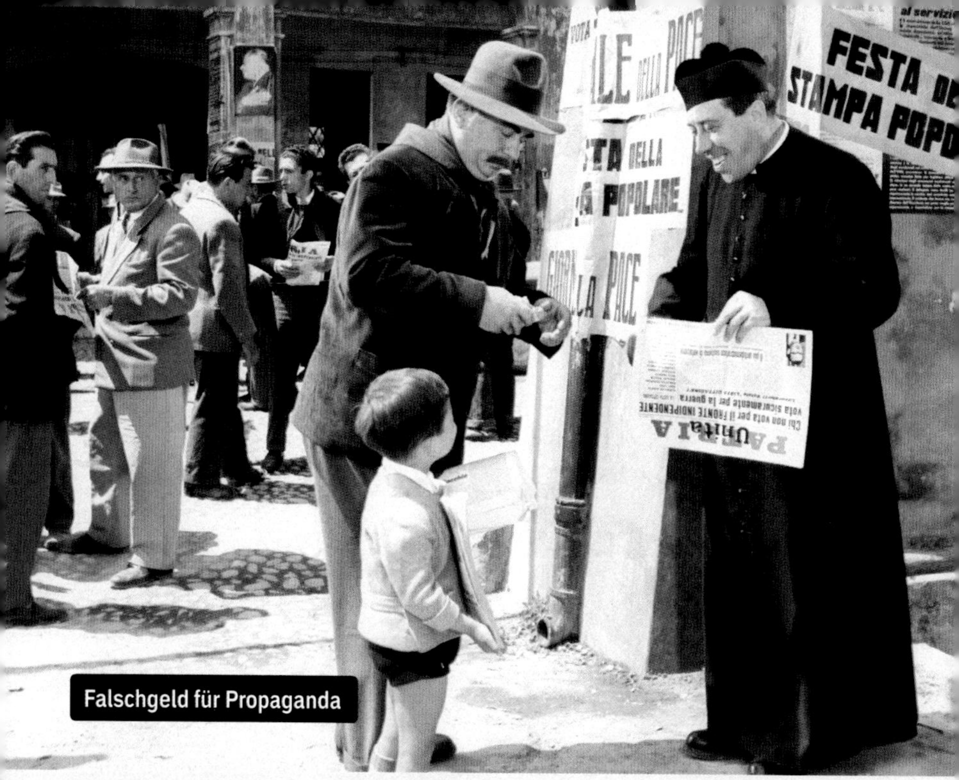

Falschgeld für Propaganda

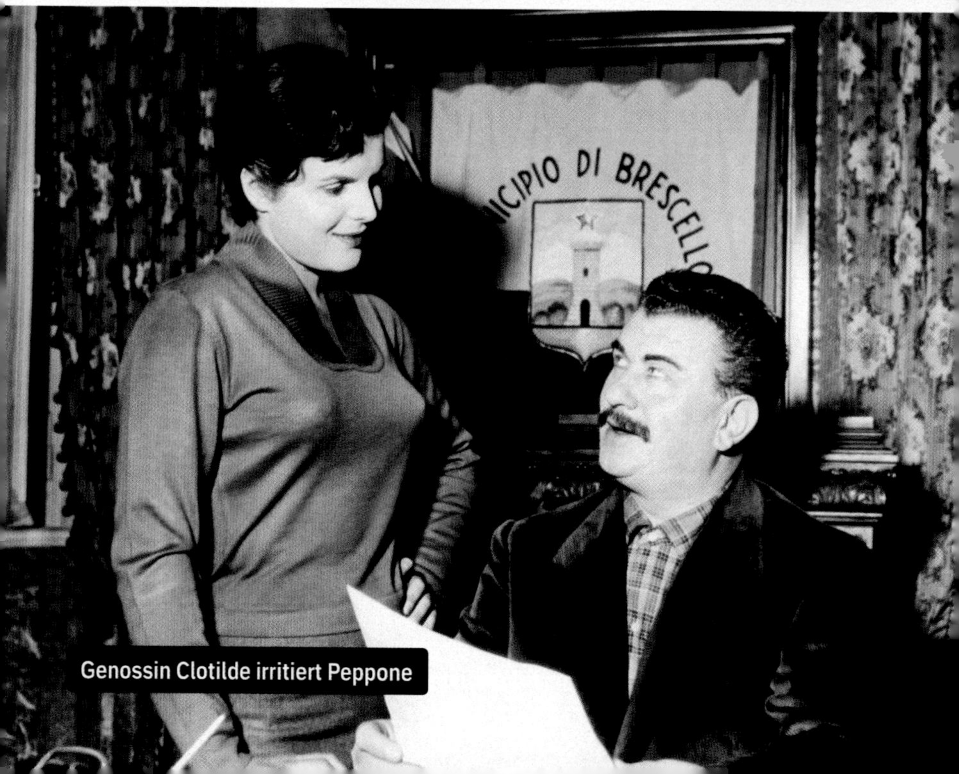

Genossin Clotilde irritiert Peppone

Hochwürden Don Camillo

Fernandel · Gino Cervi

Hochwürden
DON
CAMILLO

Ein Cineriz-Film der Gloria

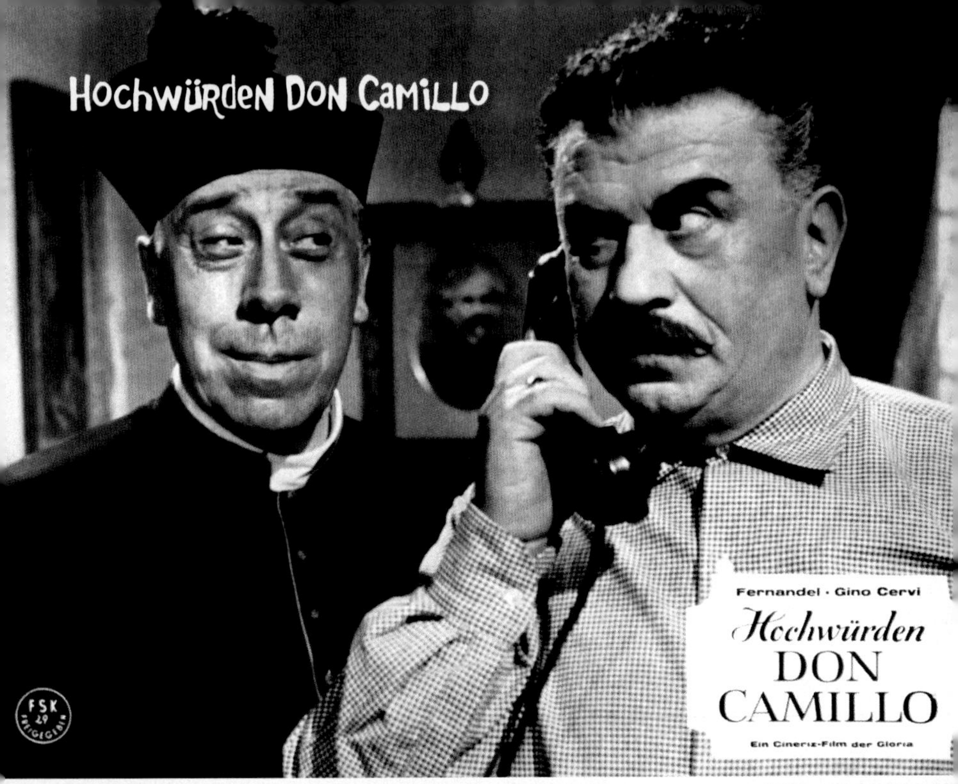

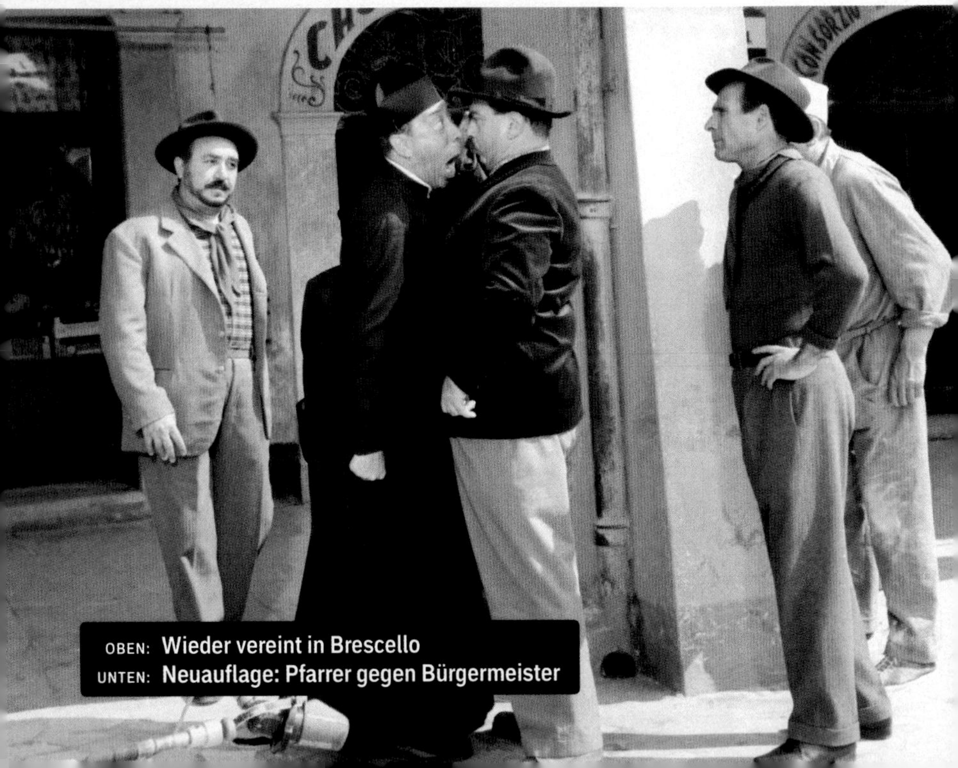

OBEN: Wieder vereint in Brescello

UNTEN: Neuauflage: Pfarrer gegen Bürgermeister

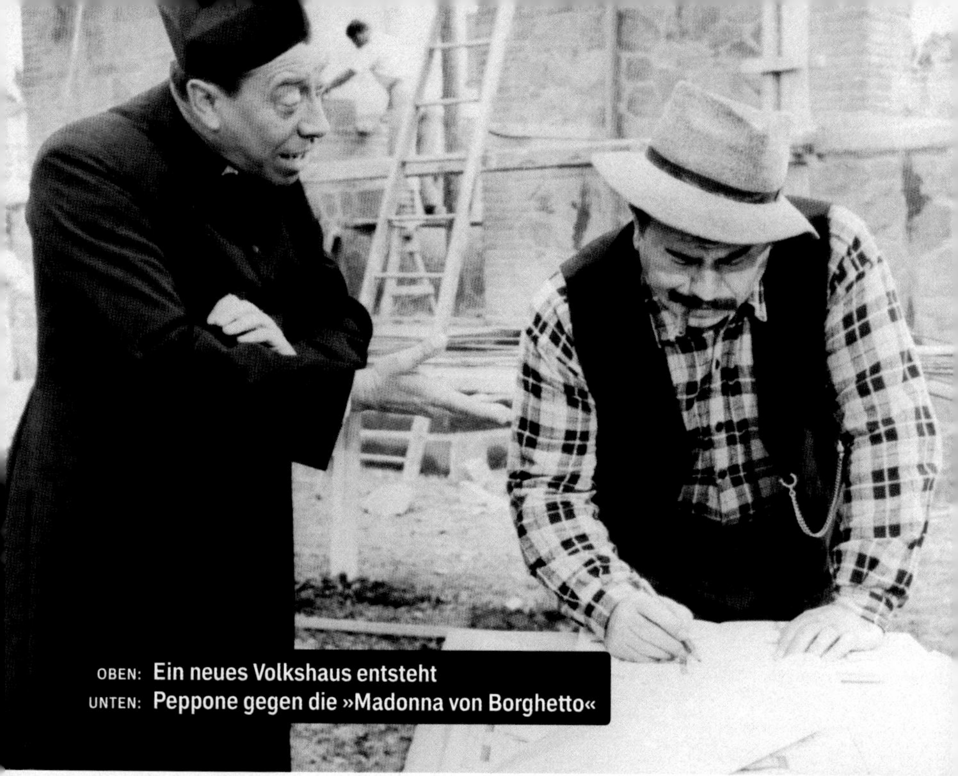

OBEN: Ein neues Volkshaus entsteht
UNTEN: Peppone gegen die »Madonna von Borghetto«

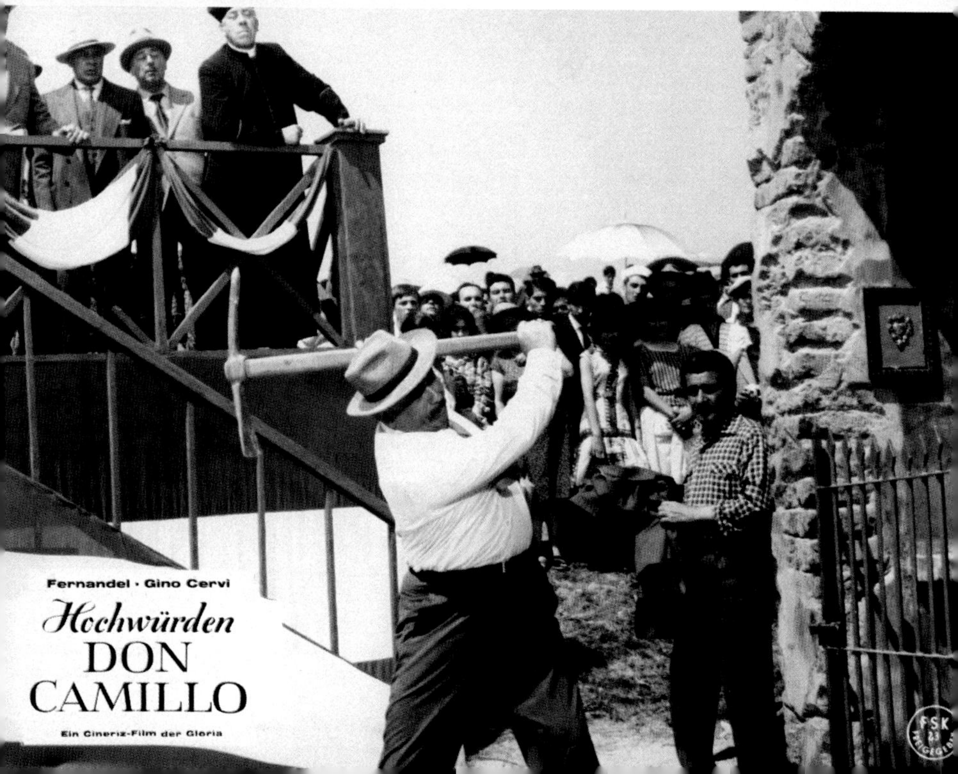

Fernandel · Gino Cervi

Hochwürden
DON CAMILLO

Ein Cineriz-Film der Gloria

Genosse Don Camillo

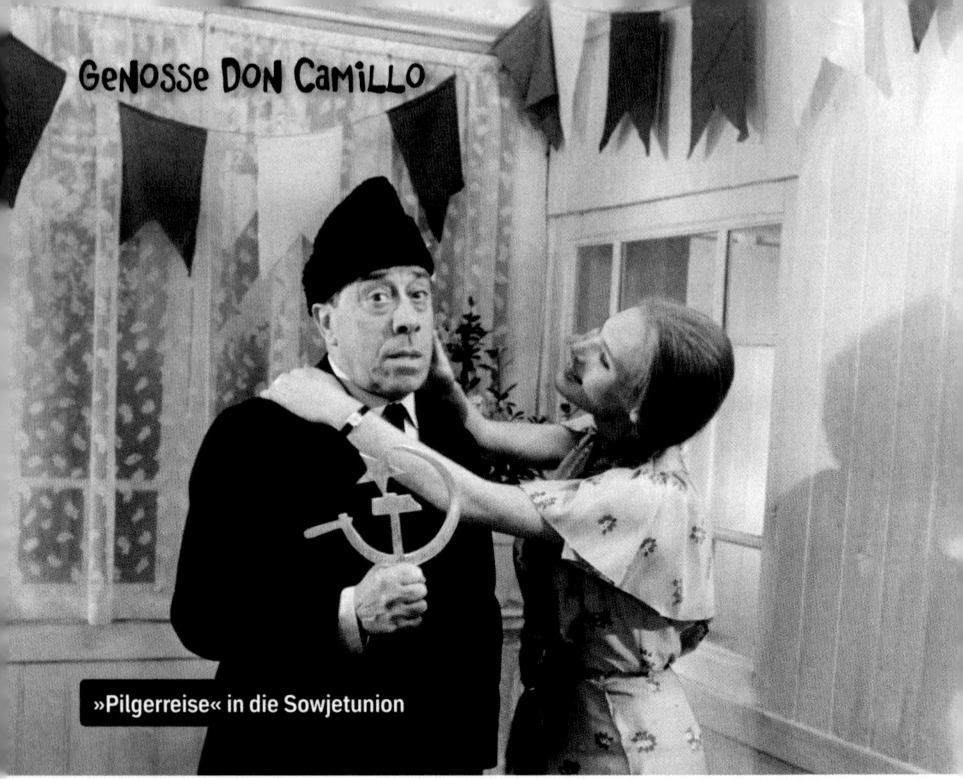

»Pilgerreise« in die Sowjetunion

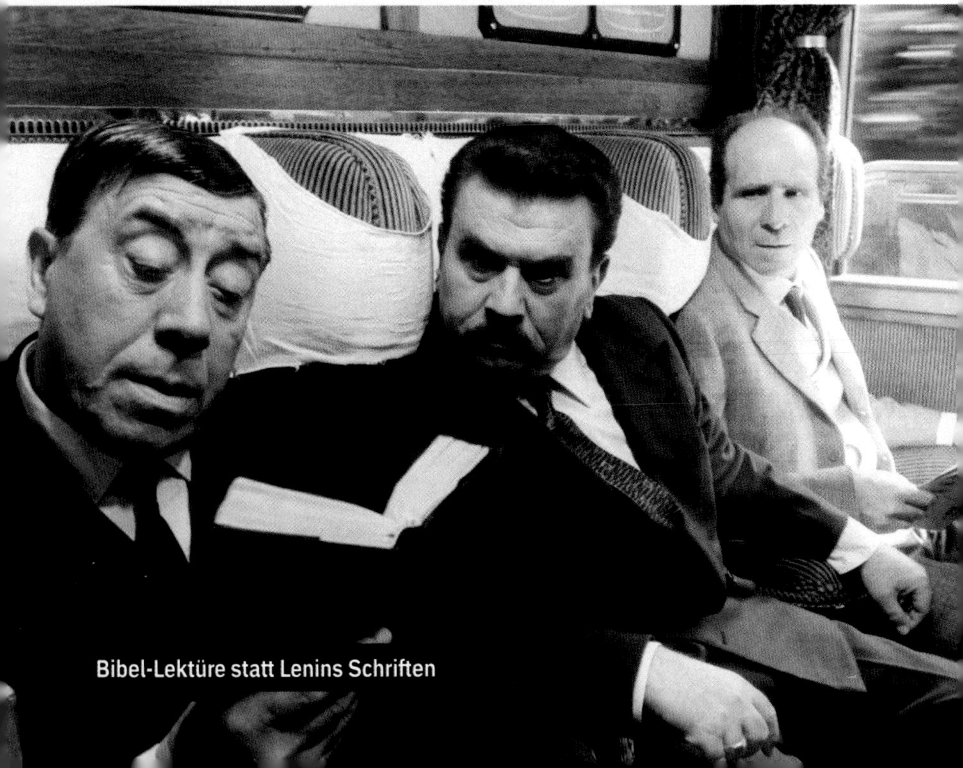

Bibel-Lektüre statt Lenins Schriften

politischen Feinde nicht nur ein menschlich gewinnendes Element, sondern auch etwas sehr Groteskes. Die Kleinheit des Ortes, die Enge der Umstände bringen es mit sich, dass die beiden feindlichen Brüder immer wieder aufeinander angewiesen sind: Die Umstände selbst scheinen auf diese Weise sie dauernd zu verspotten. Der Kommunist und Bürgermeister *Peppone* kommt nicht ohne die Kirche aus, und der Pfarrer kann es sich nicht gestatten, endgültig den Kommunisten aus dem Weg zu gehen. Der Gekreuzigte mahnt ihn zwar immer wieder, nicht zu politisieren; aber dem ungestümen, mutigen und wortmächtigen, zugleich auch listigen und aggressiv spöttischen *Don Camillo* bricht die politische Leidenschaft immer wieder durch – und dies nicht zuletzt darum, weil er in der kleinen Gemeinde auf Schritt und Tritt mit den Interessen der Kommunisten zusammenstößt. Der Herr Pfarrer geht dabei in seiner Kampftaktik zuweilen höchst weltliche Wege. Er ist eben kein Heiliger und gibt auch gar nicht vor, einer zu sein. Das ist wohl der Grund, weshalb ihn seine Gegner trotz ihres Ärgers über seine ständigen und erfolgreichen Quertreibereien irgendwie lieben. Und sie haben ja auch allen Grund dazu, denn der Pfarrer liebt sie, die Kirchenabtrünnigen, auf seine christliche, geistliche Art ebenfalls und setzt sich sogar, wenn nötig, aktiv für sie ein, wie für Kinder, die unartig, töricht und gefährlich unbedachtsam, aber darum nicht weniger liebenswert sind und halt eine besondere Erziehung nötig haben. Der streitlustige, aber gutherzige *Don Camillo* kämpft an zwei Fronten: gegen diejenigen, die von außen her ›seine‹ Kommunisten angreifen, und gegen diese *en famille* selbst. Er lügt seine Gegner vor Gericht frei (nicht ohne sie gleichzeitig damit lächerlich zu machen) – aber er spielt ihnen am Wahltag kräftige Streiche; er hält die anrückende Polizei auf, aber er vereitelt selber die Übeltat des *Peppone*, um derentwillen die Polizei anrückt. Er bezahlt den kommunistischen Wahlzettel mit falschem Geld – aber er hilft dem *Peppone*, seine Frau wiederzugewinnen, und versteht zuletzt in dem nach Rom als Deputierten gewählten Bürgermeister Gefühle der Anhänglichkeit, der Heimat und Treue zu wecken, mit dem Erfolg, dass *Peppone* ›daheim‹ bleibt. Der Film scheint dabei das an der Oberfläche von heftigsten Gegensätzen zerrissene politische Leben einer kleinen Gemeinde mehr im Allgemeinen zu belächeln und weniger mit dem Ost-West-Gegensatz im Besonderen zu spielen. Für diese Problemstellung wäre er auch viel zu verspielt. Immerhin ist zu sagen, dass diese dritte Komödienfortsetzung im Unterschied zum ersten Film die Kommunisten eher angreift, indem er sie deutlich, wenn auch mit subtilen Mitteln, verhöhnt (wobei allerdings auch die Ironisierung gewisser pfarrherrlicher Eigenschaften nicht übersehen werden darf). Sie machen als Hühnerdiebe, Rechtsbrecher, Gemeindeschädlinge nicht eben gute Figur – aber dieses Resultat muss sich der Zuschauer selbst zusammenreimen. Der Film selber scheint nur zum Lachen und Nichttragischnehmen aufzufordern. Auf jeden Fall wird ihm der Vorwurf erspart bleiben, dass er sich nur für ein ›neutrales Niemandsland der Humanität‹ entscheide und nicht Stellung nehme. Denn der moralische Sieger ist hier eindeutig der Pfarrer. Und das ist in diesem Fall natürlich vor allem auch darum sympathisch, weil er von Fernandel gespielt wird.« Die *Neue Züricher Zeitung* vom 28. Februar 1956 bringt es abschließend auf den Punkt: »… Zum drittenmal nun … haben Fernandel und Gino Cervi ihre Differenzen als neckischer Priester und als kommunistischer Bürgermeister zu begleichen, und zum drittenmal wird eine im Grunde sehr ernste Angelegenheit im Sinne einer witzigen Bagatelle dargestellt. Man vergesse nicht: Der Stoff ist politisch, die Verlegung der Konflikte in einen denkbar pittoresken Schauplatz und in die Gemütsphäre zweier ›Freundfeinde‹ nimmt ihm aber drei Viertel seines Gewichts. Guareschi ist eben leider nicht der Einzige, der an das warme Herz unter der rauen Schale der Kommunisten glaubt und ideologische Gegensätze in einer Farce spielen lässt … Recht gut photographiert, vom Regisseur ziemlich harmlos inszeniert und eigentlich nur von der Darstellungskunst der beiden Hauptakteure getragen, hegt er ostentativ keine Ambitionen, ein Meisterwerk zu sein. An der Oberfläche schwimmt eine dünnflüssige Substanz, die dem großen Publikum unbeschwertes Amüsement liefert. Und allein wegen dieser kleinen Substanz und um des Amüsements willen scheint der Streifen gedreht worden zu sein: Das Publikum unterhält sich großartig, es begibt sich nicht auf gedankliche oder ideologische Nebenwege.«

Auch das *Monthly Film Bulletin* (Vol. 23 No. 274 November 1956) auf der britischen Insel äußert sich ähnlich: »… Katholizismus und Kommunismus begegnen sich hier erneut im Kampf mehr komisch als blutig … die Moral ist: Erhalte den *Status quo.* Der italienische Veteran Carmine Gallone ersetzt hier den Veteran Julien Duvivier als Regisseur, aber es gibt keinen wahrnehmbaren Unterschied. Fernandel ist immer noch der freundliche, reizbare *Camillo* und Gino Cervi ein ungehobelter, sentimentaler *Peppone.*«

Der große Erfolg der *Don-Camillo*-Filme macht die Kirche leinwandtauglich. DAS GEHEIMNIS DES MARCELINO über ein Findelkind, das in einem Mönchskloster aufgenommen und erzogen wird, nach einer spanischen Erzählung, ist 1955 ein weiterer europaweiter Erfolg, der auch auf den Filmfestspielen in Berlin und Cannes preisgekrönt wird. Später zieht auch der deutsche Film nach, mit DER GAUNER UND DER LIEBE GOTT (1960) und Karlheinz Böhm als richtigem und Gert Fröbe als falschem Pfarrer oder den *Pater-Brown*-Filmen (1960 und 1962) mit Heinz Rühmann als katholischer Pfarrer, der als Hobby Kriminalfälle löst.

Weniger schön ist das Schicksal des deutschen Verleihs aller bisherigen *Don-Camillo*-Filme. Die 1949 gegründete *Allianz-Film*, die sich von Anfang an nur dank Bundesbürgschaften »über Wasser halten« kann, steht nach Auslaufen der Aktion Ende 1955 vor dem Aus. Der Versuch, durch eine risikoreiche Finanzierung auf dem freien Kapitalmarkt an Gelder zu kommen, führt rasch zum Ende. Ohne ein riesengroßes Zugpferd, wie es ein *Don-Camillo*-Film ist, funktioniert die riskante Finanzierung des Programms überhaupt nicht mehr. Erst recht, wo man sich auf kurzfristige Wechsel einlässt. Filme mit Stars wie O. W. Fischer und Curd Jürgens oder ein Ingrid-Bergman-Film im Programm der Saison 1956/57 erweisen sich als weniger wertvoll als ein *Don Camillo*, der immer Mehreinnahmen brachte.

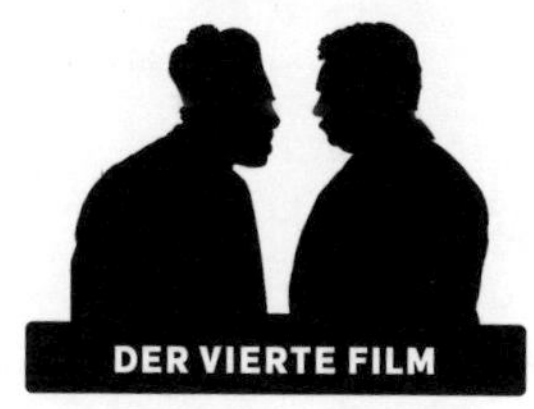

Hochwürden Don Camillo (1961)

Vorbereitung und Produktion

Bis es wieder einen neuen *Don-Camillo*-Film im Kino gibt, vergehen Jahre. Das hat mehrere Gründe. *Camillo*-Autor Guareschi leidet an gesundheitlichen Problemen, sodass sich die Arbeit an einer neuen literarischen Vorlage hinauszögert. Zum anderen möchte Fernandel erst einmal andere Rollen verkörpern. Da der »Kalte Krieg« zwischen Ost- und Westblock aber weitergeht, bleibt das Thema von Guareschis Geschichten brandaktuell. Nach Stalins Tod (1953) rüsten beide Seiten erst recht auf. 1957 folgt für den Westen der »Sputnikschock«, als die Sowjetunion einen ersten künstlichen Erdsatelliten startet und ihr technologisches Know-how unter Beweis stellt. Gegen Ende des Jahrzehnts gibt es zwar Bemühungen um eine sogenannte »Entspannung«, die aber durch den Abschuss eines US-Spionageflugzeuges über der Sowjetunion am 1. Mai 1960 spektakulär scheitert.

Erste Meldungen über einen neuen Film sind Ende der 1950erJahre zu lesen. Die *Frankfurter Nachtausgabe* vom 30. Juni 1959 vermeldet unter dem Titel »*Camillo* Nr. 4? Buch fertig, Film noch fraglich«: »Giovanni Guareschi, der geistige Vater des berühmt gewordenen kämpferischen Zweigespanns *Don Camillo und Peppone*, hat den vierten Teil der köstlichen Geschichte vom Kampf und Frieden zwischen dem Pfarrer *Don Camillo* und dem kommunistischen Bürgermeister *Peppone* fertiggeschrieben. Diesmal spielt sich der ewige Kampf auf höherer Ebene ab: *Don Camillo* soll Kardinal werden und *Peppone* wird Abgeordneter. Aber die Spannung zwischen den beiden Widersachern ist die gleiche geblieben. Der Darsteller des *Peppone*, Gino Cervi, der gerade im Pariser *Theater der Nationen* in den LUSTIGEN WEIBERN VON WINDSOR spielt, freut sich schon auf die Dreharbeiten. Der *Don Camillo* dagegen, Frankreichs unvergleichlicher Fernandel, hat sich noch nicht entschieden. Von ihm allein hängt es nun ab, ob in der nächsten Zeit über die internationale Leinwand wieder ein Film läuft mit dem Titel DON CAMILLO UND PEPPONE (4).« Es dauert zwei weitere Jahre, bis es endlich wieder so weit ist und die Kameras in Brescello tatsächlich laufen. An der Geschichte Guareschis haben bis dahin mehrere andere Autoren Hand angelegt. Auf dem Regiestuhl nimmt wieder der inzwischen 76-jährige Carmine Gallone (es wird seine drittletzte Filmarbeit werden) Platz. Natürlich geht es nicht ohne das bewährte Duo Fernandel/Cervi. Auch die unersetzlichen Gesichter von Leda Gloria (*Peppones* Frau) oder Saro Urzì und Marco Tulli (*Peppones* Stoßtrupp) sind wieder mit dabei. In der wieder italienisch-französischen Co-Produktion haben auf der Seite der Schauspieler aber diesmal fast ausschließlich die Italiener »die Hosen an«. Gina Rovere spielt eine hitzköpfige Genossin, Valeria Ciangottini die Braut von *Peppones* Sohn *Walter »Lenin« Botazzi*, den Karl Zoff abgibt. Die 87-jährige Emma Gramatica ist ein altes, betendes Mütterlein namens *Desolina*. Überzeugende weitere Kirchenvertreter spielen Ruggero De Daninos als *Monsignore* und Armando Bandini als *Camillo*-Nachfolger *Don Carlino* in Brescello. Treffend ausgewählt auch Andrea Checchi als kommunistischer Funktionär in Rom. Aus Frankreich ist lediglich Alexandre Rignault dabei, der im zweiten *Camillo*-Film noch seine Seele verkaufte und sich jetzt als Lastwagenfahrer *Fagò* für eine nicht minder schlechte Sache anbietet.

In einer Drehpause erhält Fernandel Besuch von seinem Landsmann Maurice Chevalier. Es entstehen Bilder für die Wochenschau. Chevalier spielt ebenfalls gerade in Italien einen Priester, *Don Antonio*, in dem Film JESSICA, der auf Sizilien entsteht.

Reportagen von Besuchen der Dreharbeiten liefern Einblicke in die Filmarbeit, die aufmerksam auf dem ganzen Kontinent verfolgt wird. Im italienischen Magazin *Giorko* berichtet Emilio Pozzi am 2. August 1961 von seinem Besuch am Vortag: »... Carmine Gallone positionierte die Kamera am Ufer des Po, zwei Kilometer von Brescello entfernt, um die letzten Szenen für den Film zu drehen. Danach machte man sich auf den Weg nach Rom, wo noch Innenaufnahmen entstehen. Fernandel hat das Set bereits vor einigen Tagen verlassen. Der Stuhl mit seinem Namen auf der Rückseite blieb leer ...« Am Ende des Drehtages sind die Jungen aus der Umgebung, die für eine Aktion der Kommunisten Motorrad fahren müssen, alle müde. Immer wieder mussten sie die gleiche Szene drehen, ohne überhaupt richtig zu verstehen, um was es geht. Alle tragen gelbe T-Shirts mit der Aufschrift der Filmgesellschaft in großen Buchstaben auf ihrem Rücken. Valeria Ciangottini, die schon in der abschließenden Szene des immer noch heiß diskutierten Fellini-Films LA DOLCE VITA (Das süße Leben, 1960) zu sehen war, ist ebenfalls noch am Set. Später wird noch die Glocke (aus Pappmaschee) abtransportiert, die im Film für Trubel sorgt, sodass auf den Kirchhof in Brescello die Autofahrer oder die jungen Motorradfahrer zurückkehren können. Letztere genießen wegen ihrer Filmmitwirkung eine Art Immunität und man verzeiht ihnen manche geräuschvolle Belästigung.

In deutschen Medien ist seit Mitte 1961 ein Beitrag »Monsignore contra Senator – *Don Camillo* und *Peppone* kommen wieder. Ein Krach auf höherer Ebene« zu lesen, der in verschiedenen Zeitungen abgedruckt wird: »Brescello, eine kleine Gemeinde in der Emilia, am Po gelegen, ist schon vor zehn Jahren berühmt geworden. Nach und nach steigerte sich die Popularität. Jetzt gibt es dort ein *Café Don Camillo* und an der Kirche ein vielbestauntes Objekt, eine touristische Attraktion erster Ordnung: den ›Crocifisso parlante‹, das sprechende Kruzifix – von dem italienischen Produzenten Rizzoli der Pfarrei huldvoll vermacht (allerdings ohne die Stimme, die ja Ruggero Ruggeri gehört). Schon diese wenigen Angaben weisen auf den Grund der Reputation dieses Ortes hin: Er vertritt das von Giovanni Guareschi erfundene Boscaccio in der ›Bassa‹, unweit Piacenza – hier spielen alle Filme über den ›Musketier des himmlichen Königs‹ und seinen kommunistischen Widerpart. Bislang gibt es deren drei: … Gegenwärtig wird der vierte Teil DON CAMILLO MONSIGNORE MA NON TROPPO gedreht. Man kann den Titel nicht kurz und bündig übersetzen. Umschrieben besagt er, dass der Geistliche jetzt Monsignore ist – aber nicht zu sehr … In der neuen Version avancierte jedoch nicht nur der Pfarrer (ohne sich Amt und Würde so recht gewachsen zu zeigen); auch der ›rote Häuptling‹, der schnauzbärtige Bürgermeister, machte (nicht ganz verdient) Karriere: Er wurde Senator. Trotz der Beförderung und der damit verbundenen Tätigkeit in der italienischen Hauptstadt bzw. im Vatikan bleiben die beiden alten, d. h. zumindest äußerlich, rauhe Kämpen mit derbem Humor, gerissen, hitzköpfig und vor allem streitbar; die Fehden und geräuschvollen Polemiken gehen auch jetzt noch unvermindert weiter. Freilich ist es nunmehr ein Krach auf höherer Ebene – mag er im Wesentlichen auch am Po ausgetragen werden. In Abwesenheit der beiden ›Großen‹ häufen sich nämlich die Misshelligkeiten … Wieder ist dieselbe Equipe unter Leitung des Regisseurs Carmine Gallone am Werk. Erneut spielen Fernandel und Gino Cervi die Hauptrollen, an ihrer Seite Leda Gloria als *Peppones* Frau u. a., die aus den vorangegangenen Fassungen bekannt sind. Erstmals erscheint Karl Zoff, ein Deutsch-Neapolitaner, der den Sohn des Senators darstellt. Auch viele aus der etwa 1000 Statisten umfassenden Komparserie sind Filmveteranen – Einwohner von Brescello, die bereits in den ersten Teilen mitwirkten. Freilich wird auch diesmal die an sich gute Sache der seriellen Abnutzung unterliegen. Man hat es ja schon bei der GROSSEN SCHLACHT DES DON CAMILLO von 1955 gesehen, die gegenüber den qualifizierteren Vorgängern doch mehr Klamauk als Komödie war, die den teilweise recht hintergründigen Humor, den psychologischen, vielleicht auch philosophischen Tiefgang der Versionen von 1952 und 1953 eingebüßt hatte. Weswegen denn auch der Vorwurf der politischen Vernebelung stärker erhoben werden konnte. Aber Gallone (DER KURIER DES ZAREN, KARTHAGO IN FLAMMEN) ist trotz seiner bald fünfzigjährigen Filmtätigkeit leider kein Duvivier, der mit der

Reihe begonnen hatte. Und schließlich ist der Substanzverlust, die künstlerische Verflachung, das Schicksal aller Stoffe, die filmisch in Fortsetzungen aufbereitet werden. Bleibt in diesem Fall nur zu hoffen, dass der laute Frohsinn, den die neue Folge in den Kinos der Welt schaffen wird, etwas von jenem ›heiligen Lachen‹ hat, mit dem der Autor von *Don Camillo und Peppone* die Menschen beglücken wollte.«

Filmhandlung

Kommentar am Beginn (nur in der italienischen Version): »Erinnert ihr euch an das kleine Dorf rechts des Po? Turbulenter als der große Fluss. Erinnert ihr euch an den kämpferischen Bürgermeister, der stets mit dem Pfarrer im Streit lag? Den guten Pfarrer, der mit Christus am Hochaltar sprach. Und seinen Schäfchen so überzeugend den Frieden predigte. Der Weg war eben erst vorüber. Die Ereignisse hinterließen Spuren. Sichtbare und weniger sichtbare. Es waren harte Zeiten. Zeiten erbitterter Polemik. Christus hatte alle Hände voll zu tun, um auf die Dorfbewohner aufzupassen, die gerne überstürzt Partei ergriffen. Erst nach vollendeter Tat über ihr Tun nachdachten. Seitdem sind viele Jahre vergangen. Und vieles hat sich verändert. Präsident Eisenhower und der Staatschef der UdSSR tauschten Geschenke aus und unterhielten sich angeregt. Chruschtschow zum Thema der Koexistenz und Entspannung. Entspannung – ein neues Wort, das die Welt hypnotisierte. Sogar, wer hätte das gedacht, das Dorf von *Don Camillo* und *Peppone*. Genau genommen gibt es hier einen neuen Pfarrer und einen neuen Bürgermeister. Seit fast drei Jahren, dem berühmten 1. Mai, an dem 20 Prozent der Bevölkerung im Krankenhaus endeten. Damals wurde es ihren Vorgesetzten endlich klar, dass *Don Camillo* und *Peppone* zu Höherem berufen waren. Sie trugen ihnen wichtige und vor allem in weiter Ferne liegende Ämter auf.«

Die deutsche Version beginnt mit Bildern von Rom aus der Vogelperspektive und einem Schwenker über die Vatikanstadt. »*Don Camillo* und *Peppone* verloren sich aus den Augen. Sie trafen sich in Rom nie, obwohl die Entfernung zwischen ihnen ungefähr die gleiche geblieben war. Aber 50 Meter, die einen Pfarrer auf dem Dorf vom Bürgermeister trennen, werden in der Hauptstadt 500 Kilometer, wenn sie zwischen einem Senator der kommunistischen Partei und einem hohen Würdenträger der katholischen Kirche liegen.« In einer hitzigen Parlamentsdiskussion ist zunächst ein schlafender *Peppone* zu sehen, der dann aber durch Lärm aufgeweckt wird und zu brüllen anfängt. »Faschisten« und andere Ausdrücke sind dabei. Unterdessen sitzt *Don Camillo* in seinem Büro vor drei älteren Damen und versucht sich mühsam im Englischen: »We will do what we can. If you want meet our Holy Father I should go to try.« Sein Sekretär unterbricht ihn und führt in bester englischer Aussprache aus: »We do our very best to obtain for you an audience with the Holy Father.« *Camillo* gereizt: »Sie glauben, die Damen verstehen mich nicht?« Der Arbeitsalltag eines Monsignore ist nicht einfach. Wehmütig blickt *Camillo* auf die Bilder von Brescello in seinem Büro. Wie gerne würde er wieder einmal zurückkehren, auch nur für ein paar Stunden. Wirsch wird sein Träumen unterbrochen. »Ihr Bicarbonat«, reicht ihm sein Assistent das ungeliebte Getränk, das *Camillo* seine Miene verziehen lässt. Probleme aus Brescello werden an ihn herangetragen. Die Kommunisten planen auf dem Gelände der Madonna ein weiteres Volkshaus und die Madonna soll dem Fortschritt weichen. *Peppone* plagt sich inzwischen mit einem Bericht. Als er, mal wieder, das Durchschreibepapier falsch eingelegt hat, stöhnt er laut: »Von einer Revolution muss man keine drei Durchschläge machen.« Alles läuft auf ein Eingreifen der beiden Protagnoisten vor Ort hin. *Don Camillo*: »Wir helfen Ihnen, dafür sind wir schließlich da.« Im Zug treffen beide aufeinander. Der Zufall will es, dass sie dasselbe Schlafabteil zugewiesen bekommen. »Wenn das keine Überraschung ist.« Nach einem ersten freundlichen Lachen kühlt die Stimmung rasch ab. Der Monsignore äußert, er fahre zu seiner alten Tante nach Parma. Und der Politiker habe in Reggio Emilia zu tun. Die

Wege trennen sich. *Don Camillo* fährt mit der Kleinbahn weiter ins Dorf und genießt auf der Fahrt die Landschaft der »kleinen Welt«. *Peppone* muss mit dem Wagen vor dem Bahnübergang warten, vertritt sich die Beine und genießt ebenfalls die heimatliche Gegend. Als der Zug kommt, bemerken beide den Schwindel des anderen. Am Bahnhof kommt *Don Camillo* die Idee: »Warum gehen wir nicht gemeinsam ins Dorf? Wir leben doch in der Entspannung.« In Brescello hat sich nichts geändert. In den eigenen Reihen wird rasch jeweils wieder das Kommando übernommen. *Peppone* zu seinen Genossen: »Ich schreibe Ravioli, ihr versteht Spaghetti.« *Don Camillo* schickt seinen »übermüdeten« Nachfolger zu einem Erholungsurlaub. Zur großen Freude spricht Christus in der Kirche wieder mit *Don Camillo*. Christus spricht: »Sieh einmal an, wer ist denn da? *Don Camillo*. Was ist denn? Hat es dir die Sprache verschlagen?« – »Oh Herr! Wie oft habe ich dich gerufen in den letzten drei Jahren. Aber du hast mir nie geantwortet. Aber hier ist deine Stimme plötzlich wieder da. Ist Gott den Menschen hier näher als in Rom?« – »Gott ist den Menschen überall gleich nah, *Don Camillo*. Hier scheint er dir nur näher zu sein, weil du dir selbst näher bist. Nun, hast du mir nichts zu erzählen, nach so langer Zeit?« – »Ach, weißt du, sie haben mich zu einem ganz hohen Tier gemacht. Ich bin nämlich jetzt Monsignore.« – »Viel zu wenig, nach all dem, was du gelitten hast. Wie ich hörte, haben sie dich sechsmal verprügelt ...« *Camillo* will vermeiden, sich wieder »in die Nesseln zu setzen«. Christus: »Halt die Augen offen, *Don Camillo*.«

Bei einer Versammlung am Bauplatz des neuen Volkshauses hält *Don Camillo* zur Überraschung aller eine solidarische Rede, sogar die »Roten« müssen klatschen. Die Hälfte der neuen Wohnungen soll an die christliche Gemeinde gehen, der Pfarrer hat bereits eine Schenkungsurkunde vorbereitet. Große Augen bei *Peppone* & Co. Der Abriss des Heiligenhäuschens mit der Madonna von Borghetto stellt sich aber als nicht einfach heraus. Niemand will Hand anlegen. *Peppone* versucht es selbst, bringt es aber auch nicht »übers Herz«. Wutentbrannt verlangt er, dass die Kirche den Boden frei macht. *Camillo* scheint zu triumphieren, da bietet sich ein auswärtiger Lkw-Fahrer an, die Madonna mit seinem Wagen fortzuziehen.

Don Camillo wird es mulmig. Zu seinem Glück setzt sich ein altes Mütterchen vor die Madanna und betet. *Peppone* wild entschlossen: »Wir können jetzt keinen Rückzieher machen.« Er schleppt die Frau fort, der Lkw fährt los – aber die Madonna ist stärker. Die Lösung des Problems ist: Das Volkshaus wird jetzt mit der Madonna an der Seite gebaut. In Rom toben die kommunistischen Funktionäre über den »moralischen Dienst«. Da kommt es *Peppone* gerade recht, dass sein Sohn, der jetzt seine Werkstatt führt, heiraten will. Der Vater stimmt nur einer standesamtlichen Trauung zu. Privat will *Peppone* der starke Mann bleiben. *Don Camillo* ist fassungslos: »Eine Ziviltrauung? Die erste in meiner Gemeinde.« Das muss er verhindern. Doch der Vater des Mädchens wurde gekauft, indem *Peppone* ihm einen Straßenwärterplatz versprach. *Camillo* will ihm nun aber eine Tankstelle verschaffen. Bis zum Eintreffen der Konzession für die Tankstelle unternimmt *Camillo* einen Spaziergang am Fluss entlang. Wegen der großen Hitze wagt er ein Bad im Fluss. Aber er ist nicht unbeobachtet. Eine weibliche Genossin nutzt die Gunst der Stunde und stiehlt die Soutane des Pfarrers. *Don Camillo* ist matt gesetzt und kann den Einschreibebrief mit der Konzession nicht rechtzeitig abholen. Aber *Frau Peppone* macht dem Plan der »Roten« einen Strich durch die Rechnung. Sie bringt die Soutane zurück ans Ufer. *Don Camillo* will eigentlich über den Fluss schwimmen, um am anderen Ufer von einem Kollegen eine Kutte auszuleihen, da kommt die Frau mit seinen Kleidern. Das Gerücht um einen Schwimmunfall *Camillos* unterbricht die Trauungszeremonie im Standesamt. *Peppone* trommelt eine Hilfsaktion zusammen. Die Suche geht bis in die Abendstunden. Dann erscheint plötzlich *Don Camillo* in der Menge der neugierigen Zuschauer. *Peppones* Sohn und seine Braut können nicht länger auf die Hochzeit warten. Somit müssen *Don Camillo* und *Peppone* länger in Brescello bleiben. *Camillo* täuscht einen Hexenschuss vor, auch *Peppone* spielt den Kranken. Der Doktor war jedoch beim Militär und kennt alle Tricks. Als *Peppone* aber beiläufig hört, dass sein Los im Lotto 10 Millionen gewonnen hat, wird ihm sehr warm. Das betreffende Los lautet auf den Namen »Pepito Sbazzeguti«. Wer ist der Unbekannte? *Don Camillo* kommt *Peppone* auf die Schliche.

Aus den Buchstaben von *Peppones* Namen kann man den anderen Namen legen. *Peppone* dazu: »Na wenn schon. Im Lotto spielen ist doch nicht verboten.« – »Aber zu gewinnen.« Wenn *Camillo* das Geld für den Bürgermeister in der Lotto-Zentrale der Stadt abholen soll, will er dafür das Einverständnis für eine kirchliche Hochzeit von dessen Sohn. *Peppone* ist überglücklich, traut sich aber nicht, das Geld nach Hause zu bringen. Zweimal weckt er *Don Camillo* in tiefer Nacht, um die Scheine zu sehen. Schließlich nimmt *Peppone* es doch mit nach Hause, denn falls *Don Camillo* etwas zustößt – wie könnte er dann beweisen, dass es sein Geld ist? Die Hochzeit findet schließlich in einer kleinen Kirche außerhalb des Ortes statt. Ein Aufschub der Rückreise nach Rom ist für die beiden nun nicht mehr möglich. Als *Don Camillo* aber erfährt, dass es die weibliche Genossin war, die ihm die Soutane stahl, da greift er zunächst zum Gewehr. Als ihm das von einer höheren Stimme verboten wird, nehmen die Dinge einen anderen Verlauf. Die Genossin wird im Wald überfallen und verprügelt. War es ein politischer Racheakt? *Peppones* Leute flippen aus. »Diese Schande können wir nicht auf uns sitzen lassen.« Bevor *Peppone* an Achtung verliert, lässt er es zu einer »Kraftprobe« kommen: Es soll ein Generalstreik stattfinden. *Camillo* gesteht *Peppone* die Tat und schließlich müssen beide lachen. Es ist ja aus den früheren Filmen bekannt, wie das zuzugehen pflegt – und wie so etwas endet: Man arrangiert sich, notgedrungen. Ob christlich oder kommunistisch, irgendwie muss man ja ›ko-existieren‹. Das geschieht denn auch hier, nachdem die Gegner sich zusammengerauft haben. Der Entspannung zwischen beiden macht aber die große Politik einen Strich durch die Rechnung. Der Abschuss eines US-Spionageflugzeuges ändert die Situation und der Wirbel erfasst auch Brescello. Peppone stellt eine »fliegende Einsatztruppe« auf. Eine »athletische Jugend« von Motorradfahrern. Überall in Italien gibt es Tumulte. Am Abend ist ein Toter bei *Peppones* Motorgruppe zu beklagen. Die Genossen planen eine große Beerdigung ohne Kirche. *Don Camillo* weigert sich, die Totenglocke zu läuten, richtet sich bewaffnet mit einem Gewehr auf einen möglichen Ansturm ein und verbarrikadiert sich im Kirchturm. *Peppone* will eine eigene Glocke besorgen und das

»Glockenmonopol der Kirche« brechen. Gesagt, getan. *Don Camillo* schaut ungläubig hinab auf die ankommende Glocke, die *Sputnik* getauft werden soll. Am nächsten Morgen wird die Glocke an einem eigens errichteten Gerüst hochgezogen. Zunächst fehlt zu allem Ärger der Glockenklöppel, der letztlich aber so unverhofft wieder auftaucht, wie er verschwand, doch der Klang der Glocke ist bescheiden. Bei der Beerdigung läutet somit schließlich *Don Camillo. Camillos* Sekretär persönlich holt den vermissten Monsignore mit dem Wagen ab. Der sitzt, rauchend und streitend, beim Kartenspiel und begreift recht schnell, dass das »süße Leben« jetzt wieder endet. In dieser Notlage bittet er *Peppone* um Hilfe. Dieser soll den Wagen der Kirche »präparieren«. Dafür muss *Camillo* den Bericht Peppones bearbeiten. »Ich bin Priester und nicht Verfasser von utopischen Romanen.« Aber er muss. »Schamlose Erpressung wegen ein bisschen Motorsabotage.« Beide frisieren in ihrem Sinne. Der Wagen läuft anschließend wie geschmiert. *Camillo* verärgert: »Dieser Feigling, lässt sich kaufen vom Vatikan.« Unterwegs greift der Wagen des Vatikans den Anhalter *Peppone* auf. Beide verlassen gemeinsam die Heimat. Schließlich verabschieden sie sich. *Peppone*: »Und für alle Fälle gebe ich Ihnen einmal meine Karte. Man kann ja nie wissen. Anruf genügt. Bitte schön.« – »Man kann nie wissen. Könnte vielleicht von Nutzen sein. Da brauchen Sie nicht einmal zu telefonieren.« (Übergibt *Peppone* Heiligenbildchen) »Gute Reise«.

Kommentar am Ende der deutschen Fassung:

»Und so endet wieder eine der Geschichten, die der große Fluss so hört, wenn er durch die Gegenden zieht, und die er hinunterträgt zum Meer. Märchen, die wie wahre Geschichten, oder wahre Geschichten, die wie Märchen klingen.«

Resonanz und Rezension

DON CAMILLO MONSIGNORE erlebt seine Premiere im Oktober 1961 in Italien. Frankreich zieht im Dezember 1961 mit DON CAMILLO MONSIGNEUR nach. In deutschen Landen startet HOCHWÜRDEN DON CAMILLO erst am 25. September 1962. Das *Don-Camillo*-Fieber hat über die Jahre nachgelassen. Nach dem Berliner Mauerbau im August 1961 haben die Deutschen ihre eigenen Probleme im »Kalten Krieg« der Machtblöcke.

So befassen sich die italienischen Kritiker als Erstes mit dem Wiedersehen der bekannten Figuren. Das Ganze bekommt einen größeren politischen Anstrich durch die gerade erfolgte Einstellung von Guareschis *Candido*. *Cinemasessanta*, Nr. 15-18/1961, meint dazu, dass nun endlich »die Zeichen der Zeit« erkannt worden seien und der hartnäckige Antikommunismus vorbei sein müsse. Guareschi sei ein eingefleischter und unheilbarer Konservativer mit einer unverbesserlichen Haltung und »verkalkten Denkweise«. Der Film sei im ursprünglichen Klischee gemacht und »das Rezept erfordere aus offensichtlichen Gründen Extremsituationen«. Viele Situationen wären eine einzige »Heuchelei« und beide Protagonisten würden sich »unter dem Tisch die Hand reichen«. Toleranz und gegenseitige Achtung lägen beiden Protagonisten fern. *Fiera del cinema*, Nr. 9/1961, resümiert ähnlich hart. Von den beiden Charakteren wären nur zwei Masken übrig geblieben. Der *Corriere Lombardo* ist gnädiger und berichtet am 11. Oktober 1961 positiver über den neuen Film. In angenehmen zwei Stunden gäbe es ein Wiedersehen mit den beliebten Figuren von Giovanni Guareschi, und Fernandel spiele gut und ausdrucksstark wie eh und je. Ein einfaches Spiel sei das für beide Hauptdarsteller und sie würden viele Zielgruppen bestens unterhalten. P. Bianchi meint am gleichen Tag in *Giorno*, dass Gallone nicht so gut sei wie seinerzeit Duvivier. Der fließende Humor in der Geschichte würde nicht ausreichen, um die ursprüngliche Klasse zu erreichen: »Wir wollen etwas mehr. Echtes und aufrichtiges Gefühl sind dringender notwendig.« Immerhin lobt auch er das Spiel von Fernandel und Gino Cervi. Unterm Strich bleibt der neue *Don Camillo* gut im Gespräch, erlebt Zuspruch, ohne aber noch allzu große Wellen in der Politik und Kirche zu schlagen.

In Frankreich attestiert Louis Chauvet in *Le Figaro* am 5. Dezember 1961, dass der »Sinn für Humor fehlt«. Diese Geschichte sei nicht die beste, und »einzig das Auftauchen der Darsteller sorgt für Euphorie«. Fernandel als *Don Camillo* wird wieder in höchsten Tönen gelobt. Kritikerin Jean De Baroncelli gewinnt jetzt mit ihrer Grundeinstellung in *Le Monde* am 7. Dezember 1961 Oberhand. »Fernandel und Gino Cervi wiederholen sich«, ihre Mimik wäre »einzigartig eintönig«. Sie bezeichnet jetzt die Filme als Relikt von »Papas Kino« aus einem anderen Zeitalter. Michel Aubriant ist am gleichen Tag anderer Meinung in *Paris-presse*: »... Dennoch bezaubert der Film sein Publikum. Er enttäuscht sein Publikum nicht, der Kunde bekommt etwas für sein Geld ... Fernandel hat sich in der Rolle des *Don Camillo* eingerichtet. Spielt ohne Komplexe oder Abneigung. Großartige Schauspieler, die zweifellos kraftvoll und mit einem sympathischen Lachen spielen.« Das »perfekte Spiel« der Akteure lobt auch *Nouvelles littéraires* am 14. Dezember 1961. Das Filmmagazin *Telerana* bringt am 17. Dezember 1961 etwas auf den Punkt, was sich sonst keiner in Frankreich zu sagen traut: »... Der Film von Veteran Carmin Gallone ist weder besser noch schlechter als seine Vorgänger ... Auch er will uns erheitern ...« Aber ansonsten ist man recht kritisch: »...Und Fernandel? Na ja! Fernandel bietet weiterhin Dynamik, macht die richtigen Gesichter, wie es notwendig ist ...« Trotzdem würde die *Don-Camillo*-Serie nur noch Gleichgültigkeit verbreiten. »Langsam wird es unangenehm«, ist man der Meinung. Claude Casa in *Juvenal* meint weihnachtlich gestimmt am 22. Dezember 1961, dass der »Film eine Art Jahresabschluss-Geschenk« sei, »mit einer fröhlichen Note am eher dunklen Himmel«. Er erwartet deshalb noch einen fünften Film der Serie.

Dieser positive Ton kann auch für die deutsche Kinoauswertung bestätigt werden. Doch obwohl die Leistungen der Akteure ordentlich sind und auch die italienische Atmosphäre ganz gut getroffen ist, wird das Ergebnis von den Kritikern weniger bedeutsam als die Vorgängerfilme eingestuft. Das Publikum allerdings liebt wiederum seinen *Don Camillo* und (seinen) *Peppone*, sodass das Geschäft an der Kinokasse letztlich einen guten Erfolg erzielt. Der katholische *Film-Dienst* meint in seiner Kritik Nr. 11451/1962 diesmal: »Aus dem Pfarrer *Don Camillo* ist ein Prälat geworden, der für einige Zeit in sein Dorf zurückkommt, um die Komödie mit dem jetzigen Senator *Peppone* noch einmal zu verlängern. Diesmal weniger handgreiflicher Klamauk, aber ansonsten dieselben Streitereien und Versuche, einander zu überlisten. Eher ab 16. Meinung des Kritikers: Auch die vierte Fortsetzung der Verfilmung von Guareschis Episodenroman *Don Camillo und Peppone* spielt wieder in Brescello am Po. Und wieder geht es um die üblichen Streitereien: ... Im Gegensatz zu den vorhergehenden Filmen ist dieser weniger mit Schlägereien und bloßem Klamauk belastet, was vielleicht auch drauf zurückzuführen ist, dass *Don Camillo* inzwischen Monsignore am Vatikan und *Peppone* Senator in Rom geworden ist. Aber die geistige Tendenz des Buches wie der bisherigen Verfilmungen ist auch hier wieder deutlich: Der Versuch, den Kampf zwischen ›Kirche‹ und ›Kommunisten‹ wieder auf der ›höheren Ebene‹ der Menschlichkeit auszugleichen. Dazu dient denn auch der allgemeine politische Hintergrund einer Entspannungspolitik, für die der Zuschauer des Jahres 1962 nur noch ein enttäuschtes Lächeln übrig hat. Der große Erfolg des Buches wie der vorangegangenen Verfilmungen mag darin liegen, dass in den Figuren von *Don Camillo* und *Peppone* der heimliche Wunsch des Menschen nach Ausgleich und Versöhnung auf der Ebene der Menschlichkeit wenigstens in der Phantasie Wirklichkeit gewinnt und so den Beschauer für anderthalb Stunden vergessen lässt, dass es in Wahrheit keine Einigung im Bereich der Humanität gibt. Diese Situation muss man bedenken, um nicht einem vorschnellen und oberflächlichen Urteil zu erliegen.«

Hermine Fürstweger im *Film-Echo* 1962 urteilt: »Zu den Fortsetzungsfilmen, die ein Thema selbst beim dritten Mal nicht ganz ›totzukriegen‹ vermögen, gehören zweifellos die Nachfahren des einstigen Kassenschlagers DON CAMILLO UND PEPPONE.

Giovanni Guareschis Schelmenroman weist eine derartige Fülle an Situationskomik auf, dass auch die nunmehr vierte Verfilmung noch soviel abbekommt, um gängige Unterhaltung zu sein. Freilich, der übersprudelnden Pfiffigkeit, wie sie in den beiden ersten Duvivier-Filmen zu spüren ist, gebiete schon die neu erlangte berufliche Würde der beiden Helden gewissen Einhalt: *Don Camillo* ist in Rom Prälat, *Peppone* Senator in der gleichen Stadt geworden. Dass sich die beiden Kampfhähne trotzdem auf dem Boden ihrer einstigen Streiche wiedertreffen, bewirkt der in ihrem Heimatdorf nicht zur Ruhe kommende Streit zwischen Kirche und kommunistischer Partei, den persönlich zu schlichten sich *Don Camillo* und *Peppone* gleichermaßen verpflichtet fühlen. Fernandel und Gino Cervi sind in ihren Rollen zu Hause. Solange die beiden die Szene beherrschen, kommt zuweilen etwas von dem Glanz der Duvivier-Filme auf. Im Übrigen gelingt es Regisseur Carmine Gallone nicht ganz so treffend wie seinem französischen Kollegen, das Lokalkolorit mit seinen prächtigen Typen aus beiden Lagern aufleben zu lassen. Trotzdem dürfte das Geschäft – vor allem, da vom Titel her gut eingeführte Werbemöglichkeiten bestehen – zufriedenstellend sein.«

Die *Nürnberger Zeitung* vom 3.10.1962 vermeldet gute Worte: »Oft enttäuschen zweite und dritte Aufgüsse. Erfolgreiche Theaterstücke und Filme, die um Fortsetzungen noch und noch verlängert werden, verflachen meistens. Der Besucher verlässt unbefriedigt das Theater oder das Kino. Bei dieser neuen Fortsetzung der *Don-Camillo*-Serie mit den beliebten Filmschauspielern … ist von einer Abflauung, von einem Nachlassen der erheiternden Wirkung nicht die Rede. Frisch wie je muten die allerneuesten Streiche der berühmten Kampfhähne an. Man hat sich im Filmatelier Neues einfallen lassen, hat mit lustigen Gags nicht gespart und just die vielen, die vom Urlaub aus Italien Zurückkehrten, werden ihr helles Vergnügen an diesem Film haben, der so geschickt italienische Situationskomik mit tieferer Bedeutung paart. Denn das ist gerade das Erfreuliche an den *Don-Camillo-Peppone*-Filmen, dass in den Dialogen nicht platt gewitzelt wird. Volkstümlicher Humor kommt zu seinem Recht und versöhnt parteipolitische und weltanschauliche Gegensätze. Mag es in gewissen Szenen noch so hitzig zugehen, über dem ganzen Streifen lacht die Sonne Italiens. Allerdings bezieht sich das Gesagte auf die erste Hälfte des neuen Streifens. Im zweiten Teil treten erhebliche Längen auf, bei denen das Interesse zu erlahmen droht. Nur der vorzüglichen Darstellungskunst der beiden Protagonisten ist es zu danken, wenn der Zuschauer trotz mancher Wiederholung des inneren und äußeren Handlungsablaufes bei der Stange bleibt ... Carmine Gallone, als Regisseur auf den Filmautor Giovanni Guareschi eingespielt, umgab Fernandel und Gino Cervi mit einem ihnen ebenbürtigen Darstellerensemble.« Auch der *Tagesanzeiger* in Regensburg sieht es am 27. Oktober 1962 positiv: »... Die bedeutsame Einsicht von Guareschis DON CAMILLO UND PEPPONE besteht darin, dass der Autor erkannt hat, dass es seinen Landsleuten – seien sie nun fanatische Kommunisten oder fanatische Katholiken – letztlich vor allem um die Dinge geht, die das Leben angenehm machen. *Don Camillo* und *Peppone* haben Spaß an den ständigen Sticheleien, an den derben Streichen, die sie einander spielen. Sie sind wie zwei große Lausbuben, die die Sache der Weltrevolution und des lieben Gottes nur zum Vorwand nehmen, um ihren Übermut auszutoben. Dass eine solche Interpretation nicht von der Hand zu weisen ist, zeigt insbesondere der vierte *Don-Camillo*-Film HOCHWÜRDEN DON CAMILLO, den diesmal nicht Julien Duvivier, sondern Carmine Gallone inszeniert hat ... So führt Guareschi die ideologischen und weltanschaulichen Gegensätze, die unsere Welt zerreißen, am Ende auf menschliche Schwächen zurück. Ein versöhnlicher Tenor, der dem Publikum so viel Freude macht.« Auch in Berlin gewinnt der *Tagesspiegel* dem Film am 10. August 1963 Gutes ab: »Da sind sie wieder, die beiden unzertrennlichen Kampfhähne *Don Camillo* und *Peppone*, die offensichtlich miteinander nie Ruhe finden, aber auch ohne einander nicht leben können ... Es war mithin unumgänglich, die beiden nach einem allzu ausführlichen römischen Vorspiel wieder in ihre gemeinsame dörfliche Heimat, zu ihrer alten Walstatt zurückkehren zu lassen, damit sie in gewohnter Umgebung erneut die Kräfte miteinander messen ... Dass hierbei ebenso wie bei allen anderen, leicht zum Klamauk neigenden Auseinandersetzungen stets *Don Camillo* als der Sieger hervorgeht, steht wohl von vornherein außer Zweifel, was freilich die kommunistische Seite (die bei den letzten italienischen Wahlen immerhin 25,3 Prozent der Stimmen erringen konnte) nur allzu leicht der Lächerlichkeit und Unbeholfenheit aussetzt. So kann man das Ganze wohl nur als das unverbindliche Gaudium nehmen (was die beiden ersten Teile unter Julien Duviviers Regie nicht unbedingt waren), als das es beabsichtigt war … Im Ganzen freilich gibt man sich zahm: Denn es hat gerade die Zeit einer west-östlichen Entspannung begonnen, obgleich noch Stalins Konterfei in allen Parteistuben boshaft von der Wand grinst. Man nimmt's mit der Wirklichkeit, die im dörflichen Milieu allerdings ganz gut getroffen ist, nicht so genau. Zahm und wenig konturiert ist es auch Carmine Gallones Regie, der es vornehmlich darum geht, die beiden Protagonisten Fernandel und Gino Cervi zu ihrem unantastbaren Recht volkstümlicher Komödiantik kommen zu lassen. Und das nutzen die beiden als wackere Streithähne denn auch weidlich aus.«

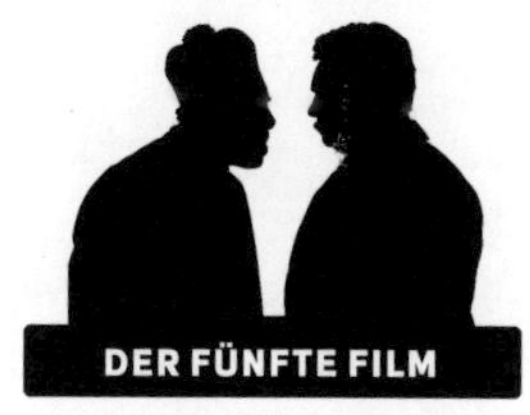

Genosse Don Camillo (1965)

Vorbereitung und Produktion

Auch in den 60er-Jahren des letzten Jahrhunderts bleibt der Ost-West-Konflikt bestehen, wenn auch 1963 der Atomteststoppvertrag unterzeichnet wird und beide Seiten langsam auf eine Entspannungspolitik setzen. »Friedliche Koexistenz« heißt das auf der einen Seite, die anderen nennen es »Wandel durch Annäherung«. In der Sowjetunion verliert Staatschef Chruschtschow langsam, aber sicher seine Macht. Im Oktober 1964 ist seine Zeit abgelaufen, neue Machthaber kommen ans Ruder.

Von Entspannung in der Welt *Don Camillos* kann allerdings keine Rede sein. Bei der italienischen Premiere von HOCHWÜRDEN DON CAMILLO stellt Autor Guareschi das Fehlen einer Szene mit einem sowjetischen Traktor im fertigen Film fest, die ihm sehr wichtig war. Guareschi spricht von »willkürlicher Streichung« und erregt sich sehr darüber. Wieder einmal wurden seine Tipps und Anregungen kaum in Betracht gezogen. Die Zusammenarbeit mit Produzent Rizzoli bekommt durch die Absetzung des *Candido* endgültig Schlagseite. Zwar veröffentlicht Rizzoli im August 1963 mit *Il Compagno Don Camillo* (*Genosse Don Camillo*) noch einen weiteren Roman Guareschis. Es sollte aber der letzte *Camillo*-Band zu Lebzeiten des Autors werden. Für die Filmversion wird Guareschi sogar gezwungen, auf Wunsch des neuen Regisseurs, seine Version mehrmals umzuschreiben. Alberto und Carlotta Guareschi zur »Zusammenarbeit« ihres Vaters mit dem neuen Regisseur Luigi Comencini: »Comencini war sicher ein großartiger Regisseur, aber auch ein Mann mit Ideen, die genau entgegengesetzt von denen unseres Vaters verliefen. Er hatte das Angebot für den Film ›widerstrebend‹ nur aus ökonomischen Gründen angenommen. Fünfmal musste unser Vater das Skript ändern. Und am Ende modifizierten andere Autoren das ›fünfte Skript‹. Wir finden, dass dieser Film, obwohl auch sehr gut und amüsant gemacht, der größte Verrat an den Arbeiten unseres Vaters ist.« Guareschi bleibt nichts anderes übrig, als diesen Schwindel mitzumachen. »Schließlich stimmte er zu, denn unser Vater benötigte das Geld«, ergänzen seine Kinder. Luigi Comencini ist ein anerkannter Regisseur des Neorealismus und hat auch kommerziell erfolgreiche Unterhaltungsfilme wie die LIEBE UND BROT-Filme mit Vittorio De Sica und Gina Lollobrigida sowie die erste deutschsprachige Verfilmung von *Heidi* inszeniert. Der eher linksorientierte Comencini zeigt sich bei Guares-chi allerdings unnachgiebig und gibt bei seinen Ansichten keinen Zentimeter nach. Da sich seiner Meinung nach einige Episoden Guareschis für die Verfilmung nicht eignen, lässt er die Drehbuchautoren Leonardo Benvenuti und Piero De Bernadi neue Geschichten erfinden. Eine Demütigung für den *Don-Camillo*-Autor!

GENOSSE DON CAMILLO entsteht 1965 als italienisch-französisch-deutsche (!) Co-Produktion. Der deutsche Markt hat sich über die Jahre als »sichere Bank« für die *Don-Camillo*-Filme erwiesen. Somit ist die Co-Produktion mit den Deutschen gerne gesehen.

In der Besetzungsliste befindet sich die in Italien arbeitende Deutsche Rosemarie Lindt als Russin. Der deutschsprachige Paul Muller, allerdings ein waschechter Schweizer, der schon seit Jahren in Italien filmt, verkörpert indes einen russischen Priester. Fernandel und Gino Cervi schlüpfen wieder in ihre bewährten Rollen. Auch Leda Gloria, Saro Urzi und Marco Tulli sind unersetzlich, wenn das Alter auch bei ihnen nicht haltgemacht hat. Das junge Ost-West-Liebespaar *Nadia* und *Scamoggia* spielen die Italienerin Graziella Granata und der Kroate Gianni Garko, und Alessandro Gottlieb gibt überzeugend den Russen *Ivan*.

Gefilmt wird vom 15. April bis 8. Juli 1965 in Brescello. Auch die in Russland spielenden Szenen werden dort abgedreht. Ein Dreharbeitenbericht des Journalisten Bodo Kochanowski, der den Weg in mehrere Zeitung findet, bringt einen Einblick in das Geschehen am Set: »›Das Dorf des *Don Camillo*‹ – so locken farbige Straßenschilder in mehreren Sprachen den Touristen nach Brescello. Dieser unscheinbare, ein wenig triste Ort, 120 Kilometer südlich von Mailand, kann sich rühmen, ›Karriere‹ gemacht zu haben. Denn innerhalb von fast 15 Jahren ist Frankreichs Komiker-Ass Fernandel fünfmal hierhergekommen, um jenen pfiffigen Priester zu spielen, von dem es in Amerika heißt: ›Nächst dem Papst ist *Don Camillo* der bekannteste Geistliche der Welt.‹ Neuester Streich, von Luigi Comencini inszeniert: GENOSSE DON CAMILLO. Und wieder ist Brescello von Kopf bis Fuß auf *Don Camillo* eingestellt. Wenn der ›Pferdekopf‹ aus Paris in seinem riesigen Straßenkreuzer gesichtet wird, begrüßen sie ihn wie einen alten Freund. Und auch Fernandel fühlt sich wie zu Hause: ›Schließlich ist das meine größte und schönste Rolle! Und dieser Ort – der Nabel der Welt!‹ Die Füße auswärts, mit rudernden Armbewegungen, ›segelt‹ er quer über den Platz: ›Ich wundere mich über gar nichts mehr. Seinerzeit bin ich doch tatsächlich von Papst Pius XII. empfangen worden. Wir haben über alles Mögliche gesprochen. Meine Familie, meine Interessen, mein ganzes Leben. Nur nicht über die Schauspielerei. Dabei hat mich der Papst nur kennenlernen wollen, weil ich doch eine recht ulkige Reklame für die Kirche mache …‹ Diese ›Reklame‹ wird in der ganzen Welt verbreitet. Nur Spanien und die Sowjetunion wollen von den kuriosen Käuzen nichts wissen. Den Spaniern sind die Geschichten zu prokommunistisch, den Russen zu kommunisten-feindlich! Deswegen hat man auch darauf verzichtet, in Russland zu drehen. Es geht auch viel bequemer, nämlich in Brescello. Sollte dem Besucher hier dennoch der Boden unter den Füßen zu heiß werden, läuft er einfach ein paar Hundert Meter weiter. Nach Italien. Stärkt sich im ›*Don-Camillo*-Café‹ an einem Glas ›*Don-Camillo*-Rotwein‹ und schreibt seinen Lieben eine ›*Don-Camillo*‹-Ansichtskarte. Auch Fernandel tut das natürlich: ›Meine Frau amüsiert sich darüber immer wieder!‹ Bange Frage an Fernandel: ›Ist der Erfolg des ersten *Don-Camillo*-Films überhaupt wiederholbar?‹ Fernandel: ›Natürlich war das damals eine Überraschung. Und so was ist jetzt nicht mehr möglich. Dennoch: Das Komische bleibt ja. Auch der Roman *Genosse Don Camillo* rangiert wieder unter den zehn ersten Titeln der Bestseller-Listen!‹ Und Fernandel selbst gehört immer noch zu den bestbezahlten Schauspielern Frankreichs. Er ist jetzt 35 Jahre mit dem Film ›verheiratet‹. Fernandel: ›Ja. Und 40 Jahre mit meiner Frau.‹ Welche ›Ehe‹ ist glücklicher? Fernandel streicht die Soutane glatt, lacht verschmitzt und sagt mit großer Geste: ›O mon Dieu, das kann man nicht vergleichen. Sie sind beide glücklich.‹« In einem weiteren Beitrag von Kochanowski heißt es am 3. Juli 1965 in der *Neue Rhein-Ruhr-Zeitung* weiter: »… Sogar Russland liegt in Brescello. Für *Don Camillo* macht man eben alles möglich – als Dank für den schmuckvollen Säulen-Eingang, den der Filmarchitekt an ihre Kirche gebaut hat. Da können sie es schon auf sich nehmen, einen ganzen Platz russisch zu ›frisieren‹ und sogar ein sowjetisches Künstlerdenkmal aufzustellen …«

Auch das Branchenmagazin *Film-Echo/Filmdienst* (1965) hat bei den Dreharbeiten vorbeigeschaut: »In Rom wurden die Atelieraufnahmen für Carol Hellmans deutsche Coproduktion mit *Federiz* GENOSSE DON CAMILLO beendet … Am Po, in der Nähe von Mailand, werden jetzt Außenaufnahmen gedreht. Peter Kühn von *Cinepress* lud im Auftrag des Verleihs deutsche Journalisten zu einem Besuch bei den Dreharbeiten ein … Für den *Cine-Union*-Filmverleih sind in Italien gegenwärtig zwei Filme in Arbeit, die von den Theaterbesitzern und vom Publikum mit einiger Neugier erwartet werden. Einmal das jüngste Projekt Fellinis, der Farbfilm JULIA UND DIE GEISTER, der nach den Filmfestspielen von Venedig in Deutschland gestartet werden soll. Zum anderen die fünfte *Don-Camillo*-und *Peppone*-Verfilmung mit Fernandel und Gino Cervi unter dem Titel GENOSSE DON CAMILLO, die Ende des Jahres bei uns zu sehen sein wird … In der Reggio Emilia, unweit von Parma, liegt das kleine Landstädtchen Brescello. In den Reiseführern wird es vorläufig noch nicht erwähnt. Den Autofahrer aber laden große Transparente zum Verweilen ein: ›Besuchen Sie den Ort

Don Camillos!‹ Brescello nämlich ist der Schauplatz der bisherigen vier Filme um die Erlebnisse des braven Dorfpfarrers *Don Camillo* und seines kommunistischen Widersachers, des Bürgermeisters *Peppone*, gewesen. Und auch GENOSSE DON CAMILLO, die fünfte Adaption der Einfälle des Romanautors Giovannino Guareschi, entsteht hier. Diesmal inszeniert Luigi Comencini. Stolz lächelnd weist Fernandel mit ausholender Geste auf die großräumige, von außen bescheiden wirkende, im Innern mit bemerkenswerten Renaissance-Bildern geschmückte Kirche von Brescello und sagt ohne Arg: ›C'est mon église!‹ Das Gotteshaus des Ortsgeistlichen von Brescello, Don Santo Manfredini, ist für Fernandel so sehr ›meine Kirche‹, wie die Soutane des *Don Camillo* für ihn zum Symbol für den großen, weltweiten Filmerfolg geworden ist. 5 mal und kein Ende. Doch wo auch findet sich eine Parallele zu dieser ungewöhnlichen Beständigkeit? Seit 14 Jahren schon gehört die Rolle des *Don Camillo* zu Fernandel wie jüngst der *Bond* zu Connery. Schon bei der dritten, dann bei der vierten Verfilmung glaubten die Produzenten, dass damit das Ende des Booms erreicht sei. Doch als Guareschis neues Buch *Il Compagno Don Camillo* wiederum zu einem Riesenerfolg wurde und sich in den zurückliegenden Monaten lange in der Top-Spitze der Bestseller hielt, lag eine fünfte Verfilmung auf der Hand. Neben Fernandel natürlich wieder mit Gino Cervi in der zweiten Hauptrolle. Auf der Piazza Principale von Brescello, unweit des *Café Don Camillo* und vis-a-vis der Kirche, die auch schon ganz offiziell *Iglesia Don Camillo* heißt, dreht Luigi Comencini mit einer für einen Lustspiel-Regisseur ungewöhnlich verbissenen Ernsthaftigkeit. Der kleine drahtige Italiener gönnt weder seinen beiden Hauptdarstellern noch den als Komparserie in großer Zahl mitwirkenden Einwohnern von Brescello, geschweige denn den deutschen Journalisten, auch nur das leiseste Lächeln. Fernandel kompensiert die fast brüske Art Comencinis indessen mit jenem Lachen, das ihn weltberühmt gemacht hat. Mit Kamera-Dolly und Transfokator fährt Kameramann Amando Nannuzzi zweifach vor Fernandel hin und her. Der Film wird schwarzweiß fotografiert. Denn obwohl Comencini nach eigener Äußerung ein Märchen und keinen realistischen Film zu drehen beabsichtigt, meint er andererseits, dass Farbe dem Geschehen nicht gemäß ist. Das Ost-West-Dorf. Das russische Dorf übrigens, in dem ein Teil des Films spielt, findet sich für die Dreharbeiten in – nun, in Brescello. Nur zwei Gassen von der Piazza Principale entfernt, haben die Film-Architekten einen russischen Marktplatz mit Lenin-Denkmal und vielen kyrillischen Aufschriften gezaubert. Russland und Italien, Tür an Tür. Der Film macht's möglich. …«

Filmhandlung

Kommentar am Anfang der deutschen Fassung: »Es war einmal. Aber es gibt es noch immer. Das kleine Landstädtchen Brescello. Immer gleich und doch immer verschieden geht das Leben weiter. Der Pfarrer *Don Camillo* und der Bürgermeister *Peppone* sind noch immer die selbstbewussten, stolzen Anführer der gegnerischen Parteien. Wie man Brescello sieht, kommt auf den Standpunkt an. Steht man rechts, ist es die Gemeinde von Hochwürden *Don Camillo*. Steht man links, ist es die Landwirtschaftsgenossenschaft des Genossen *Peppone*. Von oben gesehen allerdings ist es ein schönes Fleckchen Erde, wo sich die Gegner hartnäckig bekämpfen, ohne Feind zu werden, und die Stimme des Gewissens immer das letzte Wort hat … Zu der Zeit, zu der unsere Geschichte beginnt, hat sich der Stil des Kampfes geändert. Beide Welten haben sich einander genähert, um sich umso intensiver und mit feineren Mitteln zu befehden. *Peppone* hat wieder einmal eine Wahl gewonnen. Nun aber marschiert der kommunistische Bürgermeister in bürgerlichem Gewand mit Zweireiher und Filzhut der proletanischen Revolution entgegen, die er mit demokratischen Mitteln zu erreichen hofft. *Don Camillo* hat sich nicht verkleiden können. Er hat seine Soutane anbehalten. Aber er hat sich den neuen Spielregeln angepasst, um seine Kirche verteidigen zu können.«

Die Genossen marschieren auf den Marktplatz. *Peppone* verkündet stolz den Sieg. 97 Prozent hätten die Kommunisten gewählt. Ein Glockenschlag zwingt ihn zur Korrektur auf 79 Prozent. Doch wieder erklingt die Mahnung. »Um ganz genau zu sein, es waren 77,3 Prozent«, meint der Parteiführer. Unbeeindruckt präsentiert er stolz den Fortschritt. Eine russische Kolchose vom Don hat den Genossen in Italien einen Traktor als Geschenk geschickt. Auf den Namen Chruschtschow getauft, präsentieren die »Roten« stolz das fortschrittliche Geschenk. Doch der Traktor hat Motorprobleme. *Don Camillo* verfolgt mit einem Lächeln vom Kirchturm die Probleme und spielt vergnügt mit den Glocken. *Peppone* ist außer sich, weil er nicht den Fehler findet. »Schiebt den Traktor in meine Werkstatt. Hier hat jemand den bösen Blick«, zischt er. Nach drei Tagen und Nächten muss *Peppone* kapitulieren. Er schafft es nicht, den Traktor zu reparieren. Er schickt nach *Don Camillo*, der den Traktor segnen soll. Widerwillig lässt sich der Pfarrer dazu überreden. Prompt springt der Traktor an. *Don Camillo* ist fassungslos. Die »Roten« präsentieren nun stolz – und ohne ein Wort zur Segnung – das Geschenk. Man will den Genossen vom Don die Patenschaft anbieten. *Don Camillo* macht als Zuschauer der Gemeinderatssitzung die angedachte Verbindung lächerlich. Er spricht für den einzigen Vertreter der Opposition und verlangt eine öffentliche Abstimmung. Tumult im Gemeinderat. *Peppone* lenkt ein, aber *Don Camillo* weiß, dass er die Abstimmung verlieren wird. Irgendetwas muss geschehen. Er bittet Christus um Hilfe. Da kommen ihm zwei angebliche Flüchtlinge aus der Sowjetunion wie gerufen, die in seiner Kirche auftauchen, und die von einer Delegation geflüchtet sein wollen. *Don Camillo* schaltet fix und verhilft den beiden zum Kirchenasyl. Im Kreise seiner Verbündeten berät er über die »Anti-Verbrüderungsbombe«. Ohne das gegnerische Lager zu informieren, werden die Flüchtlinge in diversen Betrieben vorgeführt und erzählen dort von den Zuständen in der Sowjetunion. Das zeigt Wirkung. Die politische Stimmung kippt und kaum jemand unterschreibt für die geplante Patenschaft. *Peppone* und Genossen können sich zunächst keinen Reim darauf machen, bis *Frau Peppone* ihren Mann aufklärt. Der stürmt zu *Don Camillo* ins Pfarrhaus und tobt: »Ihr solltet euch schämen. Ihr nennt das Paradies der Werktätigen eine Hölle. Das große Russland ist ein einsamer Leuchtturm in der Finsternis. Ihr solltet stolz auf ihn sein, denn nur von dort aus leuchtet es und strahlt Friede und Freiheit und Gleichheit.« *Camillo* unterbricht ihn: »Alles Unsinn. Weißt du überhaupt, wo du dich hier befindest, Bürgermeister? In der Wohnung eines Priesters. Und da verfängt deine dumme Propaganda nicht.« – »Hochwürden, in Sachen Propaganda seid Ihr ja kein Unschuldsengel, wie dieses Beispiel gerade zeigt.« Schließlich einigt man sich darauf, dass die Flüchtlinge wieder unerkannt verschwinden. Ansonsten würde der Bürgermeister sie anzeigen. Als sich am nächsten Tag herausstellt, dass es sich bei den Flüchtlingen um Betrüger handelte, haben die Genossen leichtes Spiel. Alle Einwohner stimmen für die Patenschaft. *Don Camillo* predigt in der Messe der Gemeinde seine Meinung. Er verkündet einen Hungerstreik gegen die Verbindung mit den Genossen am Don. Und er meint es ernst, lässt alle seine Lebensmittel zu Hause versiegeln. Der angehende Märtyrer will auf niemanden hören. Von Tag zu Tag geht es *Don Camillo* schlechter. Anfangs machen sich die Genossen noch lustig darüber, doch als sie erkennen, dass es *Camillo* wirklich ernst meint, leiten sie Gegenmaßnahmen ein. Zunächst versucht *Peppone, Camillo* im Guten zu überreden. Der ruft aber nur: »Hebe dich hinweg, Satan.« Es ist Christus, der *Don* Camillo überredet, den Hungerstreik aufzugeben. Auf das »Guten Appetit« verspeist *Camillo* die Lebensmittelvorräte für eine Woche in drei Stunden. In der Nacht trifft allerdings der »Ausschuss für die unterernährte Bevölkerung«, *Peppone* und Genossen, ein, die den Pfarrer noch zwangsweise mit Lebensmitteln füttern. Am nächsten Tag sind sämtliche Gesundheitswerte von *Camillo* viel zu hoch. *Camillos* Magen leidet, aber er wird es schaffen.

Don Camillo ist jetzt mobil und fährt einen Lieferwagen. Eines Abends erwischt er *Peppone* im Wagen des Vergnügungsschießstandes vor seinem Pfarrhaus, den er wegen des Lärms der Knallerei schon verfluchte, mit der Animatorin. Er entführt den Wagen und droht *Peppone*: Entweder fährt er den Wagen vor *Peppones* Haus oder *Don Camillo* darf mit den Genossen nach Russland. *Peppone* wählt das kleinere Übel.

Es geht nach Russland. Camillo beschafft sich falsche Papiere und verkleidet sich als waschechter Genosse *Tarocci*. Begeistert werden die Italiener am Don empfangen. Im Gästehaus lässt es sich *Don Camillo* nicht nehmen, auch zu beten. *Peppone* reagiert fassungslos: »Still, wisst Ihr nicht, dass hier überall Mikrofone eingebaut sind?« Die große Verbrüderungsaktion findet in einer riesigen Halle statt. Doch urplötzlich wird die Zeremonie von oben abgeblasen, die Geschenke wieder zurückgegeben. Es geht zurück ins Quartier. Die italienischen Genossen können sich keinen Reim darauf machen. Sie wissen nur, dass sie streng überwacht werden. Genosse *Smilzo* will *Don Camillo* ausliefern lassen, denn er vermutet, dass die Russen längst dessen wahre Identität wissen. Dafür bekommt er von *Camillo* eine Ohrfeige. Zu aller Ungewissheit sind auch alle Bilder von Chruschtschow verschwunden. Man erhält als Antwort, dass diese gereinigt werden müssten. Am nächsten Morgen hängt ein anderes Gesicht an den Wänden. *Camillo* dazu: »Sie kommen und gehen. Nur die Partei bleibt bestehen.« Ein Fluchtversuch endet in einer neuen Verbrüderungsaktion. Alles beginnt wieder von vorne. Die Geschenke werden wieder ausgetauscht. Der Kommentar zur neuen Situation lautet: »Der Zugführer ist nur ausgetauscht, der Zug selbst fährt aber weiter in die gleiche Richtung.« Es gibt eine Menge Verbrüderungsküsse. Auch *Don Camillo* bleibt davon nicht verschont, was sich noch als nachteilig herausstellen wird.

In einer als Speicherraum umfunktionierten Kirche findet *Camillo* eine Christus-Figur im Abstellraum. Hier kommt ein Gespräch mit Christus zustande. *Don Camillo* leistet bei einem russischen Kollegen mit »tatkräftigen Argumenten« priesterliche Entwicklungshilfe und macht ihm Mut, für seine Überzeugungen einzustehen. *Peppone* muss unterdessen bei einem Wetttrinken mit einem russischen Genossen standhalten, damit *Camillos* Abwesenheit nicht auffällt. Am Ende will der italienische Genosse nur noch zurück in die Heimat und bettelt *Don Camillo* an, ihn ja nicht zurückzulassen. Als alle schon im Flieger sitzen, muss *Peppone* dann doch noch den Weg in eine russische Kur antreten. *Camillo* bekommt zu hören, dass man ihn längst durchschaut hat, dennoch können sie unbehelligt abreisen.

Zurück in Brescello, warten die Genossen vergeblich auf die Rückkehr ihres Chefs. Der Bischof schickt *Don Camillo* auf den Weg ins große Amerika. Am Flugplatz taucht dann plötzlich *Peppone* auf. Ohne Schnurrbart, dafür mit falschen Papieren und im Gewand eines Monsignore. So wie *Camillo* in Russland unter einem Einband des Breviers die Bibel mitnahm, so hat *Peppone* nun die Schriften von Marx bei sich. Und er hat als Druckmittel ein in Russland aufgenommenes Foto bei sich, das *Camillo* mit Hammer und Sichel zeigt, während ihn ein russisches Mädchen küsst. So begeben sich beide zum Flugzeug, das sie nach Amerika bringen wird.

Resonanz und Rezension

Der letzte vollendete *Don-Camillo*-Film hat zunächst in Italien im September 1965 Premiere, bevor er im Monat danach in Deutschland Uraufführung erlebt und kurz vor Weihnachten in Frankreich anläuft.

In Italien markiert GENOSSE DON CAMILLO das Ende einer Ära. *Don Camillo* und *Peppone* ziehen bei ihren Landsleuten nicht mehr. Dem Film ist nur ein bescheidener Erfolg beschieden. Er spielt fast 300 Millionen Lire weniger ein als sein Vorgänger. Einige Kritiker halten den Film für den reaktionärsten der Reihe. Interessant noch die Feststellung, dass *Camillos* Genossenname *Tarocci* der ursprüngliche Name für den Priester in den Erzählungen war und das erstmals in den Filmen das Dorf Brescello beim Namen genannt wird. Kritiker D. Biondi schreibt am 9. Dezember 1965: »Fernandel und Cervi sind wie immer gut in ihren Spielplatz-Kämpfen. Dazu gibt es eine gute Kameraführung von Comencini … Es wird viel gelacht, obwohl bekannt ist, dass die Kommunisten nicht die lieben Kerle sind, wie diese Bauern vom Don erscheinen …«

Ganz anders wiederum der Erfolg in deutschen Landen. Die Deutschen nehmen *Don Camillo* und *Peppone* wieder begeistert auf. Eine Anzeige der Cine-Union im Fachblatt *Film-Echo/Filmdienst* 1965 nennt Zahlen: »Mittelstadt 600 Personen 7 Tage: Das war seit vielen Jahren ein absolutes Spitzengeschäft. Publikum und Presse waren sehr zufrieden. Beste Mundpropaganda. Ein Film für alle Altersklassen. Der Film brachte Besucher, die seit vielen Jahren nicht mehr zu sehen waren. Großstadt 2 Theater gleichzeitig (Mittel- und Klein-Theater) 21 T 48V: sehr gutes Geschäft. Wir spielten diesen Film, der von Publikum und der Presse sehr gut aufgenommen wurde, insgesamt drei Wochen – für eine Woche war er abgeschlossen. Großstadt 750P erste 7T: sehr gutes Geschäft. Ein Film für breit geschichtetes Publikum, das sich über die neuen Späße köstlich amüsiert. Presse gut. Besuch: überragend. Wir gehen in die zweite Woche. Großstadt 750P 13 T 74V: sehr gutes Geschäft. Auch dieser neueste *Don-Camillo*-Film ist überragend angelaufen. Er brachte auch noch am zweiten Wochenende, dank seiner guten Werbeidee (beim Bundesligaspiel wurde ein Ball überreicht!), ein sehr gutes Geschäft. Großstadt 2 Theater zusammen 1400P erste 18T 180: Dieser volkstümliche Publikumsfilm läuft nun schon in der dritten Woche in zwei Theatern gleichzeitig noch so gut, dass wir in beiden Häusern verlängern werden. Der Film zählt bereits zu den größten Erfolgen des Jahres. In der ersten Spielwoche hatten wir bei 19.099 Besuchern eine Nettokasse von DM 61.213,-.«

Die Kritik des katholischen *Film-Dienst* ist erwartungsgemäß wieder keine gute. Diesmal werden sogar stärkere Einwände gesehen: »In der fünften Folge verfilmter Guareschi-Romane nötigt der Dorfpfarrer seinen kommunistischen Gegner, ihn als Parteifunktionär zum Kolchosenbesuch in die Sowjetunion einzuschmuggeln. Drastische, teils unsaubere Situationskomik, die beide Seiten platt verzeichnet und sie nur über Notlügen und Angst vor persönlicher Blamage zusammenführt. – Einwände. Meinung des Kritikers: In den bisherigen vier Filmen ... trug der kampflustige *Camillo*-Fernandel als Pfarrer von Brescello (in der Reggio Emilia unweit von Parma) seine Fehden mit dem Kommunistenführer *Peppone* ausschließlich auf italienischen Boden aus. So ließen sich auch grotesk überspitzte Anekdoten mit milder Nachsicht als Mentalitätskapriolen belächeln. Diesmal ist die herkömmliche Situationskomik jedoch auf dem Tiefpunkt angelangt, und erstmals bedient sie sich am Rande erotischer Mätzchen. Schon der Auftakt geht daneben. *Peppone* übergibt seinen Parteifreunden in Brescello einen von der Sowjetunion geschenkten Traktor, der ›prompt‹ versagt. Ein solcher Witz mag sich auf die 1920er-Jahre münzen lassen; bei dem unbestreitbaren Hochstand der heutigen Sowjetindustrie ist er ebenso dumm wie die nachfolgende Einsegnung und das daraufhin ›prompte‹ Wiederanspringen … Noch weniger genießbar ist die letzte Lachpille. *Don Camillo* verschweigt seinem Bischof das unerlaubte Reiseabenteuer, wird zum Leiter einer Priestergruppe für den Besuch der USA ernannt und trifft auf dem Flugplatz seinen Widersacher im Ornat des Monsignore. *Peppone* droht ihm mit einem Foto, auf dem *Don Camillo* den Begrüßungskuss einer Kolchosen-Schönheit empfängt. So wird das Vertuschen, die Notlüge, die Heuchelei zum beherrschenden Lustspielmotiv. Allein die Angst vor persönlicher Blamage führt – entsprechend dem Gleichgewicht des Schreckens zwischen Ost und West – zum Waffenstillstand zwischen zwei Hitzköpfen, zum Gleichgewicht der Kleingeistigkeit. Was sie in Hassliebe verbindet, ist das Tabu des Spießers. In diesem Rahmen hören sich die Zwiegespräche *Don Camillos* mit dem Gekreuzigten – inspiriert von Papst Johannes XXIII. – besonders ehrfurchtslos an. Luigi Comencinis Regie erstarrt in Kulissenroutine. Dass ihr ein paar unwiderstehliche Zwerchfellattacken glücken, die man als solche vergnüglich registriert, bessert die negative Schlussbilanz nicht auf. Aus den Phantasiegeschöpfen *Camillo–Peppone* sind Phantasieauswüchse geworden, die mit Christentum und Kommunismus nicht mehr zu tun haben als die beliebig austauschbaren Hüte des Sachtrickvorspanns.« Im *Film-Echo/Filmdienst* 1965 hört sich die Besprechung von Eduard Länger nicht wesentlich besser an: »Der fünfte Streich des *Don Camillo* besteht vor allem in einer Reise nach Russland. Als Genosse gehört er der Delegation an, deren Ziel unter Führung *Peppones* das Gelobte Land ist. Zum Schluss wird ein Amerika-Trip eingeleitet. Interessierte sind diesmal eine Anzahl Geistlicher, die

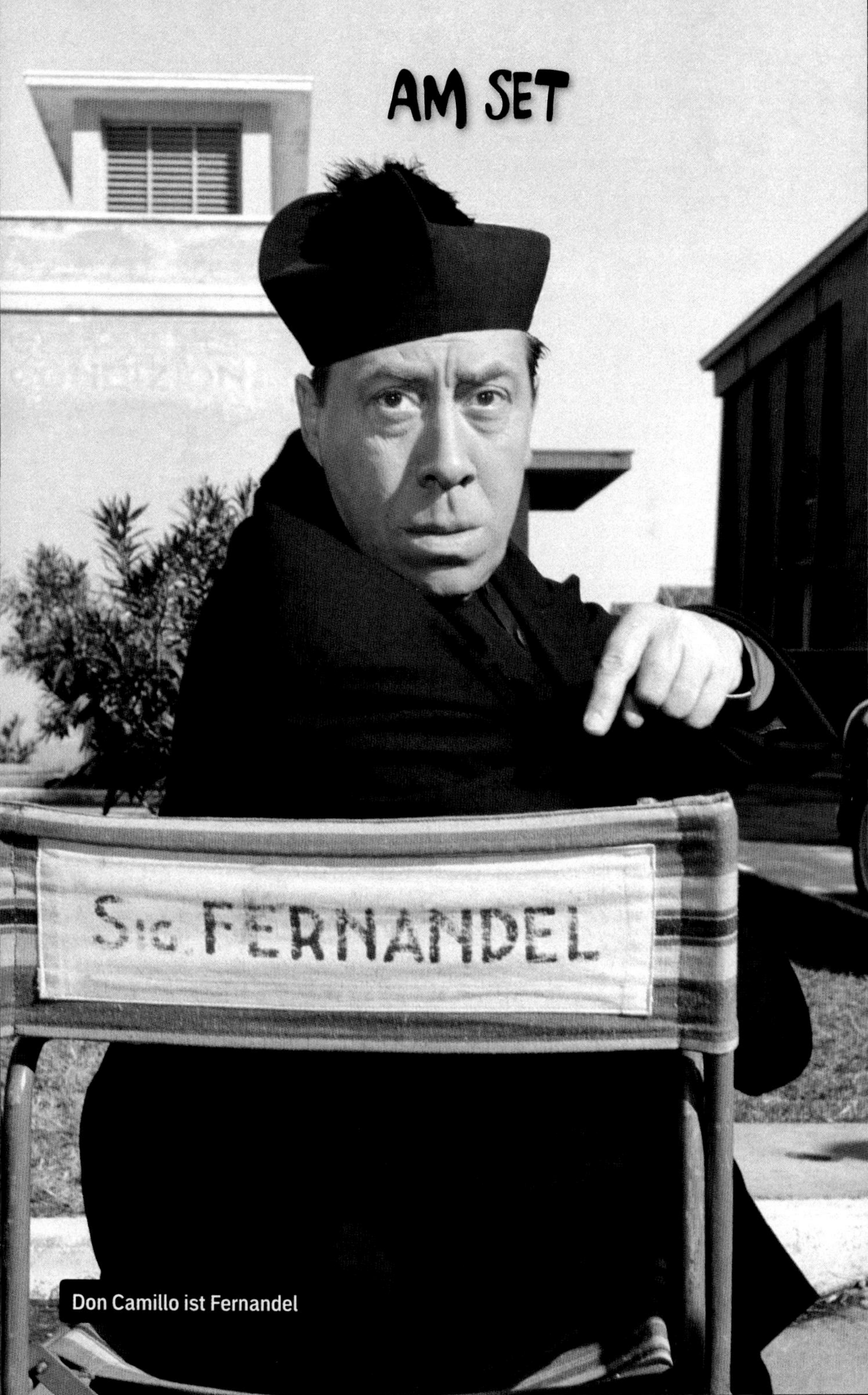

Don Camillo ist Fernandel

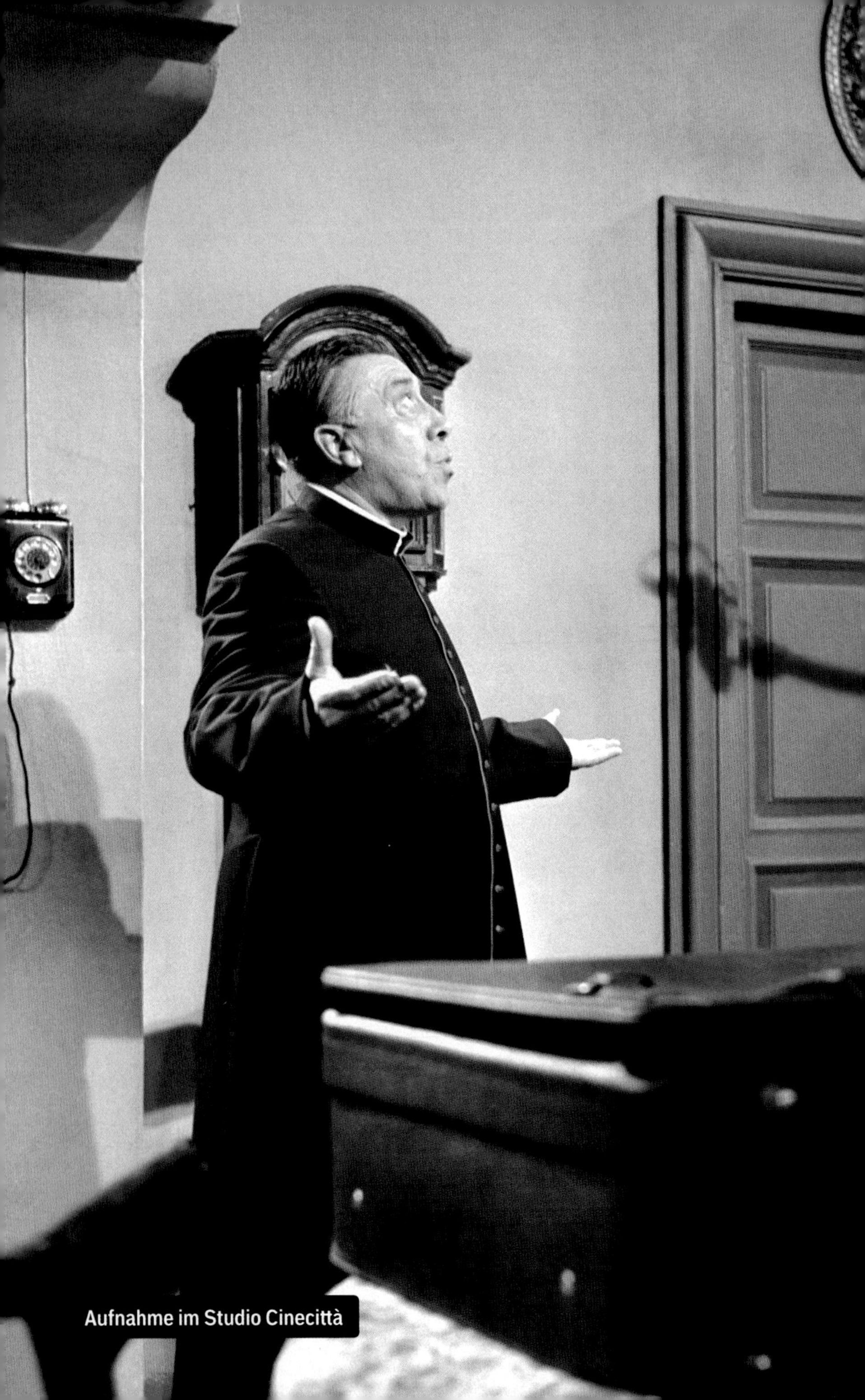
Aufnahme im Studio Cinecittà

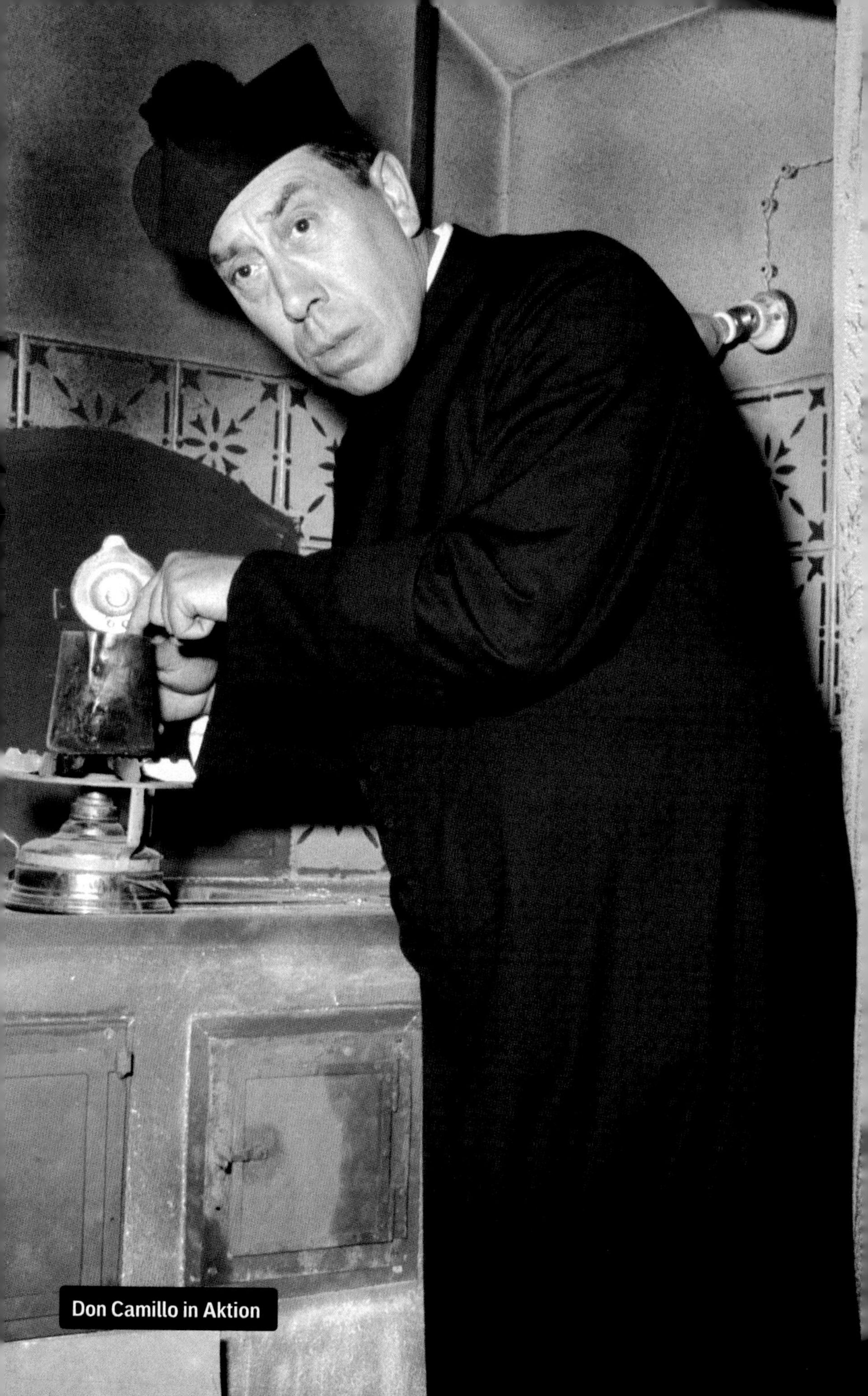

Don Camillo in Aktion

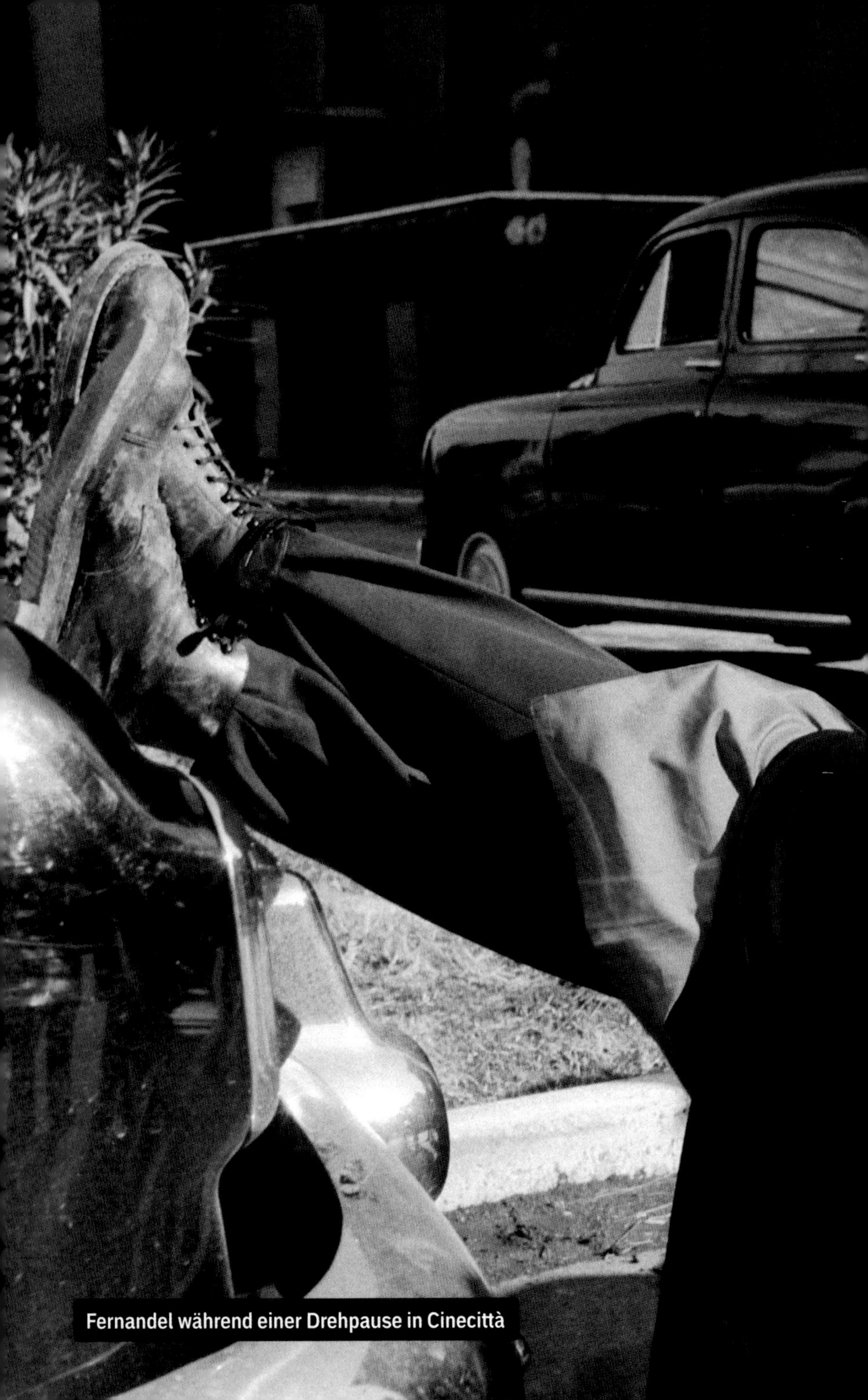

Fernandel während einer Drehpause in Cinecittà

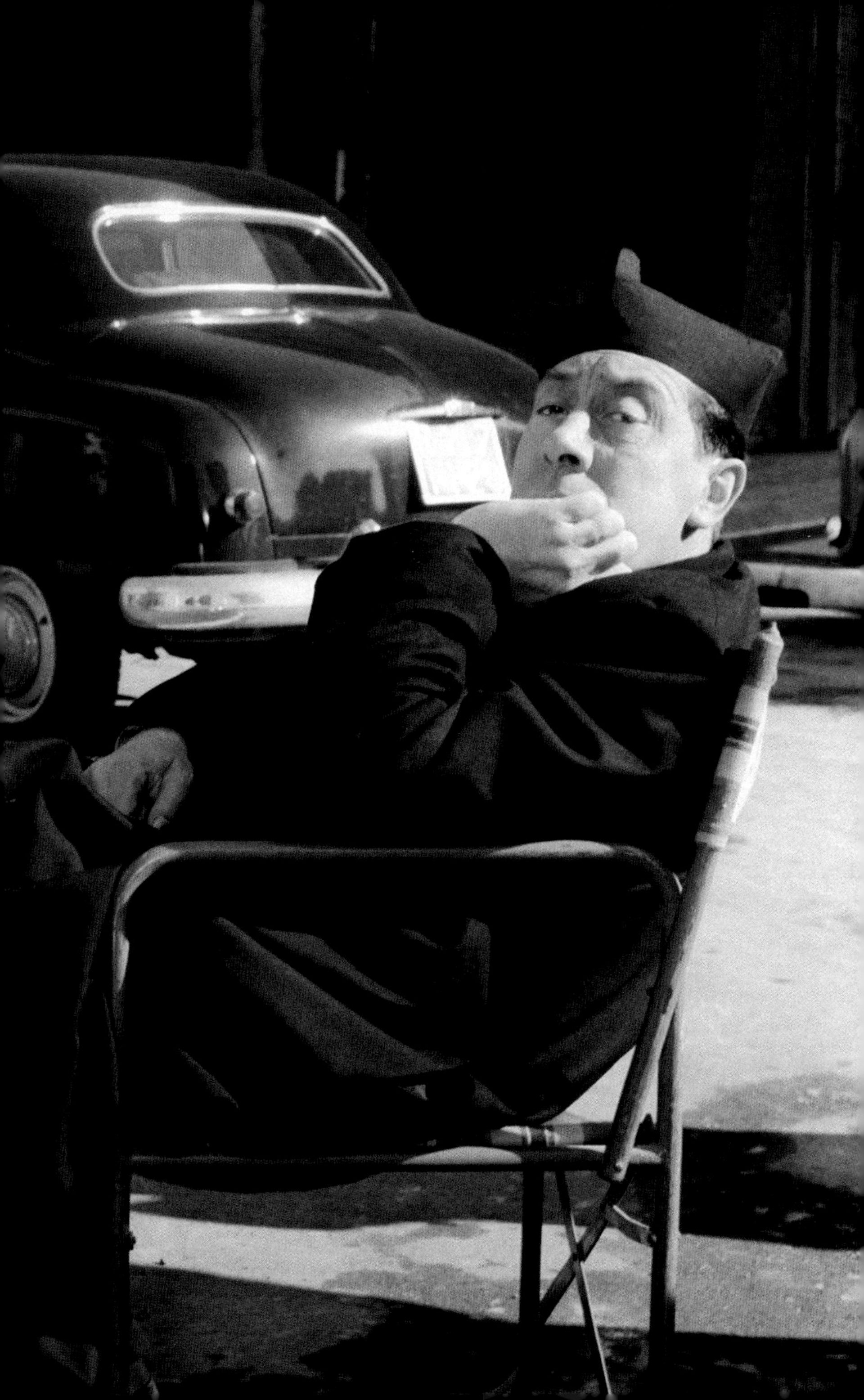

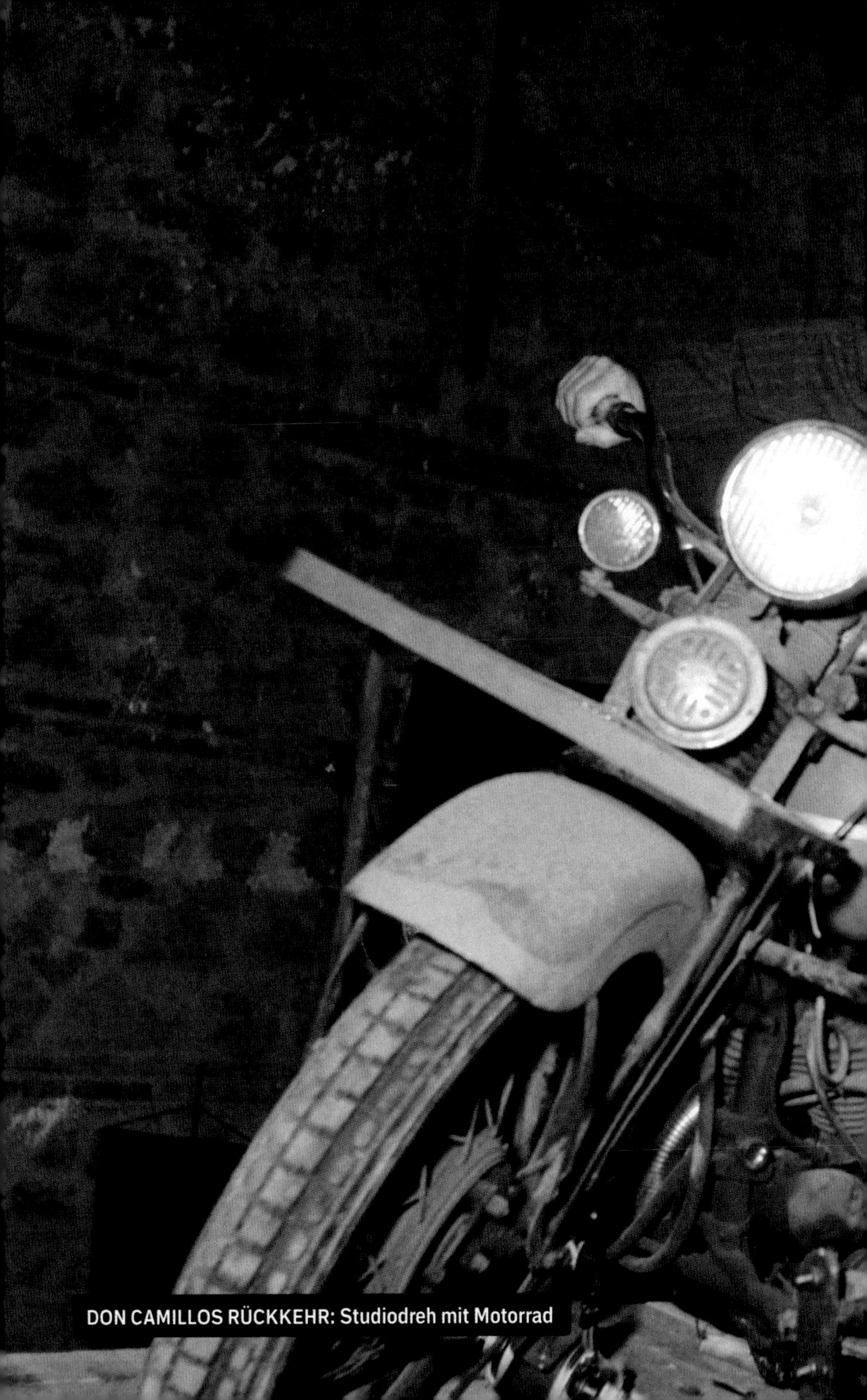

DON CAMILLOS RÜCKKEHR: Studiodreh mit Motorrad

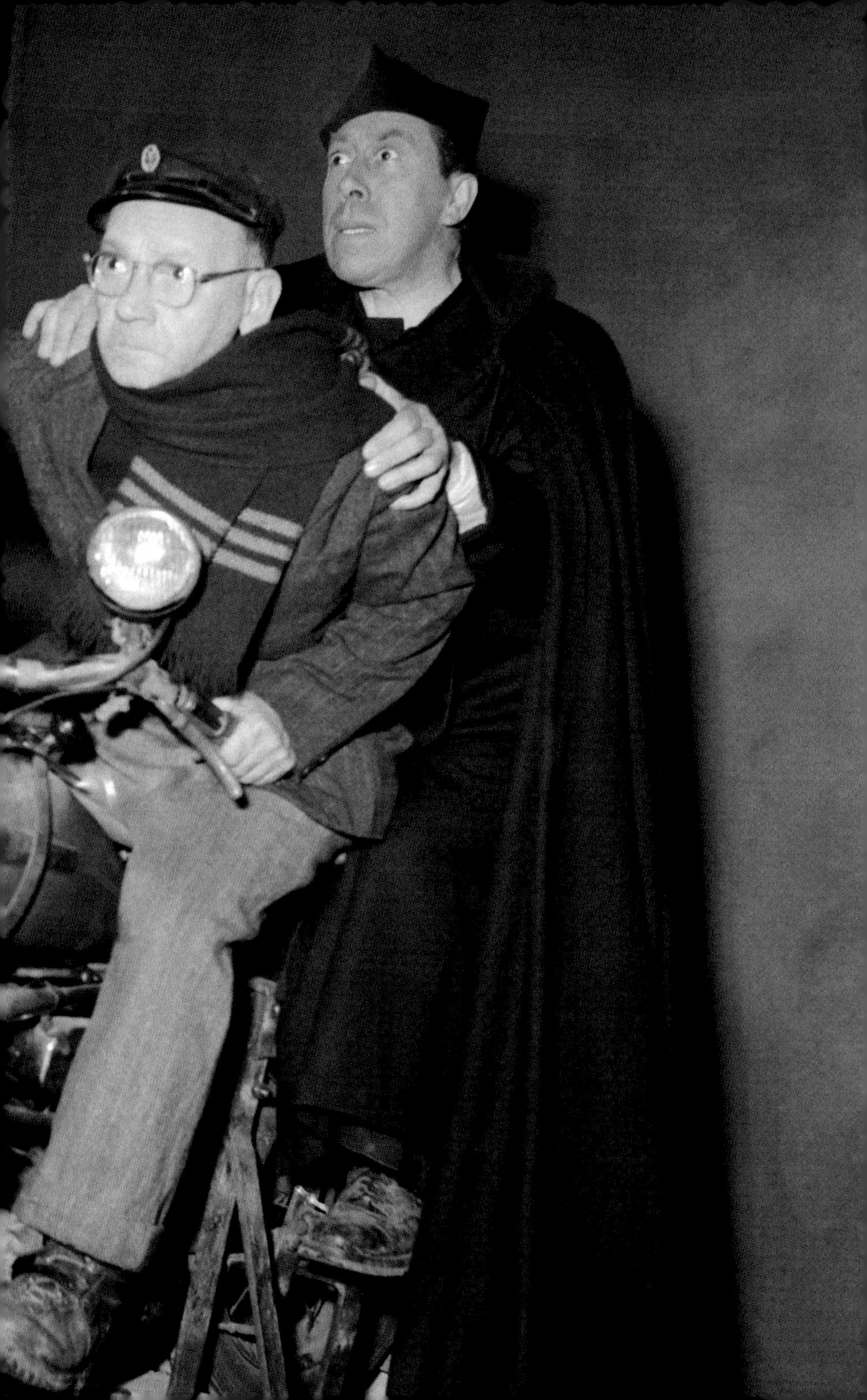

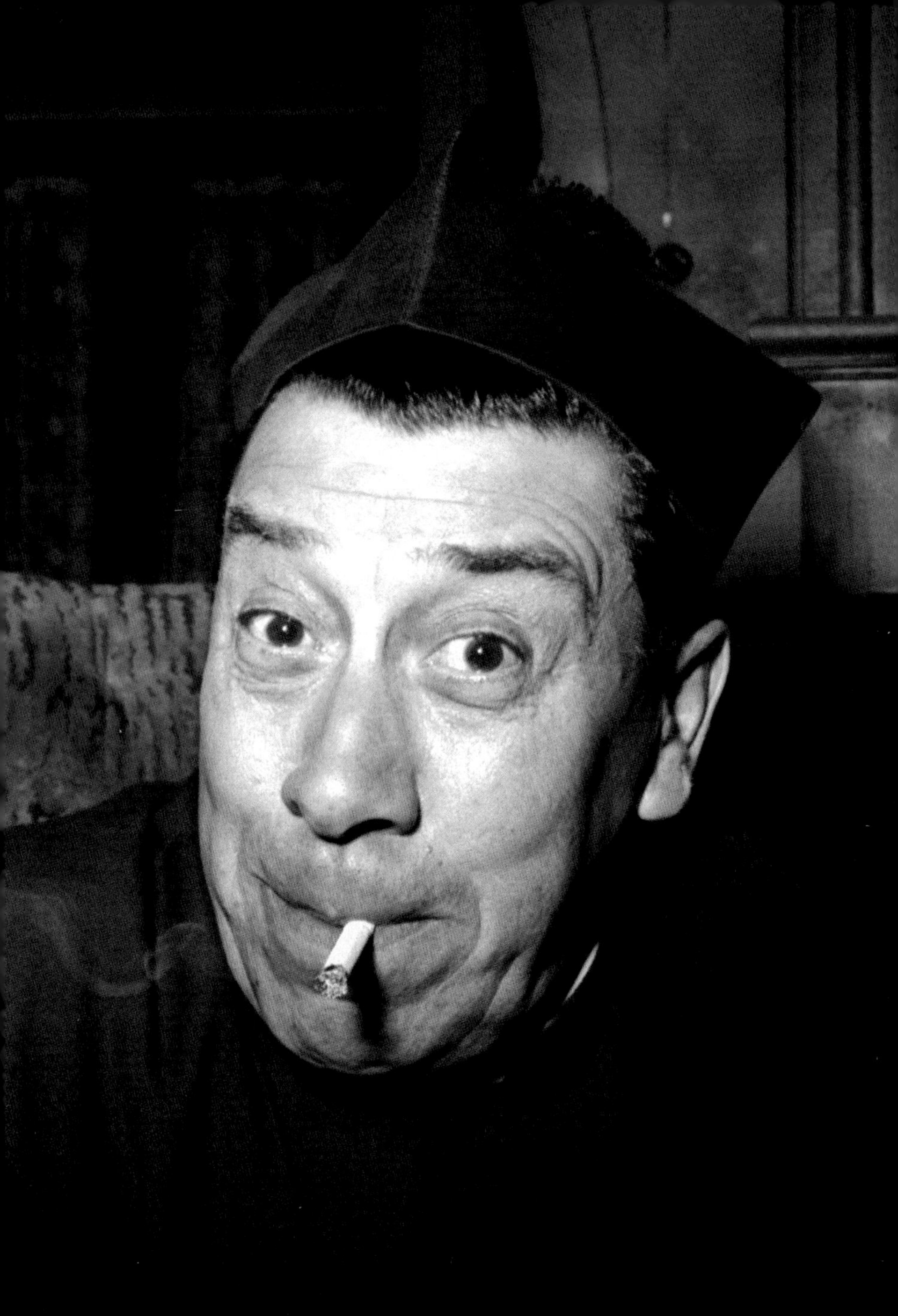

Abseits der Kamera

sich der Leitung *Don Camillos* anvertrauen. Als blinder Passagier, in der Soutane, hat sich *Peppone* eingeschlichen. Der Weg scheint geebnet für Film Nr. 6. Die Originalität der beiden Hauptfiguren, dargestellt von Fernandel und Gino Cervi, einst von Duvivier mit leichter Hand skizziert, ist nicht erst in diesem Film der Routine gewichen. Die Zwiegespräche mit dem Gekreuzigten leiden vor allem unter der Abnutzung. Hinzu kommt eine grobschlächtige Regie. Comencini fehlt es an Temperament, Witz und auch Geschmack. Das vormals amüsante Geplänkel zwischen dem Pfarrer und dem Kommunisten zeigt sich nun als ein simples Gelächter über die UdSSR und ihre Bewohner.« Es gibt aber auch in Deutschland ganz ordentliche Kritiken, wie die *Rhein-Neckar-Zeitung*, Heidelberg, vom 12. November 1965 aufzeigt: »Zum fünften Mal tauchen sie auf, die inzwischen auf der internationalen Leinwand weltberühmt gewordenen Figuren des italienischen Dichters Giovannino Guareschi: *Don Camillo* und *Peppone.* Als der große französische Regisseur Julien Duvivier als Erster diese nachdenkliche Satire, in welcher der streitbare Pfarrer von Brescello sich mit dem dortigen Bürgermeister in einen kompromisslosen Kampf um die kommunistische Ideologie einließ, ins Filmische transformierte, erzielte er mit seinem begeisternden filmischen Opus einen Erfolg ohnegleichen. Eleganz der Darstellung, Witz, Humor und ein unübertreffliches Charakterdarstellerpaar – Fernandel und Gino Cervi – hatten den ansonsten bei solch schwieriger Thematik nur allzu gern strapazierten ›tierischen Ernst‹ auf die Knie gezwungen. Im Verlauf von 15 Jahren wurden dann fünf voneinander unabhängige Versionen des gleichen Grundthemas inszeniert. Die neuen Streiche der beiden verbissenen Kontrahenten führen diesmal nach Moskau, für *Camillo* in die ›Höhle des Löwen‹. Wie es dazu kommt, ist einem neuen phantasievollen Einfall Guareschis zuzuschreiben, der auch hier wieder einen unterhaltsamen und zeitkritischen Stoff als Vorlage für Luigi Comencini lieferte. Wenn dieser auch, im Gegensatz zur schwerelosen Arbeit Duviviers, die Dinge etwas vergröbert, so ist es doch ein Film, dessen publikumswirksame Ausstrahlung unbestritten bleibt.« Auch beim *Pforzheimer Kurier* sieht man am 27. November 1965 die Dinge, wie sie sind, als leichte Unterhaltung: »... und der sechste folgt sogleich ... Was Julien Duvivier einst mit leichter Hand, Witz und Geschmack auf die Leinwand brachte, den ersten und eindeutig an der Spitze rangierenden *Don-Camillo-undPeppone*-Film, wich in den weiteren drei Folgen einer etwas derberen Direktheit. So auch der fünfte GENOSSE DON CAMILLO von Luigi Comencini, der besonders die Zwiegespräche mit dem Gekreuzigten überstrapaziert und die feinnervige Hand in diesen diffizilen Szenen vermissen lässt. Während sich am Anfang einige Längen einschleichen, gewinnt der Film mit der Reise einer italienischen KP-Delegation nach der Sowjetunion eine herbe Köstlichkeit. *Don Camillo*, der sich mit recht unfrommen Mitteln in die Abordnung eingeschlichen hat, stellt auch hier seine christlichen Weichen und berühmt-berüchtigten *Peppone*-Fallen. Doch der pfiffige Bürgermeister kontert erfolgreich. Wie, das wird sicherlich der sechste *Don-Camillo*-Film offenbaren, für den der Weg hier bereits geebnet wurde. Fernandel und Gino Cervi spielen die streitbaren Kontrahenten auf bewährte Art. Wer an einer deftigen Verulkung politischer Kampfhähne seine Freude hat, der findet hier alles, vom Schmunzeln bis zum lauthalsen Lachen.«

In Frankreich ist Robert Chazal am 21. Dezember 1965 in *France-soir* der Meinung: »Dieser Film ... hat keine andere Ambition, als dass ihn diejenigen mögen, die schon die vier vorherigen *Don-Camillo*-Filme mochten ...« Die Spitze des schlechten Geschmacks werde erreicht, als *Don Camillo* in Zivilkleidung von der jungen Sowjetfrau auf den Mund geküsst wird. »Die Welt des *Don Camillo* ist entschieden zu klein«, schließt Chazal. Claude Garson indes attestiert in *L'Aurore* am gleichen Tag, dass die Ironie der Autoren guten Geschmack habe. »Fernandel und Gino Cervi bilden ein unnachahmliches Duo. Der schwerfällige, massive Italiener und unser Landsmann mit seinem Lächeln und dem schlaksigen Aussehen dagegengesetzt.« Auch Louis Chauvet meint in *Le Figaro* am 22. Dezember 1965, dass die beiden Hauptdarsteller »unterhaltsam« mit ihrem Spiel sind. »Den einzigen Reiz des Filmes verdanken wir ihrer Anwesenheit und den spielerischen Tugenden, der hartnäckigen brüderlichen Rivalität, die beide nun zwölf Jahre vereint.« Allgemein herrscht aber ein eher pessimistischer Ton in den

Besprechungen. Samuel Lachize fragt in *Humanité* (22. Dezember 1965): »Es ist nicht schlecht. Das stimmt. Aber auch nicht gut. Was ist es also?« Michel Perez (*Combat*, 22. Dezember 1965) meint, dass auch noch das »Leiden von *Don Camillo* in Peking« gezeigt wird.

Als DON CAMILLO IN MOSKAU oder DON CAMILLO IN RUSSLAND flimmert auch dieser Film noch in einer Reihe weiterer Länder über die Leinwand. In Übersee meldet sich sogar das US-Magazin *Variety* am 21. Oktober 1965 nochmals zu Wort: »Die Zeit hat die Wirkung der *Don-Camillo*-Serie beträchtlich matt werden lassen. Einst sorgte sie örtlich für jährliche Höhepunkte. Dem letzten Beitrag fehlt es an Tiefe … Für den Export wäre das eine gewagte Sache, denn selbst russische Engel können da nicht viel ausrichten … Aber Fans von *Don Camillo* werden zufrieden sein, dass ihr Held wieder zurück ist. Fernandel und Cervi können ihre Rollen mittlerweile ohne Drehbuch spielen. Graziella Granada spielt ganz liebevoll die weibliche Verführerin, auch der Rest der Besetzung ist ordentlich. Armando Nanzuzzis Kamera wirkt gelegentlich trübe.«

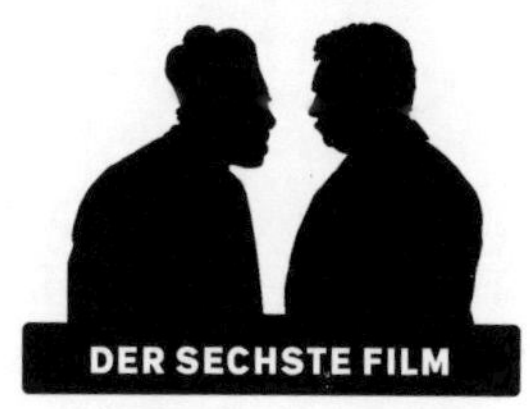

Der unvollendete Film (1970)

Vorbereitung und Produktion

Guareschi, der mit GENOSSE DON CAMILLO auch nicht zufrieden ist, bekommt von Produzent Rizzoli angeboten, eine sechste Filmepisode mit dem Titel DON CAMILLO IN AMERIKA zu schreiben. Der gesundheitlich angeschlagene Autor lehnt ab. Die posthum nach Guareschis Tod eiligst verlegte Geschichtensammlung *Don Camillo e i giovani d'oggi (Don Camillo und die Rothaarige)* dient Rizzoli allerdings dann als Vorlage für einen neuen Film.

Um mehr Schwung in die Reihe zu bringen, wird Christian-Jaque als Regisseur angeheuert. Der auf Kostümfilme spezialisierte Franzose (u. a. FANFAN, DER HUSAR, 1952) hat schon mit Fernandel zusammengearbeitet und genießt hohe Anerkennung in der Branche. Beim neuen Drehbuch gibt es Kontinuität durch dieselben Autoren wie beim letzten Film, ergänzt durch einen weiteren Autor (den Marseiller Bernard Roven). Nach Ankündigung des neuen Projekts berichtet am 25. März 1970 auch der *Hollywood Reporter* über die neuen Pläne zu dem Film DON CAMILLO AND YOUTH (Don Camillo und die Jugend). Neben Fernandel und Gino Cervi soll der aus der Emilia-Romagna stammende Paolo Carlini, der auf eine lange Karriere zurückblicken kann, aber noch nicht bei *Don Camillo* dabei war, als weiterer Priester *Don Chichi* eine wichtige Rolle spielen. Entgegen der literarischen Vorlage, wo *Don Chichi* ein junger Mann ist, ist Carlini fast 50 Jahre alt. In der Filmstory soll der neue Priester trotzdem dafür sorgen, dass der eher konservative *Don Camillo* die Neuerungen des Zweiten Vatikanischen Konzils (1962–1965) in der Gemeinde umsetzt. Das *Vaticanum II* diente der römisch-katholischen Kirche zur Erneuerung auf dem Weg in die Moderne. Inwieweit *Don Camillo* als unmoderner Pfarrer interpretiert werden kann, sei jedem selbst überlassen. Auf jeden Fall scheint die neue Konstellation auch für die Leinwand sehr interessant, und würde den *Don-Camillo*-Filmen selbst neue Akzente geben. Die rassige Graziella Granata aus dem letzten Film ist diesmal als Nichte *Don Camillos*, *Catherine*, die sogenannte Rothaarige, vorgesehen, die den Generationenkonflikt anheizen wird und für Leben in Brescello sorgt. Zu allem Ärger von *Don Camillo* wird seine Nichte auch noch zur *Miss Unità* gewählt. Der am Anfang einer (großen) Karriere stehende Giancarlo Giannini ist als *Venom*, langhaariger Sohn *Peppones* und Motorrad-Freak, angeheuert. Ganz am Ende entwickelt sich, so will es das Filmskript, eine Liebesgeschichte zwischen *Don Camillos* Nichte und *Peppones* Sohn. Ein Happy-End der ganz besonderen Art für die beiden Protagonisten.

Im heißen Juli 1970 beginnen die Dreharbeiten an bekannten Schauplätzen in Brescello, die sich bis Mitte September hinziehen sollen. Relativ früh ist die Presse eingeladen, um von den Filmaufnahmen zu berichten. Die sichtlich gealterten Hauptdarsteller geben ihr Bestes für einen würdigen Abschluss ihrer *Don-Camillo*-Filme. In einem Beitrag von Ruggero Bossi in *teletutto* heißt es u. a.: »… ›Ah, ja, wir werden älter, wir haben so viele neue Falten bekommen …‹, seufzt Gino Cervi, ›aber der Geist in den Geschichten von *Don Camillo* und *Peppone* hält ewig jung!‹ …« Fernandel wird von seiner 20-jährigen Nichte Martine am Set begleitet. Er ist »glücklich«, dass er »nicht alleine ist«. Fernandel berichtet weiter, dass er eigentlich »müde war, einen weiteren *Don Camillo*« zu machen. Diese Produktion sei nun aber wirklich seine letzte im berühmten Priesterrock. Auch das Mainzer *ZDF* (Zweites Deutsches Fernsehen) ist vor Ort. In einem Interview mit dem Sender kommt auch Fernandel zu Wort: »›Wenn es um *Don Camillo* und *Peppone* geht, weiß die ganze Welt, was passiert. Man weiß, dass die beiden streiten und dass ich meine Unterhaltungen mit Christus habe. Wenn man also einen sechsten *Don Camillo* und *Peppone* dreht, der den fünf vorhergegangen gleicht, wäre das schon arg konventionell. Und diesmal geht es um *Don Camillo* und die jungen Leute.‹«

Wenige Tage nach diesen Aufnahmen bricht Fernandel bei den Dreharbeiten zusammen. Es geschieht bei einer Szene, als er Graziella Granata auf den Armen tragen soll. Völlig erschöpft, kann Fernandel nicht mehr weiterdrehen. Hat ihm die Hitze den Atem genommen? Am 29. Juli 1970 begibt sich Fernandel nach Parma zu einem ärztlichen Spezialisten. Die Diagnose ist alles andere als gut: Lungentumor. Die Ärzte verordnen Fernandel absolutes Drehverbot. Regisseur Christian-Jaque tröstet Fernandel. Für ihn und Gino Cervi ist klar, dass sie den Film ohne Fernandel nicht weiterdrehen werden.

Angelo Rizzoli bleibt nichts anderes übrig, als erst einmal die Dreharbeiten einzustellen. *Variety* vermeldet am 15. September 1970: »Fernandels Krankheit stoppt den sechsten *Don-Camillo*-Film 1 Million Dollar verloren«. Weiter heißt es: »Produzent Angelo Rizzoli sagt die weitere Produktion von DON CAMILLO, PEPPONE AND THE NEW GENERATION als Ergebnis der andauernden und verschlimmerten Krankheit von Fernandel ab … Auf Anraten der Ärzte kehrte der 70-Jährige … zur Behandlung und Überwachung in sein Haus nach Marseille zurück, nachdem eine Brustfellentzündung seine Rückkehr zum Set verhinderte. Christian-Jaque … hatte 35 Minuten Filmaufnahmen im Kasten, als die Entscheidung für die Absage fiel …«

Wenige Tage darauf ist es aber Angelo Rizzoli, der am 24. September 1970 kurz vor seinem 81. Geburtstag stirbt. *Rizzoli-Film* existiert aber unter der Leitung der Familie des Gründers weiter. Mitte Januar 1971 heißt es dann, dass sich Fernandels Gesundheitszustand gebessert hat. Christian-Jaque telefoniert mit ihm und macht dem Schauspieler Hoffnung auf eine gemeinsame Fortsetzung. Eine trügerische Aussicht. Nur einen Monat später ist alle Hoffnung auf eine Fortsetzung der Dreharbeiten dahin. Fernandel stirbt am 26. Februar 1971 an seiner schweren Erkrankung.

Die Aufnahmen des unvollendeten Filmes gelten heute als verschollen. Seit vielen Jahren sucht Alberto Guareschi nach ihnen, leider erfolglos. Vermutlich sind die Aufnahmen »in irgendeinen Tresor« gewandert, meint er, wo sie heute noch liegen dürften.

Rizzoli-Film möchte seinerzeit das Projekt natürlich beenden. Wissend um die Schwere von Fernandels Krankheit und die damit verbundenen notwendigen Neubesetzungen, gelingt es ihr schon 1971, Mario Camerini, der den ersten *Don-Camillo*-Film im Jahr 1951 abgelehnt hatte, zu überreden, den Film zu machen. Der Altmeister, der die bisher gedrehten Szenen »schrecklich« findet, macht sich neu ans Werk, um endlich eine seiner Meinung nach vernünftige Version der Geschichte auf die Leinwand zu bringen. Gastone Moschin wird sein neuer *Don Camillo*, der US-Amerikaner (!) Lionel Stander der neue *Peppone*. Dem fertigen Film DON CAMILLO E I GIOVANI D'OGGI (1972), der ohne irgendwelche Aufnahmen aus dem unvollendeten Film auskommt und auch nicht mehr in Brescello, sondern in San Secondo Parmense, 20 Kilometer von Brescello entfernt, entsteht, bleibt allerdings ein Erfolg versagt. Zwar loben italienische Kritiker gut gelungene Szenen des »ländlichen Lebens«, doch das Flair der berühmten Vorgänger kann er nicht erreichen. Auch kann es die neue Besetzung nicht mit dem Traumpaar Fernandel/Gino Cervi aufnehmen. Gastone Moschin verfügt zwar ebenfalls über ein markantes Gesichtsprofil, das mit dem »Pferdegesicht« von Fernandel allerdings nicht konkurrieren kann. Lionel Stander ist auch kein Gino Cervi. Dem Film fehlt es in jeglicher Hinsicht an Größe. Zu allem Überfluss ist *Don Camillo* in diesem Film ein bisschen anders angelegt und Christus nicht mehr in der Lage, seine Handgreiflichkeiten zu stoppen. Sozialist Mario Camerini verschiebt die Gewichte von Guareschis Figuren. Er lässt *Don Camillo* relativ humorlos *Peppones* Sohn gegen dessen Willen rigoros die langen Haare abschneiden oder stellt ihn mit dem erhobenen Stock in der Hand einer Gruppe Motorradfahrer gegenüber. *Peppone* ist nur noch ein kleiner, cholerischer Krakeeler. *Don Camillos* (gar nicht so rothaarige) Nichte bringt frischen Wind ins Pfarrhaus und geizt in ihrem Mini nicht mit ihren sexuellen Reizen, denen sogar *Don Chichi* zum

Opfer fällt. Bei der Hochzeit von *Peppones* Sohn und *Don Camillos* Nichte muss *Camillos* Stimme auch noch eine Popgruppe übertönen. Alberto und Carlotta Guareschi stellen aber fest: »Vielleicht wegen des Technicolor, vielleicht wegen der Konfrontationen zwischen Moschin und Stander wurde der Film von den Fans von Fernandel und Cervi abgelehnt. Ungeachtet dessen ist der Film nahe am Buch und wurde in der ›kleinen Welt‹ gedreht.« Bei allem Wohlwollen hinsichtlich der vielleicht gut getroffenen kleinbürgerlichen italienischen Atmosphäre: Dieser Film und vor allem seine Hauptdarsteller können in keinster Weise die großen Fußspuren der legendären Vorgänger ausfüllen. So ist es kein Wunder, dass *Rizzoli-Film* keine weiteren *Don-Camillo*-Filme produziert und auf dem humoristischen Gebiet lieber mit dem neuen Haudegen-Paar Bud Spencer und Terence Hill (... ALTRIMENTI CI ARRABBIAMO!, Zwei wie Pech und Schwefel, 1974) filmt.

Alles in allem ist die Beziehung Guareschi und Rizzoli rückblickend für beide Seiten aber als Erfolgsgeschichte zu werten. Angelo und Carlotta Guareschi dazu: »Ihre Beziehung begann 1935 dank Cesare Zavattini und verfestigte sich im Jahr darauf mit dem Einstieg beim *Bertoldo*. Doch von Anfang an gab es immer wieder Auseinandersetzungen zwischen ihnen: Von der ersten Rebellion unseres Vaters bei der Einführung der Stempelkarte bis zum Einstellen des *Candido* oder den Kontroversen bei den Drehbüchern von *Don Camillo* war es für sie schwierig, eine Vereinbarung zu schließen. Wenn man ihre Korrespondenz heute liest, dann ist zu sehen, dass ihre Beziehung allerdings immer auf großem gegenseitigen Respekt beruhte. Es gab sogar eine hohe Achtung vor dem polemischen Ton unseres Vaters. Mehrfach hatte Rizzoli versucht, unseren Vater zu den Premieren der Filme oder für die Einweihung einer Buchhandlung in die USA einzuladen. Aber Vater hatte Angst vor dem Fliegen. Auch auf See fühlte er sich nicht wohl. Selbst Rizzolis Jacht mied er, weil er fürchtete, seekrank zu werden. Angelo Rizzoli war uns gegenüber immer sehr freundlich – und großzügig. Zur Hochzeit von Alberto im Jahr 1964 machte er dem Ehepaar teure Geschenke. Letztmals sahen wir ihn 1969 bei einer Jubiläumsfeier in Mailand.«

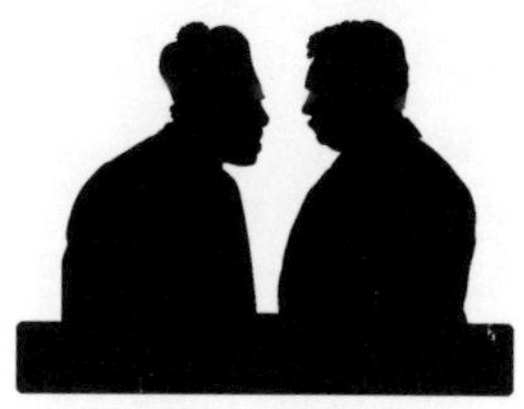

Epilog zu den Filmen

Das ist aber noch nicht das Ende der filmischen Geschichte von *Don Camillo* und *Peppone*. Andere Akteure versuchen sich an dem Metier. Aber auch von ihnen schafft es niemand, nur annähernd den unsterblichen Erfolg der unvergessenen fünf Filme mit Fernandel und Gino Cervi aufzugreifen. Das gilt für zwei Telenovela-Versuche in Brasilien und Kolumbien, wie auch für die Fernsehserie der *BBC* (British Broadcastig Corporation), THE LITTLE WORLD OF DON CAMILLO (Die kleine Welt des Don Camillo, 1981), mit Mario Adorf als Pfarrer und Brian Blessed als Bürgermeister. Für Alberto Guareschi macht sich diese Serie über die italienischen Verhältnisse lustig und er hält sie für eine böswillige Veralberung von des Vaters Geschichten (aus diesen Gründen verhinderte er kürzlich auch eine DVD-Veröffentlichung der Fernsehserie). Schließlich fällt auch die auf modern getrimmte Kinoversion DON CAMILLO (Keiner haut wie Don Camillo, 1984) von und mit Terence Hill als *Camillo* durch, obwohl sie seinerzeit groß als neue Variante des Themas angekündigt wird.

Mittlerweile sind mehr als 60 Jahre nach dem ersten großen *Don-Camillo*-Film mit Fernandel und Gino Cervi vergangen. Alberto und Carlotta Guareschi über die Magie der Filme: »Alle fünf Filme sind, trotz ihres Alters, Evergreens und das Geheimnis ihres Erfolges ist sehr einfach: Die Menschen, Ereignisse, Orte und Gefühle darin sind alle ›echt‹ und deshalb beschränken sie sich nicht auf irgendeine Mode oder Ideologie. Aus diesem Grunde werden diese Filme immer noch gemocht, und das wird morgen bestimmt auch noch so sein.«

Zum 60. Jubiläum präsentiert der *MDR* (Mitteldeutsche Rundfunk) am 3. Juni 2012 eine RÜCKSCHAU: IN TRAUTER ZWIETRACHT von Reinhold Jaretzky. Man zieht folgendes Fazit: »Der Pfarrer, die Kommunisten und das Kreuz: *Don Camillo* und *Peppone* ist ein wunderbarer Tagtraum, der die Sehnsüchte der 50er-Jahre nach politischer Harmonie bedient. Und der heute, 60 Jahre später, rührende Folklore ist.« Das bayerische Fernsehen zeigt in einer »Nacht mit dem temperamentvollen Pfarrer« alle fünf klassischen *Don-Camillo*-Filme am Stück in der Nacht vom 15. auf den 16. Dezember 2012, weitere Dritte Programme der *ARD* folgen. *Don Camillo* und *Peppone* werden weiterleben!

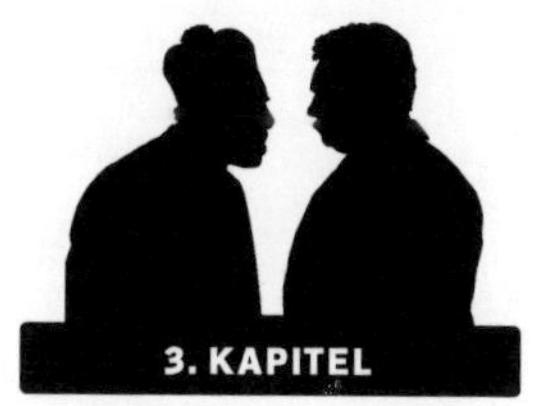

3. KAPITEL

Von Besuchen in der »Kleinen Welt von Don Camillo und Peppone«

In unseren Tagen ist es nicht selten der Fall, dass sich Leser auf literarische Spuren oder Kinogänger auf Location-Suche begeben. Viele Menschen wollen die Orte des Geschehens sehen und den Reiz dieser Orte persönlich erleben. Bei Guareschis *Don Camillo* und *Peppone* ist das nicht anders als bei Agatha Christies, Ian Flemings oder Karl Mays Schöpfungen.

Italien avancierte in den 1950er-Jahren, zu Zeiten der Dreharbeiten der ersten *Camillo*-Filme, zum Traumreiseland für die Deutschen. Die deutsche Film- und Musikindustrie bediente diese Sehnsucht und produzierte Filme im südlichen Ambiente und jede Menge Schlager von *Capri-Fischer* bis *Zwei kleine Italiener*. Die Reise können sich aber nicht alle Bundesbürger leisten. Und die Hauptreisewege derer, die reisen, führen in der Regel nur *durch* die Po-Ebene, vorbei an den noch nicht so dokumentierten Schauplätzen der Erfolgsfilme, weiter nach Florenz, Venedig, Rom, und vor allem an das Meer. Vereinzelt verirren sich höchstens Presseleute in den Jahren der Dreharbeiten der ersten Filme in die Bassa. So schickt die westfälische *Ibbenbürener Volkszeitung* einen Mitarbeiter gen Süden, der sehr Interessantes zu berichten weiß. Am 24. Februar

1954 heißt es unter dem Titel »*Don Camillo* zog Brescello den ›roten Giftzahn‹«: »Man erreicht Brescello, das ›Dorf des *Don Camillo*‹, in halbstündiger Fahrt auf der Lokalbahn Parma – Suzzara. Alles aus dem Film ist da, sogar die Menschen, die Schiffer, Bauern und Tagelöhner, der geschwätzige Barbier, der dicke Spartaco und der ewig angetrunkene Tato, das Kopfsteinpflaster und die streunenden Hunde. Alle in Brescello wissen alles rund um *Don Camillo*. Von allen hört man früher oder später, dass Guareschi seinen Film nicht ganz so wollte, wie ihn Duvivier dann schließlich machte; dass Fernandel Schuhe Nr. 48 trug und die Gewohnheit hatte, den hübschen Brescelleser Mädchen auf Französisch Dinge zuzuflüstern, die man keinem anderen Mann verziehen hätte. ›Man konnte ihm nicht böse sein! Er ist ja so charmant!‹, sagte die Pfarrerschwester Teresina. Hier haben das Buch und der Film um *Don Camillo* die überraschendsten Verwandlungen mit sich gebracht. *Don Dino*, Kanonikus des Dorfes, behauptet geradezu, der Brescеller Kommunismus habe unter der Wirkung des Films ›den roten Giftzahn eingebüßt‹. Er sagt: ›Die Leute sind wie ausgewechselt! Es war noch nie so friedlich hier!‹ Die sich durch den ganzen Film hinziehende, verführerische These, dass auch zwischen Gegnern das Band der Menschlichkeit nicht vollends zerreißen darf, hat auf die Disziplin der örtlichen KP zersetzend gewirkt. Die strammen Genossen aus Brescello und Umgebung verwandelten sich unmerklich in *Peppones* und verfielen in einen ideologischen Schlendrian, der nach Ansicht des Provinzdirektoriums geradezu den Bestand der Ortsgruppe gefährdete. Die Brescelleser Kommunisten begannen, sich Stalinwitze zuzuflüstern, und ließen die streng vertraulichen Schulungsbriefe in den Kneipen herumliegen. Da wurde von oben her durchgegriffen. Man ersetzte die örtlichen Kapos durch geschulte Funktionäre aus der Stadt, die es zwar fertigbrachten, den verlotterten Anhängerhaufen wieder etwas auf Vordermann zu bringen, aber nicht verhindern konnten, dass die ›Compagnie‹ außerdienstlich mit politischen Gegnern fraternisiert und die ideologischen Differenzen ohne allzu großen Schwung in den Kaffeehäusern diskutiert. Im *Café Zentral* von Brescello kann man die Träger sämtlicher politischer Glaubensbekenntnisse in freundschaftlichem Nebeneinander an der Bar lehnen oder unter den Arkaden sitzen sehen. Die Feindschaften vergangener Jahre sind in Vergessenheit geraten. Und irgendwie spürt man auf Schritt und Tritt, dass die große Wandlung mit den einzigartigen Geschichten aus Guareschis ›Kleiner Welt‹ zusammenhängen und eine Folge jener Wochen ist, in denen ganz Brescello auf den Beinen war, um von Sonnenaufgang bis zum Abend, als Komparsen und in kleinen Rollen, an den Abenteuern *Don Camillos* und *Peppones* teilzuhaben. Und ohne Zweifel ist es dieser Wandlung zuzuschreiben, wenn Brescello, nachdem es jahrelang von einem roten Bürgermeister verwaltet worden war, den demokratischen Parteien jetzt eine klare Mehrheit gab.«

Die Jahre vergehen, die letzten Dreharbeiten enden 1970. Im Zeitalter des Massentourismus ist es bald keine Frage, dass auch die Filmschauplätze in Brescello immer interessanter werden. Spät merkt man auch in Brescello, dass der Tourismus für den kleinen Ort ein lohnendes Geschäft sein kann. An den Schauplätzen hat sich über die Jahre wenig geändert. Ab 1989 lockt auch noch das Museum *Peppone e Don Camillo* Besucher an. Bedauerlicherweise hat man sich seinerzeit nach Drehschluss nicht um Filmrequisiten gekümmert, sodass erst einmal eine Suche nach Souvenirs eingeleitet wird. 1993 schaut wieder das Mainzer *ZDF* für Aufnahmen zu einer Dokumentation in Brescello vorbei. »Einladung gleich in vier Sprachen: Besuchen Sie Brescello. Das Dorf des *Don Camillo*. Den Bummelzug von Parma nach Brescello gibt es noch immer. Wie zu *Don Camillos* Zeiten. Im Sommer kommen Touristen. Im Winter niemand. Hier, circa 30 Kilometer nördlich von Parma in der Emilia-Romagna, spielen alle *Don-Camillo*-Filme. In der Nähe Italiens größter Fluss: der Po. An seinen Ufern einst weite Äcker. Und heute: Pappelwälder, so weit das Auge reicht. Die Bauern haben ihre Höfe verlassen und arbeiten in der Fabrik … In Brescello ist vieles noch wie damals. *Don Camillos* Kirche gibt es noch. Und einen Pfarrer natürlich auch. Und kommunistische Bürgermeister hat es hier schon immer gegeben. Nach dem Krieg jedenfalls.« Den Fernsehleuten gelingt es sogar, noch einen der Filmsöhne *Peppones* aus dem Ort vor die Kamera zu bekommen: »›Sehen Sie hier. Das bin ich. Der Sohn von *Peppone*. Es sind so viele Jahre vergangen. Von 1952 bis heute. Ja, und heute bin ich 55.‹ Was haben Sie in all diesen Jahren gemacht? ›Von allem etwas. Ich habe gearbeitet, aber heute bin ich Rentner. Ich hoffe, dass es noch ein bisschen weitergeht.‹ … Wenn Sie das Brescello von heute mit dem von damals vergleichen. Wann war es besser? ›Heute geht es besser. Damals gab es viel Armut. Es war ein Bauerndorf, und die Leute lebten von dem bisschen, was der Boden hergab. Fabriken gab es nicht.‹ Darf ich fragen, wählen Sie die kommunistische Partei? ›Natürlich, ich bin ein alter Kommunist.‹ Im Rathaus gibt es davon viele. Bei den letzten nationalen Wahlen, im April 1992, erhielten die Linksparteien mit 52 Prozent die absolute Mehrheit. Die Christdemokraten bekamen kaum ein Fünftel aller Stimmen. Das war auch in den Fünfzigerjahren so, als hier die ersten Filme gedreht wurden … Von den Konflikten der Vergangenheit zu denen von heute. Was sind die größten Probleme von Brescello?, fragten wir diesen Mann, der vor 20 Jahren auch einmal Bürgermeister war. ›Wir haben so viele, die aus dem Süden kommen. Der Dritten Welt. Das ist so, weil es hier noch Fabriken und Industriezweige gibt, die noch funktionieren. Und da strömen sie zu uns. Die aus dem Süden, aus der Dritten Welt.‹« Das hört sich an wie in finsteren Zeiten.

Viele Jahre später ist es endlich so weit, dass sich der Verfasser dieser Zeilen erstmals auf den Weg nach Brescello macht. Mir mit eigenen Augen ein Bild von Guareschis »kleiner Welt« und den Schauplätzen der *Don-Camillo*-Filme zu machen, das wünschte ich mir schon immer. Das 60. Jahresjubiläum der Filme vor Augen, soll der Wunsch endlich Wirklichkeit werden. Außerdem hat mich das Erdbeben vom 20. Mai 2012 in Norditalien »wachgerüttelt«. Laut Berichten im Internet soll dabei auch die Kirche von Brescello leicht beschädigt worden sein. Unvorstellbar, wenn *Don Camillos* Kirche einstürzen sollte! Im August 2012 geht es mit dem Flieger nach Bergamo. Von dort mit dem Mietwagen über die Autobahn Richtung Bréscia, dann weiter in südlicher Richtung, bis kurz nach Cremona schon der Po überquert wird. In nicht einmal 90 Fahrminuten von Bergamo hat man rasch die Bassa erreicht. Es ist Hochsommer und schnell merke ich, dass die Hitze »über dem Land« steht. Die Hitze, die schon in Guareschis Romanen die Köpfe der Einheimischen erglühen ließ und für hitzige Gemüter sorgte. Glücklicherweise bietet das (deutsche) Wagenfabrikat eine funktionierende Klimaanlage. Etwas, was ich in den nächsten drei Tagen sehr schätzen werde. Problematisch wird es nur immer dann, wenn der Wagen verlassen wird. Und das soll ja bei einer Drehortsuche sehr häufig der Fall sein. Die Suche gerät dann selbst bei nur kurzen Fußwegen schnell zur »Qual«. Schnell ist klar, dass es hier im Hochsommer sehr heiß werden und wochenlang trocken bleiben kann. Die Hitze lässt die Luft flimmern. Temperaturen über 40 Grad Celsius sind dann keine Seltenheit. Au weia! Möglich, dass es seinerzeit während der Aufnahmen zum vierten Film HOCHWÜRDEN DON CAMILLO im August 1961 ähnlich heiß war, oder gar letztlich den Schwächeanfall Fernandels beim unvollendet gebliebenen Film hervorrief. Nun aber vorwärts zum ersten Tagesziel! Über eine kleine, kurvenreiche Landstraße geht es durch eine von Landwirtschaft geprägte Gegend. Felder, Bauernhöfe und Traktoren sind reichlich zu sehen, bis zur Einfahrt in Busseto, einer kleinen Stadt mit rund 7.000 Einwohnern und einer herrlichen Altstadt mit Arkaden. Ein für die Gegend typischer Renaissance-Ortskern. Busseto ist so etwas wie die Stadt von Giuseppe Verdi, dem großartigen italienischen Komponisten (1813–1901). Hier kann man nicht einfach so durchfahren. Ein kleiner Bummel über den *Palazzo Orlandi*, wo der Maestro lebte und wirkte, und der Besuch der etwas außerhalb des Ortskernes gelegenen *Villa Pallavicino* mit dem *Museo Nazionale Giuseppe Verdi* ist ratsam. Bussetos Stadtbild kommt einem dabei bekannt vor, auch wenn man hier noch gar nicht war. Bernardo Bertoluccis berühmtes Filmdrama 1900 (von 1976) wurde hier teilweise in Szene gesetzt. Der Abstecher in Verdis Welt in Busseto hat seinen Sinn, denn nun geht es nur 3 ½ Kilometer weiter nach Roncole Verdi. Hier steht Verdis Geburtshaus, das heute ein Museum ist. In der Dorfkirche *San Michele Arcangelo* lernte der junge Verdi das Orgelspiel. Vom Geburtshaus sind es nur wenige Schritte bis zur *Bar Guareschi*. »Benvenuti al Caffè Storica di Giovannino Guareschi«, heißt es auf einer Begrüßungstafel an der Wand. Wir befinden uns in Guareschis Welt, wo er von 1952 bis

1968 lebte. Hier bin ich auch mit Alberto und Carlotta Guareschi verabredet. Im Haus der beiden bekomme ich die »kleine« Ausstellung zum Leben ihres Vaters und seinen berühmten Figuren *Don Camillo* und *Peppone* gezeigt. Hier stehen auch die Originalfahrräder von Guareschi und *Camillo*-Fernandel. Schautafeln mit vielen Bildern berichten aus dem Leben von Papa Guareschi. Nach der Besichtigung, einer kleinen Filmvorführung mit historischen Aufnahmen und dem obligatorischen Eintrag ins Gästebuch (erst vor Kurzem ist hier ein EU-Kommissar aus Brüssel gewesen, bekomme ich stolz gezeigt) sitzen wir im Innenhof des Anwesens noch ein bisschen zusammen. Weinstöcke bieten schattige Plätze, wo ich auch Mitglieder des *Club dei venti-tre* treffe. Was hat es mit dem *Club der 23* auf sich?, frage ich. Alberto berichtet, dass die Zahl durch eine Diskussion seines Vaters mit dem Künstler Piero Manzoni entstand, der ebenfalls für den *Bertoldo* tätig war. Der habe zu seinem Vater gesagt, er schreibe höchstens für 24 Leser. Guareschi konterte, dass er dann 23 Leser hätte. Der *Club der 23* ist heute eine literarische Gesellschaft zum Gedenken an Giovannino Guareschi.

Mein Weg führt nach Fontanelle di Roccabianca, wo Giovannino Guareschi das Licht der Welt erblickte. Noch immer eine kleine, beschauliche Gemeinde, und es gibt die lange Lindenallee am Ortseingang und den großen Versammlungsplatz natürlich auch noch. Vor dem früheren Schulhaus von Guareschi hat man eine Bronzestatue von ihm mit seinem Fahrrad positioniert. In dem Gebäude befindet sich das Museum *Il Mondo Piccolo*. Die »Kleine Welt« hat ihren großen literarischen Sohn nicht vergessen (und auch nicht Sozialistenführer Giovanni Faraboli). Bei dem Besuch von Roccabianco ist es ratsam, noch einen kleinen Umweg zur imposanten Befestigungsanlage *Rocca dei Rossi* aus der Zeit zwischen 1446 und 1463 zu machen. Auch wenn auf den Straßen keine Touristenströme unterwegs sind, lässt sich problemlos ein Quartier für die Nacht finden. Und die italienische Küche vor den Toren Parmas sorgt allerbestens für das leibliche Wohl.

Am Morgen darauf ist es so weit. Am Vormittag erreiche ich Brescello. Das Dorf mit rund 5.700 Einwohnern unweit des Po.

Bischofssitz soll es 389 gewesen sein, bevor es gegen Ende des 6. Jahrhunderts durch verheerende Überschwemmungen aufhörte zu existieren. Das alles interessiert mich heute weniger. Vom Parkplatz begebe ich mich zu Fuß Richtung Ortskern. Nach wenigen Minuten bin ich schon am Ziel. Der zentrale Platz, die *Piazza Matteotti* (benannt nach dem 1924 von Faschisten ermordeten sozialistischen Politiker), mit der Pfarrkirche *Santa Maria Nascente* auf der einen und dem Rathaus auf der anderen Seite. Die *Herkules-*Figur, die man aus den Filmen kennt, steht auch noch. Schnell erkennt man, dass sich hier eigentlich recht wenig seit den Tagen der Dreharbeiten verändert hat. Natürlich sieht man jetzt alles in Farbe. Zwei Bronzestatuen der beiden Hauptfiguren aus Guareschis Werk sind auch aufgestellt worden. Sie wurden 2001 anlässlich des 50. Jubiläums der Filme von dem Bildhauer Andrea Zangani geschaffen. Die besondere Idee ist dabei, dass sich beide Statuen über den Platz hinweg grüßen. Rechter Hand der Kirche steht *Don Camillo* mit dem Gebetbuch in der Hand, vor dem Rathaus hat *Peppone* Platz gefunden, aus dessen Jacke das KP-Blatt *L'Unità* lugt. Guareschis Welt hat weiter Einfluss auf die örtliche Gastronomie. Der Pfarrkirche gegenüber steht das *Caffè Don Camillo*, rechts von ihm das *Caffè Peppone* (nanu, vor einiger Zeit hieß es noch *Bar*). Als Anhänger *Don Camillos* zieht es mich natürlich ins *Caffè Don Camillo*, wo ich erst einmal bei einem *Aqua Minerale* Platz nehme und das magische Filmset auf mich wirken lasse. Jährlich 50.000 Touristen sollen, wie ich jetzt, Brescello einen Besuch abstatten. Bei der Hitze sind heute aber nur wenige dieser Touristen anwesend, was für die eigenen Fotoerinnerungen vorteilhaft ist. Punkt zwölf läuten die Glocken der Kirche. *Don Camillo* erblicke ich zu meinem Bedauern nicht im Kirchturm. So zielt auch niemand mit dem Karabiner hinab, denke ich mir auch. Auf die Locationsuche hatte ich mich mit einigen Notizen und Bildern von den Filmen vorbereitet. Vor dem Rathaus sehe ich jetzt eine der Tafeln des *Don-Camillo-Weges* zu neun historischen Punkten in Brescello und einigen außerhalb des Ortes, unter anderem in Boretto. In Zeiten des Massentourismus (und natürlich als Service für die Gäste) ist das eine nachvollziehbare Angelegenheit. Den Pfadfinder in mir macht es allerdings fast arbeitslos, wenn der Weg so gekennzeichnet ist. Es sollte sich aber noch herausstellen, dass nicht alle interessanten Plätze auf dem modernen Pilgerweg verzeichnet sind. Jetzt schaue ich mir aber erst einmal die Kirche von *Don Camillo* an. Um es gleich vorwegzunehmen: Äußerliche Schäden aufgrund des Erdbebens sind nicht zu sehen. Vor dem Hauptportal registriere ich den Vorbau, der also immer noch steht. Na so was, die Pforte steht sogar offen. Im Internet hatte ich gelesen, dass sie nicht immer offen steht. Vorsichtig trete ich durch die Tür. Das ist sie also! Einige Male taucht das Innere der Kirche in den späten Filmen auf. Links in einem Seitenraum erblicke ich, ja gibt es das denn, das berühmte Kruzifix. Das muss das Film-Kruzifix sein, das dem damaligen Pfarrer Dino Alberici von Angelo Rizzoli nach Drehende überlassen wurde! Immer noch kein Pfarrer zu sehen. Verzeiht also, wenn ich wie einst *Don Camillo* »die Gunst der Stunde« für Fotos ausnutze. Ich bedanke mich, erhalte aber keine Antwort. Von der Kirche aus mache ich mich linksseitig auf den weiteren Weg durch die Straße, wo in GENOSSE DON CAMILLO *Peppones* Stoßtrupp dem Pfarrer auflauerte (und Cicogninis an den Italowestern angelehnte Musik erklang). Einige Schritte weiter stehe ich schon vor dem Haus *Peppones*, wo er, wir erinnern uns, einst stolz seinen Nachwuchs der Gemeinde präsentierte. Von hier entscheide ich mich, per pedes zum Bahnhof zu pilgern. Auf diesem Marsch lernt man auch die andere Seite Brescellos kennen. Ein Sammelsurium von Bauten aus den letzten 50 Jahren, weit entfernt von etwas, was man einen historischen Ortkern nennen kann. Den Bahnhof erreicht man nach gut zehn Minuten Fußweg auf der letzten Strecke durch eine schöne Allee, wie sie schon in den Filmen zu sehen ist. Ansonsten ist das Bahnhofsgebäude ein trostloser Ort (heute im Privatbesitz). Die offen stehende Bahnhofsanlage liegt heruntergekommen in der Sonne. Der Bahnhof ist immer noch in Betrieb. Wie auf Verabredung hält kurze Zeit nach meiner Ankunft einer der noch verkehrenden Schienenbusse, ein Passagier verlässt die Bahn. Heute sind Eisenbahn und Bahnhof in Brescello bedeutungslos geworden. Mein Abschied von diesem wichtigen Filmschauplatz fällt genauso traurig aus, wie seinerzeit *Don Camillo* oder *Peppone* diesen Ort verließen. Ich trete den Rückweg Richtung zentralem Platz an, da fällt mir auf der rechten Seite ein großes, altes Gebäude auf. Hinter einer Umzäunung liegt mit heruntergelassenen Rollläden das Gebäude, das einst die Dorfschule darstellte und wo *Peppone* seine Volksschulprüfung nachholte. Wegen des schlechten Zustandes ist es wohl nicht auf *Don Camillos* Weg aufgenommen worden. Den »Schandfleck« will man den Besuchern nicht zumuten. Auf dem weiteren Weg zurück finde ich in einer Seitenstraße noch in einem Torbogen die Glocke *Sputnik* hängen. Glockenklöppel natürlich Fehlanzeige, aber ein eindrucksvolles Filmrequisit. Über die *Piazza Matteotti* geht es Richtung *Don Camillos* Filmhaus, von dem immer nur die Außenkulisse zu sehen war. Von dem Haus kann man aber überhaupt nicht die *Piazza Matteotti* sehen, wie in den Filmen der Eindruck vermittelt wird. Hollywood ist also auch in Brescello nicht fern! Bevor es ins Musuem geht, ist noch ein ganz besonderer Ort an der Reihe. Die »kleine Madonna von Borghetto« war Streitpunkt im vierten Film und behielt glücklicherweise ihren Standort an der Seite des neugebauten Volkshauses. Vom Volkshaus fehlt jede Spur (denn es wurde hier nie gebaut). Die Madonna steht aber immer noch neben der Brescello umgebenden Straße. Gott sei Dank! Einige andächtige Minuten, dann geht es zurück Richtung Zentrum. Zum *Museo de Peppone e Don Camillo*, das in einem früheren Benediktinerkloster untergebracht ist und vom örtlichen Fremdenverkehrsverein geführt wird. Viel zu spät haben sie angefangen, Filmrequisiten zu sammeln. Der Pfarrer von Brescello weigerte sich auch, das berühmte Kruzifix herauszugeben. Und auch Alberto und Carlotta Guareschi behalten viel lieber ihre Film-Memorabilia in ihrer Ausstellung. Einige Sachen sind aber doch noch zusammengekommen. Andere wurden möglichst originalgetreu angeschafft, wenn auch manchmal der erste Blick schon zeigt, dass es sich nicht um Originale handelt. Der gute Vorsatz ist trotzdem zu loben. Das fängt schon mit dem Panzer vor dem Museum an, der eindeutig ein anderer US-Panzertyp ist als das Stück im Film. »Hinter« den Museumsbau hat man eine Lok gestellt, von der allerdings ebenfalls die Echtheit bezweifelt wird. Egal, beide Stücke wecken Erinnerungen und sind gute Motive für den eigenen Fotoapparat, wie auch der Meilenstein im Eingangsbereich zum Gebäude. Der scheint zumindest echt zu sein. Im vierten Film sieht man ihn am Bahnübergang drei Kilometer vor Brescello stehen. Das Museum liegt im ersten Stock, im unteren Flur hat man »*Peppones* Moto Guzzi« abgestellt. Das in Rot gehaltene Motorrad mit Beiwagen bringt Filmszenen ins Gedächtnis. Für die Ausstellung in einem großen Saal sind drei Euro zu berappen. Der *Intero* gilt aber für zwei weitere Stadtmuseen. Ärgerlich nur, dass das Ticket nur im gegenüberliegenden Stadtmuseum erworben werden kann – und man zunächst wieder umkehren muss. Dann ist der Weg frei für eine Erinnerungsreise in die Filmwelt. Durch den Ausstellungsaal ziehen sich Stellwände mit Fotos und dazugehörigen Texttafeln. Gelegentlich sind auch deutsche Erklärungen zu finden. Es ist ein Mischmasch an Souvenirs. Ein historisches Radio, womit *Don Camillo* die Nennung *Peppones* bei den Senatorwahlen gehört haben könnte, die Fahrräder, mit denen beide Protagonisten durchaus am Schluss des dritten Films gemeinsam geradelt sein könnten, der Tisch, den *Don Camillo* in seiner Wut im ersten Film geworfen haben könnte, Filmposter, eine Soutane, der Karabiner *Don Camillos*, eine Filmklappe, eine Moto Guzzi, mit der Guareschi selbst durch die Bassa raste, und weitere Dinge aus der »Kleinen (Film-) Welt«. Die Illusion lebt! Am Ende des Rundganges lädt der obligatorische Museumsshop zum Kauf von »himmlischen Geschenken« für zu Hause ein. Von Schlüsselanhängern, T-Shirts, Kugelschreibern, Tellern bis hin zum Lambrusco, je nach Geschmack betitelt als *Don Camillo*, *Peppone* oder *Peppone Don Camillo*. Der Wein aus der Region Emilia-Romagna kann empfohlen werden (und ist sogar über das Internet in Deutschland erhältlich).

Mit dem Museumsbesuch ist das Aufstöbern von Locations in Brescello beendet. Machen wir uns auf den Weg ins wenige Kilometer entfernte Boretto. Kurz vor dem am Po gelegenen Ort passiert man das Straßenstück, auf dem Fernandel und Gino Cervi am Schluss von DIE GROSSE SCHLACHT DES DON CAMILLO gemeinsam radelten und jeder versuchte, den anderen zu überholen. Ein ganz besonderer Ort, der einen mitten hinein versetzt in die

Erinnerungen. An einem Ortseingang Borettos liegt jene Stelle mit dem Hang, an der sich einst *Peppone* mit seinem Stoßtrupp *Don Camillo* in den Weg stellte, um die Segnung des Flusses zu verhindern. Eine Tafel des *Don-Camillo-Weges* erinnert auch an diese Szene. Gleiches gilt für den Bahnhof von Boretto, der noch ungepflegter als der von Brescello erscheint. Aber Filmschauplätze, wie das Eingangstor, sind noch erkennbar. Eine kurze Rast direkt am langsam dahinfließenden Po sorgt für ein bisschen Abkühlung und versetzt leicht ins Träumen in die »gute, alte Zeit«. Die Fahrt führt noch rund zehn Kilometer weiter am Fluss entlang nach Gualtieri. Auch hier war am Bahnhof gefilmt worden. Somit ist auch dieser Punkt auf der Liste abgehandelt. Noch einige landschaftliche Impressionen in der Umgebung von Brescello, dann geht auch bald die Sonne wieder unter. Gute Unterkunft für die Nacht bietet das neue, moderne *Hotel Don Camillo* am Ortsausgang Brescellos. Einzig die Lage in einem Industriegebiet und nicht in der Nähe vorhandene Essensmöglichkeiten sind zu bedauern.

Nach einer Nacht in Brescello wird man zwar nicht von den Kirchturmglocken geweckt, doch es geht vormittags wieder Richtung Ortskern. Es ist Sonntag, die Gelegenheit zum Kirchgang in *Don Camillos* Kirche. Seinen Nachfolger bekommt man somit auch zu Gesicht. Die Messe ist gut besucht. Anschließend geht es wieder ins *Caffè Don Camillo*. Noch einige Zeit an *dem* Platz der *Don-Camillo*-Filmreihe verweilen. Die Geschichten und Anekdoten leben weiter. Der Zeiger der Uhr bleibt nicht stehen (eine konkurrierende Uhr ist heute übrigens nicht im Ort auszumachen). Dann geht es zurück nach Bergamo. Ein letzter Blick, rein in den Wagen (mit der heiß geliebten Klimaanlage), noch einmal vorbei an der »Madonna von Borghetto« und bald ist Brescello hinter dem Horizont verschwunden. Bleiben werden die ersten eigenen Erinnerungen an die »Kleine Welt«, an schöne Ortschaften und die Begegnung mit Alberto und Carlotta. Auf dem Rückweg schaue ich bei ihnen in der *Bar Guareschi* nochmals vorbei und werde meine ersten Eindrücke los. Nein, trotz der Hitze habe ich hier nur liebenswerte Menschen getroffen. Die Sturköpfe sind nur in meinen Erinnerungen aufgetaucht. *Don Camillos* Nachfolger, Don Giovanni

Davoli, zelebrierte schön und hinterließ einen menschlichen Eindruck. Auch der heutige Bürgermeister, Joseph Vezzani, hat äußerlich nichts gemein mit *Peppone* oder seinem Namensvetter Stalin. Allerdings scheinen sich die Mehrheitsverhältnisse im Gemeinderat von Brescello nicht grundlegend geändert zu haben. Vezzanis Liste »Gemeinsam für Brescello – Pasquino« stellt zwölf Ratsmitglieder. Demgegenüber stehen vier Köpfe Opposition. Hoffen wir, dass im Streitfall der Priester wieder energisch eingreift. Für mich steht fest: Ich werde wiederkommen! Arrivederci, *Don Camillo* und *Peppone*.

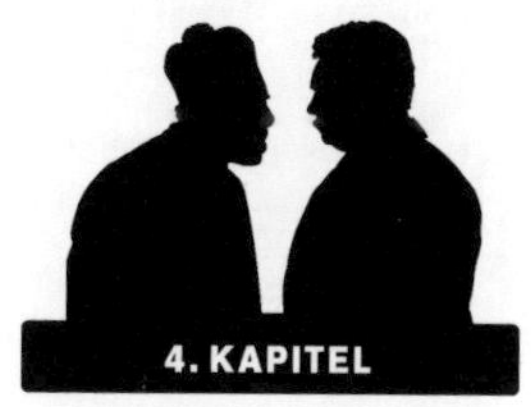

Die Darsteller von Don Camillo und Peppone

Fernandel (1903-1971)

Der *Don Camillo* war die Rolle seines Lebens für Fernandel. Als er 1952 mit dieser Rolle den großen, weltweiten Durchbruch erzielt, ist er bereits seit mehr als 20 Jahren im Film tätig. Es hat lange gedauert, bis sein schauspielerisches Können anerkannt wird. Über viele Jahre war »das Pferdegesicht«, wie er aufgrund seines Charakterkopfes genannt wird, vor allem für teils derben Humor bekannt.

Fernandels Wiege steht in Marseille, der französischen Mittelmeer-Hafenstadt an der Bucht Golfe du Lion, wo er am 8. Mai 1903 geboren wird. Die Stadt, deren Einwohner sich *Marseillais* nennen, ist nach Paris die zweitgrößte Stadt des Landes. Fernandels Eltern sind in ihrer Freizeit Künstler und feiern auf den Bühnen des *Vaudeville*, des französischen Schlagers, einer Vorform des Chansons, Erfolge. Vom Kindesalter an atmet Fernandel damit künstlerische Luft ein. Vater und Mutter sind strikt gegen eine künstlerische »Laufbahn«, doch ein Leben auf der Bühne ist praktisch vorgezeichnet. Mit ganzen fünf Jahren erstes Debüt für Fernandel, mit zehn erringt er den dritten Preis bei einem Wettbewerb im Kindersingen. Tatsächlich versucht er zunächst wirklich, eine Bankkaufmannlehre abzuschließen. Auch Vater Contandin ist tagsüber ein einfacher Büroangestellter, bevor es ihn am Abend ins Theater zieht. Das färbt ab auf die Söhne, Fernandel hat noch einen älteren Bruder, und schon früh versuchen sie sich als Sänger vor Kriegsverletzten im Strandkasino. Als Fernandels Weichen für die Zukunft gestellt werden, sitzt der junge Monsieur Fernand Joseph Désiré Contandin, so heißt er in Wirklichkeit, in dieser Zeit hinter Büchern der Ottomanischen Bank, abends tingelt »Fernandel« an der *Canebière*, der berühmten Avenue der Hafenstadt. Der Berufsalltag ist allerdings weniger für emotionale Höhenflüge geeignet. Vom Laufburschen muss sich Fernand hocharbeiten. Ein Dutzend Berufe probiert er aus, Lehrling bei einem Seifensieder, Lagerist in einer Papierfabrik, Kassierer beim Elektrizitätswerk, bis ihn die *Banque Italo-Française* anstellt. Der neue Job ist aber nicht die Lebensbestimmung für den Vollblutkünstler. Musik und Schauspielerei liegen ihm zu sehr im Blut. Ein Angebot aus Toulon, wo man ihm für vier Gesangsabende stolze 1.200 Francs bietet, kann er nicht ausschlagen. Fernand nimmt Abschied vom sicheren Arbeitsplatz und begibt sich auf »die Bretter, die die Welt bedeuten«. Und findet die große Liebe seines Lebens: Henriette Manse. Anfang der 1920er-Jahre ist das. Bald sind beide verheiratet. Auch mit der Schwiegermutter Manse kommt der junge Mann gut zurecht. Die freut sich immer, ihn zu sehen, und für sie ist er »Fernand d'elle« (ihr Fernand). »Voilà!«, meint der. »Gibt es einen schöneren Anlass für einen Künstlernamen?« Aus dem Spitznamen wird der Künstlername »Fernandel«. In Marseiller Varietés avanciert der Jüngling zum Kassenmagnet. Lange schon, bevor er, dem Beispiel seiner großen Vorbilder folgend, 1928 nach Paris zieht. Dort Debüt in BOBINO. In diesem Stück gelingt es Fernandel, eine Gesangsart wieder zum Leben zu erwecken, die von Polin und Bach schon mit großem Erfolg kreiert worden war. Bald ist er der erkorene Publikumsliebling. Kurz darauf tritt er im berüchtigten Nachtclub *Mayol* in der Revue VIVE LE NU! (Es lebe die Nacktheit) auf. Hier ist es auch, wo ihn Regisseur Marc Allégret für den Film entdeckt. In dessen Kurzfilm LA MEILLEURE BOBONNE (1930) gibt Fernandel den Ehemann seiner Landsmännin Betty Spell (eigentlich: Léonce

Betina Guimbellot). Weitere Komödienarbeiten für Allégret, der später noch Brigitte Bardot entdecken wird, und andere folgen. Als Groteskkomiker ein für allemal von Direktoren und Produzenten festgelegt, spielt Fernandel zum Jubel seiner Volksgenossen auf der Bühne und im Film die verliebten Friseure und Kommis, die pfiffigen Bourgeois und gehörnten Ehemänner, eine Mischung, wie sie früher im deutschen Film Rudi Platte und Theo Lingen gaben. Stoßweise erscheinen Fernandel-Filme. Er wird dadurch zwar ein reicher Mann, Hausbesitzer und Gutsherr, aber es beglückt ihn nicht. Dem Film LE ROSIER DE MADAME HUSSON (Der Tugendkönig, 1932) von Dominique Bernard-Deschamps, dem Beruf nach eigentlich ein Mathematikprofessor, nach einer Geschichte von Guy de Maupassant ist dabei ein besonders großer Erfolg beschieden, findet sogar den Weg ins Feindesland Deutschland und gerät darüber hinaus zu einem weltweiten Triumph. Mit dem tugendreichen Dorftrottel *Isidore* prägt sich Fernandels »Pferdegesicht« zum ersten Male international ein. Die Rolle presst ihn allerdings noch mehr in eine Schublade, aus der es sich schwer wieder herauskommen lässt. Ein wenig ist er auch selbst daran schuld, denn mit seinem »Pferdegesicht« und grober Komik lässt sich zu leicht Geld verdienen. Außerdem haben große Vorbilder von ihm, wie Raimu, der große französische Charakterdarsteller, mit dem Fernandel übrigens auch drehte, ebenfalls in ziemlich seichten Filmchen mitgewirkt. Warum sollte er es nicht machen, zumal das Finanzielle stimmt. Künstlerisch braucht er aber zwei Jahre und mehr als ein Dutzend Filme, um wieder einen Schritt weiterzukommen. Marcel Pagnol, Dramaturg und anerkannter Theaterfachmann, beschäftigt sich in seinen Stücken gerne mit seiner Heimatstadt Marseille und besetzt Fernandel für das ambitionierte Filmprojekt ANGÈLE (1934). Für den scheint damit ein ängstlich geheimgehaltener Traum in Erfüllung gehen zu wollen: als großer Schauspieler ernst genommen und gewürdigt zu werden. Die Begegnung mit Pagnol ist, was Fernandels künstlerische Entwicklung betrifft, wohl die glücklichste seines Lebens. Eindrucksvoll gibt er den Knecht *Saturnin* einer Familie in der Provence, der in unglücklicher Verehrung zur Tochter des Hauses, *Angèle* (Orane Demazis), steht. Das

Melodrama um das Mädchen, das auf einen erfahrenen Herzensbrecher hereinfällt, wird ein Klassiker des französischen Films. Fernandels Sehnsucht, das große Theater, die *Comédie Française*, bleibt jedoch noch unerfüllt. Dafür macht er sich auf der Leinwand einen ordentlichen Namen, dreht für Julien Duvivier UN CARNET DE BAL (Spiel der Erinnerung), wo er in einer der Episoden als ehemaliger Verehrer einer reichen Witwe auftaucht, und wieder für Pagnol REGAIN (Das Mädchen und der Scherenschleifer, beide 1937). In dem poetischen Werk zeigt Fernandel wieder eine außergewöhnliche Leistung in dem Part eines armen Scherenschleifers, der (mit Orane Demazis) über die Lande zieht. Als Jüngling, der von einer Filmkarriere träumt, als eine Filmproduktion in der Nähe seines Hauses auftaucht, sieht man ihn (erneut mit Orane Demazis) in LE SCHPOUNTZ (1938), einem neuerlichen Pagnol-Film, der 1954, im Zuge des *Camillo*-Fiebers unter seinem Originaltitel in deutsche Lichtspielhäuser kommt. In der Geschichte belehrt ein Skriptgirl den jungen Mann, den die Filmleute veralbernd »Schpountz« nennen, dass die Karriere im Film doch nichts für ihn ist, und er letztlich in der Provinz mit ihr als Braut bleibt. Walter Talmon-Gros schreibt anlässlich der deutschen Aufführung im *Film-Echo*: »Die Stärke des Films liegt in seiner wirksam konstruierten Fernandel-›Biographie‹ und in der Echtheit des Milieus. Der Dialog ist sparsam untertitelt, da der Film doch wohl hauptsächlich für das ›französische‹ Publikum der Filmkunsttheater in Frage kommt.« Fraglos hat Fernandel Talent auch für ernste Rollen, ohne unbedingt sein »Pferdegebiss« zeigen zu müssen. Vor dramatischen Veränderungen für sein Land ist Fernandel noch in FRIC-FRAC (Fric-Frac, 1938) in einer weiteren Persiflage zu sehen. Als Angestellter eines Juwelierladens gerät der Komiker in die Machenschaften einer Gangsterbraut. Dann kommt der zweite große Krieg. Der bedroht auch die Existenz des beliebten Schauspielers. Er wird vorübergehend Soldat. Nach kurzer Ausbildungszeit darf er beim *Theater der Armee* gastieren. Im besetzten Frankreich kehrt Fernandel aber schnell zum Film zurück und spielt in den Kriegsjahren kontinuierlich in seinem bewährten Rollenfach. Es sind keine außergewöhnlichen Rollen mehr, aber im

Kino bringt Fernandel in schwerer Zeit das Publikum zum Lachen. Nach Kriegsende gilt es sich neu zu beweisen. Vorkriegslorbeeren zählen nicht mehr. Glücklicherweise haben ihn alte Weggefährten nicht vergessen und besetzen ihn erneut. Marcel Pagnol dreht mit Fernandel NAIS (1945), wo er einen verwöhnten Sohnemann gibt, und Marc Allégret lässt ihn als tölpelhaften Fotografen in PETRUS (Freibeuter der Liebe, 1946) agieren. Beide Filme sind aber nicht dazu geeignet, besonders auf sich aufmerksam zu machen. Besser sieht es da für Fernandel schon in der »Welt der Chansons« aus, wo er nach dem Krieg zu einem Botschafter seines Landes wird. Erst Anfang der 1950er-Jahre gelingt es Fernandel wieder, im Kino mehr auf sich aufmerksam zu machen. Eine internationale Varietéschau JE SUIS DE LA REVUE (Die große Schau, 1950) zeigt ihn in einem Zusammenschnitt mit Louis Armstrong auf der Leinwand. René Le Henaff schickt ihn als verkleideten Fallschirmspringer, der gegen seinen Willen an Manövern teilnimmt, in UNIFORMES ET GRANDES MANŒUVRES (Der unfreiwillige Fallschirmjäger, 1950) auf einen filmischen Parcours. Die Klamotte im Stile des Kintopp ohne große Ambitionen erreicht 1953 auch deutsche Lande, wo man sie meist als blanke Unterhaltung versteht. Das *Film-Echo* (Ernst Bohlius) meint 1954: »Selbst der größte Griesgram ist auf die Dauer dieser Zwerchfell-Attacke mit Fernandel nicht gewachsen und muss, ob er nun will oder nicht, von Herzen lachen … Wenn er im ferngelenkten Zielpanzer im Zickzackkurs die Manöverpläne stört oder im Grusel-Experimentier-Keller Unfug stiftet, bleibt einfach kein Auge trocken und der Dialog, der geistreich-witzig übersetzt wurde, geht völlig in den Lachsalven unter. Eins ist aber bei Fernandel immer wieder zu beobachten, selbst beim tollsten Klamauk liegt in seinem verschmitzt-treuherzigen Blick menschliches Empfinden und Herzensgüte. Die Fernandel-Gemeinde wird ihren Spaß haben.« Die *Kölnische Rundschau* (15. Mai 1954) ist aber anderer Meinung: »Es gibt Fernandel-Lustspiele zum Lachen und leider auch solche zum Weinen. Dieses hier ist dummerweise eines von der letzteren Sorte. Alles, aber auch alles, was es an billigstem Klamauk auf dem weiten Filmmarkt je gegeben hat, ist in diesem ausgemachten Blödsinn mit hineinverwurstet worden, und es bleibt einem weder eine hochgradig hysterische, millionenschwere Erbtante noch ein arbeitsscheuer Neffe noch eine Phalanx äußerst blöder, aber verliebter Mädchen noch das Schreckenskabinett eines verstorbenen Erfinder-Onkels noch eben Fernandel als Pseudo-Fürst von Miramar erspart, der in Wirklichkeit biederer Nachtklubportier ist und die adelssüchtige Erbtante finanziell massieren soll, damit dem faulenzenden Neffen reichlichere Gelder zuflössen. Zwanzig Minuten vor Schluss wird dann plötzlich durch eine stilistische Kehrtwendung um mehr als 180 Grad der Titel gerechtfertigt: die ›einfallsreichen‹ Produzenten schwenkten einfach und ohne Vorbereitung zu einer platten Militärgroteske über, in deren Verlauf Fernandel von Artilleriefeuer und Bombenwürfen und Bordwaffenbeschuss nur so gejagt wird. Witzig? Man glaubt Fernandels Augen die Bitte ablesen zu können: ›Ach, sei so nett und verrate nicht, dass ich mal *Don Camillo* war!‹« Der Schreiber der *Nürnberger Zeitung* ist am 10. Juli 1954 gnädiger und analysiert: »… Es ist ein Film, der zum Schreien komisch, zum lauten Brüllen anreizt: Ein Film der echten Heiterkeit, ein richtiger Amüsierfilm. Die Franzosen haben für solche Dinge im Gegensatz zu uns und zu den Nordländern den deftigen Griff für die Wirklichkeit der Situationen, zumal auch das nebenbei mit Sorgfalt gedreht ist.« Die Geschmäcker sind halt verschieden! In die gleiche Sparte Film passt auch CASIMIR (1950), in der Fernandel wieder einen Durchschnittsmenschen präsentiert. *Casimir* ist ein glückloser Staubsaugervertreter, der nichts weiter will als eine gesicherte Existenz. Gelingt es ihm, innerhalb von zwei Wochen einen Staubsauger zu verkaufen, dann winkt ihm eine Anstellung als Vertreter. Das bringt eine Menge tollpatschiger Situationen mit sich, doch am Ende bringt er den Auftrag rechtzeitig unter Dach und Fach und kann endlich seine Freundin heiraten. Der Streifen läuft auch erst innerhalb des *Don-Camillo*-Fiebers in Deutschland. Der *Wiesbadener Kurier* (19. Januar 1955) macht sich betreffend Fernandel interessante Gedanken: »Man kann unmöglich ernst bleiben, wenn Fernandel unter dem Namen *Casimir* als Vertreter für Staubsauger von einem Abenteuer ins andere stürzt … Seine eigenwertige Darstellungskunst, bei der ein Blick, ein lässig hingeworfenes drastisches

Wort, die oft blitzschnelle Wandlung seiner Mimik Lachstürme entfesseln, triumphiert über einige Schwächen des Drehbuchs. Es wäre schade um diesen trefflichen Schauspieler, wenn sein weiteres Aufgabengebiet auf den engbegrenzten Kreis episodenhafter Situationskomik beschränkt bliebe, die sich mitunter in Widerspruch zur Vernunft setzt und die Absicht der Belustigung um jeden Preis allzu deutlich hervorkehrt ...« Noch weiter geht man bei den *Lübecker Nachrichten* am 25. Januar 1956: »So geht es einem mit diesem Fernandel, wenn man ihn zu allererst in einer seiner *Don-Camillo-*Rollen erlebt hat: Immer wieder meint man, dieser *Don Camillo* habe sich als Fernandel verkleidet, um in anderen Filmen als Damenfriseur, als sein eigener Vater und Sohn und hier nun als *Casimir*, Vertreter in Staubsaugern, seine liebenswürdigen Späße mit einem zu machen. Immer wieder neigt man dazu, Fernandel seines ureigenen Gesichts wegen mit jener Darstellung zu identifizieren, in der man ihm zum ersten Male begegnet ist. Was bei Charly Chaplins einmaliger Typisierung durch seine Maske möglich wurde, bewirkt bei Fernandel die ihm von der Natur gegebene Erscheinung. Sie hat ihn festgelegt. Er braucht – mehr als Chaplin – Handlung, Mitdarsteller des komischen Fachs und Situationskomik. Das alles hat ihm die Regie Richard Pottiers in diesem amüsanten Film zugedacht und vorbereitet, und selbst die Synchronisation hat sich mit Erfolg bemüht, den Witz der französischen Dialoge sprachlich anzugleichen ...«

Der *Spiegel* (10/1950) bezeichnet Fernandel als »Komiker des kleinen Mannes«: »Denn Fernandel ist kein Philosoph wie Chaplin, nicht einmal ein Witzbold wie die Marx Brothers, sondern der Komiker des kleinen Mannes. Mehr will er nicht sein.« Es scheint, dass Fernandel mit dem Erreichten zufrieden ist, denn weiter heißt es in dem *Spiegel*-Artikel: »In seinem Privatleben allerdings ist Fernand Contandin aus Marseille das Ebenbild des kleinen Mannes. Er ist ewig guter Laune, geschwätzig wie alle Südfranzosen und lebt glücklich und zufrieden in der Nähe der *Place Anvers* mit seiner Frau Henriette und seinen Kindern Janine (20 Jahre) und Frank (14). Die älteste Tochter Josette (23) ist verheiratet ... Im Kino bringt Fernandel das Publikum zum Lachen, zu Hause lachen seine Kinder über ihn. Denn er gehört zu jenen seltenen Komikern, die im Leben nicht griesgrämig sind.«Aber da ist noch das künstlerische Ego des Franzosen. »Vielleicht geht mein Traum doch noch in Erfüllung, der Ruf an die Molière-Bühne?«, fragt sich und seine Freunde Fernandel, der Komödiant. Was er noch nicht ahnt, ist, dass 1951 die Weichen dafür gestellt werden.

Vielleicht wäre schon 1950 alles anders verlaufen, wenn der in Paris weilende Hollywood-Autor John Klorer sein Projekt CITIZENS OF THE WORLD in Gang hätte bringen können. Eine Geschichte mit dem legendären US-Komikerpaar Stan Laurel und Oliver Hardy sowie Fernandel. Das Projekt, das Klorer in einem Brief im April 1950 an Hollywood-Klatschtante Hedda Hopper erwähnt, bleibt unverwirklicht. Laurel und Hardy stehen schließlich ab August 1950 in Paris für ATOLL K (Dick und Doof erben eine Insel, 1951) vor der Kamera. Leider ohne Fernandel!

Der begegnet erst einmal wieder Sacha Guitry, dem großen Schauspieler und Regisseur, der zu ihm sagt: »Du hast mir das Leben gerettet.« Fernandel stutzt, doch dann begreift er. Das ist der Titel eines Theaterstücks und neuen Films von Sacha Guitry. TU M'A SAUVÉ MA VIE (1950) lockt großes Publikum an. BONIFACE SOMNAMBULE (In gewissen Nächten, 1951) von Maurice Labro ist bloß ein weiteres Lustspiel. Am interessantesten darin noch die Begegnung von Frankreichs derzeitigem Komiker Nr. 1, Fernandel, mit Louis de Funès, der es bald in Frankreich zu *der* Komikergröße schafft. Die *Frankfurter Allgemeine* (8. Februar 1952) stellt anlässlich der hiesigen Premiere mal wieder fest: »… Eines erreichte Fernandel in seinen neunzig Filmen immer: Er brachte das Publikum zum Lachen, zur Raserei. Und doch ist es falsch, in ihm *nur* den Komiker zu sehen. Er gehört zu den feinfühlendsten Künstlern Frankreichs und hat Charaktere von solch dichterischem Charme dargestellt, dass man sich ihrer nicht ohne eine Träne der Rührung erinnern kann. Er ist auf der ganzen Welt bekannt geworden. Ein handgreiflicher Beweis dafür, dass er mimisch eine Sprache beherrscht, die jeder versteht. Wenn Fernandel diese Sprache mit leicht französischem, vielleicht sogar südfranzösischem Akzent spricht – was tut's? Akzente und Unter-

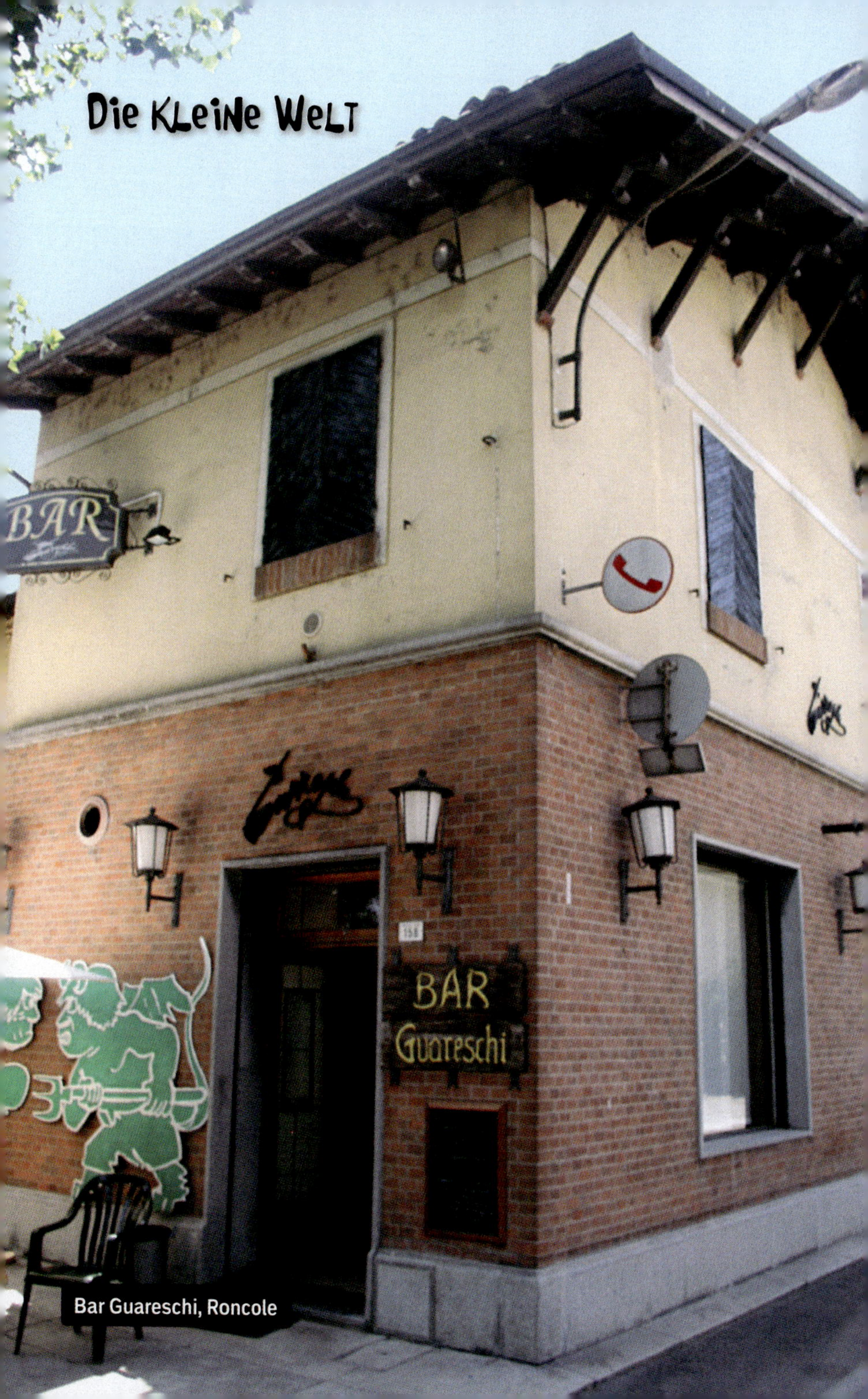

Bar Guareschi, Roncole

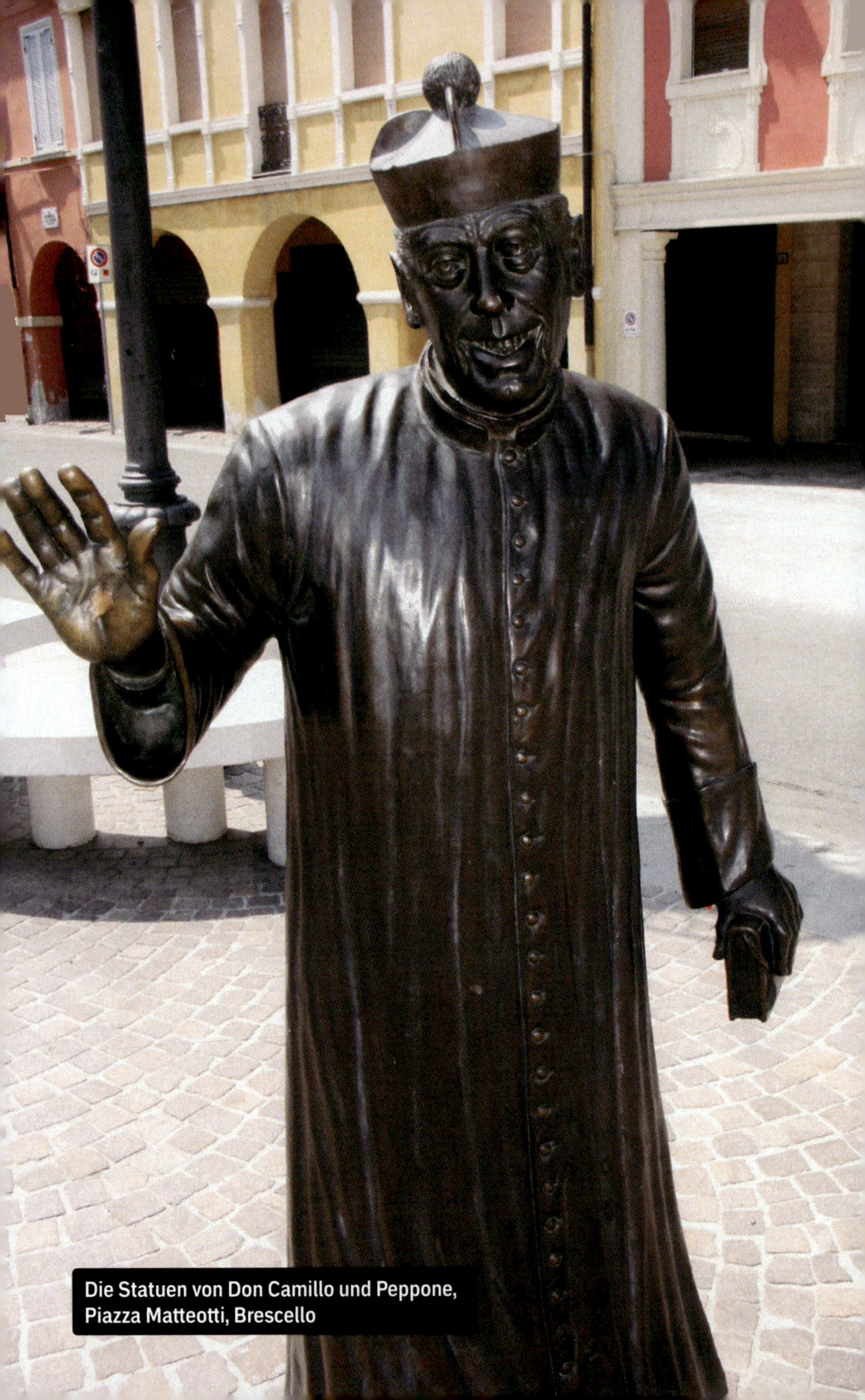

Die Statuen von Don Camillo und Peppone, Piazza Matteotti, Brescello

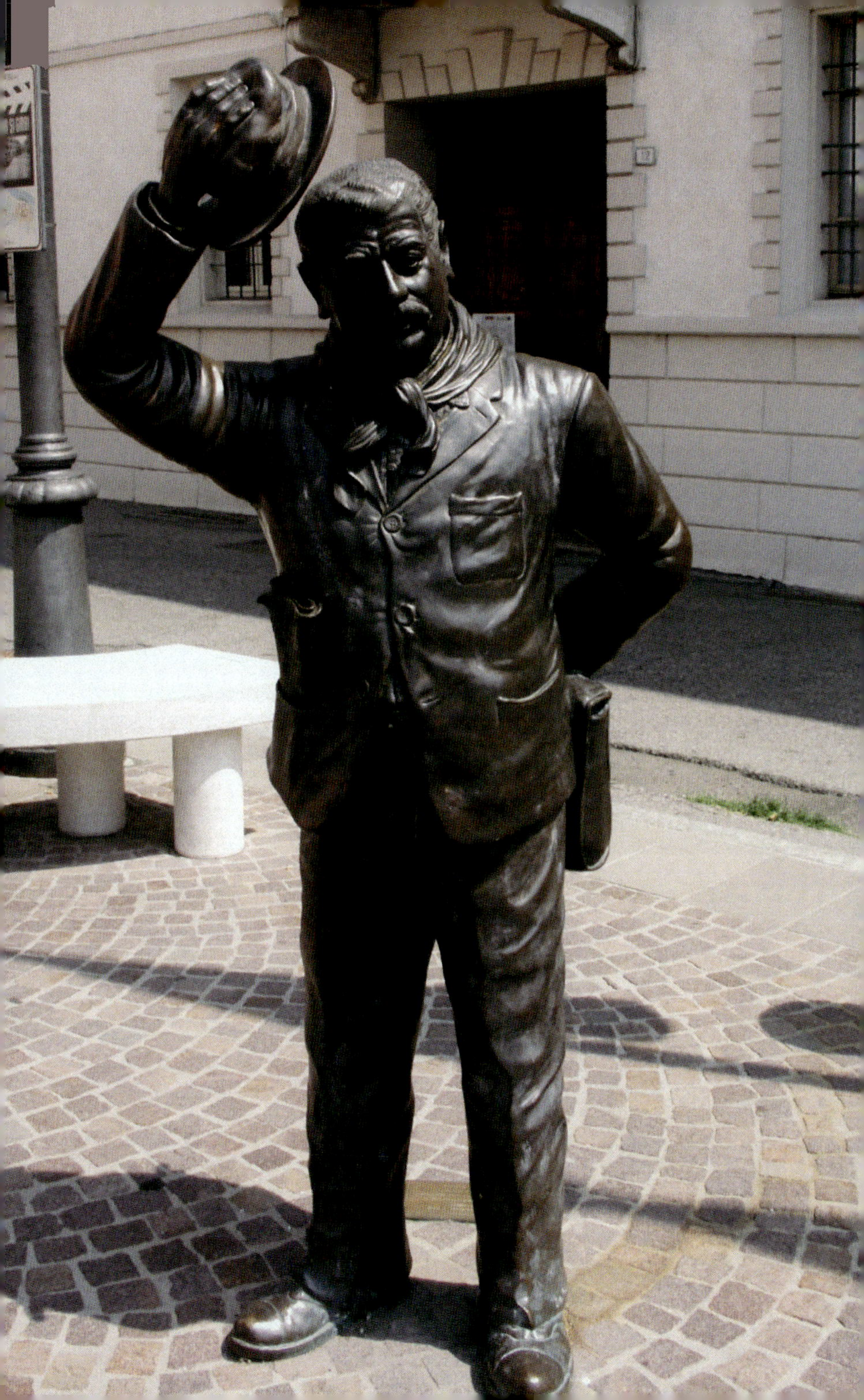

Brescello

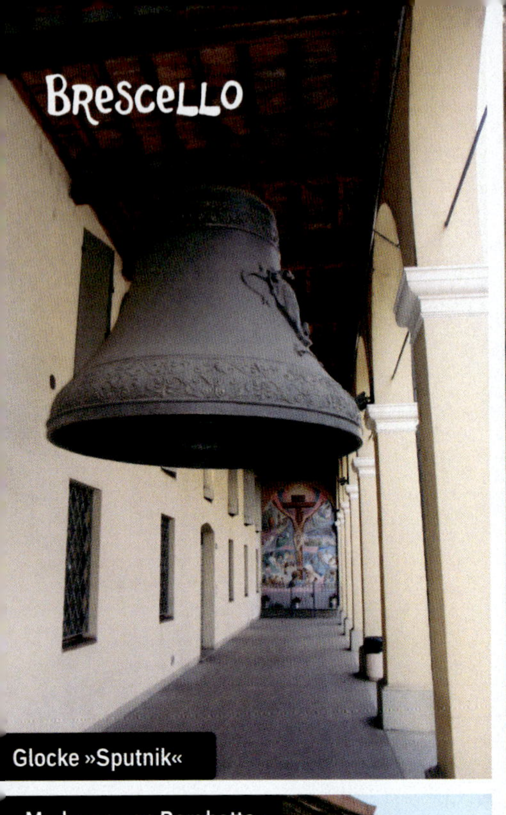

Glocke »Sputnik«

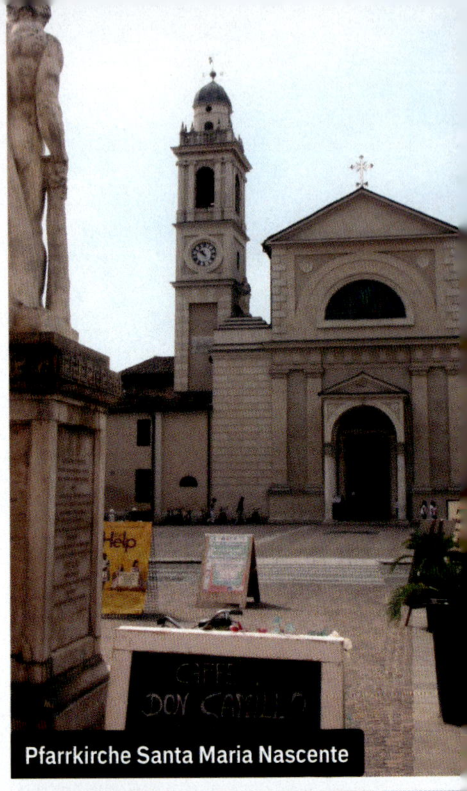

Pfarrkirche Santa Maria Nascente

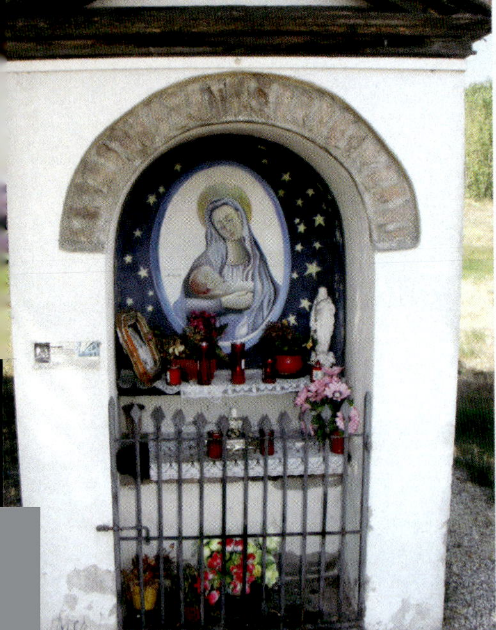

»Madonna von Borghetto«

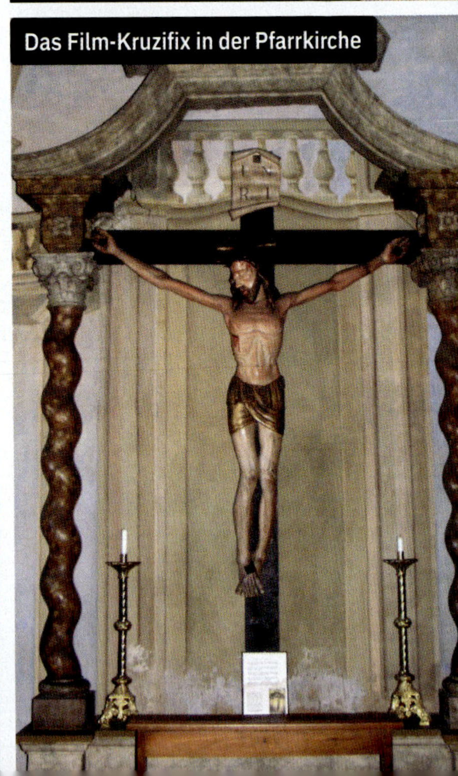

Das Film-Kruzifix in der Pfarrkirche

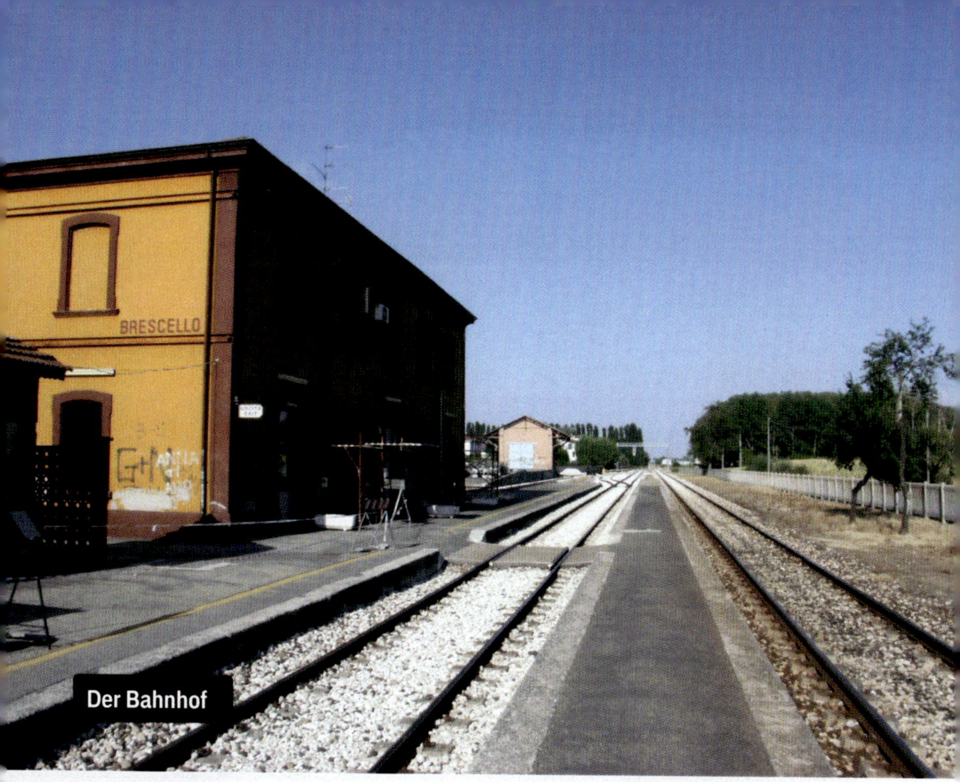

Der Bahnhof

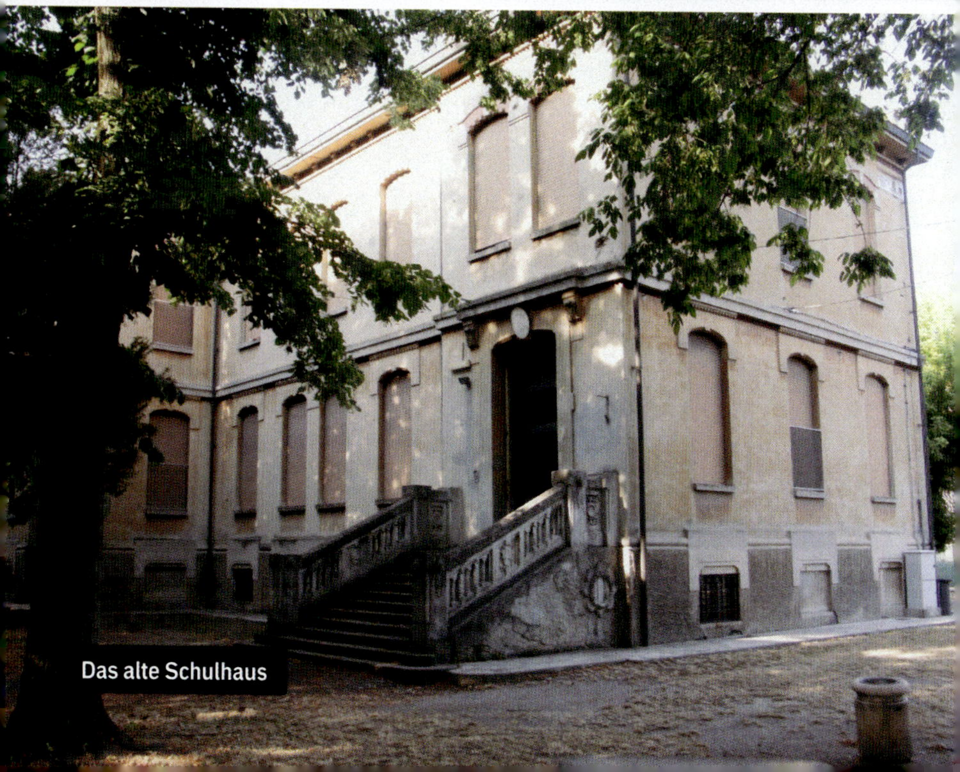

Das alte Schulhaus

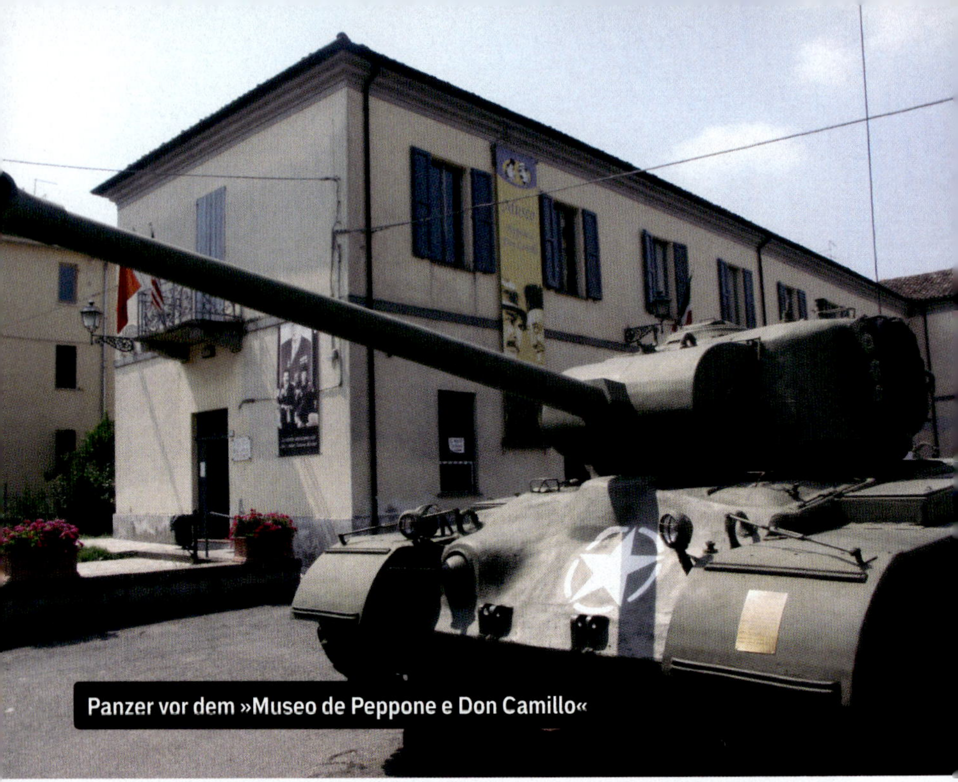

Panzer vor dem »Museo de Peppone e Don Camillo«

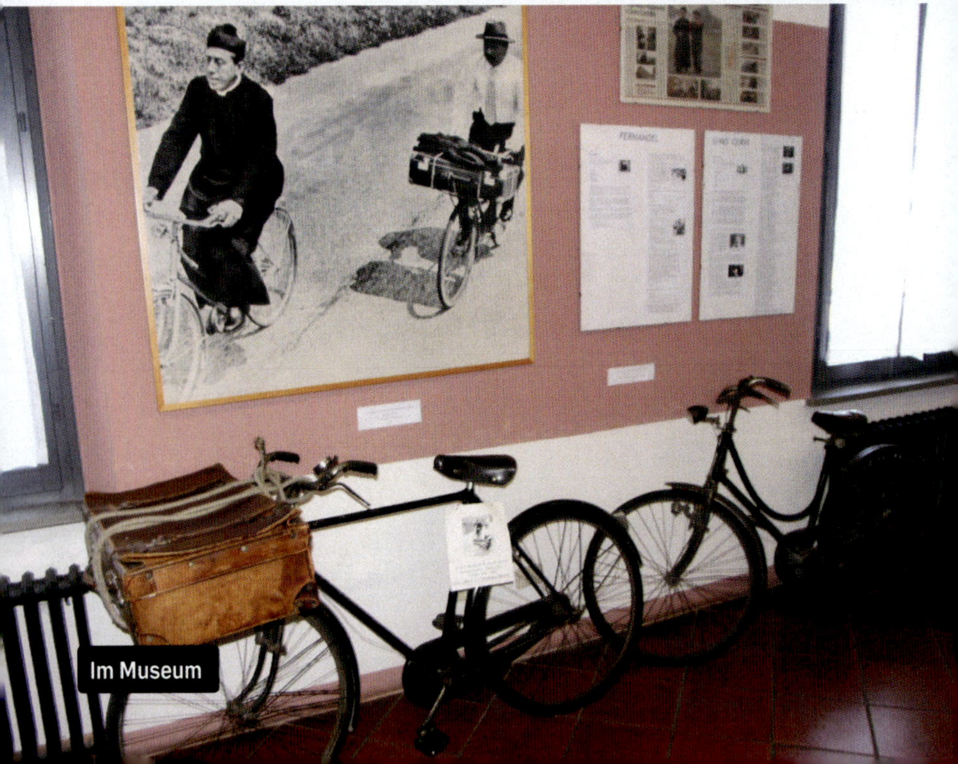

Im Museum

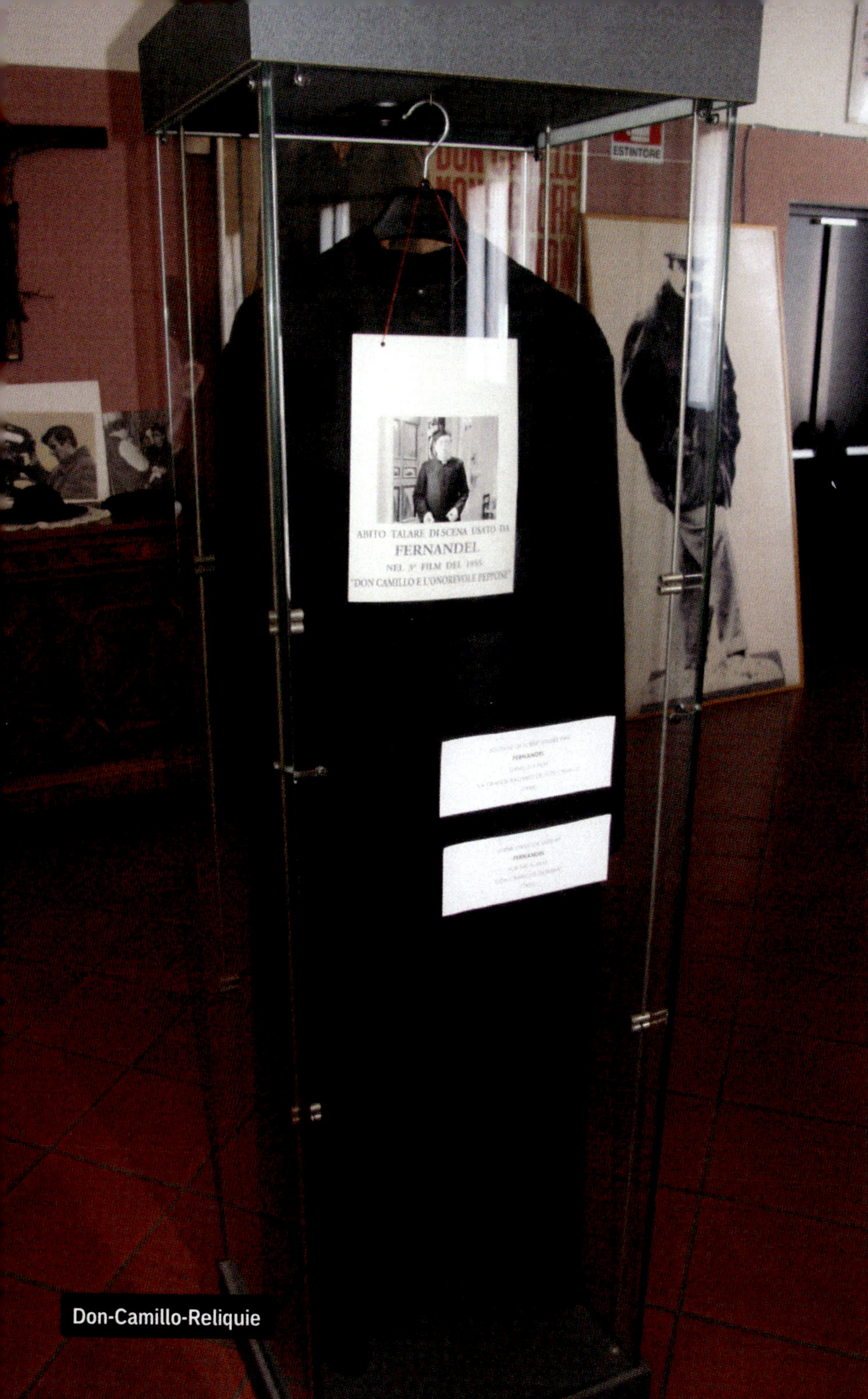

Don-Camillo-Reliquie

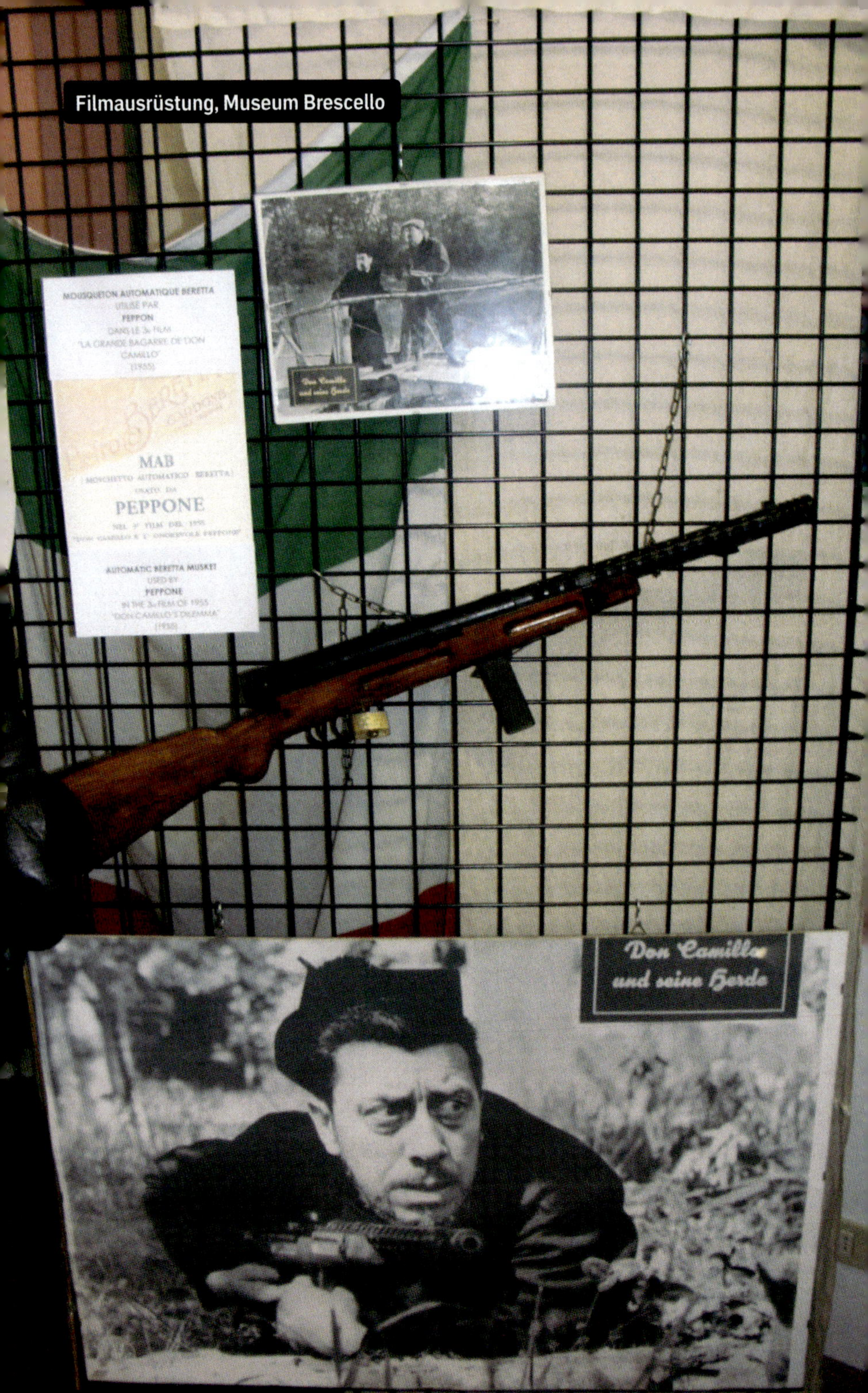

Filmausrüstung, Museum Brescello

schiede sind bei ihm nicht da, um zu komplizieren, sondern um zu unterstreichen … Die Bekanntschaft mit diesem Komiker wird auch für die deutschen Kinobesucher ein Gewinn sein.«

Viel wichtiger für Fernandel ist aber die Begegnung mit dem Regisseur Henri Verneuil (eigentlich: Achod Malakian). Der gebürtige Armenier (1920–2002), dessen Familie nach dem Völkermord an seinen Landsleuten nach Frankreich emigrierte, verdankt es Fernandel, dass er Fuß im französischen Film fasst. Das führt zu einer langjährigen, erfolgreichen Zusammenarbeit der beiden. Der erste gemeinsame Film LA TABLE AUX CREVES (Der Totentisch/Zwei Dickschädel trumpfen auf, 1951) ist allerdings nicht mehr als eine kleine Fingerübung. Es schließt sich eine Arbeit unter dem Regisseur Claude Autant-Lara (1901–2000) an. Der frühere Kostümbildner ist ein außergewöhnliches Talent, das recht gerne mal mit seinen Meinungen aneckt, zudem schon kurz in Hollywood »vorbeischaute«. Autant-Lara war Regieassistent beim großen René Clair, jetzt will der Pazifist der Gesellschaft ihre scheinheilige Moral aufzeigen. Sein LE DIABLE AU CORPS (Der Teufel im Leib, 1947) ist ein zynisches Werk, auch mit L'OBJECTEUR (Der Kriegsverweigerer, 1948) will er provozieren. Mit Fernandel in der Hauptrolle als Mönch setzt er eine Novelle von Guy de Maupassant, L'AUBERGE ROUGE (Die rote Herberge, 1951), um, die es auch in sich hat. Über einen Besuch der Dreharbeiten im Studio berichtet Gertrud Isolani im *Hamburger Anzeiger* (24. Januar 1953): »… Ein modernes Märchen: Aus dem farbenbunten Zauber der Tuleriengärten und den breiten, grünen Alleen bin ich urplötzlich in Boulogne-Billancourt in eine glitzernde, tiefwinterliche Schneelandschaft auf 1.300 Meter Höhe versetzt worden. Sähe ich nicht vor diesen schneebedeckten Tannenwäldern Männer und Frauen in historischen Kostümen des beginnenden 19. Jahrhunderts umhergehen, so glaubte ich gewiss an die Wirklichkeit dieser zauberhaften, winterlichen Berglandschaft, umso mehr, als ich in eine richtige Schneeballschlacht hineingeraten bin und einige feste Bälle auf einen mächtigen, weißleuchtenden Schneemann neben der Herberge gerichtet sind. Tatsächlich – es ist künstlicher Schnee. Ich muss ihn erst zwischen den Fingern fühlen, um feststellen zu können, wie geschickt und intelligent hier eine ganze Schar von Film-Technikern, -Ingenieuren, -Beleuchtern dem lieben Herrgott ins Handwerk gepfuscht haben. L'AUBERGE ROUGE heißt der Film, der nach einer Novelle von Guy de Maupassant in den geräumigen Studios von Boulogne gedreht wird. Das Drehbuch scheint, soweit man das nach ein paar Einzelaufnahmen beurteilen kann, dem Hauptdarsteller, dem *comique francais numéro un,* auf den Leib geschrieben zu sein. Es ist Fernandel, der hier einen Mönch spielt und mir in seiner braunen Kutte mit Tonsur, Kreuz und Rosenkranz auf eine so natürliche und selbstverständliche Weise die Hand zum Gruß entgegenstreckt, dass man meinen könnte, er schließe gerade hinter sich die Klosterpforte. Er hat übrigens in diesem ein wenig gruseligen Abenteuerfilm, der von einem schlauen Herbergswirt und seiner Frau handelt, die in der Einöde alle bei ihnen absteigenden Reisenden ermorden, die etwas schwierige Rolle übernommen, das verbrecherische Treiben der Wirtsleute zu entlarven. Nach den zwei Landschafts-Erlebnissen – Pariser Sonnentag mit der verschwenderischen Baum- und Blumenpracht und der ungemein ›echten‹ Winterlandschaft eines Hochplateaus der Ardèche im Filmstudio – habe ich nun noch ein drittes Landschafts-Erlebnis, das mich ergreift und lange beschäftigt: Es wird mir bewusst, dass das *Antlitz eines bedeutenden Schauspielers*, der vor einer Kamera seine innersten und reich nuancierten Seelenregungen ausdrücken muss, für den Zuschauer wie ein großes Naturerlebnis ist. Im Gesicht Fernandels, des Mönches, der gerade beim Wurf gut gezielter Schneebälle von der Filmkamera aufgenommen wird, spiegeln sich unzählige Empfindungen: Nachdenklichkeit, Spannung, ungläubiges Staunen … Und schließlich geht über den fragenden, listigen Augen, über den breiten, ausdrucksvollen Mund, der langsam die weiß leuchtenden Zähne bis zum Zahnfleisch entblößt, die strahlende Sonne eines Lächelns auf, das schließlich zum Lachen, zu einer ganzen Lachsinfonie anschwillt. Etwas Erlösendes, Herzerfrischendes, Befreiendes ist in diesem Lachen Fernandels, das Millionen von Kinobesuchern entzückt und begeistert, sie von Trauer und Schmerzen erlöst. Fernandel schenkt in jeder Rolle den Menschen, die ihn sehen, das Lachen, ob er nun als ›zünftiger‹

Vertreter von Staubsaugern in CASIMIR mit seiner rührenden Ungeschicklichkeit Lachsalven auslöst oder wie hier in der ROTEN HERBERGE seinen Klosterschüler in den Armen der jungen Wirtstochter überrascht und rasch in der Mörder-Herberge die Trauung vollziehen muss. Es gibt überall auf der Welt Menschen, die durch schweres Erleben das Lachen verlernt haben. Bei Fernandel können sie es wieder lernen. Die Psychiater müssten ihre Patienten in Fernandel-Filme schicken, und in Nervenheilanstalten und Sanatorien sollten seine Filme gezeigt werden. In einer Drehpause spreche ich mit Fernandel über das Geheimnis seiner Wirkung, seines Erfolges, über seine Pläne und Ziele. ›Ich habe nur einen Plan und ein Ziel‹, sagt er einfach – und diesmal ist der Ausdruck seines Gesichtes von einem tiefen, fast heiligen Ernst überstrahlt – ›*den Menschen das Lachen zu bringen*, nichts als das Lachen!‹ Als ich dann wieder und wieder sein Gesicht beim Spiel betrachte, will es mir scheinen, dass Fernandel dieses Ziel, den Menschen das Lachen zu schenken, als eine sehr ernste und wichtige Aufgabe betrachtet, als eine Aufgabe der Völkerverständigung.«

Die Handlung von L'AUBERGE ROUGE kurz umrissen: 1833 im Wirtshaus von Peyrabelle, weit hinten im Gebirge. Die Wirtsleute *Pierre* (Julien Carette) und *Marie Martin* (Françoise Rosay) bringen ihre Gäste um und rauben sie aus. Die Passagiere einer Postkutsche steigen im Wirtshaus ab, und bald trifft auch noch ein Mönch ein (Fernandel). *Marie* weigert sich, den Gottesmann zu töten, und beichtet ihm die paar Hundert Morde. Das Beichtgeheimnis verbietet es dem Mönch, die unglücklichen Reisenden zu warnen. Aber als zufällig Gendarmen ankommen, benimmt er sich so, dass die Leiche des letzten Opfers entdeckt wird. Die Wirtsleute werden verhaftet und die Reisenden gerettet. Nicht für lange, denn ihre Kutsche stürzt in einen Abgrund. Der Mönch flüchtet, erschreckt von diesem blitzartigen Zeichen der undurchdringlichen Absichten Gottes – oder des Teufels.

Neben Fernandel spielt vor allem Françoise Rosay, die Witwe des großen belgischen Regisseurs Jacques Feyder, groß auf. Sie schuf schon die schönsten Frauengestalten in den berühmten Filmen ihres Mannes. Die Bänkelsänger-Ballade am Anfang des Filmes singt kein Geringerer als Yves Montand. Und Fernandels Gestaltung des Mönchs in dem Meisterwerk von Autant-Lara ragt aus seinen Nachkriegsleistungen »turmhoch« empor. Seine Komik wirkt zu keiner Zeit übertrieben. Obwohl fast ausschließlich Studioaufnahmen zu sehen sind, kommt die Atmosphäre glänzend herüber.

L'AUBERGE ROUGE gerät in Frankreich zu einem riesigen Erfolg. Frederic Laclos verfasst eine Lobpreisung in *Cahiers Du Cinema* (Nr. 6, Oktober/November 1951), die allerdings überhaupt nicht auf Fernandel gemünzt ist: »Die Ballade, die Yves Montand während des Vorspanns singt, gibt dem Film seine Tonart: Abend am Kaminfeuer, Räubergeschichte von 1830, der Postkutscher von Lyon, schreckliche Überfälle, tragische Landstraßen, auf denen noch nicht die Technik oder die Autofahrer töteten, sondern professionelle Banditen, eingehüllt in wallende Mäntel … Und gleich darauf sind wir in dem berühmten Wirtshaus, wo sich alles abspielen wird. Ein dramatischer Schauplatz also und scharf voneinander getrennte Personengruppen: die Mörder auf der einen Seite und auf der anderen die zukünftigen Ermordeten (eine Gruppe Reisender). Zwischen diesen beiden Gruppen drängt sich das Unerwartete ein: ein Mönch in Begleitung eines Novizen. Sobald er durch die Beichte der Wirtin begriffen hat, was hier angezettelt wird, denkt der Mönch – nach einem ersten Reflex, seine Haut zu retten – nur noch daran, mit allen Mitteln die anderen zu retten, ohne dass er ihnen dabei die schreckliche Wahrheit enthüllen kann. Der dramatische Knoten ist also das Beichtgeheimnis, was, wenn ich mich nicht irre, eine neue Situation im Film ist oder zumindest eine sehr originelle. Nach tausend Zwischenfällen und Verwechslungen gelingt es den Reisenden, das Wirtshaus zu verlassen, und die Gendarmen verhaften die Mörder. Aber Schicksal ist Schicksal: Bei der ersten Brücke stürzt die Kutsche in den Abgrund. Moral: Die Wege des Herrn sind unberechenbar. Diese tragikomische Reisebeschreibung – die durch einige Bravourstücke gewürzt ist wie die ziemlich verblüffende Beichtszene, die weniger gelungene von der Heirat und die sicher erstaunlichste des Films von der Entdeckung der Leiche im Schneemann – wird begleitet von einer anderen poetischen Reisebeschreibung, von der es mich sehr wundern würde, wenn sie nicht gewollt wäre. Das Idyll zwischen dem Novizen und dem Wirtshaustöchterlein dient dieser einfach skizzierten Beschreibung als Faden; der Schnee und der makabre Mann aus derselben Materie und selbst der Negermusikant spielen darin die Rollen poetischer Requisiten ... All das ist sehr amüsant. Françoise Rosay spielt ihre große Szene – die Beichte – mit viel Esprit. Fernandel wird ohne Zweifel das Publikum reichlich zum Lachen bringen, vielleicht zu reichlich. Er ist sicher ein Schauspieler mit großer Spannweite, aber er verstand es nicht, hinter seiner Rolle zu verschwinden: Er bleibt Fernandel, ohne die Rolle glaubwürdig zu machen. Deshalb muss man Carette gratulieren, dass er einem sehr unheimlichen Wirt Leben verliehen hat. In seiner Rollengestaltung lebt nichts mehr nach von dem üblichen Carette, der als Pariser mit der spöttischen Schnauze typisiert war.« Damit liegt der Kritiker aber falsch, denn auch Fernandel bietet großes Kino. Jean Thévenot erkennt es in *L'Écran Français*: »... Wenn die Durchführung des Unternehmens heikel war, so ist die Arbeit von Jean Aurenche, Pierre Bost und Claude Autant-Lara von so großem Geschick, dass man ohne Paradoxon von Takt und gleichzeitig von Kühnheit sprechen kann. Und das gilt auch für Fernandel, dessen Darstellung ›Henorm‹ ist, ohne je lächerlich zu werden ...« Auch *La Cinématographie Fançaise* lobt Fernandel in der Rolle »eines schlauen, verfressenen und zufriedenen Mönchs, der aber so naiv wie möglich und schrecklich sympathisch ist«.

Inwieweit der Mönchspart für Fernandel die Tür zum *Don Camillo* öffnet, ist heute reine Spekulation. Auf jeden Fall ist es faszinierend, dass der bis dato als Komiker bekannte Franzose innerhalb kürzester Zeit in zwei »geistlichen Rollen« große Erfolge erzielt. Im Zuge des *Don-Camillo*-Erfolges erobert L'AUBERGE ROUGE auch das deutsche Publikum. Im *Film-Echo* 1953 meint Talmon-Gros: »Makabre Räubermoritat als Filmkunstwerk ersten Ranges ... Die Regie hielt sich an einen volkstümlichen Bilderbogen-Stil, mit deren Hilfe sie alle blasphemischen Klippen der possenhaften Gruselkomödie haarscharf umschiffte. Die Atmosphäre der Räubergeschichten ist durch die Dekorationen und die Fotografie höchst eindrucksvoll wiedergegeben. Fernandel spielt so, dass man versucht ist zu sagen: Es ist seine stärkste Rolle. Und so ist es kein Wunder, wenn das Publikum des täglich ausverkauften deutschen Erstaufführungstheaters (Studio für Filmkunst) begeistert applaudiert.« Der *Münchner Merkur* vom 8. Oktober 1953: »Endlich wieder ein Film ohne Beispiel, einer, der kein Schema anerkennt, keine Vorläufer besitzt und keine Nachfolger finden wird. Er hat nur ganz entfernte, und im Vergleich zu ihm überaus gutmütige Verwandte in Übersee: die aus purer Nächstenliebe lebensschwache Mitmenschen ins Jenseits befördernden Tanten in ARSEN UND SPITZENHÄUBCHEN. Sonst aber konnte diese rote, besser wohl: blutige Herberge nur in Frankreich errichtet werden, wo selbst noch schärfste Geister ein Publikum finden, das nicht so leicht zu verletzen ist. Ein Film voll beklemmend makabrem Witz mit viel Totengräberhumor und Leichenschauhaushochstimmung ... Die ersten und letzten Bilder sind bedrückend dicht, voll suggestiver Atmosphäre, zuerst ein Gemälde des Grauens, zuletzt ein Augenaufschlag göttlicher Gelassenheit, hinreißend fotografiert; der Beginn ist eine Schauerballade, das Ende ein Fetzen Schicksalstragödie. Fernandel beherrscht die Leinwand immer, auch dann, wenn er nicht zu sehen ist; nur die besten Szenen in DON CAMILLO sind mit dieser naiven, pfiffigen, schrecklich sympathischen Gestaltung zu vergleichen.« Sogar die *Süddeutsche Zeitung* vom 9. Oktober 1953 gibt sich löblich: »Eine höchst makabre Moritat von, gelinde gesagt, befremdendem Humor ... hier treibt man mit Entsetzen Scherz. Es sind in der Tat ziemlich entsetzliche Scherze, die weder durch die atmosphärische Dichte ausgeglichen werden können, noch durch die trockenamüsanten Dialoge, noch auch durch jene faszinierende Bänkelsänger-Ballade, die Yves Montand als Auftakt und als Abgesang mit strahlender Stimme zum Besten gibt. Bilanz: eine kuriose Gruselkomödie.« Die *Filmblätter Berlin* (Ponkie) vom 6. November 1953 weiter: »... Wer sich freilich an der düster-blasphemischen Komik dieser superben Gruselballade nicht stößt, wird mit einem filmischen Hochgenuss bedient; denn Regisseur Autant-Lara hat das mit Meisterhand so stilgerecht, so atmosphäredicht, so voll makabrer Possenlust als kunstvolles Gebilde aus einem Guss inszeniert, dass es eine wahre Pracht ist. Dazu kommt Fernandels komödiantische Mönchspartie – schon ihm zuliebe kann man dem Schauerstück eigentlich nicht böse sein. Frech pointierter Dialog, ironisch-dramatische Fotografie – eine Delikatesse. War ARSEN UND SPITZENHÄUBCHEN die intellektuelle und durch den sanften Wahnsinn der beiden Mordtanten gleichsam entschärfte Version des Themas, so ist die ROTE HERBERGE das balladesk-frivole Gegenstück, um eine Idee höllischer. Geschäftlich kann die Popularität Fernandels zwar genutzt werden, doch ist der Film allein seines ausgefallenen Stoffes wegen in erster Linie für Theater mit extravagant anspruchsvollem Besucherkreis geeignet. Original mit Untertitel.« Natürlich gibt es in der Bundesrepublik auch mahnende Stimmen. Die *Bonner Rundschau* vom 9. November 1953 in der rheinischen Bundeshauptstadt urteilt so unter der Überschrift »Wenn es eine echte Moritat wäre«: »... Im Spätherbst des Mittelalters mochte das wirklich erschüttern. Wir wissen nicht genau, wie ernsthaft. Heute genießen wir das Gruseln. Die echte Moritat ist naiv – wir sind das keineswegs. Fernandel ahmt in der Mönchskutte vor allem den Komiker Fernandel nach, er hätte nicht so drastisch mit stets großen Augen, Händen und Gebärden mimen müssen. Natürlich sind Typen ähnlicher Art aus der Zeit vor der Reformation verbürgt (die Moritat spielt jedoch um 1830), aber was fängt das übliche Kinopublikum damit an? Das Metropoltheater war ziemlich voll in dieser mitternächtlichen Gruselstunde von offenbar zuständigen Gästen und daher freut dieser neue, geglückte Versuch eines Filmstudio-Abends.« In der *Hanauer Zeitung* vom 8. Februar 1955 gibt es auch empörte Worte: »... Das ist äußerster Zynismus, der umso schwerer trifft, weil er als bewusster Stilbruch einer burlesken Handlung folgt. Und darum lehnt der Rezensent den Film thematisch ab, als blasphemische Tücke, als grob existenzialistische Zeitbombe. In der Gestaltung aber – das muss, wenn auch mit einigem Bedauern, gesagt werden – hat der Film schlechthin meisterliches Format, und zwar sowohl in der optischen Faszination als auch in dem fabelhaften Spiel der Darsteller ... Schade um all diese so schlecht angewandte gute Kunst ...« Auch die altehrwürdige, britische *The Times* (3. Juni 1957) hat so ihre Bedenken: »Die ganze makabere Ausstattung wurde geschickt ausgedacht und schmeckt nach Edgar Allan Poe mehr als alles andere, aber die Handlung, außerordentlich wie sie erscheint, offenbart sich als Komödie. Und der Witz? Der kommt, als die Frau des Wirtes, mit einer abstoßenden Skrupellosigkeit von Mlle. Françoise Rossay gespielt, offensichtlich überwältigt durch Gewissen und die Beichte, ihre Gräueltaten dem Mönch offenlegt, er aber unfähig ist, den Rest der Reisenden in dem Gasthaus vor dem bevorstehenden Ableben zu warnen, denn er ist dem heiligen Gelübde verpflichtet ... Als Thriller ist der Film eindrucksvoll grotesk. Als Komödie ist er kläglich.« Unterm Strich kann L'AUBERGE ROUGE heute als Klassiker bezeichnet werden, der zu seiner Uraufführung manchmal noch mit warnendem Zeigefinger betrachtet wurde. Zweifelsohne zeigt er Fernandel neben dem *Don Camillo* in einer weiteren hochklassigen Rolle. Fast zeitgleich startet der Erfolg mit Guareschis Priester, der Fernandel endgültig ganz hoch in den Filmhimmel katapultiert. Fernandel ist in aller Munde. Journalisten reißen sich um Interviews mit ihm. In den Pressematerialen zum ersten *Don-Camillo*-Film ist schon so eine Hommage enthalten: »Stippvisite bei *Don Camillo*: Ein Kaplan fletscht sein schönstes Zähnefletschen. Fernadel als Charakterkomiker mit Herz«: »Wieder einmal stand ich ›Unter dem Himmel von Paris‹. Kein Wunder, dass ich an Frankreichs Meisterregisseur Julien Duvivier, der diesen Zauber so atmosphärisch echt einzufangen verstanden hat, denken musste. Mein Blick fiel auf *Notre Dame*, und meine Gedanken wanderten von den ragenden Kirchtürmen weiter zu einem Kaplan – zu einem ganz bestimmten, dessen Pfarrdorf an den Ufern des Po keine italienische Landkarte so recht zu lokalisieren weiß. Ich wollte zu meinem braven Kaplan. Kurz entschlossen wandte ich *Notre Dame* den Rücken, und schon surrte das Taxi Richtung Pariser Filmateliers. Ich wusste: Dort findest du ihn – mitten im unheimlichen Gewimmel der Filmindustrie ... Wenige Autominuten später betrat ich eine Garderobe: Ein Herr in den besten Jahren empfing mich – vollendet angezogen, elegante Bewegungen und mitten im Gesicht – Pardon! – ein fletschendes Pferdegebiss ... Jawohl, Frankreichs großartiger Filmkomiker ohne Vornamen: Fernandel alias der

Kaplan *Don Camillo* stand mir gegenüber! Seine humorvoll-menschlichen Abenteuer kann man jetzt auch bei uns in den führenden Filmtheatern miterleben … Fernandel als gütiger, verschmitzter, der Welt zugewandter Kaplan, der ebenso fest zuzupacken weiß, wie sich Trost zu holen versteht im stillen Zwiegespräch mit seinem Gott. Ein Filmkomiker von hohen Graden spielt einen Geistlichen – das muss kein Gegensatz sein. Lachen und Ernsthaftigkeit vermögen sich in einem großen Künstlerherzen wohl miteinander zu vertragen. Mehr: Auf geheimnisvolle Weise gehört eins unlöslich zum anderen … ›Wie ich Kaplan wurde, Monsieur, wollen Sie wissen?‹, fletscht liebenswürdig mein Gegenüber. Und dann erzählt Fernandel, dieser volkstümliche Charakterkomiker … ›Der *Don Camillo* liegt ganz auf meiner Linie, Monsieur. Echtes Lachen, befreiendes Lachen muss vom Zwerchfell bis zum Herzen, tief ins Gemüt, strahlen. Solche Filmrollen sind natürlich selten, und ich bin glücklich, in Giovannino Guareschis Romanverfilmung eine solche gefunden zu haben.‹ Man merkt Fernandel an, dass er diese Feststellung nicht gedankenlos, pressekonventionell daherredet. Wer diesen Komiker obendrein einmal bei der Atelierarbeit beobachten konnte, erkennt, dass es nicht das Zähnefletschen, die äußere Erscheinung ist, die das Wesen dieses schauspielernden Humoristen ausmacht. In seinen Adern pulst das Blut echter Volkstümlichkeit. Als Fernandel zum Abschied sein schönstes Zähnefletschen fletscht, verlasse ich ihn in dem Bewusstsein, einen wahren Botschafter von Ernst, Satire, Ironie und tieferer Bedeutung gesprochen zu haben: einen echten Tragikomiker, dem Schauspielkunst stets Wandlung ist – vom Lachen zum Weinen und wieder zum Lachen …« Burghard v. Reznicek stellt in *Die Welt*, Hamburg, am 8. November 1952 die Frage: »Clown oder Schauspieler? Alle kennen Fernandel. Seine große Sehnsucht: die wirklich wertvolle Rolle«:

»… Paris, 7. November. ›Zwei Sachen muss man in Paris gesehen haben‹, sagte mir einmal einer unserer Regisseure in Wien nach einem Abstecher in die kriegsbesetzte Seinestadt, ›das ist die *Antigone* eines gewissen Anouilh und Fernandel in Pagnols Film ANGÈLE.‹ Bald ein Jahrzehnt ist vergangen, bis ich in diesen Tagen dem größten Verdiener unter Frankreichs Darstellern begegnete – auf der Leinwand und im Leben. Mit den Parisern stand ich Schlange vor dem Boulevard-Kino, das mit einem Dutzend anderer LE PETIT MONDE DE DON CAMILLO seit Wochen spielte. Tags darauf wollte ich gerade in die Auto-Ausstellung, als ein Packard vorfuhr, dem ein breitschultriger, hochgewachsener Fünfziger entstieg mit breitem lachenden Mund, blitzenden Zähnen und vergnügten Augen unter dem braunen Schlapphut: Fernandel – das Pferdegesicht war unverkennbar. Kaum hatte ich Zeit, mich zu wundern, warum ein Mann der Filmwelt in aller Herrgottsfrühe zum ›Salon‹ eilt, als sich zwischen den Ständen bereits die ersten Besucher um ihn drängten. ›Man kann sich doch nirgends blicken lassen‹, stöhnte Fernandel, verdrehte die Augen zu seiner Frau Henriette. Oft schon hat er sich nur durch List vor den Folgen seiner unvorstellbaren Popularität retten können. In seiner Heimatstadt Marseille wurde er als Rekrut zu Kriegsanfang auf Wache geschickt. Mitten in der Stadt. Im Nu gab es Verkehrsstockung; alles wollte ihn sehen, der in Dutzenden von Kasernenhofkomödien gefilmt hatte. Fernandel musste sofort abgelöst werden …«

Abseits des *Don Camillo* ist es die Zusammenarbeit mit Regisseur Henri Verneuil, die in den Jahren 1952/1953 Früchte trägt. LE FRUIT DEFENDU (Verbotene Frucht, 1952) mit Fernandel als Kleinstadtarzt besticht schon durch eine gelungene Milieustudie. Im *Film-Echo* 1953 heißt es dazu: »… Wir sehen Fernandel, der sich immer mehr zu einem überzeugenden Menschendarsteller entwickelt, in der Rolle eines Mannes, der plötzlich Angst bekommt, nicht genug gelebt zu haben. Fernandel spielt das ganz ohne Possendrückerei, er ist wirklich einer, den die Liebe wie eine Krankheit befallen hat; man muss schon sehr herzlos sein, um über ihn zu lachen, und sehr pharisäerhaft, um ihn nicht zu verstehen … Ein gut gemachter, hervorragend fotografierter Film, der überall ein interessiertes Publikum finden sollte und dem es geschäftlich nicht schaden kann, wenn einige Besucher mit seiner Moral nicht einverstanden sind.« Noch besser gerät LE BOULANGER DE VALORGUE (Der Bäcker von Valorgue, 1952), eine Dorfkomödie aus Frankreichs Süden. Der Sohn des Bäckermeisters (Fernandel) beglückte die Tochter der

Krämerin (die Mutter wird von Leda Gloria, *Peppones* Frau, gespielt) mit einem Kind. Das Dorf spaltet sich in zwei Lager, und in dem lokalen Krieg ereignen sich die heitersten Zwischenfälle. Bis der Bäckermeister vom Priester überzeugt wird, Mutter und Kind zu sich zu holen, und der Sohnemann bald darauf um die Hand seiner Geliebten anhält. Zur Werbung hat man sich hierzulande schmissige Schlagzeilen wie »Ein Säugling schreit – und eine Stadt steht Kopf« oder »Ein Säugling kämpft mit Fernandel – und gewinnt nach Punkten« ausgedacht. Während die Komödie in Frankreich gar nicht so gut aufgenommen wird, *Cahiers du Cinéma* (Nr. 22, April 1953) spricht von einem »mittelmäßigen Stück ohne viele Lacher« und meint, dass die Franzosen lächerlich gemacht werden, klingt das diesseits des Rheins besser. Die *Frankfurter Rundschau* vom 5. Oktober 1953 äußert: »… Valorgue ist ein heiß besonntes südfranzösisches Provinzstädtchen nahe der italienischen Grenze. Man spricht dort viel mit dem Mund und noch mehr mit den Händen … Das nicht allzu originell erfundene Haus- und Kleinstadtdrama eines wieder einmal verhinderten Bäckers wird von Regisseur Henri Verneuil mit liebevoller Versenkung in lokale Milieudetails erzählt. Es wird zum Weinen schön gerauft, gestottert, gestikuliert und gezetert; die Feuerspritze rückt aus, und duftende Weißbrote verkohlen im Ofen. Aber keine dieser Turbulenzen kommt gegen die Weltmacht Nr. 1, den Säugling, auf: Siegreich erobert er sich mit seinen Wangengrübchen das Herz des Großvaters und gibt den Anstoß zu allgemeiner Versöhnung. Fernandel rettet dem gut besetzten, aber vielleicht etwas primitiv gezeichneten Film das schauspielerische Gesicht. Er, der sein Gesicht nie wechselt, aber immer seine Silhouette, stattet seinen rebellierenden Brötchenfabrikanten mit so überlegenem Humor aus, dass kein Auge trocken bleibt.« Die *Frankfurter Allgemeine Zeitung* (Karl Korn) vom 5. Oktober 1953 weiß sogar zu berichten: »Dieser Tage erzählte mir Carl Zuckmayer, wie tief enttäuscht er von dem Film nach seinem *Fröhlichen Weinberg* sei. Wir waren uns als halbe Landsleute darüber einig, dass das Landschaftliche und Landsmannschaftliche, gerade wenn es derb und deftig ist, ungemein viel Kennerschaft und Behutsamkeit verlangt, wenn etwas Literarisches oder ein Film daraus werden soll. An dieses Gespräch musste ich denken, als uns dieser Tage der neueste Film mit Fernandel in Frankfurt vorgeführt wurde. Das Publikum kannte fast keine Grenzen in seiner Liebe zu dem anwesenden Hauptdarsteller. So viel treue Freundschaft, ja Begeisterung ehrt das liebe, oft unterschätzte Publikum. Denn die Ausbrüche der Begeisterung galten natürlich dem unvergesslichen Pfarrer *Camillo*. Aber der Bäcker von Valorgue? Fernandel ist auch hier wieder Fernandel, das gute Kinderherz im Riesen mit dem Pferdekopf. Und er ist mehr als das, nämlich ein Repräsentant einer der besten Fähigkeiten der französischen Rasse, die eigene Provinzialität, die Kleinbürgerei persiflieren zu können. Aber das Drehbuch von Henri Verneuil hat uns nicht recht überzeugt. Die Geschichte von dem provenzalischen Bäcker … scheint uns etwas dürftig. Darüber konnte die Lebendigkeit und Wendigkeit, die Verwandlung des sentimentalen Untergrunds ins Schalkspossen, worauf sich Fernandel natürlich auch hier wieder prächtig versteht, nicht ganz hinwegtäuschen. Die Sonne und der Wein der Provence sind oft Motive für die französische Freude an exaltierten Verrücktheiten des Temperaments gewesen, in Büchern und Filmen. Wer erinnerte sich nicht an Raimu als südfranzösischen Bürgermeister in CARNET D'UN BAL, wie er sich die blau-weiß-rote Schärpe um den Leib schlingt und sich selber traut. Wer erinnerte sich nicht an das Beste von Pagnol! DER BÄCKER VON VALORGUE will auf diesen Spuren Ruhm ernten. Aber der Film dringt nicht bis zu jenen rabelaisischen Festen der Lebenslust und der Ironie durch. Der Einsatz des Films, der ein Bezirksradrennen bringt, stimmt die Erwartungen hoch. Dann aber gleitet das Ganze trotz einzelner sehr lustiger Einfälle in den Provinzschwank mit Pointen wie stotternder Briefträger und vertrottelte freiwillige Feuerwehr ab. Freilich muss im Sinne unserer einleitenden Bemerkung gesagt werden, dass der Kritiker, der nur die synchronisierte deutsche Fassung sah, eigentlich die Waffen strecken müsste. Ich könnte mir denken, dass ein französisches Publikum über dem, was es da an rollendem ›r‹ und Nasallauten aus der beliebten Witzgegend von Marseille und Aix zu hören bekommt, vor Vergnügen rast. Den Verfertigern der deutschen Fassung Vorwürfe machen, dass sie davon nichts übertragen haben, würde von Ahnungslosigkeit zeugen. Denn man kann das intimste Landschaftliche nicht übertragen. Wir haben es ja nicht einmal fertiggebracht, für den *Fröhlichen Weinberg* richtige Rheinhessen zu finden! Was man den deutschen Synchronisatoren freilich sagen könnte, wäre, dass man auf die Übertragung solcher an den Dialekt gebundenen fremdsprachigen Werke vielleicht verzichten muss – auch wenn der großartige Fernandel die Titelrolle spielt.« Und die dritte Stimme aus der hessischen Metropole, die *Frankfurter Neue Presse* vom 5. Oktober 1953, kommt zum Schluss: »Man möchte die Franzosen glühend beneiden. Um ihre Sprache, um ihre Elastizität in den Dingen des praktischen Lebens, um ihre Freiheitlichkeit des Denkens, um Paris – und um Fernandel. Ja, um Fernandel, den großen tollpatschigen, hässlichen, gütigen Fernandel. Wir haben nicht seinesgleichen. Vielleicht wäre der Paul Hörbiger so etwas Ähnliches für uns geworden, hätten die letzten zwanzig Jahre nicht die stillen Kräfte in unseren Landen beinahe völlig ausgelöscht. Jetzt spielt Fernandel den *Bäcker von Valorgue*. Er spielt diesen Mann aus dem Volk mit dem Herzen und der tiefen Einsicht in das Leben seiner Mitmenschen. Aber er spielt ihn auch mit den Fähigkeiten eines großen Charakterdarstellers …« Bei so viel (rhein-) hessischer Begeisterung darf auch kein fröhlicher rheinischer Kommentar fehlen. Der *Kölner Stadt-Anzeiger* bringt ihn am 26. Oktober 1953: »… Fernandel hat die Soutane des *Don Camillo* ausgezogen und die Bäckerrobe übergestreift. Sein Temperament hat sich verdreifacht, und das goldene Herz ist manchmal hinter den grimmigen Zornesausbrüchen kaum noch wiederzufinden. Ein echtes Volksstück hat Henri Verneuil da geschrieben und auch selbst die Regie übernommen … Und mittendrin steckt Fernandel: noch menschlicher geworden in seiner Wirkung, noch reifer in seiner Darstellung, noch liebenswerter in seiner linkischen Geradheit. Ausgezeichnet geführt, gruppiert sich das Ensemble um ihn. Der Film atmet Duft, Charme und Esprit.« In bayrischen Gefilden meint der *Münchner Merkur* (3. Dezember 1953): »… So aber darf der wunderbare Fernandel grollen und grob sein, das Pferdegebiss fletschen und die Hände wie Lokomotivkolben auf seine erschreckten Mitbürger zustoßen, um dann, gewandelt durch geistlichen Zuspruch, Kinderlachen und die Hartnäckigkeit des Sohnes, in der er still beglückt sich selber erkennt, zu raunzen, sich zu räuspern und zum Heulen gerührt sein. Ein Film, der selbst solide Backware ist, und darin ein Bäcker, dem kein Filmkonditor das Wasser reichen kann.« Auch an der Waterkant wird die Humoreske anerkannt, wie am 5. Juni 1954 in *Die Welt*, Hamburg, zu lesen ist: »Zu wiederholen, dass Fernandel ein großer Schauspieler sei, wäre banal. Und dennoch: wie hinreißend er im Bereich der gemüthaften Unwägbarkeiten sein kann, manchmal überzeugender noch denn als *Don Camillo*, das tut er im BÄCKER VON VALORGUE dar. Virtuos spielt er auf seiner Skala intensiver Ausdruckskunst, die vom robusten Temperamentsausbruch bis zur feinsten Seelenregung reicht ...« Bei so viel Euphorie möchte die *Neue Zeit* aus dem Ostsektor von Berlin (19. Juni 1954) nicht nachstehen, zumal es diesmal bei Fernandel nicht gegen den Kommunismus geht: »Eine lustige und doch auch sehr menschliche Filmhumoreske ist dieser französisch-italienische Gemeinschaftsfilm ... Das Gewicht des heiteren Filmes liegt auf der Darstellung des Großväterchens, der nicht wahrhaben will, dass es sein Sohn gewesen ist. Fernandel, der große französische Schauspieler, gibt ihm vehemente Cholerik, turbulente Drastik, stille Besinnlichkeit und bezaubernd Allzumenschliches. Dieser Mann mit dem schwarzen Haarschopf, dem Pferdegesicht, mit Froschaugen, mächtigem Gebiss, großem Kinn, dem Gemüt eines Schlächterhundes und gleichzeitig großen Kindes, ist ein Erlebnis. Kein Nurkomiker, sondern ein Menschendarsteller.« Fehlt nur noch ein Kommentar aus der Schweiz. Die *National-Zeitung*, Basel, gibt ihn am 28. Dezember 1953: »Die schöne, heiße Sonne der Provence brennt über dem vergessenen und verlassenen Dorf Valorgue. Es ist jene Sonne, die die Melonen und die Leidenschaften groß werden lässt ... Großartig, sicher, klug und sichtlich mit dem Herzen bei der Sache ist Fernandel. Herrlich sein cholerisches Temperament, sein Spritzen und Sprühen, das auch in stummen Szenen sich bewährt.«

Noch vor LE BOULANGER DE VALORGUE wird für das Fernandel-Lustspiel COIFFEUR POUR DAMES (Der Damenfriseur) groß die Werbetrommel gerührt. Der Film von Unterhaltungsregisseur Jean

Boyer (1901–1965) ist nach DON CAMILLO UND PEPPONE die nächste Arbeit Fernandels, die die Kinos erobert. Es geht um einen Schafscherer aus der Provinz (Fernandel), der es in Paris zum Starfigaro bringt und der die Herzen der Damen im Fluge erobert. »Was ist ein Friseur?«, fragt das Presseheft anlässlich der Premiere: »Was soll man da schon antworten: ›Ein Friseur ist ein Mann, der einem die Haare schneidet‹, meinen Sie, meine Herren, sehr prosaisch und ohne Phantasie – aber sagen Sie das einmal einem modernen Figaro. Die Damen können da schon bessere Antworten erteilen, um vieles lyrischer, eine Definition mit ondulierten Worten … Ein moderner Figaro muss die hohe Schule der Frisierkunst mit Auszeichnung absolviert haben, um den Anforderungen verwöhnter Kundschaft gerecht zu werden. Fernandel verkörpert in seinem neuesten Film den Damenfriseur par excellence. Er ist kein Haarformer, aber er könnte einer sein. Seine Kunst befähigt ihn, dem Haarkünstler gerecht zu werden. In seinem Film DER DAMENFRISEUR (den der *Pallas-Verleih* jetzt in Deutschland zeigt) dient er von der Pike auf: als Schafscherer, als Pferdeschwanzpfleger, als Puppenfriseur, als Ein-Mann-Betriebsleiter und schließlich als heißbegehrter und viel umschwärmter Salon-Chef auf den Pariser Champs Élysées, dem man wegen seiner Verdienste für die Schönheit die Rosette der Ehrenlegion an die Brust heftet. Denn er ist Diplomat zwischen spiegelndem Marmor, er verjüngt und verschönt, er macht nicht nur die Frauen, sondern auch deren Männer glücklich. Er fördert Verlobungen, ist Heiratsvermittler und kittet brüchige Ehen. Er verleiht ewige Jugend. Das Schild an seinem Laden besagt alles: Meine Herren, lachen Sie über kein Mädchen, das diesen Salon verlässt. Es könnte Ihre Großmutter sein!«

Fernandel greift anlässlich der Uraufführung seines neuesten Films zum Kamm, sorry Federhalter, und gibt zu verstehen: »Meine hochzuverehrenden Damen! Sie wollen mir bitte gütigst gestatten, Ihnen auf diesem nicht ungewöhnlichen Wege meinen Dank und meine Anerkennung mit gebührender Hochachtung zum Ausdruck zu bringen. Denn das, was ich Ihnen zu sagen habe, ist wert, einmal entre nous ausgesprochen zu werden: Was wären Sie, meine geschätzten Damen, ohne Ihren Haarformer, aber was wäre der

Coiffeur ohne die Töchter Evas, die sich ihm so bedenkenlos anvertrauen? Beide sind – auf Gedeih und Verderb – aufeinander angewiesen, Sie, meine so sehr verehrten Damen, auf die bildende Kunst feinnerviger Hände, auf den sicheren Blick eines prüfenden Auges, auf einen untrüglichen Geschmack und auf den sechsten Sinn für Form und Farbe. Und der Friseur auf Ihr Vertrauen zu seinen plastischen Schöpfungen, die leider vergänglich und dem Gesetz der Mode unterworfen sind. Der Friseur ist gleichsam ein Maler, der auch den schmückenden Rahmen fertigt, er ist ein Restaurator, der das Vergängliche immer wieder neu belebt. Sie aber sind die Modelle, ohne deren Vorhandensein die lockende Kunst niemals existent sein könnte. Ich mache mich zum Sprecher der Millionen von Figaros, weil ich die besondere Ehre hatte, ihrem kunstvollen Handwerk filmische Gestaltung zu verleihen. Und ich habe bei meinem eindringlichen Studium für diese Rolle erfahren, dass der wahre Friseur wirklich ein Meister ist. Man sagt, meine Damen, dass für Adam die Welt erst schön durch Eva wurde, sie erst krönte sein Sein. Die schönste Krone aber, die Sie, Töchter der Eva, tragen können, ist Ihr Haar, dessen formbildende Varianten, immer wieder modischen Apercus unterworfen, unerschöpflich zu sein scheinen. Der Schöpfer aber ist Ihr Friseur, der Ihnen als Ihr Figaro die Ihnen gebührende Haarkrone künstlerisch zu bilden weiß: nach der Form Ihres Gesichts, nach der Farbe Ihrer Augen, dem Linienschwung Ihrer Lippen, dem Bogenrund Ihrer Brauen, nach Teint und Statur, – für die Arbeit, für den Sport und für festliche Abende. Unfrisiert, das wissen Sie, meine Damen, sind Sie nur halb angezogen. Wilde Mähnen waren den Erynnien eigen, umflatterten eine Pythia und eine Xanthippe. Aphrodite dagegen, schaumgeboren, wusste schon, was sie den Göttern und Menschen schuldig war: Ihr Haar glich einem sonnenschimmernden Diadem. Sie war das Vorbild für die Schönen Ihres Geschlechts. Ich weiß, meine Damen, Sie bringen ein Opfer vor marmornen Becken und glänzenden Spiegeln. Sie opfern Ihre Zeit, aus der Lohntüte, vom Gehalt und nicht zuletzt aus der Brieftasche Ihres Gatten. Doch wer wollte dem gepflegten Aussehen nicht die gebührende Reverenz erweisen? Und die von der ehrbaren Zunft der Figaros standen schon zu allen Zeiten bereit, um Ihnen zu dienen: am Fuße der Pyramiden, im Schatten der Akropolis, im Angesicht des Capitols, im Radius des Eiffelturms, zwischen Fachwerkhäusern und Wolkenkratzern. Und was die Haarkünstler schufen, zierte in den Jahrhunderten sprühende Diademe, gleißende Kronen, leuchtende Perlen, kostbare Bänder, blühende Orchideen – und schlichte Feldblumen. – Ihr Friseur, meine verehrten Damen, ist ein Modekünstler, dem die Gabe und die Fähigkeit eigen sein muss, schöpferisch zu gestalten. Denn was nützt Ihnen der schönste Brautschleier, das herrlichste Abendkleid, das festlichste Gewand und der kostbarste Pelz ohne die alles krönende Frisur? Und wie anders könnten Sie dem männlichen Geschlecht wohlgefällig sein?

Der wahre Künstler arbeitet allein, nur seiner Intuition folgend. Der Haarkünstler gleichermaßen, heute sogar mit den modernsten Mitteln der Chemie und der Technik. Und so wie der bildende Künstler nur ungern neugierige Besucher um sich duldet, so ist es ratsam, den Gatten, den Freund, ja selbst die Nachbarin vom Prozess der Haarschöpfung fernzuhalten. Glitzernde Helme, verwirrende Drähte, färbende Wässer, dampfende Tücher und sonstige notwendige Beigaben sind nicht dazu angetan, Sie zu verschönen. Schön ist erst das vollendete Meisterwerk Ihres Coiffeurs, dem Sie freudig danken, der Sie stolz verabschiedet und Sie freudig begrüßt, wenn Zeit und Stunde eine erneute Begegnung notwendig erscheinen lassen. – Sie sehen, meine sehr geschätzten Damen, dass ich mich für meine neue Filmrolle als Damenfriseur gewissenhaft vorbereitet habe, und ich wollte einmal denen das Wort reden, die mich mit ihrem Handwerk so sehr vertraut gemacht haben. Und nun kommen Sie auch einmal zu mir, um zu prüfen, was ich als gelehriger Lehrling gelernt habe. Mein Laden ist in Ihrem nächsten Kino. Dort erwartet Sie recht bald Ihr Damenfriseur Fernandel.«

Alles will gelernt sein! So schaut sich Fernandel zur Vorbereitung seiner Rolle auch fachmännisch um: »... Im Atelier konnte man uns wenigstens Auskunft geben: ›Monsieur Fernandel frisiert heute bei Monsieur Antoine.‹ Das war kein Spaß. Fernandel nahm tatsächlich Unterricht als Damenfriseur, und zwar bei keinem Geringeren als bei Antoine. Zwei ›Könige‹ der Seinestadt in einem duftenden Salon:

der König der Haarmode und der König der Komiker. ›Ich habe bei Fernandel das Lachen gelernt‹, schmunzelte Monsieur Antoine, ›also kann er auch bei mir einmal kostenlos in die Lehre gehen.‹ Das tat Fernandel dann auch mit Eifer und Geschick für seinen neuesten Film DER DAMENFRISEUR. ›Alles will gelernt sein‹, begrüßt uns Fernandel in weißer Robe mit Kamm und Schere … ›Und diese Rolle macht Ihnen Freude?‹, fragen wir neugierig. ›Mehr als das‹, fletscht Fernandel sein perlweißes Pferdegebiss, ›meine Rolle ist so komisch, dass ich manchmal über mich selbst lachen könnte, wenn nicht alles so ernst wäre‹ … Sein neuester Film DER DAMENFRISEUR setzt der Komik die Krone auf. Hier ist er wieder der große Junge mit dem Herzen eines Kindes und den Fäusten eines Holzhackers, dem man trotzdem glaubt, dass er als Damenfriseur Kamm und Schere mit Grandezza zu handhaben versteht. ›Finden Sie sich eigentlich selbst komisch?‹, fragen wir unvermittelt. ›Das einen Komiker zu fragen, ist eigentlich vermessen. Meine Arbeit ist zu ernst, um für mich komisch zu sein. Sehen Sie einmal in meine Bibliothek, und Sie werden erkennen, dass wahrer Humor aus viel tieferen Quellen geschöpft werden muss. Ja, ich möchte ein Botschafter des Humors sein, mal ernst und mal heiter, mal ironisch und auch mal satirisch. Vom Lachen zum Weinen und wieder zum Lachen. Aber nun, Monsieur, muss ich wieder an die Arbeit, denn Damenfriseur wird man nicht an einem Tag. Meister Antoine muss mir noch viel beibringen.‹ Im Salon drängen sich die Damen. Denn heute frisiert zu werden, das war eine einmalige Gelegenheit. Fernandel und Antoine, zwei Könige ihres Fachs in einem Salon – das war selbst für die verwöhnten Pariserinnen eine Messe wert!«

Beflügelt vom *Don-Camillo*-Erfolg wollen die Menschen ihren Fernandel auch in anderen Rollen im Kino sehen. Die Fachpresse vermeldet denn auch frohlockend stolze Besucherzahlen: »Frankfurt in den ersten 14 Tagen 27.241 Besucher, Köln in 14 Tagen 20.600 Besucher, Karlsruhe in 10 Tagen 9.105 Besucher. Der geschäftliche Groß-Erfolg!« Obwohl die Kasse kräftig klingelt, macht sich doch Ernüchterung breit. COIFFEUR POUR DAMES besitzt nicht die Klasse von Fernandels besten Filmen. Aber dank ihm lohnt es sich doch! Das *Film-Echo* 1953 bringt es auf den Punkt: »Auch in Frankreich werden Filme gedreht, die ausschließlich der Unterhaltung dienen ... Buch und Regie pendeln zwischen Komödie und derber Posse; man scheut sich nicht vor eindeutigen Schlafzimmer-Szenen und turbulenter Komik, aber man verschüttet nie die publikumswirksame Grundidee, dass ein fixer Bursche aus der hintersten Provinz die große Welt von Paris in die Taschen seines Friseurkittels steckt. Das Erstaunliche an dem Schauspieler Fernandel ist, dass man ihm die erotische Wirkung auf Frauen abnimmt, obwohl er den landläufigen Vorstellungen von einem ›brennschereschwingenden‹ Casanova in keiner Weise entspricht. Fernandel verkündet in eigener Sache, dass auch hässliche Männer Sex-Appeal haben können. Der *Don-Camillo*-Erfolg, der den Schauspieler Fernandel auch in Deutschland populär gemacht hat, wird seinem neuen Film sehr nützlich sein.« Ohne Schnörkel urteilt der *Kölner Stadt-Anzeiger* vom 11. Februar 1953: »... Der Film wäre ein Nichts, ohne Fernandel. Mit ihm aber ist er eine höchst amüsante Persiflage auf die parfümgeschwängerte Welt der Mode, ihre großen und kleinen Eitelkeiten ... Man muss sehen, wie er frisiert, charmiert, gefühlvoll schöne Köpfe massiert, wie er mit großer Gebärde große Damen empfängt und wie sich dann die imposanten Gesten vor der eigenen Frau verlieren und ein verliebter Augenaufschlag alles sagt. Fernandel ist ein Meister der leisen Komik. Es ist eine Freude, ihn zu sehen.« Die *Kölner Rundschau* bringt es am gleichen Tag auf den Punkt: »Fernandels Schicksal wird jetzt sein, an alle seine Leistungen den *Don Camillo* als Maßstab angelegt zu bekommen. Wenn er also seinen Ruf erhalten will, wird er sich hüten müssen, seine Kraft an schwache Stoffe zu vergeuden; denn allzu leicht verschwindet hinter der kleinformatigen Rolle die große schauspielerische Leistung. Dafür ist bereits Beweis der Film DER DAMENFRISEUR ... Auch hier zeigt Fernandel, ein wie vielseitiger und guter Schauspieler er ist, dessen Ausdrucksskala vom lauten handfesten Klamauk bis zur sparsamsten Andeutung von Gemütsregungen, von der Begriffsstutzigkeit bis zur souveränen Beherrschung der Situation reicht ...« In Koblenz bei der *Rhein-Zeitung* (28. Februar 1953) formuliert man: »Wer über den grotesken *Don Camillo* gelacht hat, wird über den witzigen *Napoleon der Damenfriseure* schmunzeln ... Dieser witzig-spritzige Film kann sein Herkunftsland nicht verleugnen. Nur der Franzose ist geneigt, sich selbst im Spiegel der Ironie zu betrachten ... Im Salon *Mario* wird dem Filmbesucher mit liebenswürdiger Handbewegung der Kopf gewaschen. Unter der Dusche wohltemperierten Humors findet er gute Erholung!« Je länger COIFFEUR POUR DAMES läuft, desto kritischer urteilen die Kritiker. Der katholische *Film-Dienst*, Düsseldorf (2. März 1953), hat Fernandel anscheinend den Priester noch nicht verziehen: »Französisches Lustspiel, das sich bürgerlich-moralisch anstreicht, dabei aber Ehe, Familie und Treue auf ungeistige Weise der Lächerlichkeit preisgibt. Für Jugendliche gänzlich ungeeignet.« Die *Süddeutsche Zeitung*, München, bemängelt – ein wenig unorientiert – am 13. März 1953: »...Ein wenig übel aber war es, nun prompt die Konjunktur auszunutzen und alte Fernandel-Filme hervorzukramen – Ladenhüter, die normalerweise kaum absetzbar gewesen wären. Damit erwies man Fernandel einen schlechten und seinen neuen Freunden keinen besseren Dienst. Zwar zeigt sich Fernandel auch hier als köstlicher Komödiant – doch seine Kunst ist sozusagen drei Stockwerke tiefer angesiedelt: zu seiner Leistung in DON CAMILLO UND PEPPONE verhält sie sich halt wie der Beruf des Friseurs zum Beruf des Pfarrers. Nun könnte – warum denn nicht? – auch ein Friseur-Film recht lustig sein. Doch dazu gehörte, dass sich nicht nur der Hauptdarsteller ab und zu etwas einfallen lässt, sondern auch der Drehbuchautor und der Regisseur.« *Die Welt*, Hamburg, vom 21. März 1953 legt prompt nach: »... Das erotelt sich derb und ausdauernd über manche Längen, aber es hat auch kleine französische Weisheiten am Rande, die aus berufener Feder zu stammen scheinen.« Und auch *Der Spiegel*, Hannover, vom 25. März 1953 bemerkt: »Frankreichs zur Zeit teuerster Schauspieler. Fernandel (*Don Camillo*) produziert als charmant größenwahnsinniger ›Jacques Fath der Figaros‹ seinen immer wirksamen Pferdegebiss-Charme. Zu mehr als dieser Alleinunterhalter-Besetzungsidee langte die Vorbereitungszeit des Films offenbar nicht, da er überstürzt als Anhänger an den *Don-Camillo*-Boom gedreht wurde.« *Der Bund*, Bern, vom 17. März 1953 sieht es mit der Gelassenheit der Schweizer: »Es ist immer wieder erstaunlich, wie Fernandel, sooft man ihn sieht und so endgültig man ihn zu kennen meint, von Neuem wirkt. Und immer mehr Rollen gibt es, die man eigens für ihn geschrieben glaubt, so sehr sie auch inhaltlich voneinander abweichen. Was seine ausholende, vom Midi beeinflusste Gestik anbelangt, dürfte ihm allerdings kaum je ein reicheres und passenderes Feld geboten worden sein als in diesem Streifen … Es ist der Werdegang eines großartigen Figaros, gespickt mit köstlicher Frivolität, Schlagfertigkeit und Reflex, um den Regisseur Jean Boyer ein charmantes, weibliches Milieu aufgebaut hat: ein Himmel voller Frisuren, voller Pariser Gespräche, leicht und lebendig.«

Und jenseits des Ärmelkanals stellt das *Monthly Film Bulletin* (Vol. 20 No. 239 Dezember 1953) nüchterner fest: »… Dieser Film ist für Fernandel so verwickelt und unwahrscheinlich in der Geschichte und so schwerfällig in der Bearbeitung, dass es kaum einen Lacher hervorruft. Seine Talente für leichte Komödie werden selten abgerufen, und die Präsens von so vielen Frauen in der Besetzung scheint ihn zu erdrücken …«

Zum 50. Geburtstag ist Fernandel inzwischen so etwas wie Europas Komiker Nr. 1. Aufnahmen auf Aufnahmen folgen für den Publikumsliebling. Er ist in aller Munde. Wieder rennen sie ihm im Atelier die Tür ein. So ist am 25. Mai 1953 in *Der neue Film*, Wiesbaden, zu lesen: »Es ist schon ein Vergnügen eigener Art, ein Stündchen mit jenem Mann zu verplaudern, dem die Pariser Journalisten den Ehrentitel ›Nationalkomiker Nr. 1‹ verliehen haben. Zwischen zwei Aufnahmen zu seinem neuen Film trafen wir im ältesten Atelier von Paris, Saint-Maurice, den in aller Welt bekannten *Don-Camillo*-Fernandel. Das heißt: aus dem ›Nationalkomiker Nr. 1‹ ist der ›Volksfeind Nr. 1‹ geworden. Das jedenfalls ist die Titelrolle seines neuen Films, und wir müssten Fernandel nicht kennen, wenn sich da nicht wieder eine handfeste Satire auf die menschlichen Schwächen verbergen sollte. Und was könnte besser all das Liebenswerte aller menschlicher Untugend zum Schweigen bringen als Fernandels heitere Synthese von goldenem Kinderherz und rascher Faust …« Die *Baseler National-Zeitung* vom 3.10.1953 philosophiert in »einem kleinen Porträt«: »Keiner Frau hat er das Herz gebrochen. Dazu hat er zu wenig Brillantine auf dem Kopf und zu wenig Öl in der Stimme. Manche Frau hat ihm (im Film) das Herz gebrochen. Er ist ein großer Danebensteher. Wenn sein Rivale mit dem geliebten Mädchen auf einem Bänklein sitzt und sich der stillen Leuchtkraft des Mondes und der Liebe überlassen darf, dann zuckt er gottergeben mit den Schultern und schleicht still davon. In Marseille, bevor er entdeckt wurde, hat er einen Gemüsekarren herumgestoßen. Auf kleinen Dampfern schaufelte er Kohlen. Einige Zeit saß er auch am Pult eines Bankbeamten. Als er arbeitslos in Nizza herumflanierte, las er ein Plakat, das aufforderte, an einem Wettbewerb der ›Namenlosen‹ im Eldorado teilzunehmen. Er trat auf das Podium, sang ein gepfeffertes Couplet, gewann den ersten Preis und wurde als ›Artist‹ engagiert. Fünf Jahre später entdeckte ihn Marc Allegret für den Film. Er ist ein braver Ehemann, hat früh geheiratet, hat Kinder, sitzt am Abend gern zu Hause, liest die Zeitung und streut dem Kanarienvogel des stillen Glückes Körner hin. Auf seinem Türschild steht nicht ›Fernandel‹, sondern ›Fernand Contandin‹. Das ist sein bürgerlicher Name. Am 8. Mai steckt eine Nelke in seinem Knopfloch. An diesem Tag hat er Geburtstag. Dieses Jahr wurde er 50.«

Dann ist es endlich so weit. Der große Star kommt zum ersten Male nach dem Krieg zu Besuch nach Deutschland. Wie kaum ein anderer Filmstar wird er von den Massen bei seinen Stationen in Stuttgart und Frankfurt stürmisch begrüßt. »Fast kopfüber in Stuttgart gelandet«, heißt es am 3. Oktober 1953 in den *Stuttgarter Nachrichten*: »Gestern Morgen war auf Gleis 15 des Stuttgarter Hauptbahnhofs – wie man auf gut Schwäbisch sagt – ›ebbes botte‹: Frankreichs derzeit populärster Filmschauspieler, der einer ganzen Welt bekannte *Don-Camillo*-Darsteller, entstieg dem fahrplanmäßigen Schnellzug aus Richtung Paris, auf seine Art charmant lächelnd, mit einem Mienenspiel, das Hunderttausende in aller Welt als ›typisch Fernandel‹ zu bezeichnen gewohnt sind. Trotz aller sorgfältigen Vorbereitungen der beiden Filmtheater, die seinen neuesten Film in Erstaufführung zeigen, trotz aller Aufmerksamkeit der Presse und trotz der Sorgfalt der Stuttgarter Stadtverwaltung war sein erster Tritt auf Stuttgarter Boden übrigens ein Fehltritt. Angesichts einer sehr beachtlichen Menge von seinen Freunden und sonstigen Neugierigen sowie der offiziellen Vertreter der Beteiligten – strauchelte er. Der Anblick einer unerwartet großen Schar von Verehrern und Interessierten ließ ihn den Zwischenraum zwischen Bahnsteigkante und Trittbrett des Waggons übersehen, sodass er sich eine leichte Schürfung des linken Schienbeins zuzog, eine Verletzung, die in Anbetracht des Großaufgebotes an Neugierigen als geringfügig bezeichnet werden musste. Unter den Fernandel-Freunden nahm eine Delegation der Stuttgarter Bäckermeister einen bevorzugten Platz ein; die ›Becka‹ hatten etliche ihrer Stifte mit ›flutes‹, jenen typischen, knüppelartigen, französischen Weißbroten, ausgerüstet, auf dass der *Bäcker von Valorgue* – wie die Titelrolle von Fernandels neuestem Film lautet – nicht nur mit gebührender Herzlichkeit empfangen werde, sondern auch mit Berücksichtigung jenes ehrsamen Handwerks, das er einfühlsam wie eh und je in dem Film vertritt. Nach einem unerwartet glücklich verlaufenden Absetzmanöver von seinen miteinander um günstige Ausblicke drängenden Verehrern hatte er die überall auf ihre Chance lauernden Autogrammjäger zu überstehen. Schließlich war es die offizielle Autogrammstunde in den Planier- und Kammer-Lichtspielen, die seine vor allem als streitbarer *Don Camillo* bewiesene strapazierfähige Konstitution schadlos zu halten hatte. Fernand, Joseph, Désiré Contandin, wie die Akten den großen Darsteller nennen, erwiderte die herzliche Begrüßung der Stuttgarter und Stuttgarts mit dem menschlichen Charme, der ihn uns lieben lehrte … Am Vormittag war Fernandel bei der Stadtverwaltung zu Gast und wurde von Oberbürgermeister Dr. Klett und Bürgermeister Hirn begrüßt. Natürlich blitzten auch da die Kameras der Reporter, und die Wochenschauapparate schnurrten. Fernandel ist aber auch in jeder Situation sehenswert: wie er zuhört, wie er die Stirn runzelt, wie er lacht – das ist alles ein Film für sich! Bei seinen Dankworten erwähnte er den rauschenden Empfang durch die Stuttgarter. ›Es war wie daheim in Marseille‹, sagte Fernandel, ›da geht es auch kaum stürmischer zu!‹ Auch vor dem Bürgermeisteramt in der Mörikestraße hatten sich Fernandel-Anhänger versammelt, um ihn aussteigen zu sehen. Als Gegengabe für ein Büchlein ›Der Umgang mit Schwaben‹, das ihm der OB überreichte, schenkte Fernandel Dr. Klett eine Maske des *Bäckers von Valorgue.*« In der *Frankfurter Rundschau* (5. Oktober 1953) ist vom Besuch am Main zu lesen: »Bereitwillig verschenkte er sein weltberühmtes Pferdelächeln an die knipsenden Pressefotografen und an seine zahllosen Bewunderer. Befragt, ob noch eine Fortsetzung von DON CAMILLO UND PEPPONE (die ihm unter seinen 109 Filmrollen die liebste war) zu erwarten sei, antwortete er: ›Wahrscheinlich nicht. Da ich nun schon einmal abgereist und wiedergekommen bin, kann ich nicht wieder abreisen.‹ Zu Weihnachten wird sein neuester, zum Teil in Amerika gedrehter Film ›Weltstar Nr. 1‹ auch in Deutschland herauskommen. An die überaus herzlichen Ovationen im Filmpalast knüpfte er seinen Dank für die Treue seiner Filmfreunde und die Hoffnung, dass die Filmkunst zur Versöhnung der Völker beitrage.«

Aus dem »Weltstar Nr. 1« wird in Deutschland zwar nur der »Staatsfeind Nr. 1«. Die Premierenzeremonie ist aber durchaus rekordverdächtig. L'ENNEMI PUBLICO NO. 1 läuft am ersten Weihnachtstag 1953 gleichzeitig in New York, Paris, London und Deutschland an. Der erste Film des französischen Stars mit Dreharbeiten in den Vereinigten Staaten von Amerika. Schon die Vorgeschichte zum Film ist spannend: Kurz nach dem Ersten Weltkrieg schreibt Max Favalelli, der damalige Redakteur der Pariser Wochenschrift *Ric et Rac,* den Roman und veröffentlicht diesen in seiner Zeitschrift. Er ist eine Satire auf die großen Gangster, die damals Amerika beherrschten, auf einen Al Capone, einen John Dillinger, Frank Costello und wie sie alle heißen. Dieser Roman erregt in ganz Frankreich großes Aufsehen. Auch Fernandel liest ihn und ist so begeistert davon, dass er sofort an Favalelli schreibt und ihn auffordert, zu ihm nach Marseille zu kommen, um sich über eine eventuelle Verfilmung des Stoffes zu unterhalten. Es ist die passendste Rolle für Fernandel, die er sich selbst vorstellen kann. Auch Favalelli ist von diesem Plan sofort begeistert, aber es kommt etwas Unvorhergesehenes dazwischen. Zur selben Zeit erscheint in einer anderen Zeitschrift eine ziemlich boshafte Kritik über den

Komiker Fernandel und diese Kritik ist von dem gleichen Favelelli verfasst wie der *Staatsfeind*. Favelelli zieht es aus diesem Grunde vor, seine Fahrt nach Marseille stillschweigend abzusagen. Aber Fernandel ist damit keineswegs zufrieden. Er schickt Favelelli ein Telegramm mit folgendem Inhalt: »Habe Ihren Artikel über mich gelesen. Er ändert jedoch nichts an meinem Vorschlag.« Wenige Stunden später ist Favelelli in Marseille und wenige Tage später sind die beiden die besten Freunde. Aber trotzdem lässt sich damals das Projekt nicht realisieren. Geldschwierigkeiten der Produzenten, die Besetzung des Landes und vieles andere mehr sind Gründe, dass die Verfilmung des Stoffes immer mehr hinausgeschoben werden muss. Nun hat sich der junge Produzent Jacques Bär mit seiner *Cité-Film* zu dem Projekt entschlossen. Mit Dreharbeiten in Paris und New York. Auch ins ferne Amerika folgen die europäischen Berichterstatter ihrem Superstar. »Fernandel in der New Yorker Untergrundbahn« ist einer der Augenzeugenberichte (*Basler National Zeitung* vom 22.8.1953): »Es ist spätabends, ein warmer, dunstiger Juniabend. In der Station ›42. Straße‹ der New Yorker Untergrundbahn herrscht großes Gedränge: leicht angetrunkene Matrosen, verliebte junge Pärchen, Soldaten der New Yorker Garnison auf Abendausgang, müde Arbeiter, die eben ihre Spätschicht beendet haben ... Denn die Subway-Station der 42. Straße ist eine der wichtigsten Stationen des Verkehrsnetzes, sowohl in der Nähe des Hafens, als auch des Vergnügungsviertels rund um den Times Square, als auch nahe verschiedener großer Fabriken und Speditionshäuser gelegen, und da ist Tag und Nacht Betrieb. Durch das Gewühl drängt sich, etwas unbeholfen vor sich hin starrend und unverständliche Worte murmelnd, ein ziemlich großer Mann, leicht vornübergebeugt, mit merkwürdig bekanntem langen schmalen Gesicht und unwahrscheinlich großer Mund- und Kinnpartie ... Wo, um Himmels willen, habe ich diesen Pferdekopf schon gesehen? Der Mann ist darum so unbeholfen, weil ihm eben ein paar ausgelassene Backfische im Gedränge die Brille von der Nase gestoßen haben, und der arme Kerl, ohne die Gläser gänzlich hilflos, kann sie nicht wiederfinden und tastet sich verzweifelt dem Bahnsteig und dann dem Zuge entgegen. Merkwürdig ist, dass er trotz der Wärme einen Mantel trägt, und dass ein paar ungewöhnlich hübsche, ungewöhnlich elegante, teils sogar Pelzmäntel tragende und überdurchschnittlich kräftig geschminkte Damen sich um ihn herum aufhalten; solche Damen sieht man in diesem brausend lebhaften Stadtteil zwar des Öfteren, – aber was um Himmels willen tun sie in der Untergrundbahn? Die Antwort ist sehr einfach: Sie spielen bei einer Filmaufnahme mit, ebenso wie der kurzsichtige Herr mit dem Pferdekopf, dessen unverständliches Gemurmel sich bei näherem Hinhorchen als französisch (im harten Marseiller Dialekt) herausstellt und der niemand anders ist als Frankreichs Filmkomiker Fernandel. Er ist auch gar nicht in Wirklichkeit kurzsichtig; aber das Filmmanuskript schreibt es vor, denn er ist ein kleiner Angestellter in einem New Yorker Warenhaus und hat seine Augen in der Buchhaltung verdorben. So kommt es, dass er in dem billigen Restaurant, in dem er Abendbrot aß, beim Herausgehen aus Versehen den falschen Mantel ergriff – der einem berüchtigten Gangster gehört. Und nun wird die Sache dramatisch. Denn weil Fernandel im Gewühl die Brille verliert und nicht wiederfinden kann, weiß er nicht, was das für ein harter kalter Gegenstand ist, den er plötzlich in der Manteltasche fühlt – mitten in der Fahrt in der drangvoll gestopften Untergrundbahn zwischen zwei Stationen. Forschend hält er ihn dicht vor die Nase, unsicher zögernd schwenkt er ihn in der Hand hin und her. Richtig geraten, es ist der Revolver des Gangsters – und ehe Fernandel weiß, was passiert, heben die entsetzten Mitreisenden im Waggon die Hände furchtsam in die Höhe, Pakete und Aktentaschen fallen lassend; es gibt Geschrei, Verwirrung, Panik, jemand zieht die Notbremse – und gleich darauf kommt die nächste Station und zwei grimmige Polizisten verhaften den Gangster und Missetäter Fernandel und schleppten ihn mit sich. Was weiter passiert, wissen wir nicht, denn das Weitere spielt sich nicht mehr in der vollgepfropften Untergrundbahn an der 42. Straße ab. Aber Fernandel lässt uns nicht neugierig zappeln, und ein paar Tage drauf, als ihm zu Ehren ein Presseempfang in den Salons des französischen Kulturattachés in New York stattfindet, erzählt er in Umrissen, dass ihn eine Gangsterbande, in der Annahme, einer der ihren sei erwischt worden, aus dem Gefängnis befreit, ihn in ihrer Räuberhöhle versteckt, einer eleganten Villa weit draußen auf dem Lande, und dass er sich daselbst in die Gangsterbraut verliebt (und *vica versa*), sie zum ehrlichen Leben bekehrt, heimlich mit ihr aus der Villa flieht und dann zum Schluss, ehrlich und ehelich mit ihr getraut, seine alte Stellung im Warenhaus wieder antritt, mit leichter Gehaltserhöhung als freundliche Entschädigung für seine Abenteuer. Fernandel erzählt uns weiter, nach wie vor in seinem Marseiller Französisch, dass das Ganze ein französischer Film ist, eine Parodie auf Hollywoods Gangsterfilme, dass jedoch der Regisseur Henri Verneuil entschied, die Pariser ›Metro‹ könne nicht gut als Ersatz für die New Yorker ›Subway‹ dienen, und man müsse demnach einen Teil der Aufnahmen an Ort und Stelle in New York drehen, woraufhin die ganze Gesellschaft, Regisseur und Kurbelmann, Fernandel und Zsa Zsa Gabor die Gangsterbraut, ein paar weitere Schauspieler und Hilfspersonal, die Reise über den Ozean antrat. Der Spaß kostet runde 100.000 Dollars extra; aber da der Film, der L'ENNEMI PUBLIC NUMÉRO UN heißen soll, gleichzeitig in englischer und italienischer Version gedreht wird, dürfte sich die Mehrausgabe wohl bezahlt machen. Die Statisten wurden an Ort und Stelle gemietet, also zum Beispiel die Backfische, die die Brille herunterwerfen und an allem Unglück schuld sind, sowie die pelzbekleideten Damen auf dem Bahnsteig, und die beiden Polizisten, die Fernandel verhaften.«

Die Filmgroteske bietet Fernandel erneut Gelegenheit, zahlreiche neue verschiedenste Möglichkeiten seiner Verwandlungsfähigkeit zu zeigen. Ob als Verkäufer in einem New Yorker Warenhaus, wo er einen modernen Wohnwagen anpreist, oder als kurzsichtiger Sträfling, der seine Brille sucht, ob als Gangster-Chef, der seine Komplizen in Schach hält, ob als Liebhaber der ›blonden *Lola*‹ oder als Staatsfeind Nr. 1 und zuletzt als Nationalheld Nr. 1. Die Lachmuskeln des Publikums werden aufs Äußerste strapaziert. Die Gangsterbraut verkörpert die glamouröse frühere ungarische Schönheitskönigin Zsa Zsa Gabor, die es wie ihre Schwester Eva nach Hollywood verschlagen hat. Skandale, Ehen, Scheidungen und andere publikumswirksame Aktionen bringen sie öfter in die Schlagzeilen. Zum Zeitpunkt der Dreharbeiten ist sie bereits mit Ehemann Nr. 3 zusammen (sie wird es auf acht Ehemänner bringen). Ihre Filmrollen sind indes weniger groß, am bekanntesten noch John Hustons MOULIN ROUGE (1952) mit Mel Ferrer als Gabors Partner. Als man ihr die Rolle in dem Fernandel-Film anbietet, will sie eigentlich gerade ein Fernsehangebot aus Las Vegas annehmen, das ihr die märchenhafte Summe von 5.000 Dollar pro halbe Stunde zusichert. Aber die immer gut kalkulierende Zsa Zsa zögert keine Sekunde, dieses Angebot abzuschlagen und dafür die weibliche Hauptrolle in L'ENNEMI PUBLICO NO. 1 zu übernehmen. Ihr Manager soll durch diesen Entschluss seine letzten Haare verloren haben. Als die Gabor einmal von einer jungen Schriftstellerin gefragt wurde, was sie tun würde, um ihren Mann vom Weglaufen zurückzuhalten, da antwortete sie ohne zu zögern: »Einen Revolver nehmen und ihn in die Beine schießen …«. Die passende Besetzung für das Gangsterliebchen, die blonde *Lola*.

In Frankreich werden nach der vorgezogenen Premiere schnell Rekorde gebrochen. Das deutsche *Film-Echo* meldet in Vorfreude auf den deutschen Start: »Frankreich meldet nach der ersten Woche folgende Zahlen: Marseille … 172.500 DM, Nizza … 75.600 DM, Lille … 32.800 DM, Le Mans … 31.400 DM, Valenciennes … 27.250 DM.« Weniger euphorisch, dafür mit Biss sehen die *Cahiers du Cinéma* (Nr. 34, April 1954) das Ergebnis: »Was hätte Jules Dassin aus diesem Thema gemacht, der ursprünglich als Regisseur vorgesehen war? Das ist die einzige interessante Frage, die man zu diesem Film stellen kann.« Der Film sei »nichts Besonderes«, heißt das Fazit. Besser kommt der Film in Deutschland weg. Die *Frankfurter Rundschau* vom 3. Januar 1954 sieht »Fernandel auf Dillingers Spuren«: »… Das Trumpf-Ass des Films ist Fernandel … Seinen zahlreichen Rollen, von denen schon manche in der Erinnerung haften blieb, hat Fernandel ein weiteres Glanzstückchen hinzugefügt. Köstlich ist er in seiner Begriffsstutzigkeit, aus der er jedoch immer im rechten Augenblick erwacht, um dann das zwar Unerwartete, aber immer Richtige zu tun …« Im *Wiesbadener Kurier* vom 22. Januar 1954 ist zu lesen: »Schon beim Vorspann kann man schmunzeln: Launig wird da kommentiert: Wenn man in Hollywood Filme über Europa dreht, in denen jeder Franzose mit schwarzem Bärtchen über der

Oberlippe scharwenzelt, jeder Deutsche Sauerkraut isst, jeder Österreicher walzertanzend und jeder Italiener singend wie ein kleiner Caruso durchs Leben geht (so wie man sich das in USA vorstellt) – ja, warum sollte dann nicht einmal in Europa ein Film über Amerika entstehen? Aus der umgekehrten Sicht heraus, mit Gangstern, Wildwest und Supersex? Also blendet die amüsante Geschichte vom STAATSFEIND NR. 1 auf, die Henri Verneuil mit Ironie, Esprit, Witz, Übermut und Einfallsreichtum lenkt. Was an Wirkung ist allein schon daraus abgeleitet, dass der vermeintliche Staatsfeind Brillenträger ist! Szenen, die in gewissen Filmen blutig-ernste Höhepunkte bilden, geben sich hier ein turbulentes Stelldichein. Aber mit welch verschmitztem Augenzwinkern sind sie gebannt! Ihre heitere Ironie macht herzlich lachen. Besonders, da Fernandel als Staatsfeind wider Willen geradezu unwiderstehlich komisch ist. Die breit lächelnde Ruhe des guten Gewissens, die Nervenkraft, die er in der köstlichen Verhör-Szene beweist, die geschmeichelte Eitelkeit am vielseitigen Interesse, das ihm Polizei, Presse, Publikum und sogar ein hochblonder, energischer Gangster-Vamp plötzlich bekunden … all das spiegelt sich in Fernandels freundlichem Pferdegesicht. Zsa Zsa Gabor, zur Zeit von allen Illustrierten skandalumwittert propagiert, steht die anfängliche Gangsterbraut-Rolle weit besser an als die Wandlung zum verliebten Täubchen. Vielleicht liegt es auch daran, dass dieser amüsanten, ironischen Filmgeschichte zum Schluss ein wenig der Atem wegbleibt.« Das *Film-Echo* (Talmon-Gros) kommt am 23. Januar 1954 zum Schluss: »Parodie auf die amerikanischen Gangsterfilme. Fernandel, ein kurzsichtiger, reiner Tor, stolpert, seiner Brille beraubt, in die tollsten Abenteuer und sieht sich nolens volens von Zsa Zsa Gabor zum gefürchteten Chef einer Gangsterbande gemacht. Diese holt ihn mit einem Massenaufwand von Maschinenpistolen und Handgranaten aus dem Kittchen ab. Nach einem kurzen Idyll auf dem Lande, wohin er die Bande führte, weil ihnen der Boden in New York zu heiß geworden ist, spielt der Schluss wieder in den Wolkenkratzern Manhattans: Fernandel wird vom Staatsfeind Nr. 1 zum Held des Tages, indem er die Bande – natürlich unbeabsichtigt wie alles, was er anstellt – der Polizei ausliefert. Mit der 50.000-Dollar-Prämie, die er dafür erhält, kann er endlich den Traum verwirklichen und sich auf eine friedliche Ranch an den Busen der Natur zurückziehen. – Ohne die witzige Karikierung Film-Amerikas wäre der Film reiner Klamauk. Fernandel hat seine Paraderolle für das große Publikum. Von *Don Camillo* trennt ihn aber nicht nur ein Ozean. Zsa Zsa Gabor ist die Sphinx mit schrägen Augen und provokativen Formen. Paolo Stoppa führt finster die Schar der malerischen italienischen Gangster an. Armand Thirards Aufnahmen aus den Straßenschluchten New Yorks unterstreichen die Parodie sozusagen dokumentarisch.« Bei der *Frankfurter Allgemeinen Zeitung* vom 27. Januar 1955 heißt es: »Fernandel, dessen glanzvolle Abbreviatur mimischer Sensationen in diesem Film Triumphe feiert, scheint auf eine besondere Art unverwüstlich zu sein. Temperament und Vehemenz seines Stils, Wandlung des Ausdrucks unter einer nur scheinbar feststehenden Maske mit den so sympathischen romanischen Zügen sichern seinen Erfolg selbst in Klamaukfilmen. Ihn dafür zu missbrauchen, mag allen, denen die Erscheinung dieses französischen Schauspielers Inbegriff eines großen Komödiantentums ist, abwegig sein. Aber weil der Film so arm geworden ist an Gesichtern, wird Fernandel überfordert. Man weiß nicht, der wievielte seiner Filme das ist. Ohne ihn wäre er gewiss nicht nennenswert. Denn die von der Idee (Max Favalelli) geplante Persiflage auf den Gangsterfilm aus Hollywood ist danebengegangen. Fernandel wäre als Gangsterkönig in einer Kaskade komischer Situationen zweifellos ein Coup. Aber die komischen Situationen – Fernandel, der Harmlose, wird ohne sein Zutun und nur weil er ohne Brille schlecht sieht, Chef einer Bande in Neuyork City und Staatsfeind Nummer eins – sind leider nur aufgeklebter Zierrat in einer der üblichen Wildwestmoritaten. Darin ist Zsa Zsa Gabor eine kalte, zynische Gangsterkönigin. Eine Parodie ohne die eigentlichen parodistischen Elemente, auf die der Zuschauer nach dem flotten Vorspann hofft. Der Ort der Moritat, New York, ist nur in der Rückblende sichtbar; die französisch-italienische Gemeinschaftsproduktion konnte Fernandels Harlekinaden nicht einmal an Ort und Stelle fotografieren.«

Es dauert einige Zeit, bis der Film als ENEMY PUBLIC NO. 1 in britischen Lichtspieltheatern läuft. Das *Monthly Film Bulletin*

(Vol. 25 No. 290 März 1958) findet ebenfalls keinen Gefallen an den Geschehnissen: »... Das ist ganz sicher die unkomischste Fernandel-Komödie seit Jahren. Ein witzloses Drehbuch, trostlose Regie und ein schwerfälliger Schnitt flachen die Talente einer Reihe begabter Charakterdarsteller ab, und sogar Fernandels familäre, ›verdutzte‹ Routine hat kaum ein Lächeln übrig ...«

Nach so vielen Filmen, mittlerweile sind es über hundert, dazu vier Operetten, unzähligen Chansons und vielen Bühnenerfolgen geht es für den Schauspieler Fernandel ohne Pause weiter. Er steht bald als *Sganarelle* von Molière in der Comédie Français – endlich – wieder auf der Bühne. Und Paris-Reporter Alexandre Alexandre vermeldet – »*Don Camillo* wird nicht sterben« (u. a. *Hamburger Anzeiger* vom 7. November 1953): »Cocktail-Party im Hotel George V. Ein Herr in den besten Jahren, das rote Bändchen der Ehrenlegion im Knopfloch des marineblauen Zweireihers, schreitet würdig die Treppe herunter. Ich reiche ihm die Hand: ›Bonjour, *Don Camillo*! Also morgen geht's wieder ins Atelier?‹ Fernandel zeigt lächelnd sein berühmtes Pferdegebiss: ›Ja, ich spiele die Doppelrolle des *Célestin Floridor* in dem von Yves Allegret inszenierten Film MAMSELLE NITOUCHE nach der alten Operette von Meilhac und Millaud mit der Musik von Hervé. Die reizende Italienerin Pier Angeli ist meine Partnerin.‹ ›Und danach übernehmen Sie die Titelrolle in dem Farbfilm ALI BABA?‹ ›Vorher mache ich noch ein anderes Lustspiel LE MOUTON A CINQ PATTES (Der Hammel mit fünf Beinen), in dem ich unter der Regie von Henri Verneuil in nur sechs Rollen erscheine ...‹ ›Und ist der *Don Camillo* nun für Sie tot oder bereiten Sie einen neuen *Don-Camillo*-Film vor?‹ ›Aus fast allen Ländern der Welt erhalte ich Briefe mit der Bitte, den *Don Camillo* nicht sterben zu lassen.‹ ›Wie viele Briefe erhalten Sie durchschnittlich am Tage?‹ ›Mindestens zweihundert, gegen hunderttausend im Jahr. Und viele Briefschreiber verwechseln jetzt den Schauspieler mit der Rolle. Für unzählige bin ich nur noch *Don Camillo*.‹ ›Werden wir also die Freude haben, Sie ein drittes Mal als *Don Camillo* zu sehen?‹ ›Ich möchte sehr gern wieder einmal die Soutane des *Don Camillo* anziehen, aber das hängt davon ab, ob ich ein neues, wirklich gutes Drehbuch erhalte. Das kann ein, auch zwei Jahre dauern.‹ ›Und würde Julien Duviver wieder inszenieren?‹ ›Warum nicht! – Für ihn hängt es genau wie für mich vom Stoff ab.‹ Ich schüttele Fernandel die Hand: ›Auf baldiges Wiedersehen, *Don Camillo*!‹«

MAM'ZELLE NITOUCHE (Mamsell Nitouche, 1953) bietet den »doppelten Fernandel«, tagsüber als biederer Organist einer Klasse halbwüchsiger Mädchen, abends als Charmeur und Komponist von spritzigen Operettenmelodien. Das *Film-Echo* 1955 (Oskar Kienzle) fasst zusammen: »Die im ausgehenden 19. Jahrhundert den Spielplan vieler Bühnen bevölkernde Operette MAMSELL NITOUCHE hat mit ihrem beredten musikalischen Zeugnis einer verschnörkelten und verspielten Zeit nicht nur die Väter und Großväter des damaligen Paris entzückt. Ihre Melodien gefallen auch heute, wenngleich ihnen die reifere Generation mehr abzugewinnen vermag als die im Zeitalter des ›klassischen Jazz‹ aufgewachsene Jugend. Regisseur Yves Allégret hat die Operette filmisch aufgelockert … die Fernandel in der Rolle des Charmeurs und biederen Organisten jedwede Möglichkeit bietet … Fazit: Eine Operette für die ältere Generation. Darauf muss die Werbung abgestellt werden, denn die Jugend findet kaum Geschmack daran.«

Dem »doppelten Fernandel« folgt »Fernandel in sechsfacher Ausgabe« (Rudolf Haberland in *Fuldaer Zeitung*, 30. April 1954): »Es ging hoch her im Studio Boulogne. Im strahlenden Licht der Scheinwerfer lümmelte sich eine Bande von abenteuerlich aussehenden Seebären um einen Tisch herum. Man drosch Karten, und es kam zu dem unvermeidlichen Krach. Ein Messer blitzte in der Hand eines angetrunkenen Maleien. Der Käptn aber, ein fülliger Riese mit bleckendem Pferdegebiss, stellte handfest die Ruhe wieder her. Mit seinen Riesenfäusten verprügelte er den Messerhelden, dass der das Luftholen vergaß. Dem armen Kapitän brach dabei fast das weiche Herz, aber er prügelte trotzdem munter weiter. Wer mag dieser Schauspieler sein, der so glaubhaft seine muskulösen Arme zu gebrauchen versteht? Natürlich niemand anderes als Fernandel, der streitbare *Don Camillo* seligen Angedenkens. Wenn der *Don Camillo* für Fernandel die Rolle des Lebens war, so spielt er diesmal unter der Leitung des gewissenhaften Henri Verneuil die Rollen seines Lebens. Also eine Doppelrolle, wird man

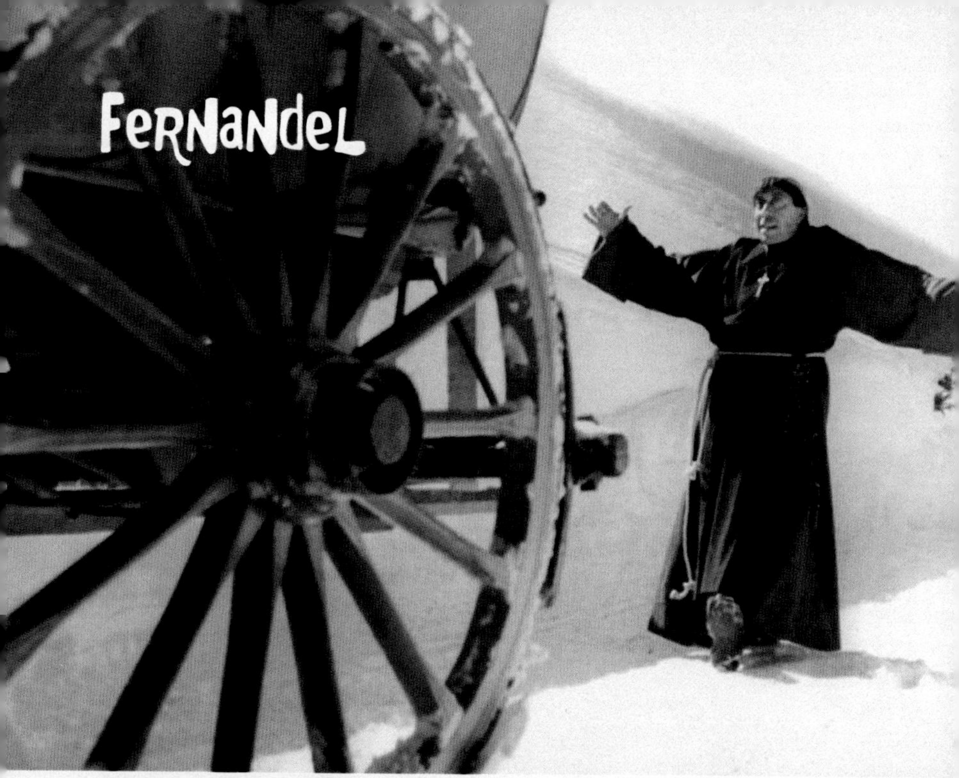

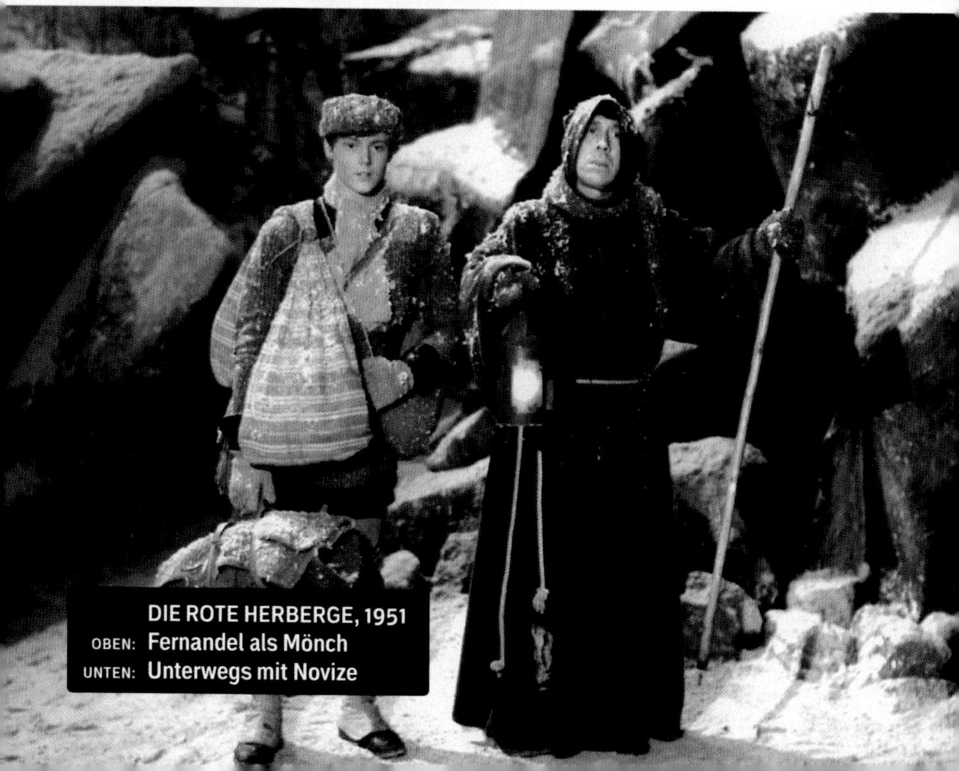

DIE ROTE HERBERGE, 1951
OBEN: Fernandel als Mönch
UNTEN: Unterwegs mit Novize

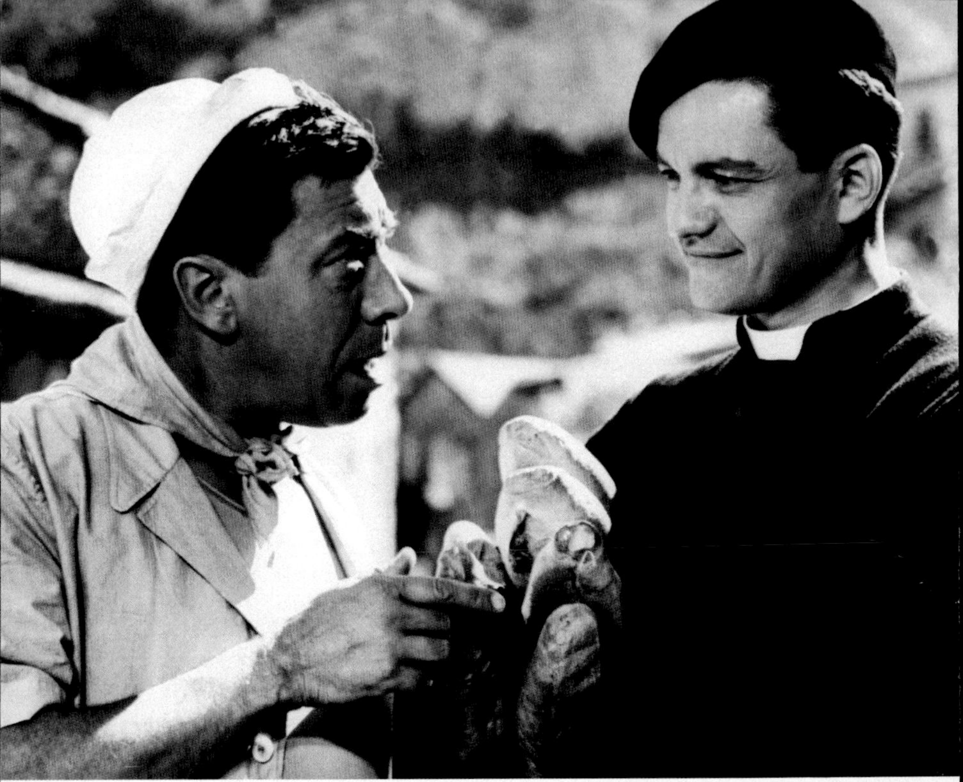

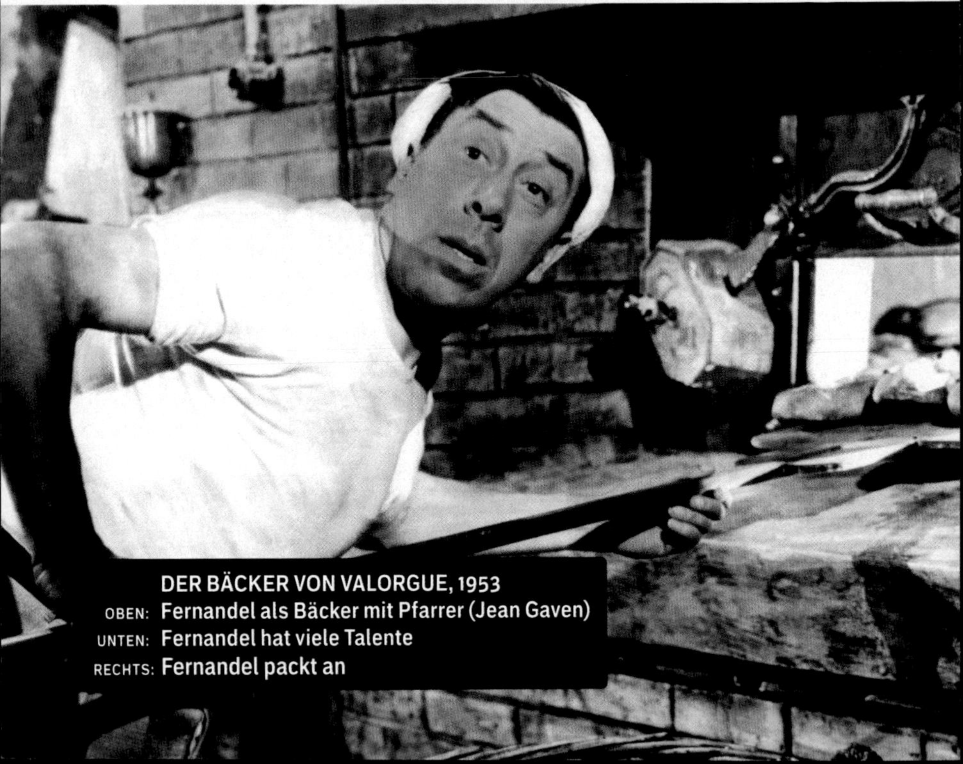

DER BÄCKER VON VALORGUE, 1953
OBEN: Fernandel als Bäcker mit Pfarrer (Jean Gaven)
UNTEN: Fernandel hat viele Talente
RECHTS: Fernandel packt an

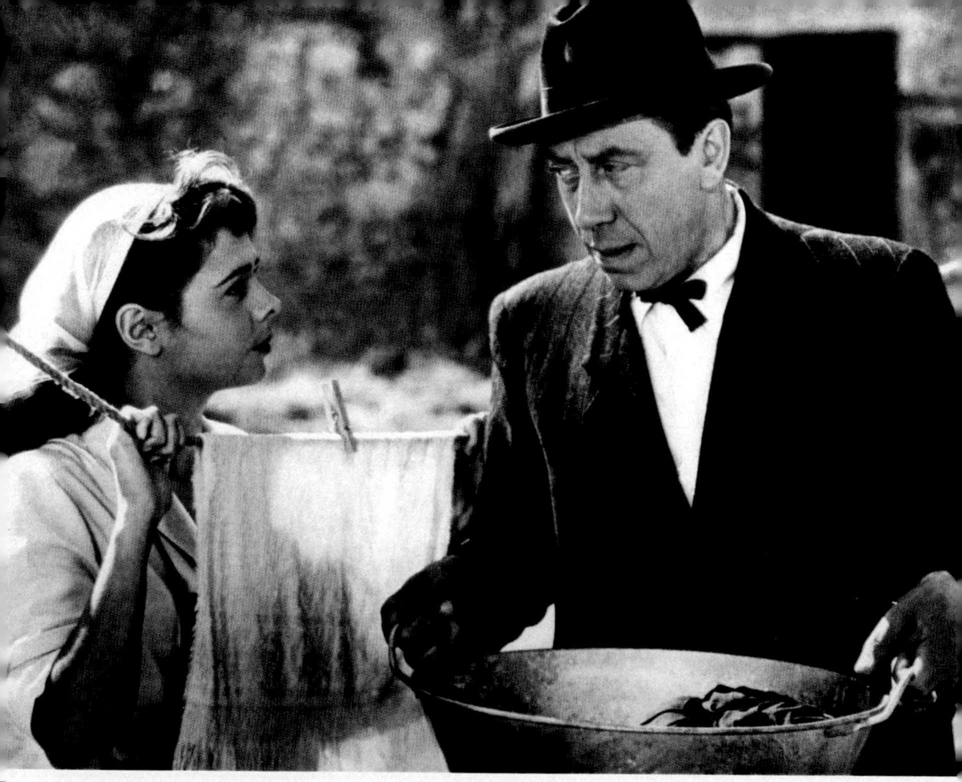

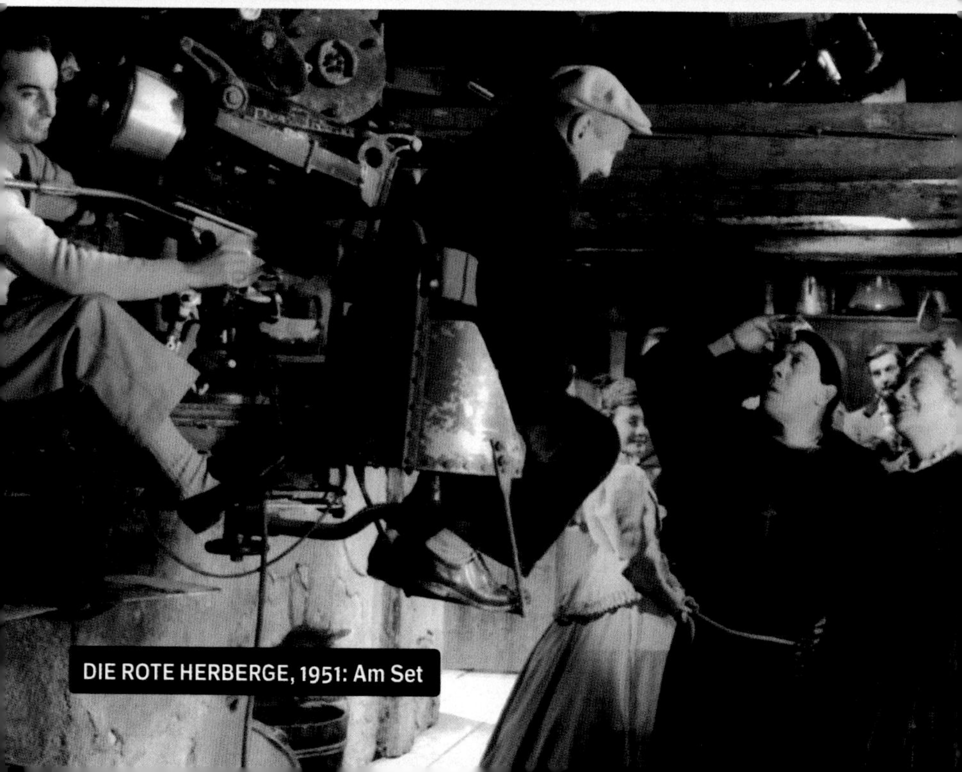

DIE ROTE HERBERGE, 1951: Am Set

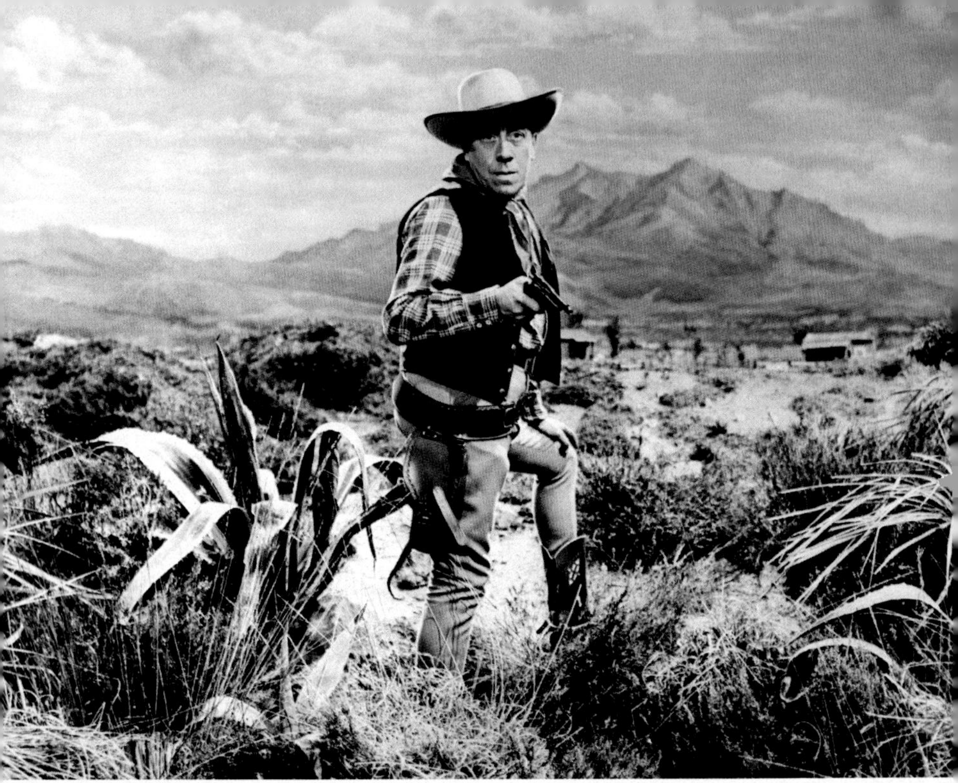

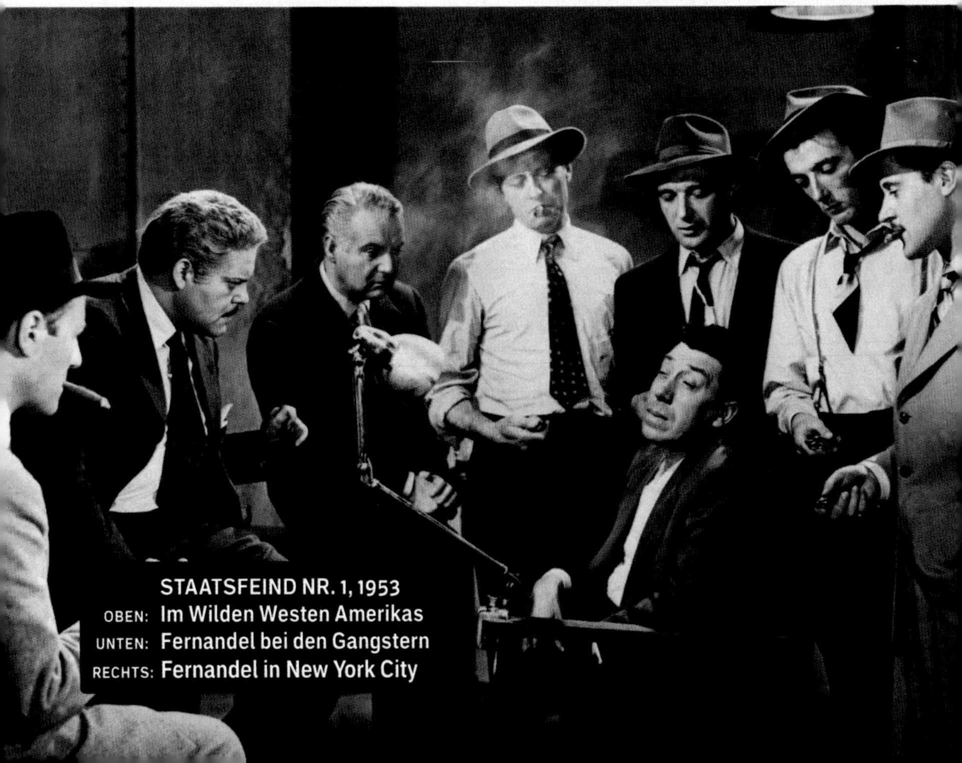

STAATSFEIND NR. 1, 1953
OBEN: Im Wilden Westen Amerikas
UNTEN: Fernandel bei den Gangstern
RECHTS: Fernandel in New York City

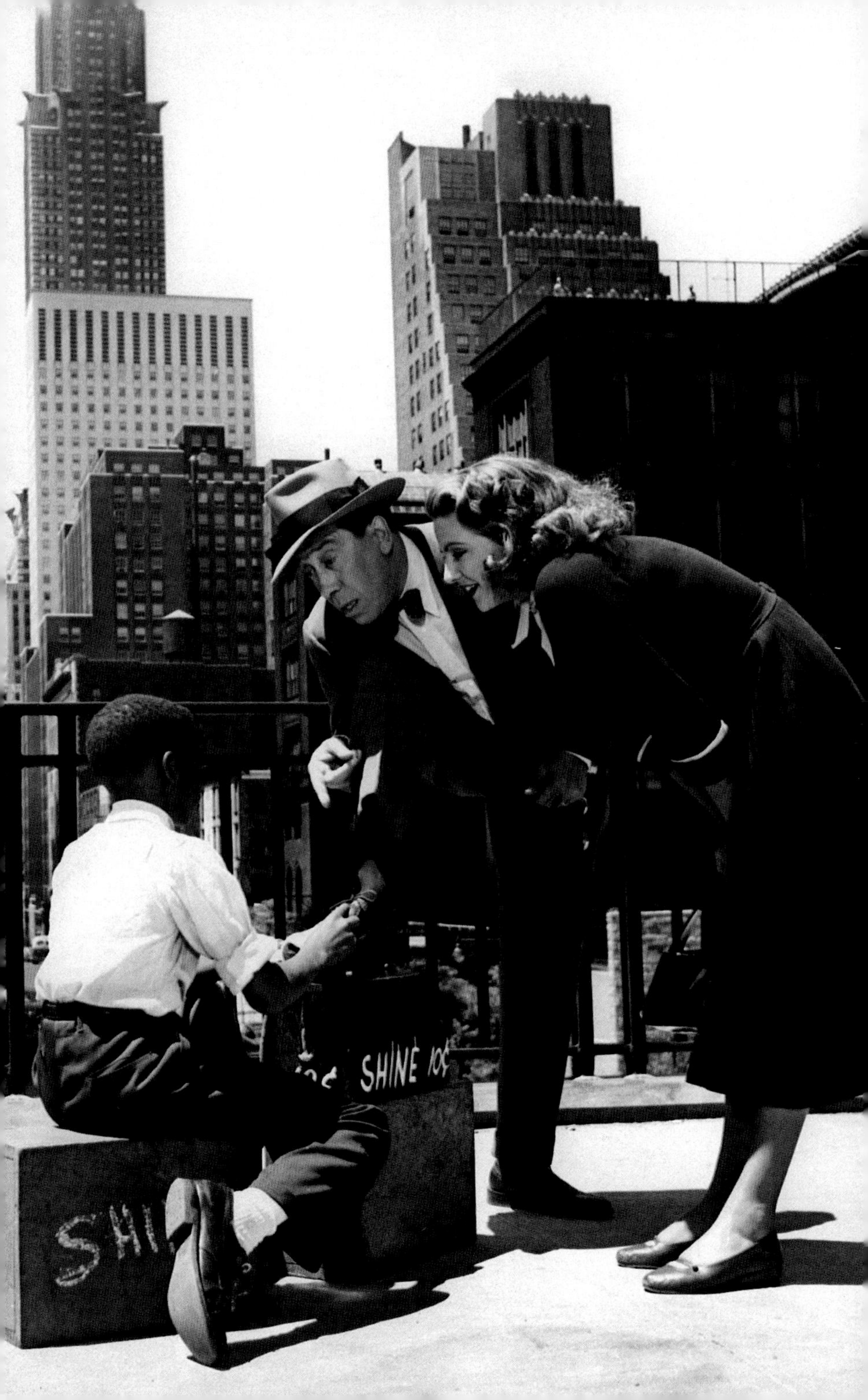
SHINE 10¢

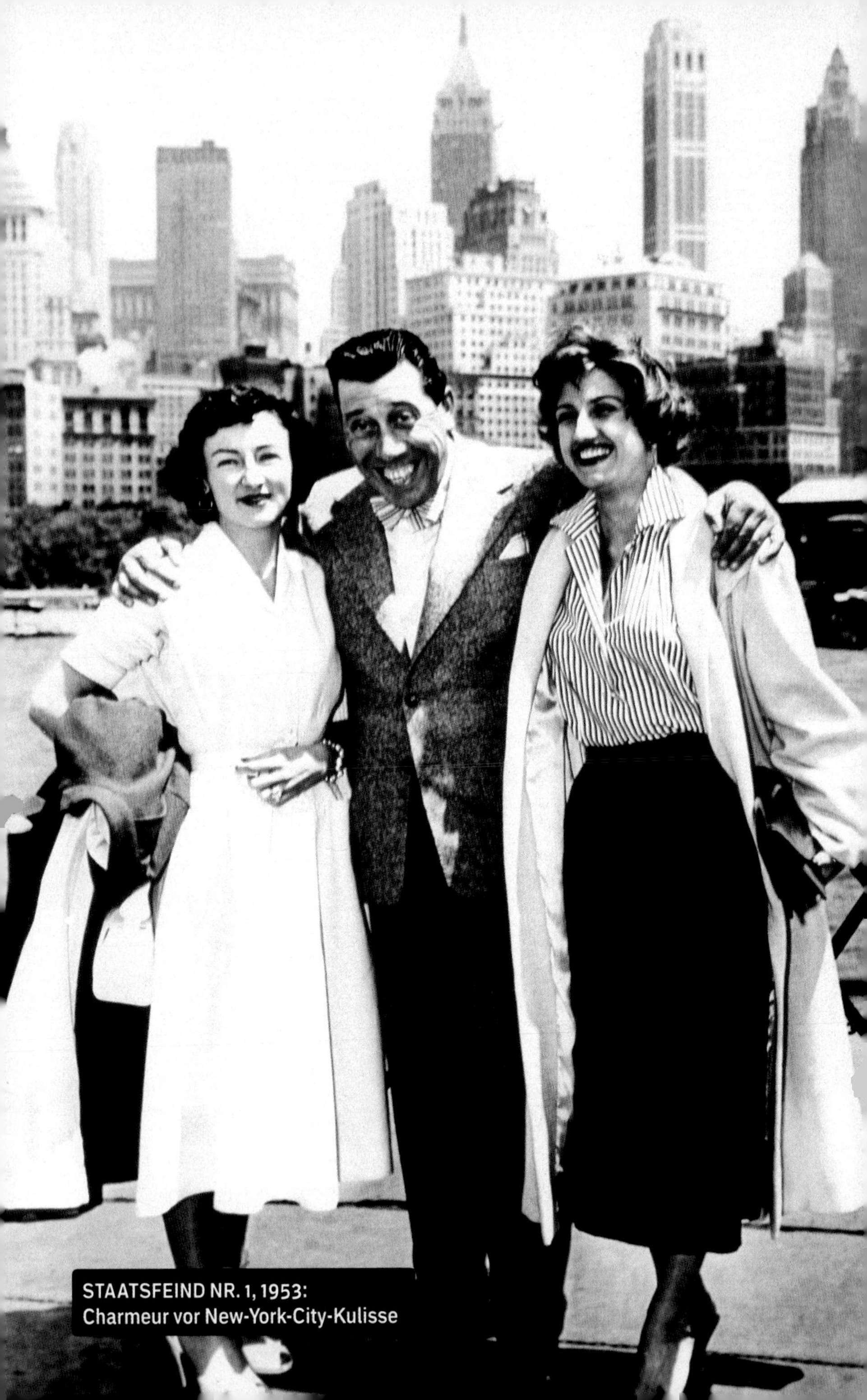

STAATSFEIND NR. 1, 1953:
Charmeur vor New-York-City-Kulisse

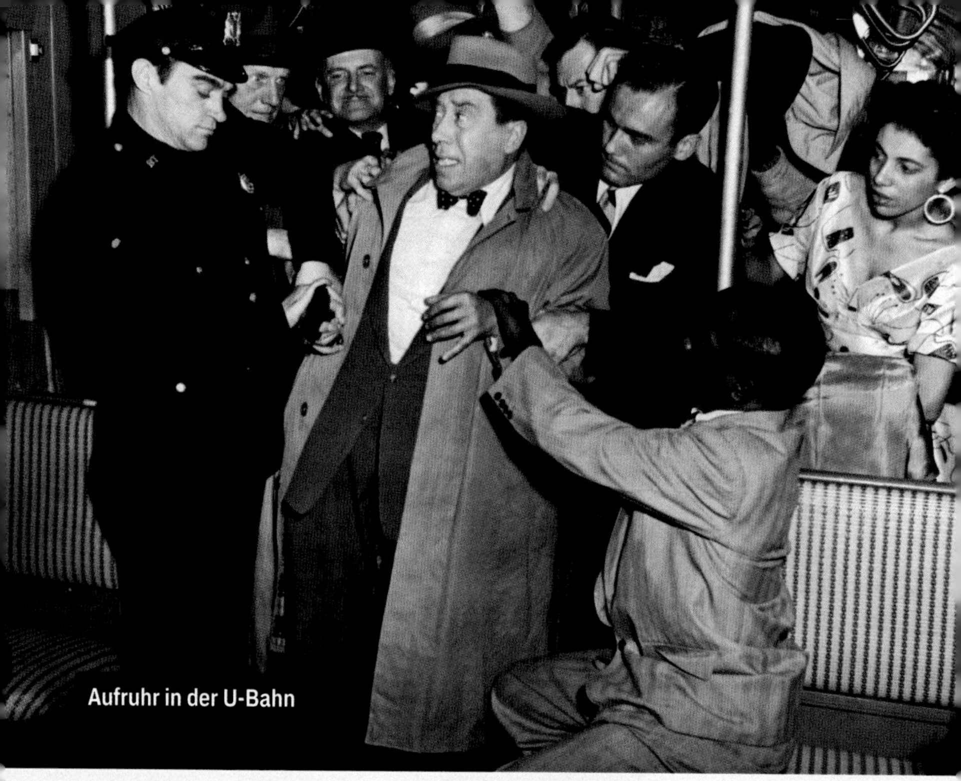

Aufruhr in der U-Bahn

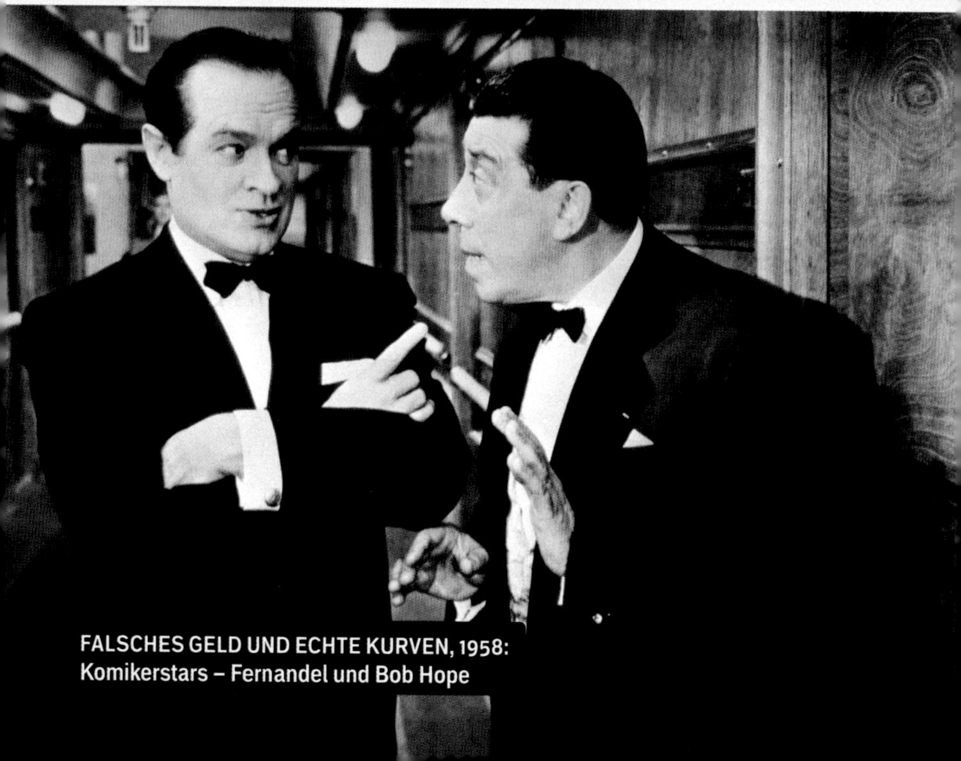

FALSCHES GELD UND ECHTE KURVEN, 1958:
Komikerstars – Fernandel und Bob Hope

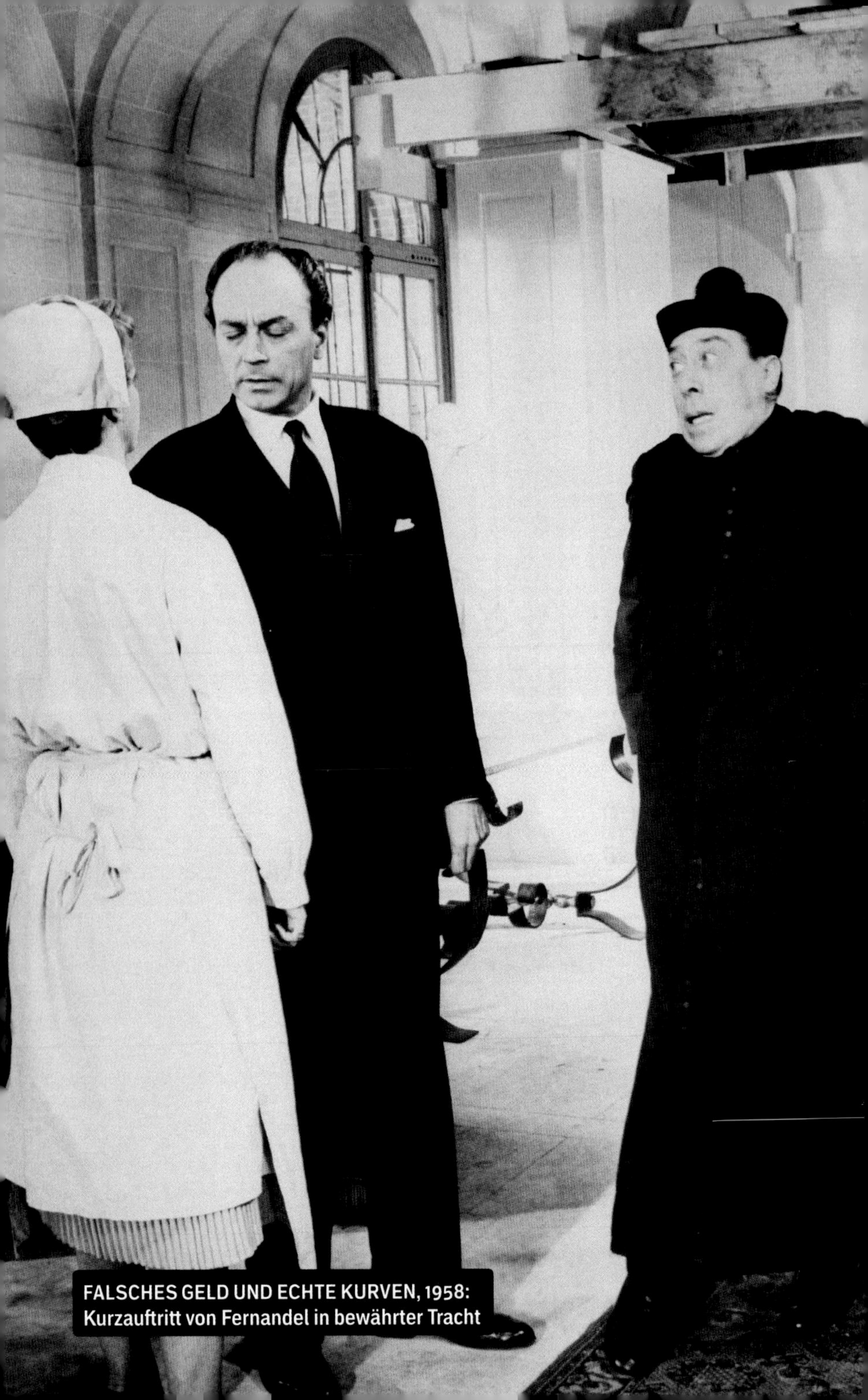

FALSCHES GELD UND ECHTE KURVEN, 1958:
Kurzauftritt von Fernandel in bewährter Tracht

denken. Irrtum: Fernandel spielt in DER FÜNFFÜSSIGE SCHAFSBOCK gleich sechs Personen auf einmal, einen Vater und dessen fünf mehr oder weniger missratene Söhne. Das ist noch niemals dagewesen. Aber der Erzkomödiant mit dem Pferdegesicht schafft auch das spielend. Das Unmöglichste ist für ihn gerade richtig. Wer wie er in annähernd hundert Filmen mitgewirkt hat, dem kann man nichts mehr vormachen.« Roland Bry berichtet ebenfalls von diesem Drehtag (*Die Welt*, 1955): »... Die Szene wurde – halt, da haben wirs: Film! Denn dies ist keine schaurig-echte Wirklichkeit, sondern trägt sich in der schönen Illusionswelt des Kintopps zu. Aber die Nackenschläge und Ohrfeigen sind Wirklichkeit. Und wie: Jedes Mal, wenn Fernandel (denn niemand anderes als er spielt den Kapitän) so unfreundlich zu dem jungen Farbigen sein muss, stöhnt er auf: ›Mir bricht das Herz, mon vieux. Ich kann nicht mehr mit ansehen, wie ich dich hier malträtieren muss!‹ Was indessen nicht verhindert, dass die ganze Geschichte ausgiebig probiert wird. Der arme Prügelknabe hat was auszustehen. Henri Verneuil, der Regisseur, ist ein harter Mann, der auf minutiös genaue Arbeit sieht. Was sich in Wirklichkeit in einer halben Minute zutragen mag, daran wird hier fünf Stunden intensiv gearbeitet. Aber natürlich kann es, wenn Fernandel dabei ist, nicht ohne Humor abgehen. So ist dieser neue Film, der gegenwärtig im Studio Boulogne gedreht wird, nicht etwa ein grausamer Piratenfilm, sondern eine Komödie, in der Fernandel sämtliche Rekorde schlägt: Er spielt sechs Rollen ...«

Unter neuerlicher Regie von Henri Verneuil bringt es Fernandel in LE MOUTON A CINQ PATTES (Der Hammel mit den 5 Beinen, 1954) mit Hilfe der trickreichen Filmkamera fertig, mit sich selbst zu spielen. »Doppelbelichtung« oder hier besser: »Fünffachbelichtung« des Negativs bei der Filmaufnahme nacheinander nennt der Fachmann dieses so erheiternde Wunder eines Fernandel-Ensembles. Viel wichtiger jedoch als das technische Kunststück, viel virtuoser ist die Vielfalt des schauspielerischen Ausdrucks, die er hier zustande bringt. Fünfmal in der gleichen Szene immer wieder ein anderer – noch dazu ein ganz bestimmter Typ – zu sein, stellt hohe Ansprüche an die Kunst und die Konzentration des Darstellers. Aber

Fernandel bringt noch immer alles fertig! Zunächst ist da *Alain*, Inhaber eines renommierten Schönheitssalons, und *Désiré*, der es nur zum Fensterputzer gebracht hat und sich über die Hintertreppe einschleichen muss, wenn er seinen prominenten Bruder anpumpen will. *Bernard* ist Journalist und hat als *Tante Isolde* Rat für Alt und Jung. Dann gibt es die Abenteuer des *Kapitäns Etienne* am Spieltisch. Und eine Begegnung mit Pfarrer *Charles*, der sich ganz in seine vier Wände verkrochen hat, weil er dem Filmpfarrer *Camillo* so ähnlich sieht! Im *Don-Camillo*-freien Jahr 1954 ist LE MOUTON A CINQ PATTES zweifelsohne der Höhepunkt in Fernandels Schaffen. Das sieht Ernst Bohlius im *Film-Echo* 1955 ähnlich: »Fernandel gleich in sechs Rollen, das ist einmalig. In Henri Verneuils vergnüglich-besinnlicher Komödie spielt der treuherzige Komiker mit dem Pferdegebiss das weißhaarige Familienoberhaupt *Saint-Forget* und seine zu stattlichen Männern herangewachsenen Fünflinge, die von den Stadtvätern ihres Geburtsortes zu einem Familientreffen aus allen Himmelsrichtungen herbeigeholt werden, um als zugkräftige Attraktion den Fremdenverkehr zu heben. Der Stadtmedikus macht sich auf die Suche und in fünf köstlichen Episoden sehen wir, was aus den nach den Buchstaben des Alphabets benannten *Saint-Forget*-Brüdern geworden ist ... Mit diesem Film hat sich Fernandel selbst übertroffen. In jeder der sechs Rollen ist er wirklich ein anderer Mensch. Diese Wirkung wird natürlich noch durch die ausgezeichnete Synchronisation unterstrichen, die die einzelnen Rollen verschiedenen Sprechern anvertraut hat. Ein besonderes Lob noch dem Kameramann und dem technischen Stab, die es bei den verzwickten Situationen bestimmt nicht leicht hatten und ihre schwierige Aufgabe gut gelöst haben. Vielleicht hätte man den Titel nicht wortwörtlich übersetzen sollen.« Die Außergewöhnlichkeit von Fernandel sieht auch das *Wiesbadener Tageblatt* (29. Juni 1955) – »... Fernandels Kunst der Darstellung und der Maske feiert hier wieder Triumphe. Ein halbes Dutzend Mal im Verlaufe eines Films in die Gestalt eines anderen zu schlüpfen – das soll ihm ein anderer nachmachen. Die amüsante Handlung, in der auch Françoise Arnoul eine Rolle hat, ist so turbulent komisch, dass man auch einige komische Übertreibungen gern in Kauf nimmt.«

In Ordnung findet den Film unter dem Strich auch das britische *Monthly Film Bulletin* (Vol. 22 No. 252 Januar 1955): »... Ganz als virtuoser Film für Fernandel entworfen (dem Beispiel von Alec Guinness und ADEL VERPFLICHTET folgend), ist diese groß angekündigte französische Komödie voll von vielversprechenden komischen Situationen, allerdings sind nur wenige ausreichend gut entwickelt, um das Interesse aufrechtzuerhalten ... Alles in allem aber eine teilweise amüsante Unterhaltung.«

Gibt es nach diesem Potpourri an Rollen überhaupt noch Herausforderungen für Fernandel? Man kommt auf die Idee, dass *Ali Baba*, die berühmte Figur aus der Geschichtensammlung *Tausendundeine Nacht*, eine sein könnte. Cesare Zavattini, ruhmreicher italienischer Drehbuchautor vieler neorealistischer Filme, spinnt ein Märchengarn um *Ali Baba*, die Sklavin Morgiane, die vierzig Räuber und das berühmte Losungswort »Sesam-öffne-Dich«. Von Anfang an ist aber keine Großproduktion à la Hollywoods ALI BABA UND DIE VIERZIG RÄUBER (1944) mit Maria Montez geplant. Dafür reist die Filmcrew um Regisseur Jacques Becker im Frühjahr 1954 für die Dreharbeiten nach Marokko. Den bösen Räuberhauptmann *Abdul* spielt der Deutsche Dieter Borsche, die hübsche Sklavin *Morgiane* wird mit der ägyptischen Bauchtänzerin und Schauspielerin Samia Gamal, der »Ginger Rogers des Nahen Ostens«, besetzt. Heraus kommt eine farbenfrohe Verfilmung der Märchenabenteuer mit netten, kleinen Gags. Fernandel spielt humorvoll und gewinnt auch das Herz der Dame. François Truffaut zeigt sich zu ALI BABA ET LES QUARANTE VOLEURS (Ali Baba, 1954) in *Cahiers du Cinéma* (Nr. 44, Februar 1955) überrascht und spricht dem Film einen gewissen »Charme« zu. Neben den technischen Qualitäten bei der Umsetzung sei es wichtig gewesen, auch gute Autoren zu verpflichten. Auch an deutschen Kinokassen wird der Film das »erwartete gute Geschäft« (*Film-Echo* 1955). Wieder Ernst Bohlius kommentiert in der Fachzeitschrift *Film-Echo* das Ergebnis: »Französische farbenfrohe Verfilmung des bekannten Märchens aus *1001 Nacht*, die sich völlig von den Hollywood-Erzeugnissen dieses Genres unterscheidet. Zwar spielt man auch unter Jacques Beckers Regie ein wenig Wild-West und tolle Reiterkunststücke fehlen ebenso wenig wie Säbelduelle und halsbrecherische Verfolgungen. Echtes orientalisches Kolorit, das mit Hilfe der stimmungsvollen Eastmancolor-Aufnahmen des ausgezeichneten Kameramannes Le Fèbvre und Paul Misrakis exotisch gefärbter Musik zu echtem Märchenzauber wurde. In der Titelrolle glänzt Fernandel. Er spielt alle Akteure mit seinem schier unerschöpflichen Register an Ausdruckskraft buchstäblich an die Wand. Er ist eine Art *Don Quichote* und *Sancho Pansa* in einer Person, rennt offene Türen ein und kämpft gegen Windmühlen. Durch Zufall gelangt dieses große Kind in die berühmte Schatzhöhle mit dem ›Sesam öffne Dich‹-Patentschloss und macht sich die Räuber zu Todfeinden, die den gefährlichen Mitwisser so schnell wie möglich aus dem Weg räumen wollen. Dabei stoßen sie auf einen anderen ›Interessenten‹, den der Filou *Ali* klugerweise eingeweiht hat, und zum Schluss haben sich die Gauner gegenseitig umgebracht und ihre Anführer landen hinter Schloss und Riegel. Aber auch unser Held steht mit leeren Händen da, da er törichterweise glaubte, alle Mitmenschen glücklich machen zu können. Faruks Lieblingstänzerin Samia Gamal ist Fernandels attraktive Partnerin, den mehr sympathischen als furchterregenden Räuberhauptmann spielt Dieter Borsche. Drei Namen, die sich auch auf das Geschäft auswirken werden.« Das *Wiesbadener Tageblatt* fasst kurz und bündig zusammen: »Das orientalische Märchen tut sich vor einem auf, mit einem Rausch von Farben, mit verwegenen Räubertypen, mit Haremsfrauen und ihren Schleiertänzen.« *Die Welt* meint: »Ein glücklicher Wurf, ein unverfälschtes Märchen für Erwachsene«.

Kritischer ist das *Monthly Film Bulletin* (Vol. 23 No. 267 April 1956) von der Britischen Insel: »… Trotz der abwechslungsreichen und schönen marokkanischen Drehorte … ist dieser ALI BABA eine Enttäuschung, bruchstückartig, ein bisschen ziellos, stillos. Fernandels Komik passt nicht zur allgemeinen Atmosphäre und dem Milieu, und Samia Gamals Bauchtänzerin ist, vorsichtig ausgedrückt, zu künstlich. Mit einem Helden aus Marseille, einer ägyptischen Heldin und einem deutschen Banditenführer ist das Ganze nur verwirrend, und das Drehbuch hat bemerkenswert wenig Erfindungsreichtum und Witz. Es gibt einige eindrucksvolle

Farbaufnahmen, ein oder zwei amüsante Momente, aber man hat den Eindruck, dass keiner der Beteiligten wirklich an die Legende in ihrer eigentlichen Exotik und Magie glaubt.«

Mit dem in Deutschland welturaufgeführten dritten *Don-Camillo*-Film erreicht Fernandel den Zenit seiner weltweiten (!) Popularität. Über Mangel an Beschäftigung braucht er sich nicht zu beklagen. Rudolf Haberland schreibt in seinem Fernandel-Porträt (z. B. *Fuldaer Zeitung* vom 30. April 1954) dazu: »Als kleiner Chanson-Sänger hat er angefangen, heute hat er große Besitzungen bei seiner Heimatstadt Marseille, fährt einen schweren Cadillac, und sein Bankkonto ist zu ansehnlichen Summen angewachsen. Trotz allem aber ist der liebenswürdige Schauspieler kein Snob geworden. Seine Heiterkeit beschränkt sich nicht nur auf die Leinwand; auch im Leben verbreitet er Lachen und Freude um sich. Seine Bescheidenheit und Güte haben ihm viele Freunde gewonnen.«

In diesen Tagen ist Fernandel ein Schwergewicht im internationalen Film, und zwar so sehr, dass auch Hollywood auf ihn aufmerksam wird. »Wunderkind« Michael Todd, der bis dato durch eine Weiterentwicklung des *Cinerama*-Filmsystems, Affären, einer Ehe mit der Schauspielerin Joan Blondell und aktuell einem Techtelmechtel mit Elizabeth Taylor Bekanntheit erlangte, bereitet eine großformatige Verfilmung von Jules Vernes *In 80 Tagen um die Welt* vor. Mit dieser Monumentalproduktion will Todd nicht nur zeigen, was sein Filmsystem zu leisten vermag, sondern auch in punkto Ausstattung und Besetzung Maßstäbe setzen. Mehr Kostüme als jemals zuvor (insgesamt 74.685), mehr Statisten als bisher (insgesamt 68.894, davon alleine 1.243 beim Dreh in Hollywood), 140 Sets in sechs Hollywood-Studios, England, Hongkong und Japan, 90 Tiertrainer für den Einsatz von 8.552 Tieren (3.800 Schafen, 2.448 Büffeln, 950 Eseln, 800 Pferden, 512 Affen, 17 Bullen, 15 Elefanten, 6 Stinktieren und 4 Straußen, um ganz genau zu sein) sowie eine lange Liste berühmter Schauspieler, oftmals nur in kurzen Cameo-Auftritten, sollen in einer Rekordzeit von 75 Drehtagen für ein Spektakel sorgen. Neben den Stars für die beiden Hauptrollen, David Niven (*Phileas Fogg*) und Cantinflas (*Passepartout*), werden Berühmtheiten wie Buster Keaton, Frank

Sinatra, George Raft, Marlene Dietrich, Peter Lorre, Robert Morley, Shirley MacLaine oder Trevor Howard verpflichtet. Fernandel gesellt sich zu ihnen. Anfangs ist der ein wenig verdutzt, nur den kurz auftauchenden Part eines Kutschers angeboten zu bekommen, doch Michael Todd überzeugt ihn. Außerdem verspricht er ihm in einem weiteren geplanten Projekt eine wesentlich größere Rolle. Ein anderes Schwergewicht, US-Star John Wayne, hingegen kann beispielsweise nicht überredet werden. Der Großteil der Szenen, auch die mit Fernandel, entsteht in Hollywoods Studiowelt. Fernandels Szene wohl in den berühmten *Universal*-Studios. Das anfänglich geplante Budget von 3 Millionen US-Dollar verdoppelt sich letzten Endes. Nach der New Yorker Premiere am 17. Oktober 1956 entwickelt sich der Film aber dank guter Werbung zu einem Zuschauermagneten (er spielt letztlich rund 16 Millionen US-Dollar ein) und erntet weiterhin viele Preise. Alleine fünf Oscars heimst AROUND THE WORLD IN EIGHTY DAYS (In 80 Tagen um die Welt, 1956) bei der Show im Jahr 1957 ein, darunter den für den »besten Film«. Michael Todd lässt die Korken knallen und feiert dies mit einer großen Party für 18.000 Gäste im New Yorker *Madison Square Garden*. Bei der Show, die in einer Episode der Fernsehserie PLAYHOUSE 90 vom 17. Oktober 1957 auch in laufenden Bildern festgehalten ist, tritt Fernandel vor großem Publikum auf und wird unter riesigem Beifall als »größter Komiker Europas« in der geplanten neuen Filmrolle vorgestellt.

Todds Film ist Unterhaltungskino pur und lässt den Zuschauer in eine farbenfrohe Reise um die Welt eintauchen. Das *Lexikon des Internationalen Films* urteilt: »Eine spaßige und fesselnde Abenteuerschau in prachtvoller Ausstattung, mit zahlreichen Gaststars.« Das *Film-Echo* 1957 (Walter Talmon-Gros) befasst sich mit den Schattenseiten der Kolossalproduktion: »Seit der Vorführung in Cannes, wo der Film außer Konkurrenz das diesjährige Festival eröffnete, ist der Reisebilderbogen IN 80 TAGEN UM DIE WELT nicht breiter, höher oder plastischer geworden. Die Sensation des cineramaähnlichen Todd-AO-Systems, wie sie noch OKLAHOMA auf dem 70-mm-Streifen bot, bleibt aus. Auf 35 mm verkleinert wirkt ›Todd-AO‹ nicht imponierender als irgendeine andere anamorphotische Technik. Was aber bei dieser Notlösung besonders zutage tritt, sind die Mängel der dramaturgischen Konstruktion. Die Glanzstücke des Films sind nämlich so offensichtlich auf eine den Zuschauer verblüffende Wirkung komponiert, dass der Ausfall der beabsichtigten Wirkung durch die Verflachung und Verkleinerung des Bildes gegenüber der Wiedergabe von einer 70-mm-Kopie dem sonst geblendeten Zuschauer die Augen öffnet für die primitive, fragmentarische und unglaubwürdige Reihung der einzelnen Episoden. Missvergnügt nimmt man zur Kenntnis, dass diese ›Reise um die Welt‹ sich zum Teil in einem Atelier abspielt. Was hier geboten wird, ist eine große Show, die aber in ihrer extremen Länge ermüdet. Die als Steigerung gedachten Szenen des Teils nach der Pause – eine zusammenstürzende Eisenbahnbrücke in den Rocky Mountains und ein Indianerüberfall mit schwirrenden Pfeilen – sind auch nicht effektvoller als die gewohnten Darstellungen derartiger Vorgänge in Filmen von normaler Länge und auf normaler Breitwand. Gerade hier vermisst man es, dass dem plastischen Ton kein plastisches Bild entspricht. Das Reisespektakel mit seinen revuehaften Zwischenspielen in pittoresken Ländern ist anfänglich ganz amüsant. Nicht zuletzt dadurch, dass man immer wieder neugierig ist, welches bekannte Stargesicht jetzt wieder kurz in einer unerwarteten Vermummung sichtbar werden wird …«

Bei dem von Michael Todd geplanten weiteren Projekt mit Fernandel handelt es sich um eine Verfilmung von Weltliteratur: *Don Quijote*, dem spanischen Kulturgut aus der Feder von Miguel de Cervantes. Fernandel soll den *Don Quijote* geben, der mexikanische Schauspieler Cantinflas nun dessen Diener *Sancho Pansa* (bei seinem Auftritt im *Madison Square Garden* drehte Fernandel zur Einstimmung im *Don-Quijote*-Kostüm mit Pferd am Zügel schon einmal eine Runde durch die Halle und machte sich bestens). Eine sensationelle Besetzung, sollte man meinen. Doch gerade aus Spanien regt sich Widerstand, wie der Madrider Korrespondent (Dr. A. Dieterich) der *Badischen Neuesten Nachrichten* am 3. September 1957 unter dem Titel »*Don Quijote* reitet noch immer …« vermeldet: »Madrid. Der *Ritter von der traurigen Gestalt* lebt. Mit eingelegter Lanze reitet er auf seiner mageren

Rosinante durch die Mancha, bereit, sich gegen Riesen und Feindesheere zu schlagen und von *Dulcinea* zu träumen. Gleich hinter ihm, zu ihm gehörend, trottet auf niederem Esel und darum erdnäher der gesund beleibte Knappe *Sancha Panza*: Er ist die Bodenverankerung seines Herrn. Beide verkörpern die oft erstrebte, nie erreichte Harmonie zwischen Idealismus und Materialismus, ein Utopia voll Handgreiflichkeiten, verklärt mit Humor und Ironie. Sie sind tröstliche Lebensgefährten, in deren Begleitung Glauben und Mut wachsen, Enttäuschung und Melancholie jedoch mild bitter werden. Mit Recht wird ihnen dies gedankt. Die spanischen Anhänger *Don Quijotes* begnügen sich nicht mit stillem Dank, sie sind aktiv *quijotisiert*. Wer darum ihren Ritter angreift, greift sie an. Wie dieser sind sie imstande, in einer Windmühle einen Giganten und im Staub einer Schafherde das Heranrücken einer modernen Panzer-Armee zu erkennen. Sie sind überaus kitzelig, misstrauisch, erregbar, ehrenstolz und stets entschlossen, Attacken zu reiten. Nichts kann sie schrecken, nicht mal die Lächerlichkeit, vor der sie sich sonst so fürchten. Wenn eine Filmgesellschaft den Plan bekannt gibt, das Leben ihres ›Herrn *Don Quijote*‹ zu verfilmen, geben sie Großalarm. Noch bevor Einzelheiten darüber bekannt werden, schreien sie: ›Attentat! Protest!‹ Versammlungen werden einberufen, feierliche Entschließungen gefasst und Verbote gefordert. Als aber die Nachricht kursierte, der französische Filmschauspieler Fernandel werde voraussichtlich mit der Rolle des *Don Quijote* betraut werden, gerieten die *Quijotisten* außer Rand und Band. Sie übersahen die Wirklichkeit, sahen nur noch Gespenster und fühlten sich tödlich beleidigt, Fernandel und *Don Quijote*! Das ›Pferde-Gesicht‹, das ›Klavier-Lachen‹ und ihr Held! Der Gedanke allein führte zu geistigen Kurzschlüssen und Stromstörungen. Dass Fernandel ein seriöser Komiker ist, der die Verantwortung der Kunst fühlt, um die Nuance weiß und über viele Register verfügt, dies alles verfing nicht vor der explosiven spontanen Ablehnung. Fernandel wurde Gigant-Windmühle. Die Besänftigungsversuche, die von Emissären der amerikanischen Filmgesellschaft mit äußerster Geduld und Sanftmut unternommen wurden, scheiterten kläglich. Bis dann aus dem Hintergrund die Stimme des Eselreiters *Sancho Panza* laut wurde: ›Euer Gnaden schaut, es sind keine Riesen!‹ *Sancho*, der Mann mit dem gesunden Menschenverstand, der verlacht, geprellt, verprügelt wird, sich aber durchsetzt, raisonierte weiter: ›Die Amerikaner wollen für ihren *Quijote*-Film vier Millionen Dollar ausgeben. Einen großen Teil davon haben sie für Außenaufnahmen in der Mancha des *Don Quijote* und der Windmühlen vorgesehen. Diese wären wie Sommerregen für das Land. Wenn wir zu wild protestieren, leiten die Amerikaner diesen Dollarsegen um und drehen ihren Film anderwärts. Warum müssen wir päpstlicher als der Papst sein? Machen wir nicht auch mit aller Bewusstheit den falschen Touristen-Zauber der ›Windmühlen in der Mancha‹ mit und bauen da Mühlen, wo nie welche standen, Mühlen, die nie ein Korn Weizen mahlen werden, aber Fremden-Attraktion, Basar und Verdienstquelle sind! … Wir müssen dafür sorgen, dass der *Quijote*-Film in der Heimat des fahrenden Ritters und mit Mancha-Bewohnern gedreht wird. Unter uns muss er entstehen und mit aller möglichen offiziellen Unterstützung, ohne das Huhn mit den Goldeiern zu verscheuchen oder gar zu töten.‹ *Sancho*, der klug ist, hat noch mehr erzählt: dass die Bauern eines altkastilischen Städtchens sich zu stolz fühlten, um die Komparserie und das Szenenbild für einen Film mit kastilischem Milieu abzugeben, woraufhin der Produzent seine gewünschten kastilischen Episoden in einer nichtkastilischen Provinz drehte; dass bei den Aufnahmen zu einem Bauern-Film in einem Mancha-Ort die Hoteliers, Wirte, Kaufleute, Zeitungsverkäufer, Schuhputzer, Tagelöhner und selbst die Schulkinder mitten in der toten Saison voll beschäftigt waren und mehr denn je verdienten; dass ein französischer Karikaturist, Honoré Daumier, trotz seiner ›Fratzen‹ das vielleicht einzige kongeniale Bild von Don Quijote und Sancho Panza gemalt hat; dass man keine Vorurteile haben darf, wie jene, die den Standpunkt vertraten, Charles Laugthon könnte als Letzter die Rolle eines Heinrich VIII. übernehmen … Die zorngefurchten Stirnen der Mancha-Bewohner und einiger anderer Spanier haben sich vor diesen Argumenten ziemlich geglättet. Einige reiben sich sogar die Hände. Denn inzwischen ist bekannt geworden, dass nicht bloß Mike Todd mit dem Welterfolg IN 80 TAGEN UM DIE WELT einen *Quijote*-Film drehen will – mit Fernandel in der Hauptrolle und vielleicht mit Ingrid Bergman als *Dulcinea* –, sondern auch der argentinische Regisseur Hugo Fregonese, der für die Rolle des *Don Quijote* an Gary Cooper gedacht hat, und der italienische Produzent de Laurentiis, dessen Hauptrollenträger Jacques Tati, der Schöpfer des *M. Hulot*, sein soll.« Obwohl der mögliche Geldsegen für die Region ein Umdenken in Spanien einleitet, wird das Projekt nie verwirklicht. Tragischerweise verunglückt der 58-jährige Todd am 22. März 1958 tödlich, als das Privatflugzeug des mittlerweile mit Liz Taylor Verheirateten (mit dem Namen »Die glückliche Liz«) über Albuquerque, New Mexico, in einen Schneesturm gerät und abstürzt. Nichts wird es also mit einer weiteren großen Literaturrolle für Fernandel.

Als Ersatz darf der Franzose dafür ein Urbild des Frauenhelden unterstützen. In EL AMOR DE DON JUAN (Der große Verführer) gibt er den Diener von *Don Juan*, der an Stelle seines Herrn am Ende sogar die hübsche Frau (Carmen Sevilla) gewinnt. Der Pressetext formuliert wortgewandt: »… Diesmal wird es wieder eine Rolle mit heiteren Abenteuern sein. Denn, wer könnte ernst bleiben, wenn Fernandel, als *Sganarelle*, Diener seines berühmten Herrn *Don Juan*, die heißesten Liebesabenteuer erleben muss und größte Mühe hat, zu beweisen, dass nicht er, sondern ein anderer *Don Juan* ist …« Während das (katholische) *Lexikon des Internationalen Films* »drittklassiges Bauerntheater« bemängelt (man hat Fernandel vielleicht noch immer nicht den *Don Camillo* verziehen), ist wiederum Walter Talmon-Gros im *Film-Echo* 1956 diesmal grundsätzlich anderer Meinung: »… Die fünf Autoren haben diese Parodie auf das Mantel-und-Degen-Drama mit erschütternden Gags gespickt und einen treffsicheren Dialog dazu geschrieben. Es würde uns sehr wundern, wenn dieser *Don Juan*, der künstlerisch weit über der Dutzendware Marke Fernandel steht, nicht nach Deutschland käme, denn er verspricht, ein gutes Geschäft zu werden.«

Alle Welt reißt sich darum, Fernandel für neue Filmvorhaben zu gewinnen. Ihm werden die albernsten und die großartigsten Rollen angeboten. Trotzdem ist er keiner, der alles spielt. Die höchsten Gagenangebote interessieren ihn nicht, wenn es den ihm angetragenen Rollen an menschlicher Substanz fehlt. »Erst wenn man von der Figur, die man darstellen soll, überzeugt ist, bevor man ins Atelier geht, wird auch später das Publikum mitgerissen sein«, meint er. »Natürlich kann man Erfolge nicht voraussehen! Und man braucht auch sehr viel Glück!«, fügt er hinzu. »Und ich habe vor allem viel, sehr viel Glück gehabt!« So bedauert Fernandel in Interviews, dass er in den letzten Jahren nur wenig Gelegenheit hatte, sich bei seiner Familie in seinem Landhaus vor den Toren von Paris oder in seiner komfortablen Stadtwohnung aufzuhalten. Gegenüber Gilbert Ganne (zu lesen in *Berliner Morgenpost* vom 23. September 1955) äußert sich Fernandel über seine Familie: »Ich unterstreiche stets, dass meine Töchter ihrer Mutter ähneln, denn ich habe ja eine ganz besondere Schnauze.« Er habe drei Kinder: Josette (25), die früher auch etwas gefilmt hat, bis sie den Schuhfabrikanten Augusto in Marseille heiratete. Die zweite Tochter Janine (24) lebe bei ihren Eltern, ebenso der 28-jährige Frank-Gérard, der noch studiert. »Und ich bin sogar Großvater«, ergänzt Fernandel: »Denn Josette hat ein Töchterlein namens Martine.« Fernandels größte Freude sei es, die Feiertage mit der ganzen Familie zu verbringen. Dann würde geangelt und das beliebte Boule-Spiel gespielt. Fernandel habe ein Rezept, um seine großen Filmerfolge zu erhärten. Es bestünde darin, sich stets zu verbessern. Der Reporter meint indes, er habe noch nie einen Schauspieler gesehen, der auch in Natur so dem Bilde auf der Leinwand gleiche. Sein Lächeln sei auch in Wirklichkeit so überwältigend, »dass es den schlimmsten Menschenfeind erheitern kann«. Weiter erfährt der Leser von dem Star: »›Mich umzuziehen ist für mich das größte Vergnügen, ich habe mindestens zwei Dutzend Anzüge in meinem Kleiderschrank. Sie dürfen mich nicht danach beurteilen, wie Sie mich heute sehen. Es gibt nur zwei Filme, in denen ich einigermaßen chic war, im DAMENFRISEUR und in der VERBOTENEN FRUCHT. Aber wenn ich einen Bäcker oder einen Fensterputzer spiele, kann ich nicht verlangen, dass mich Cristiani einkleidet.‹« Ganne über die Modelieben Fernandels: »Zu einem rot und grün gesprenkelten Jackett trägt er gern ein wassergrünes Hemd und eine dunkelgrüne Krawatte oder auch ein Hemd aus naturfarbener Seide mit dunkelroter Krawatte. Er trägt helle Slipper und bordeauxrote Socken. Besonders liebt er marineblaue Socken mit Schuhen aus blauem Hirschleder. Hinsichtlich seiner Schuhe versichert er nachdrücklich, dass *Don Camillos* Soldatenschuhe die Größe 47 hatten, um seinen Gang komischer zu machen; in Wirklichkeit habe er aber die normale Schuhgröße 42.« Resümierend fasst der Reporter zu dem großen Star zusammen: »Zwar ist Fernandel sehr schlicht geblieben, aber er ist doch ein so prominenter Schauspieler, dass seine Gegenwart etwas einschüchternd wirkt. Sobald die Szene beendet ist, kann es wohl vorkommen, dass er den Regisseur ins Hinterteil tritt, was von allen lächelnd quittiert wird. Auch Rippenstöße lässt jeder schweigend über sich ergehen. Hier geht die Bewunderung für Fernandel bis zur Selbstverleugnung ...«

Bei so viel Modekenntnis ist es kein Wunder, dass Fernandel bald zum Modemacher auf der Leinwand avanciert. LE COUTURIER DE CES DAMES (Der Modekönig) zeigt diesmal seinen Aufstieg vom Zuschneider zum Chef eines Modehauses. Attraktive Mannequins umgeben ihn und eine Striptease-Darbietung sorgt für viel Aufregung. Die Filmwerbung spricht von einer »frischen Musterkollektion humorvoller Pointen, die die feinen Nadelstiche der Ironie amüsant sichtbar machen, zugleich auch dem Herz – wie schon so oft – mit aufrichtiger Verschmitztheit das richtige Dekolleté geben«. Insgesamt gerät der Film im Gesamtwerk nur zum Durchschnitt. Recht nette Worte findet immerhin das *Monthly Film Bulletin* (Vol. 23 No. 274 November 1956): »... Trotz zahlreicher Klischees ist FERNANDEL THE DRESSMAKER eine von Fernandels erfolgreicheren Komödien. Kluges Timing und eine brauchbare Regie bestimmen die meisten der ziemlich vorhersehbaren Situationen, die Präsentation von Fernandels Kollektion liefert die amüsante Parodie einer ausgefallenen französischen *haute couture*. Fernandel und Suzy Delair sind ein hervorragendes Komödienteam, Letztere ausgedacht als Inbegriff aller Pariser Mittelstands-Ehefrauen.«

Trotzdem ist Fernandel 1956 mit der französisch-italienischen Co-Produktion QUATRE PAS DANS LES NUAGES/SOUS LE CIEL DE PROVENCE (Vater wider Willen) in einer qualitativ wesentlich höherwertigen Komödie zu sehen. Als er 1956 in Rom seinen dritten *Don-Camillo*-Film drehte, hörte er im Gespräch mit Gino Cervi von dessen Rolle in einem herrlichen Filmstoff, der rührenden Geschichte von dem Süßwarenvertreter *Paolo*, der in heiterer Schicksalsergebenheit 48 Stunden lang zu einem »Vater wider Willen« wurde, um einem einmal gestrauchelten Mädchen, das ein Kind unter dem Herzen trägt, die Rückkehr ins Elternhaus zu ermöglichen. Gino Cervi hatte diese Rolle 1942 in Alessandro Blasettis 4 PASSI FRA LE NUVOLE (Lüge einer Sommernacht) gespielt und berichtete seinem französischen Kollegen begeistert darüber. Fernandel ließ sich daraufhin sofort diesen Film vorführen und entschloss sich, die Rolle des rührenden Süßwarenvertreters zu spielen. Die Geschichte wird für Fernandel im Umfeld von Marseille angesiedelt und mit viel Gefühl in Szene gesetzt. Er fährt als Vertreter für Schokolade durch die Lande und spielt einen rechtschaffenen Charakter mit Mitgefühl, der zum Schluss dem Vater des Mädchens die Augen öffnet. Neben Fernandel sind auch die weiteren Rollen durchweg glänzend besetzt. Der Farbfilm kann auch als ein Hoch auf das Landleben bezeichnet werden. Fernandel hat schöne Szenen und agiert ohne übertriebene Gesten. Die Kritiker sehen es ähnlich. Ernst-Michael Quass meint im *Film-Echo* 1957: »Die Drehbuchautoren und der Regisseur haben diesen Film in jenen Bezirken des menschlichen Lebens und des Alltags angesiedelt, in denen alle Möglichkeiten gegeben sind, das Herz sprechen zu lassen und die verständnisvoll warmen Töne zum Klingen zu bringen, die in der Hast unserer Zeit entweder nur selten vernehmbar oder aber überhört werden. Aus dieser Tatsache bezieht der Film seine nachdenklich stimmende, zugleich aber liebenswert unterhaltsame Wirkung … Das Publikum unterhält sich prächtig und es wird gewiss überall auch für den menschlich warmen Ton nicht mit dem Beifall kargen.« Die *Badische Neueste Nachrichten* vom 9. April 1957 stellt auch einen Vergleich mit dem Original an: »Wer die erste Fassung dieses großartigen Filmstoffes von Cesare Zavattini erlebte (VIER SCHRITTE IN DIE WOLKEN, wie auch der Originaltitel dieses Filmes heißt), dem fällt es schwer, dieser Neuverfilmung gerecht zu werden; nach einem so einmaligen Vorbild kann selbst ein so trefflich inszenierter und gut gespielter Film wie dieser nur wehmütige Erinnerungen wecken. Schon das Drehbuch verschiebt, trotz Zavattinis Mitarbeit, den Akzent … hier liegen die Hauptakkorde in rührendem und versöhnlichem Dur: Die Anständigkeit eines anonymen Alltagsmenschen, der sich für die Verführte selbstlos einsetzt und in der Güte und Einfalt seines Herzens schließlich auch die Familie des Mädchens mit der Situation aussöhnt, steht eindeutig im Vordergrund. Regisseur Mario Soldati mischt behutsam leise und burleske Töne und schwelgt in ausgelassen-lebendigen, volkhaften Szenen, in denen sich sicher geprägte, kraftvolle Typen tummeln; Tina Pica als *Tante Camilla*, Alberto Sordi als Busfahrer seien nur als Beispiele herausgegriffen. Giulia Rubini ist eine saubere, sehr sympathische *Maria*; Fosco Giachetti, schlicht und unpathetisch, der bäuerliche Vater. Fernandel schließlich, seit Langem wieder einmal in einer ernsten Charakterrolle, gibt dem unscheinbaren, ungeschickten Vertreter eine bezwingende Herzenswärme und Menschlichkeit. Wie er zwischen Entrüstung und Mitleid, Hilflosigkeit und Güte eine ganze Skala von tragikomischen Nuancen andeutet, ganz zart und nie aufdringlich, das wird dem ›anderen Fernandel‹ neue Freunde sichern.« Ein Lob auch von der *Frankfurter Neuen Presse* am 27. April 1957: »Fernandel ist in dieser Geschichte haargenau dort daheim, wo das Herz zu Hause ist. Es gibt gelegentlich noch solche Oasen in der Filmwelt, hoffentlich auch in der Welt … Bei Fernandel und seinem Regisseur … bleibt nichts weiter als der menschliche Grund, die beherrschende Gemütskraft, die – mit Verlaub – missionarische Aufgabe, als schlichter Einzelgänger auf dem schmalen Grat seiner menschlichen Existenz etwas Menschliches zu tun. Mag die Kragenbreite des Films zuweilen etwas zu raumgreifend sein, mag mancher Synchronfehler den Rhythmus der Vorgänge verletzen, mag sogar der höchst mangelhaft gewählte Filmtitel eine Posse ankündigen – hier wird in simpler, wundersam spannender, wahrhaft humoristischer Spiegelung des Menschlichen ein moderner Film zum Lied vom braven Mann.« Die *Düsseldorfer Nachrichten* stellen am 27. April 1957 fest: »… Ein Farbfilm, der auf alle plumpen Effekte verzichtet und gerade deshalb seine Beschauer mit herzenswarmer Fröhlichkeit erfüllt. Das Schmunzeln, das Fernandel auf die Gesichter zaubert, kann auch der graueste Alltag nicht so rasch wieder wegwischen.« Auch die *Süddeutsche Zeitung* (30. April 1957) gibt kund: »VIER SCHRITTE IN DIE WOLKEN hieß das einst und war, 1943 von Alessandro Blasetti gedreht, einer jener nun schon historischen Filme, die die Ära des heiter-besinnlichen Neorealismus eingeläutet haben. Das Drehbuch ist geblieben (Cesare Zavattini) … geblieben ist die präzise Komik der berühmten Omnibusfahrt mit den kleinen Erlebnissen der kleinen Leute und die leise Spannung zwischen Humor und Ernst … Doch Regie führt diesmal Mario Soldati, und so geriet denn alles eine Nummer kleiner oder einen Raster gröber als beim Original – trotz Fernandel, der in der Rolle des gutmütig-hilflosen Nothelfers nicht weniger überzeugt als damals Gino Cervi.« Und die *Münchner Abendzeitung* (2. Mai 1957) resümiert: »… Beim Autor und Filmmann Soldati gelten die Zwischentöne des Herzens, die leisen Erschütterungen, die Tragikomik des Alltags – welche er hier mit Fernandel zusammen liebevoll und sorgsam aufzeigt … Ein reizvolles Filmchen ›mit Herz‹, delikat und nett, zuweilen etwas gedehnt, aber dennoch sorgsam genug ausgefüllt, um Auge und Ohr eine Freude zu bereiten.«

Ein Jahr später bekommt Fernandel schließlich doch noch eine Hauptrolle in einem US-amerikanischen Film. Zusammen mit US-Komikerstar Bob Hope gerät er als unfreiwilliger Köder einer Geldfälscherbande in verzwickte Abenteuer. Zwei attraktive Damen, Sex-Bombe Anita Ekberg und die nicht minder hübsche Martha Hyer, sind weitere »Zutaten« des parodistischen Geschehens in PARIS HOLIDAY (Falsches Geld und echte Kurven) unter der Regie des Deutschen Gerd Oswald. Am Set stellt man fest, dass Söhne und Töchter bekannter Filmgrößen zusammengekommen sind. Ein Sohn der berühmten Françoise Rosay arbeitet als Regieassistent, als Aufnahmeleiter der Bruder von Simone Signoret und als Skriptgirl die Schwester der beiden Schauspielerinnen Odile Versois und Marina Vlady. Selbst Regisseur Gerd Oswald ist Spross einer Künstlerfamilie; sein Vater ist der in Deutschland bekannte Regisseur und Produzent Richard Oswald. Als diese Tatsachen unter Gelächter festgestellt wurden, fragt Bob Hope den hinzukommenden Fernandel, mit welchen berühmten Größen denn er verwandt sei. Worauf der schlagfertig antwortet: »Ich bin der Sohn von Fernandels Mutter!« Während der 90 Tage Drehzeit in Paris lernt Bob Hope ein recht akzeptables Französisch. Er erzählt der Presse: »Als ich nach Paris kam, konnte ich kaum ›Bonjour‹ sagen. Jetzt kann ich schon das Gesicht verziehen wie ein alter Fischer aus der Bretagne! Mein Lehrer ist ja auch Fernandel.«

Fernandel und Bob Hope kennen sich bereits von einem früheren Zusammentreffen in THE BOB HOPE SHOW (Sendetermin in den USA: 7. Februar 1956), wo beide erstmals Pointen austauschen konnten. Der Filmspaß präsentiert nun weitere köstliche Szenen zwischen Fernandel und Bob Hope. Auf der Leinwand erkennt der europäische Star Fernandel zunächst den großen US-Star nicht, schnappt sich ein Programm von Hope und will ein Autogramm schreiben. Dann lobt er ihn nur schmeichelhaft. Es ist ein »Leinwandkrieg der Komödienkönige« mit vielen zündenden Gags. Fernandel muss in Frauenkleider schlüpfen und dann wieder die Priester-Soutane tragen, um Bob Hope aus einer Irrenanstalt zu befreien. Ein spektakulärer Helikopterflug mit Pilot Fernandel und einem an einer Strickleiter hängenden Bob Hope (oder vielmehr die Taten ihrer Stuntdoubles) bringt schöne Bilder. Am Schluss darf Fernandel Anita Ekberg, dem Sexidol jener Tage, einen langen Kuss geben. Ernst Bohlius meint folgerichtig im *Film-Echo* 1958: »Bob Hope und Fernandel enttäuschen ihre zahlreichen Anhänger als Partner und Helden dieses Lustspiels bestimmt nicht! Beginnend mit einer pointenreichen Selbstpersiflage der beiden Komiker, spannt sich das Feuerwerk witziger Einfälle bis zu grotesker Situationskomik durch Verkleidungs- und Verfolgungsszenen. Stets haben die beiden Spaßvögel die Lacher auf ihrer Seite … Regisseur Gerd Oswald, ein Sohn des unvergessenen Richard Oswald, lässt seine Darsteller immer mit einem Augenzwinkern zum Publikum hin agieren. Für seine zahlreichen Gags standen ihm ein geschickter Kameramann und ausgezeichnete Tricktechniker zur Verfügung. Den Schauspielern merkt man an, dass es ihnen großen Spaß gemacht hat, einmal richtig vom Leder zu ziehen. Alles in allem eine lustige Geschichte, die man nicht einen Augenblick ernst nehmen und deshalb auch nicht zu kritisch unter die Lupe nehmen darf.« Der *Wiesbadener Kurier* vom 3. Mai 1958 stellt fest: »… Da sind aber auch vor allen Dingen zwei Kanonen wie Bob Hope und Fernandel. Sie spielen gleichsam sich selbst. Der eine will als amerikanischer Star Bob Hunter in Paris ein neues Drehbuch ergattern, der andere als französischer Schauspieler Fernydel ist eben kein anderer als – Fernandel … Fernandel ist der liebenswürdige Freund, echter Franzose mit Charme und Sinn für Delikatessen, dem schließlich die Befreiung des in ›Schutzhaft‹ Sitzenden glückt …« Der *Kölner Stadtanzeiger* schreibt am 5. April 1958: »… Der Einfall, die Komiker Bob Hope und Fernandel zusammen im Film zu zeigen, ist nett. Zuerst sind sie Konkurrenten im Kampf um eine Bühnenrolle und um eine Frau. Hier fällt manche spitze Bemerkung … Für Bob Hope gibt es eine große Szene: Vor Gericht soll er nachweisen, dass er nicht geisteskrank ist. Wie ihm das misslingt, ist unnachahmlich! Fernandel sieht man hier so grotesk wie etwa früher Harold Lloyd.« *Der Spiegel* vom 14. Mai 1958 sieht einen Gewinner im Komikerduell: »… In dem überkandidelten Klamauk … siegt der Franzose jedoch klar nach Punkten: Fernandel degradiert mit komischer Pantomime seinen amerikanischen Kollegen zum bloßen Grimassenschneider – ein Eindruck, an dem allerdings auch die deutsche Synchronisation mit der zappeligen Stimme des Georg Thomalla einen guten Teil Schuld trägt.«

Die Arbeit für eine US-amerikanische Produktion bleibt die Ausnahme für den französischen Star. Er weiß, wo die Wurzeln seines Erfolges liegen, und bleibt dem Film seiner Heimat treu. Im Wandel des Films in der zweiten Hälfte der 1950er-Jahre bekommt auch ein vielseitiger Schauspieler wie Fernandel zu spüren, dass er von jungen Cineasten dem als veraltet empfundenen französischen Qualitätskino (*cinéma de papa*) zugeordnet wird. Den stört das aber anscheinend nicht, denn was soll ein Komiker wie »das Pferdegesicht« in der *Nouvelle Vague* (zu Deutsch: »Neue Welle«) des französischen Films. Fernandel macht weiter seine »kleinen« Produktionen. Das ist die Welt des Fernand aus Marseille. Lieber gibt er einen kriminalistischen Trunkenbold in LE CHOMEUR DE CLOCHEMERLE (Der Faulpelz, 1957). Nach dem Gipfeltreffen mit dem US-Kollegen folgt jedoch in LA LEGGE È LA LEGGE/LA LOI, C'EST LA LOI (Gesetz ist Gesetz) ein neues komödiantisches Highlight mit Totò, dem über die Grenzen Italiens hinaus bekannten Komiker aus Neapel. Inhaltlich geht es um die merkwürdige Grenzführung zwischen Italien und Frankreich in einem kleinen Alpendörfchen, die sogar manche Häuser zweiteilt. Fernandel ist ein französischer Zöllner, Totò ein Schmuggler, der auch noch mit der ersten Frau des Franzosen verheiratet ist. Fernandel erblickte allerdings auch auf italienischer Seite das Licht der Welt. Grenzen lassen sich in dem Dorf Alossa eigentlich schwer ziehen, was dann auch für viele Komplikationen sorgt, an deren Ende Fernandel – nach italienischem Recht – zum Bigamisten und Deserteur wird. In der Komödie, wo auch wieder einmal Leda Gloria (*Peppones* Frau) zu sehen ist, die laut *Lexikon des Internationalen Films* »hervorragend besetzt« ist und »von Situationskomik und amüsanten Dialogen lebt«, überwinden die beiden Komiker letztlich europäische Grenzen.

Ein Wiedersehen mit Gino Cervi gibt es für Fernandel in der französisch-italienischen Coproduktion LE GRAND CHIEF (Ferien für den Musterknaben, 1958). Beide sind jetzt zwei Taugenichtse, die für Lösegeld das fünfjährige Kind eines Reichen entführen. Maskiert als Indianer schnappen sie sich den Kleinen, müssen aber sehr schnell lernen, dass der Junge mit allen Tricks des Indianerspiels vertraut ist und ihnen sehr viel Ärger bereitet. Das Unterfangen gerät zum Reinfall. Der Film von Henri Verneuil mit den beiden Stars aus den *Don-Camillo*-Filmen gelangt interessanterweise nicht zu einer Aufführung in bundesdeutschen Kinos. Erst zehn Jahre später ist er im Fernsehen der DDR zu sehen.

Fernandel nicht mehr in Deutschland gefragt? Nein, denn im nächsten Jahr steht er sogar erstmals für eine Co-Produktion im Lande des früheren Kriegsgegners vor der Kamera. ICH UND DIE KUH (in Frankreich LA VACHE ET LE PRISONNIER) erzählt, wiederum unter Verneuils Leitung, den Weg eines französischen Kriegsgefangenen mit einer Kuh von Bayern in die Heimat. Ein Reporter der *Saarbrücker Zeitung* berichtet am 4. Juli 1959 von einer Begegnung mit dem französischen Filmkomiker: »Am

Stadtrand von München, mitten in einem kleinen Wald, stieß ich auf eine seltsame Szenerie: Auf einem farbigen Klappstuhl saß ein Mann in der verschlissenen Uniform eines französischen Soldaten. Auf dem Rücken trug der Mann das Zeichen der in deutsche Kriegsgefangenschaft geratenen Soldaten: ›KG‹ – Kriegsgefangener. Das Gesicht dieses Mannes, oval, braun, mit großen Augen und einer gewaltigen Nase, kennt, so glaube ich, ohne Übertreibung sagen zu können, fast die ganze Welt. Mit seinem Lachen, bei dem jedes Mal ein gewaltiges Gebiss entblößt wird, hat dieser Mann die Menschen in aller Welt bezaubert. Na, wer könnte es schon sein, von dem ich spreche: Fernandel, der große französische Mime, spielt die Hauptrolle in dem Film DIE KUH UND DER GEFANGENE. Fernandel ist übrigens ganz hingerissen von seiner reizvollen Partnerin *Marguerite*; der Dame mit den Hörnern auf dem Kopf, dem Rindvieh par excellence. Fernandel, mit einem verschmitzten Lächeln: ›Auch für eine Kuh ist es nicht leicht, zum Film zu kommen, *Marguerite* wurde unter hundert Bewerberinnen ausgesucht.‹ Welcher Gedanke lag bei diesem Ausspruch näher als der Vergleich mit einer Handvoll Starlets, die mit rollenden Augen und zwei Nummern zu engen Pullovern Regisseuren und Produktionsleitern zu Leibe rücken. Von *Marguerite*, der Kuh, ist nichts Ähnliches zu berichten … Es ist selbst für einen abgebrühten Filmjournalisten eindrucksvoll, mit Fernandel zu sprechen. Unter den Weltstars gibt es kaum einen, der mit seinem menschlichen Humor so überzeugend wirkt. Kennen Sie das Gefühl, liebe Filmfreunde, unter tausend Menschen im Kinosaal den Eindruck zu haben, der Fernandel da oben auf der Leinwand spricht nur mich an …?! Sehr viel intensiver ist eben jene Empfindung, wenn man Fernandel persönlich gegenübersitzt. Doch genug der Schwärmerei. Fernandel spielt den französischen Kriegsgefangenen *Charles Bailly*, der im Kriegsjahr 1943 auf einem deutschen Bauernhof arbeitet. *Charles* sinnt auf Flucht und überlegt, wie er diese Flucht bewerkstelligen kann, und da kommt ihm eine glänzende Idee: Die Idee steht im Stall; es ist *Marguerite*, eine der Kühe auf dem Bauernhof. Und hier beginnt eine reizvolle Story. Fernandel ›leiht‹ sich die Kuh aus und trampt quer durch Deutschland, *Marguerite* als Tarnung mit sich führend. Laut Drehbuch müsste es ein sehr erquicklicher Film werden. Das alles erzählte mir Fernandel, dessen moderne Sonnenbrille nicht so recht zu seinem zerschlissenen Anzug passen wollte und die jedes Mal, wenn er auflachte – und das tat er oft –, auf der Nase hüpfte. Ich weiß nicht, wie viel Geld Fernandel für diesen Film bekommt – aber billig ist er bestimmt nicht und behandelt wird er wie ein rohes Ei. Der Produktionsleiter lässt ihn nur zum Schlafen allein.« Das *Film-Echo* 1959 ist bei den Atelieraufnahmen vor Ort: »Fernandel … steht z. Z. im Münchner Carlton-Atelier vor der – allerdings französischen – Kamera. Der ›Mann mit dem Pferdegesicht‹, wie ihn seine Anhänger liebevoll-spöttelnd nennen, hat sich bei uns – an der Popularität gemessen – schon längst Heimrecht erworben. Was Wunder also, dass sein neuer Film – obwohl Fernandel einen fast kompletten französischen Drehstab mitgebracht hat – zumindest die Illusion des ›Einheimischen‹ erweckt. Den äußeren Rahmen, in dem sich die Filmhandlung abspielt, bildet denn auch unser Land, wenngleich Regisseur Henri Verneuil und die hierzu verpflichteten deutschen Architekten Franz Bi und Max Seefelder bemüht sein müssen, in die unantastbare Landschaft die Dürftigkeit der Kriegsjahre um 1943 zu projizieren … Diese Schlusspointe, die eine reizende Eulenspiegelei der Drehbuchautoren ist, soll dem Publikum jedoch nicht vorzeitig verraten werden. Während unseres Atelierbesuches stapft Fernandel, der hier schon unter Kollegen genügend Heiterkeit verbreitet, gerade in schweren Stiefeln und einer Schlafanzughose mit überfallendem Komisshemd angetan, durch den Raum der Mannschaft, die ihrerseits das kühne Vorhaben ihres Kameraden *Charles* heftig diskutiert. Abgesehen davon, dass man die französische Gepflogenheit, die Atelierarbeit nicht vor 12 Uhr mittags zu beginnen, beibehalten hat und französische Anweisungen durch den Raum schwirren, unterscheidet sich dieses Team in keiner Weise von einem der unseren. Was der Arbeit jedoch bestimmt zugutekommt, ist die Tatsache, dass dies der neunte Film wird, den Regisseur Henri Verneuil und Fernandel zusammen gedreht haben.«

Der Stab ist mit vielen Franzosen besetzt, und Fernandels Landsmann Pierre-Louis spielt außerdem einen SS-Hauptmann. Trotzdem gibt es auch Rollen für Einheimische. Ellen Schwiers spielt die Bauerntochter *Josepha* alias *Marlène*, Ingeborg Schöner ist *Helga* und Benno Hoffmann ein Soldat. Weiterhin gibt der Schweizer Heimatfilmstar Heinrich Gretler einen kantigen Bauern ab. Die Außenaufnahmen entstehen vor den Toren Münchens sowie einige Panoramaszenen in Schwaben. Das allerdings gemächliche Ergebnis kommentiert Hermann Enders im *Film-Echo* 1960: »Der Mittelpunkt dieser im Kriege spielenden Episode ist eine Kuh, gut geführt von dem Hauptdarsteller Fernandel und dem Regisseur und auch mit bemerkenswerter filmischer Eignung versehen ... Der Film zeichnet sich lediglich durch seine Leistungen im Detail aus. Einzelne Szenen sind von der Regie und durch Fernandel ausgesprochen liebenswert gezeichnet und lassen den Schluss zu, dass vom Buch her nicht genügend Kraft vorhanden war. Fernandel überrascht durch sein angenehm diszipliniertes Spiel: Einige Szenen sind köstlich gelungen. Die nette Idee reicht nicht für einen so langen Spielfilm. Überragende Geschäfte, vor allem in anspruchsvollen Häusern, wird man kaum erwarten können.«

Mehr Kritik als Lob kommt auch vom *Monthly Film Bulletin* (Vol. 28 No. 324 Januar 1961), das zusammenfassend meint: »... Der Witz, falls vorhanden, verschwindet, aber auf der Guthabenseite gibt es doch einige gute visuelle Scherze, Fernandels Persönlichkeit, Gesicht und Darstellung, sowie die stimmungsvolle Fotografie von Roger Hubert ...«

Am Ende eines ausgesprochen erfolgreichen Jahrzehnts für Fernandel kann der Schauspieler eine überaus positive Zwischenbilanz ziehen, wie Wilhelm Ringelband es in den *Kieler Nachrichten* am 13. November 1959 tut: »Während das frühe Sterben von Tyrone Power, Mario Lanza und Errol Flynn die Welt überraschte und Bedauern auslöste, zugleich aber zeigte, wie doppelbödig das scheinbare Glück des Filmstar-Seins in Wahrheit ist, demonstriert Fernandels Weg überzeugend das genaue Gegenteil seiner Kollegen-Schicksale: wie sich ein Mensch sein eigenes Leben trotz Filmruhm bewahren kann. Fernandel ist mit 56 Jahren heute älter, als es die drei anderen überhaupt wurden, und er steht immer noch frisch und unverbraucht im Atelier. Dabei ist Fernandel beruflich geradeso strapaziert worden wie andere, die ihren Ruhm über lange Zeit zu behaupten wussten. Aber Fernandels Name leuchtet nur von der Leinwand herab – die Schlagzeilen der Presse füllte er nie mit Skandalen, Romanzen oder Launen. Hier liegt der entscheidende Unterschied. Fernandel gibt dem Film seine Arbeitskraft, sonst nichts. Sein Leben gehört ihm – er lebt es auf eine Weise, wie es Millionen braver Franzosen tun. Den Star Fernandel kennt alle Welt – von dem Menschen erfährt man nie etwas. Er sei so pressescheu wie die Garbo, heißt es. Als Fernandel seinen letzten Film ICH UND DIE KUH unter Henri Verneuil in München und am Tegernsee drehte, entzog er sich auch den deutschen Journalisten fast völlig. Ein Wohnwagen wurde sein Zuhause, schirmte ihn ab. Tagelang beobachtete ich ihn bei der Arbeit – ein nächtliches Gespräch im Wohnwagen war schließlich die Krönung all der Mühe, etwas über den Menschen Fernandel zu erfahren. Nichts Geheimnisvolles ist um ihn – er wirkt im Atelier oder privat so, wie wir ihn von der Leinwand her kennen. ›Das Pferdegesicht‹ (wenn er lacht, hat er's) ist sein Spitzname – nun, er hat sonst ein richtiges Menschengefühl, dieser Fernand Contandin aus Marseille, der sich seine steile Karriere als Fernandel fleißig erarbeitete und trotzdem so gar nicht angekränkelt wirkt von der ›großen Welt‹. Ein Stück französischen Volkes verkörpert er – vital, temperamentvoll, verschmitzt, auch mal bockig: Pagnol hat solche Südfranzosen in seinen Stücken auf die Bühne gestellt – Fernandel verdankt diesem Dichter seinen Durchbruch. Was lacht dieser Fernandel im Atelier, ständig Witze erzählend! Wie frisch macht er sich an die Arbeit! Ihm fliegt der Text nur so zu, den er jeweils erst vor der Aufnahme lernt. So scheint er nie überprobt, nervös – Fernandel weiß sein Talent höchst wirkungsvoll zu verkaufen. Bei einem ungezwungenen Gespräch im Wohnwagen (wir hocken eng beieinander: Henri Verneuil und Produktionsleiter Rupp auf der Bank gegenüber, die Haushälterin spült ab, draußen regnet es in Strömen), dem mein Schulfranzösisch einen lustigen Akzent gab, sagte Fernandel ganz ehrlich: ›Der Film existiert für mich nur zwischen 12 Uhr und 20 Uhr. (In dieser Zeit dreht man in Frankreich). Zu Hause wird kein Wort über Film gesprochen. (Er ist seit Langem glücklich verheiratet, hat drei erwachsene Kinder, die nichts mit Film zu tun haben, und Enkelkinder, von denen er mit strahlendem Opa-Stolz spricht.) Zwei Monate im Jahr mache ich Ferien – da wird selbst das Telefon stillgelegt. Und auch Hollywood hat dann keine Chancen. In jedem Jahr bin ich zwischen 22. Dezember und 2. Januar bei meiner Familie – diese Klausel haben meine Filmverträge.‹ Das ist das Geheimnis, warum Fernandel im Gehetz des Filmalltags noch nicht untergegangen ist: Monsieur Contandin lebt, abgesehen von seiner Arbeitszeit als Fernandel, so, als ob er er ein normaler Bürger dieser Erde wäre. Er nimmt seine Arbeit nicht wichtiger als jeder andere Mensch auch, der tüchtig ist. Er legt Geld an und ist heute steinreich (was er nie andeutet) – so hat er die Rückendeckung, um sich dem ›Filmbetrieb‹ entziehen zu können. Längst bräuchte Fernandel nicht mehr vor der Kamera zu stehen, aber es ist seine Arbeit und so tut er sie. Sie macht ihm wahrscheinlich mehr Freude als jenen, die sie aus materiellen Gründen tun müssen. Fernandel hat keinen Ehrgeiz, Regie zu führen oder Drehbücher zu schreiben – der Schauspieler bleibt bei seinem Leisten. Und er sucht außerhalb des Ateliers keine Scheinwelt, sondern lebt ganz bürgerlich mit seiner Familie. Er hat sein Glück gefunden. Voilà! ›Reisen Sie gerne?‹ Er schaut mich erstaunt an. Nein, auch die Ferien verlebt er zu Hause. ›Ihr Hobby?‹ ›Fischen‹, strahlt er. ›Und weiter?‹ ›Keines, nichts.‹ Fernand Contandin ist vielleicht zu bequem, um sich unglücklich zu machen. So dürfen wir hoffen, dass Fernandel, dessen Begabung für Tragikomik die Filmleute in besseren Stoffen, als es oft geschieht, präsentieren sollten, uns noch lange erhalten bleibt.«

Fernandel dreht weiter fleißig seine zwei bis drei Filme jährlich. In der Bundesrepublik ist der »Hype« um Fernandel aber erloschen. Nur der vierte *Don-Camillo*-Film im Jahr 1961 lockt wieder großes Publikum ins Kino. Die weiteren Filme Fernandels finden den Weg entweder überhaupt nicht mehr nach Westdeutschland oder mit Verspätung. Das liegt vor allem daran, dass Fernandel weiterhin Komödien »ähnlichen Zuschnitts« macht, die nicht mehr ganz den Zeitgeist treffen. Außerdem leiden auch seine Streifen unter der Kinokrise, die Europa erfasst hat und der sich die »Jungfilmer« auf dem Kontinent mit neuen Ideen gegenüberstellen. »Alt-Star« Fernandel ist dafür nicht geeignet. Der gibt stattdessen weitere Charakterstudien auf der Leinwand, ist ein Fahrer eines Müllwagens, der zum Leinwandstar wird (in COCAGNE, Marc Antonies zweites Leben), ein tölpelhafter Philosophie-Professor (in LE CAID, Der Boss und sein Engel, beide 1960), ein kleiner Bankangesteller (in L'ASSASSIN EST DANS L'ANNUAIRE, Der Mörder steht im Telefonbuch) und schließlich Gangster und Goldsucher in einem Wildweststreifen (DYNAMITE JACK, Dynamit Jack, beide 1961). Besonders letzterer Film zeigt, dass Fernandel in »neuen« Genres wie dem Westernfilm schlichtweg fehlbesetzt ist (im Gegensatz zu seinem Kollegen Bob Hope). Nur wenige Gags zünden wirklich. Dazu fehlt diesem französischen Western absolut alles, was ihn realistisch erscheinen lassen könnte. Selbst der gebürtige US-Amerikaner Jess Hahn, der im Film einen Sergeanten gibt, hat nie in seinem Geburtsland gefilmt und verfügt über keinerlei Genre-Erfahrung.

Besser geraten da Fernandels Auftritte in dem wiederbelebten Genre der Episodenfilme, wo ein oder mehrere Regisseure meist voneinander abgeschlossene Kurzfilme zu einem Thema präsentieren. Vittorio De Sica lässt Fernandel als Witwer agieren, der sich dem Jüngsten Gericht gegenüber verantworten muss (IL GIUDIZIO UNIVERSALE, Das Jüngste Gericht findet nicht statt, 1961), bei Julien Duvivier hat man den Eindruck, Fernandel sei nun tatsächlich Gott persönlich. In seiner Episode in LE DIABLE ET LES DIX COMMANDEMENTS (Der Teufel und die Zehn Gebote, 1962) trifft Fernandel als einsamer Wanderer auf einer Bergstraße in einem abgelegenen Haus auf ein kleines Mädchen mit ihren kranken Großeltern. Beide Großeltern bejammern ihr Schicksal. Fernandel hilft mit ermutigenden Worten. Bei seinem Abschied glauben alle, auch die inzwischen ebenfalls eingetroffenen Eltern des Mädchens, dass Fernandel Gott ist, für den er sich auch ausgibt. Wieder auf der Gebirgsstraße, kommt ein Auto der Psychiatrischen Klinik angefahren – und nimmt den Patienten, der sich für Gott hält, wieder auf. Die Episode mit Fernandel lief seinerzeit nicht in der Bundesrepublik. Gleiches gilt für LA CAMBIO DELLA GUARDE (Der Mann mit der Schärpe, 1962), der ein erneutes Wiedersehen von Fernandel und Gino Cervi bringt. In einem italienischen Ort ist der Bürgermeister (Gino Cervi) ein treuer Anhänger Mussolinis. Doch angesichts herannahender US-amerikanischer Truppen will der Wendehals seinen Posten an einen Gastwirt (Fernandel) loswerden. Der will aber lieber »noch einige Stunden« warten. Schließlich nimmt der Wirt die Bürgermeisterschärpe doch an. Ein noch linientreuer Faschist zum Bürgermeister: »Was ist, wenn die Amerikaner nicht kommen?« – »Dann nehmen wir sie ihm wieder ab.« Die Schärpe wechselt dann aber doch wieder vor dem Eintreffen des Feindes, da zwei hartgesottene Faschisten für Ärger sorgen. Sie untersagen auch die geplante Trauung der Kinder des Bürgermeisters und des Wirtes (in der Rolle des Wirtssohnes ist Fernandels eigener Sohn Frank zu sehen). Alle warten insgeheim auf die Ankunft der Amis. Fernandel ist bauernschlau. Nach einem Toast: »Auf die Ankunft der Amis«, meint er unverzüglich gegenüber den Faschisten. »Ja, damit sie endlich von euch verscheucht werden können.« Als ein Faschist den anderen umbringt, gibt es schließlich ein Happy End beim Einzug der US-Truppe. Die schwarze Komödie des Italieners Giorgio Bianchi bietet sowohl Situationskomik als auch Wortwitz. Warum das dem deutschen Kinopublikum vorenthalten bleibt, erscheint rückblickend ein Rätsel. War es das Kriegsthema oder die Politsatire auf blinden Gehorsam und politischen Opportunismus?

Die harmlose Komödie LA CUISINE AU BEURRE (Alles in Butter, 1963) des Franzosen Gilles Grangier mit seinen beiden Landsleuten und Komikerstars, Fernandel und Bourvil, erscheint da völlig unbedenklich. André Bourvil (1917–1970) stammt aus einer normannischen Bauernfamilie und hat es als Groteskenkomiker mittlerweile auch zu Filmruhm gebracht. »Als Bourvil entstand, scheint der Natur so ziemlich alles danebengegangen zu sein«, schrieb vor Jahren ein französischer Kritiker treffend und liebevoll. »Er hat zu kurze Arme und zu lange Beine, eine völlig windschiefe Nase und hoffnungslos vergammelte Ohren. Nur das Herz sitzt auf dem rechten Fleck.« In der Tat macht der in seiner Art unübertreffliche und unerreichte Charakterkomiker bereits eine

Figur, die zum Lachen reizt. Trotzdem gewinnt das Publikum den unkomplizierten und ein wenig linkischen Burschen schon bei der ersten Begegnung lieb (Bourvil entwickelt sich in den kommenden Jahren zum perfekten Gegenpart des cholerischen Louis de Funès). Fernandel darf als verschüttetgegangener Bistro-Besitzer erneut einen »Fernandel-gerechten« Menschen spielen, in dessen Wesen sich Humor, Schläue, Verschmitztheit und grenzenlose Faulheit zu gleichen Teilen finden. Für den gebürtigen Marseiller ist eine solche Darstellung natürlich ein »gefundenes Fressen« und er fühlt sich bei ihr so recht in seinem Element. Kann er sich hier als Partner des köstlichen Bourvil doch wieder einmal richtig ausspielen. Regisseur Gilles Grangier, der gleichsam an den Ausgangspunkt seiner eigenen Karriere zurückkehrt, nennt das Aufeinandertreffen der beliebten Komiker ein »Match zwischen dem Humor, der Pfiffigkeit, dem Arbeitseifer und der Energie des typischen Normannen und der Komik, Aufschneiderei und glücklichen Faulheit des typischen Marseillers«. Fernandel ist ein Kneipenwirt, der freiwillig seine Kriegsgefangenschaft bei einer großbusigen Wirtin in Österreich verlängerte, und der bei seiner Rückkehr einen anderen (Bourvil) mit seiner Frau verheiratet findet. Die gelungene Mischung der Charaktere macht den unkomplizierten, handfesten Stoff so ergötzlich und zugleich liebenswert. Allerdings zieht die Schlusspointe nicht ganz so richtig, als die österreichische Wirtin in Frankreich auftaucht. Insgesamt aber eine schöne französische Geschichte mit einer ganzen Portion Herz. Norbert Wiesner im *Film-Echo* 1964 meint: »... Der Film lebt vom Tauziehen der beiden älteren Herren – Fernandel und Bourvil – um die adrette, jugendliche Frau. Der Film lebt nicht sehr gut davon. Den zahlreichen Autoren fiel eine hübsche Konstellation ein, und dann wird die Idee auf Länge gebracht. Nachdem schon das ›Was‹ kaum etwas hergibt, erweist sich Gilles Grangier auch nicht als ein Regisseur, der den Film durch das ›Wie‹ zum Lorbeer führen könnte. So mühen sich die beiden Komiker mit gedämpftem Erfolg, mimisch auszugleichen, was an Substanz fehlt.« Der *Südkurier* in Konstanz findet am 21. September 1966: »Frankreichs Komiker-Asse Fernandel und Bourvil sind die Stars dieser Komödie, die ein ernstes Thema leichtnimmt. Denn ebenso gut hätte dieser Stoff einer Tragödie als Vorlage dienen können … Die komische Darbietung der Verwirrungen strapaziert ordentlich die Lachmuskeln der Zuschauer.«

Das *Monthly Film Bulletin* (Vol. 34 No. 401 Juni 1967) macht aber deutlich: »… Die wie gewohnt liebenswerten Leistungen von Fernandel und Bourvil können nicht verbergen, dass diese Situationskomödie tatsächlich wenig aus ihrem Potential macht. Eine lebhaftere Regie hätte hier hilfreich sein können, aber so ist der Film zwar nett, jedoch kaum erinnerungswert.«

Das kann ebenfalls von BLAGUE DANS LE COIN (Lauter Leichen in Las Vegas, 1963) gesagt werden. Fernandel ist hier ein gealterter Nachclubkomiker, der in der Wüstenstadt in die Machtkämpfe von Gangstern gerät. Die Las-Vegas-Szenerie mit Fernandel gibt es allerdings nur als Rückwandprojektion. Die Kritiker sind insgesamt nachsichtig mit Fernandel. Die *Kölnische Rundschau* vom 30. November 1963 urteilt: »… Als alternder Komiker und Spaßmacher zieht Hauptdarsteller Fernandel alle ihm zu Gebote stehenden Mittel und schreckt manchmal auch vor krassen Übertreibungen nicht zurück. Großartig seine stillen menschlichen Momente und die zwei herrlichen Szenen, in denen er mit allergrößter Liebenswürdigkeit mit seinen Verfolgern über seine bevorstehende Folterung verhandelt. Die Pariser Bühnendiva Perrette Pradier fungiert als flotter Lockvogel der Gangster und ist ein attraktiver Gegenpol zu ihrem Partner Fernandel.« Der *Kölner Stadtanzeiger* stellt am gleichen Tag fest: »… Fernandel, pepita-kariert, erscheint als alternder Conférencier auf der Bühne eines Tanz-Kabaretts und gerät, um anzügliche Pointen bemüht, mit den rivalisierenden Beherrschern der Vergnügungs-Trusts in lebensgefährliche Kollisionen. Aber selbst die hartgesottensten Berufs-Killer können seinem stets in freundliche Falten gelegten Pferdegesicht nicht widerstehen. Nur der Zuschauer fühlt sich, trotz quirliger Spielsäle, netter Mädchen und seiner Sympathie für den unverwüstlichen *Don Camillo* aus Marseille, am Ende mehr ermüdet als erheitert.« Ähnlich sieht man es an diesem Tag auch auf der anderen Rheinseite bei der *Rheinischen Post* in Düsseldorf: »Der Komiker Fernandel im Glanz, im Glamour der Ganoven- und

Spielerstadt Las Vegas … Die Story … inszenierte der Franzose Maurice Labro ziemlich schleppend. Trotz der themenüblichen Prügeleien gegen Schluss gerät sie so wenig auf Touren wie der Witz des ›Pferdegesichts‹, das hernach ausgesöhnt mit Sheriff und Gangstern als uneigennütziger Clown das Happy End spendiert. Nicht richtig Kabinett, nicht richtig Krimi. Dafür vom Stoff her ein bisschen Förderung der durch jüngste Ereignisse bestärkten europäischen Vorurteile über die Gangstermacht in Amerika.« Die *Frankfurter Rundschau* am 21. April hat sogar Mitleid mit dem großen Star von einst: »… Nach vielerlei eher schwankhaften als wirklich parodierenden Szenen, in denen seine Ahnungslosigkeit mit dem Blutdurst der Gangster zusammenprallt, gibt's eine turbulente Endabrechnung … die viele alte und wenig originelle Gags sehr üblich mischt … Edelschnulze par excellence. Man hat sich sichtlich vergriffen. Das ist keine Rolle für Fernandel. Er quält sich ständig durch für ihn unpassende Szenen, ohne zu seinen eigenen Wirkungen zu kommen. So ist beides vertan; sein Einsatz und die Möglichkeit, aus dem Stoff eine beißende Satire auf Las Vegas zu machen. Es bleibt beim zahmen Durchschnittsvergnügen.«

Insgesamt nur noch Durchschnitt ist auch eine weitere Zusammenarbeit außerhalb *Don Camillo* mit Gino Cervi. In Pierre Chevaliers LE BON ROI DAGOBERT (1963) begibt sich Fernandel auf eine Zeitreise ins Mittelalter und ist als fränkischer *König Dagobert I.* (608–639), der in Volkssagen als »der gute König Dagobert« beschrieben wird, zu sehen. Als beratender Erzbischof an seiner Seite Gino Cervi. Der Kostümfilm ist Unterhaltung für die ganze Familie und zeigt Fernandel zu Pferd und beim lustigen Schwertkampf. Das Treiben ist nett anzuschauen, aber alles hält sich in beschaulichem Rahmen. Ein Millionenpublikum lässt sich damit nicht mehr anlocken! In Deutschland (West) läuft der Film erst 1985 im Fernsehen.

Nach dem letzten vollendeten *Don-Camillo*-Film (1965) bietet das folgende Jahr die Möglichkeit der Begegnung von Fernandel mit zwei großen Komikern aus deutschen Landen. Auf der Leinwand ist er zusammen mit der Filmgröße Heinz Rühmann

(1902–1994) in GELD ODER LEBEN/LA BOURSE ET LA VIE zu sehen. Fernandel spielt den Kassierer einer Baufirma, Rühmann den Buchhalter der Firma, die dem Geschäftsführer von Toulouse nach Paris folgen, der eine Million Francs unterschlagen will. Der in Paris und in den Studios von Billancourt in Szene gesetzte Film ist »weder Fisch noch Fleisch«. Obwohl turbulente Situationen zu bewältigen sind, fehlt es dem Film am rechten Tempo. In seinen Erinnerungen *Das war's* gibt Heinz Rühmann einen Einblick in die Arbeit mit seinem französischen Kollegen: »... Harte Arbeit: Ich spreche Englisch sowieso besser, aber bei dem Sprechtempo, das Fernandel vorlegte, wäre ich auch mit besserem Französisch kaum mitgekommen. Er war reizend, versprach vor jeder Aufnahme, diesmal bestimmt nicht so schnell zu sprechen. Daran hielt er sich auch. Bei den ersten drei Worten! In den Drehpausen erzählte er gern unanständige Witze, deren Pointen mir übersetzt werden mussten. Mittags verschwand er oft als Einziger, um ausführlich zu dinieren. Auch wenn er dann leicht ermüdet war, entging ihm nichts im Atelier. Stand eine Gruppe redend beieinander, war er auch schon da ...« Weshalb der gemeinsame Film kein Erfolg wurde, kann man auch Rühmanns Schilderungen entnehmen: »Im Französischen signalisierte das kleine Wörtchen ›und‹ bereits, dass es sich um eine heitere Geschichte handelte, während unser Titel eher zu einem Krimi passte ... Doch auch die angenehme Drehzeit, die gute Atmosphäre im Atelier nutzt nichts, wenn ... die Handlung konstruiert ist.«

Das *Monthly Film Bulletin* (Vol. 34 No. 396 Januar 1967) hat bezüglich der Akteure seine eigenen Ansichten: »... Heinz Rühmann hat einen deutlichen Vorteil gegenüber Fernandel, und der Rest der Besetzung rackert sich ab, um bei dem hektischen Tempo mitzuhalten ...«

Die andere Begegnung der komischen Art im Jahr 1966 geschieht anlässlich der *ZDF*-Fernsehshow PARIS IST EINE REISE WERT, die am 20. Oktober 1966 ausgestrahlt wird. Die TV-Zeitschrift *Hörzu* verkündet es: »Fernandel und Willy Millowitsch zum erstenmal gemeinsam auf dem Bildschirm. Beide in mehreren Rollen. Wenn das keine Show ist ... Der eine spricht nur französisch, der andere nur deutsch. Trotzdem ist völlig klar, um was es hier geht. Die beiden verständigen sich international: mit Händen und Füßen … *Don Camillo* hat seinen Sohn Frank mitgebracht. ›Der Kleine‹ ist Schauspieler, Sänger und Jazzpianist. In der Fernsehsendung singt er für Sie französische Chansons …« Der Kölner Volksschauspieler Willy Millowitsch (1909–1999) zählt zu den Größen deutschen Humors. Die Inhaltsbeschreibung aus der oben genannten Zeitschrift zu der Show unter Regie von Paul Martin lässt Vorfreude auf fröhliche Unterhaltung aufkommen: »Verliebte hat es seit eh und je nach Paris gezogen.Und in der Tat: Die Lichterstadt an der Seine vermag ihnen alles zu bieten, wonach ihnen ums Herz ist: Romantik, Vergnügen und Fröhlichkeit. Kurzum, der ganze Zauber einer unvergleichlichen Weltstadt umfängt sie. Und so nimmt es nicht wunder, dass sie am Ende nicht mehr nur ineinander, sondern auch in Paris verliebt sind. – PARIS IST EINE REISE WERT, sagte sich auch Max Colpet, der Autor dieser Sendung, und schrieb eine amüsante Geschichte voller Verwicklungen. Im Mittelpunkt dieser musikalischen Show steht der Amerikaner und derzeitige Wahlmünchner Gus Backus. Eine Flugreise soll den jungen Mann aus einer hoffnungslosen Lage befreien. Seine Tollpatschigkeit führt zu einer Bildschirmbegegnung mit dem großen französischen Charakter-Komiker Fernandel, dem komischsten ›Zauberer von Paris‹, Mac Ronay, und Deutschlands populärstem Volksschauspieler, Willy Millowitsch. Zum Glück für Gus Backus ist auch eine reizende Stewardess – sie wird von Bibi Johns dargestellt – mit von der Partie. Sie versteht es meisterhaft, mit jener sprichwörtlichen Frauenlogik und mit leichter Hand die durcheinandergeratenen Fäden zu entwirren. So werden dank ihrer die Verwicklungen um Gus ›entwirrt‹.« Abseits der Belastung einer 90-Minuten-Geschichte für die Leinwand liefert das Geschehen kurzweilige Unterhaltung. In seiner ersten Szene trifft der französische Zollbeamte Fernandel auf den Fluggast Willy Millowitsch. Das TV-Duell der beiden dreht sich um einen zu verzollenden Koffer, der aber letztlich gar nicht Millowitsch gehört. Weitere Auftritte Fernandels folgen. Ein anderer Höhepunkt ist eine Musiknummer zu Krimihelden der Geschichte, wo Fernandel als *Sherlock Holmes* auftritt.

Was geht noch für Fernandel? Der auf Dramen spezialisierte Regisseur Denys de La Patellière (TAXI NACH TOBRUK, 1960) der »alten Schule« besetzt ihn für LE VOYAGE DU PÈRE (Die Reise des Vaters, 1966). Die im Stile von Melodramen der 1930er-Jahre in Szene gesetzte Romanverfilmung um einen Bauer, der seine Tochter in Lyon sucht und dort erfährt, dass sie zur Prostituierten wurde, ist »Kino von gestern« und schwankt zwischen tragischen und tragikomischen Szenen. Neben Fernandel treten bedeutende Schauspieler wie Laurent Terzieff (als gescheiterter Schullehrer) und Lilli Palmer (als träumerische Mutter) auf, doch allesamt können den Film nicht retten. Das *Lexikon des Internationalen Films* urteilt: »Wegen der formalen Mängel der Inszenierung bleibt auch die Wirkung der beabsichtigten Sozialkritik weitgehend auf der Strecke.« Die deutsche Synchronisation stammt von der ostdeutschen *DEFA*. Diese erhebt den Film zur »Anklage gegen die Unmenschlichkeit der kapitalistischen Gesellschaftsordnung«.

DIE REISE DES VATERS läutet Fernandels Abschiedsphase von der Kinoleinwand ein. Das Fernsehen gibt ihm Gelegenheit, sein immer noch vorhandenes großes Können noch einmal aufblitzen zu lassen. L'AMATEUR OU S.O.S. FERNAND (Eventuell hilft Fernandel, 1967) heißt eine siebenteilige Fernsehserie mit Episoden von 20 Minuten Länge. In jeder Episode führt jemand anderes Regie. Fernandel spielt einen alten Mann, der eine Art »moralischen Pannendienst« liefert. Der Clou an der Produktion ist, dass es überhaupt keinen Dialog gibt, nur einen Kommentar aus dem Off. Das Geschehen kann daher leicht international verfolgt werden. In Deutschland erfolgt die Ausstrahlung von sechs Folgen erst 1976 in der *ARD*. Für den leisen, von Herzen kommenden Humor des Franzosen ist in Zeiten des gesellschaftlichen Umbruchs im Grunde kein Platz mehr auf der Leinwand wie auch auf der Mattscheibe. L'HOMME À LA BUICK (Der Mann mit dem Buick, 1967) ist nochmals Kino und Fernandel ist ein alter Gauner, der, um seiner attaktriven Braut (Danielle Darrieux) nochmals Schmuck schenken zu können, ein »letztes Ding« dreht. »Harmlose Kriminalkomödie mit routinierten Darstellern, aber nur dünn gesäten Pointen«, bemerkt das *Lexikon des Internationalen Films* zu der Produktion, die erst später im ost- und westdeutschen Fernsehen gezeigt wird.

Anlässlich des 65. Geburtstages von Fernandel erinnert *Die Welt* am 8. Mai 1968 an den Charakterschauspieler, was fast schon wie ein Nachruf klingt: »Fernand Joseph Desiré Contandin aus Marseille feiert heute Geburtstag. Das Pferdegebiss schnappt nach einem weiteren Stück Leben, und aus dem Elysium der Komödianten lächelt maliziös Sacha Guitry auf den Mann hinab, den er vor beinahe vier Jahrzehnten im zweitklassigen Pariser Varieté *Mayol* sah, den Groteskclown, aus dem er erst einen Filmschauspieler und dann einen Schauspieler machte. Mit Mädchen lief Contandin viel herum in seinen jungen Tagen, und die Freunde von einem nannten ihn ›Fernand d'elle‹: Daraus wurde Fernandel. Der Rest war südfranzösische Naturbegabung, viel Arbeit und ein einprägsames schön-hässliches Kraftgesicht. Den letzten Rest, den für den Weltruhm, lieferte dann Duvivier, als er den Fernandel zum *Don Camillo* machte. Weit mehr als hundert Filme, und nicht allein drollige. Der Mann ist ein Komödiant mit heißem Atem und üppigen Reserven an naivem Ernst – wie alle großen Komiker. Der Größte ist für ihn ›Charlot‹, und dies auch darum mit Recht, weil in Fernandel selbst ein Stückchen Chaplin mitagiert. Er ist nicht der kleine arme Kerl, sondern der große, kräftige – aber eben dies macht seine chaplineske Hilflosigkeit, Güte und Naivität so anziehend. Wie kaum ein anderer ist er synchronisiert nur die Hälfte wert: dieses tiefe, schmiegsame Organ, das da aus ihm herausblubbert, diese Präzision in der Vitalität: es gilt auch für seine Zuschauer, was er von sich selber sagt (und darum Hollywood meidet): ›Wenn ich um mich herum nicht Französisch höre, bin ich doch nur ein halber Mensch.‹ Aber was für ein halber Mensch ist das immer noch: Mimus selber, genährt mit Oliven und Rotwein. Was für ein Schurke könnte dieser so sichtbar gute Kerl sein. Wer weiß – fünfundsechzig ist bei ihm gewiss kein Alter.«

Als Clown eines schäbigen Zirkus, der zu Unrecht des Mordes beschuldigt wird, taucht Fernandel 1969 in dem Fernsehfilm FREDDY auf, der aber wegen allerlei rechtlicher Probleme selbst in Frankreich erst 1975 gesendet wird. Seinen eigentlichen Schwanen-

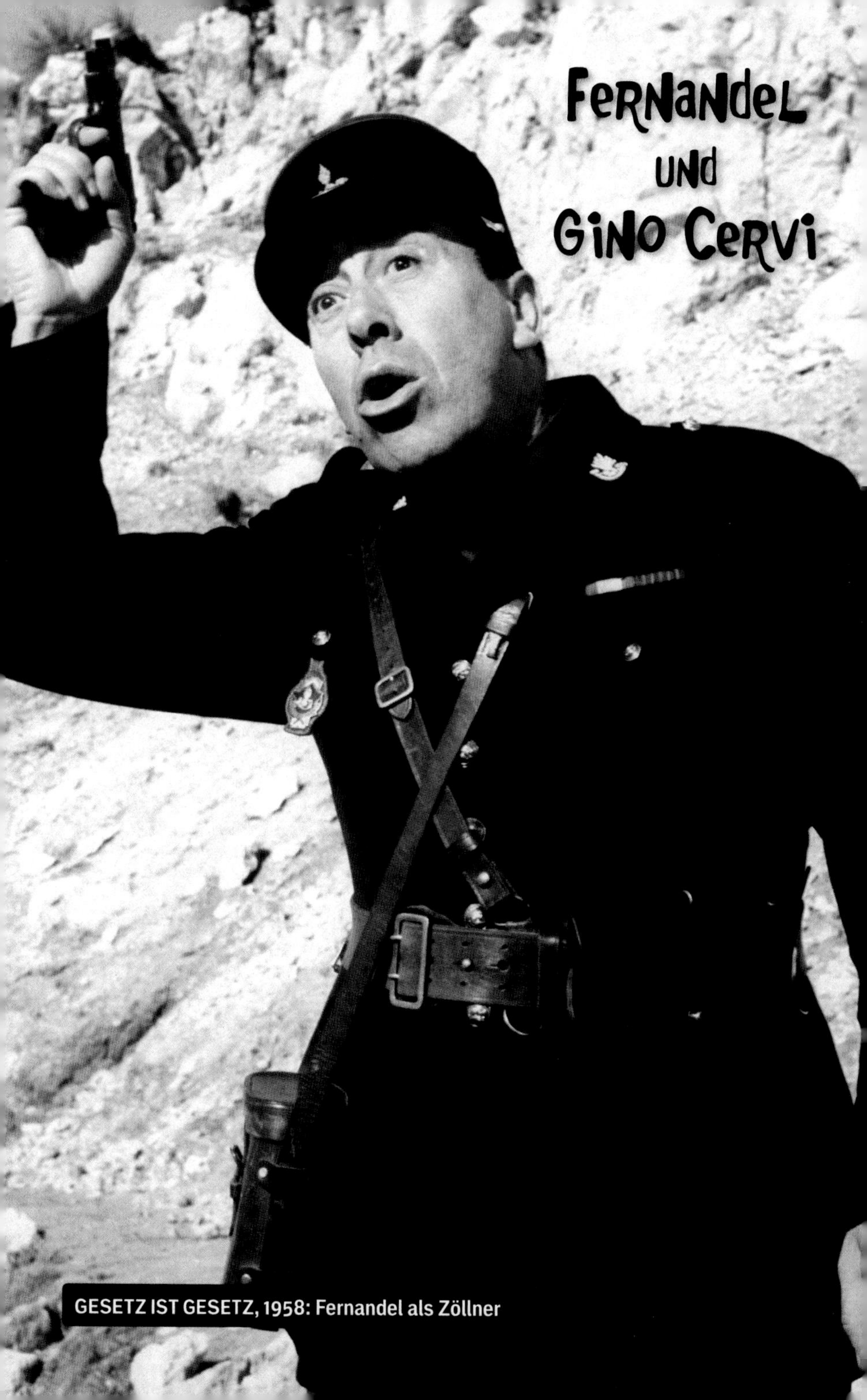

GESETZ IST GESETZ, 1958: Fernandel als Zöllner

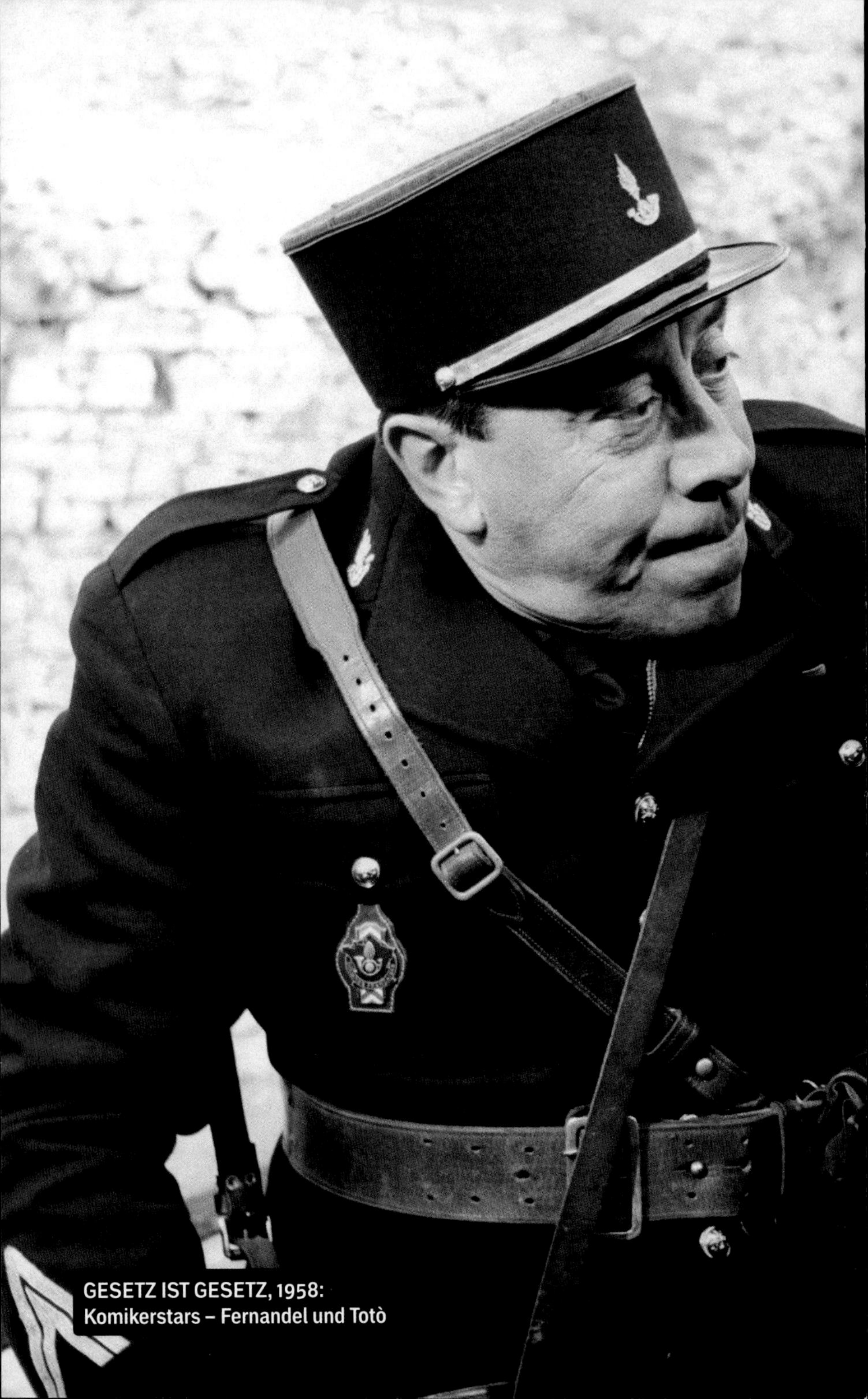

GESETZ IST GESETZ, 1958:
Komikerstars – Fernandel und Totò

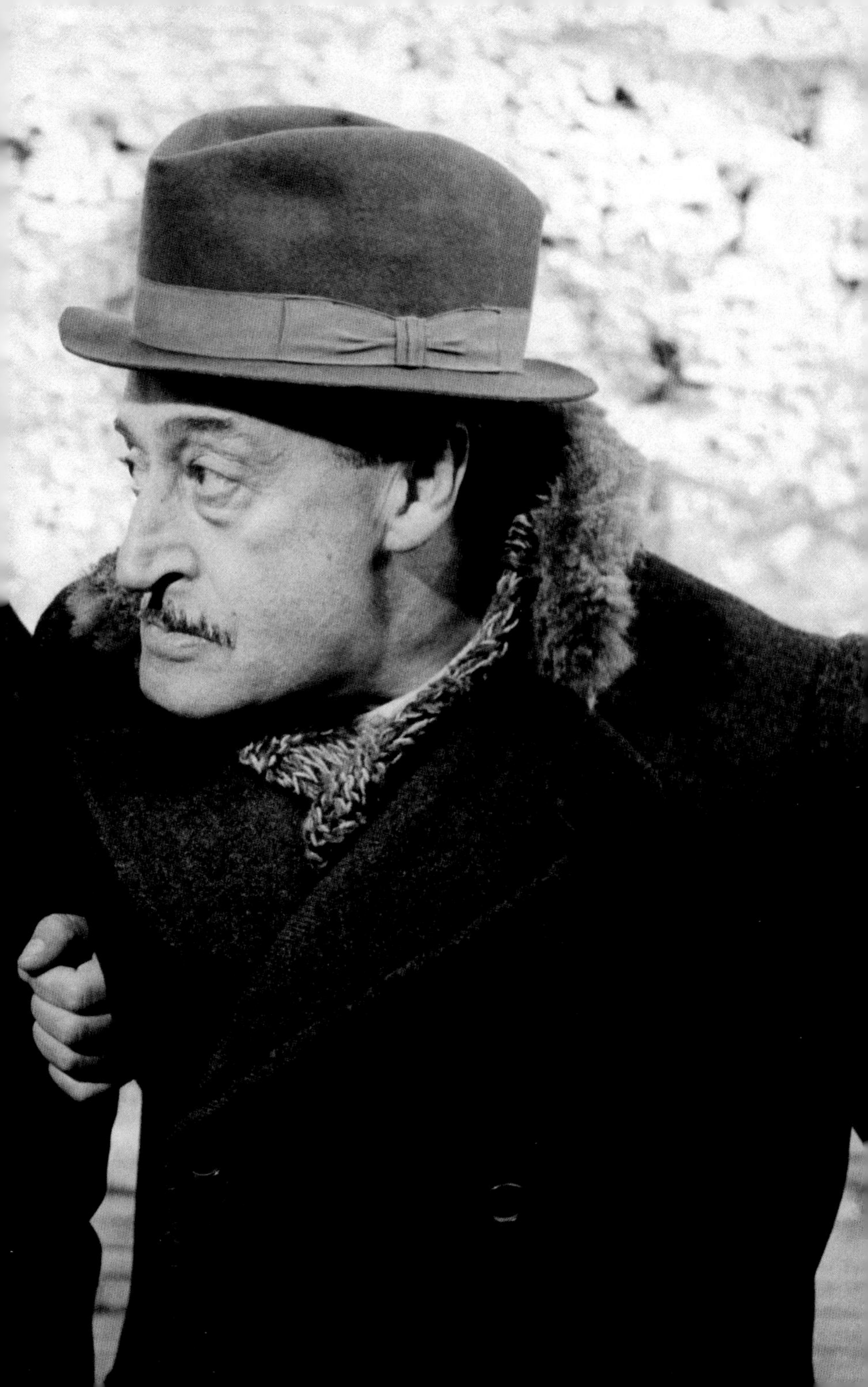

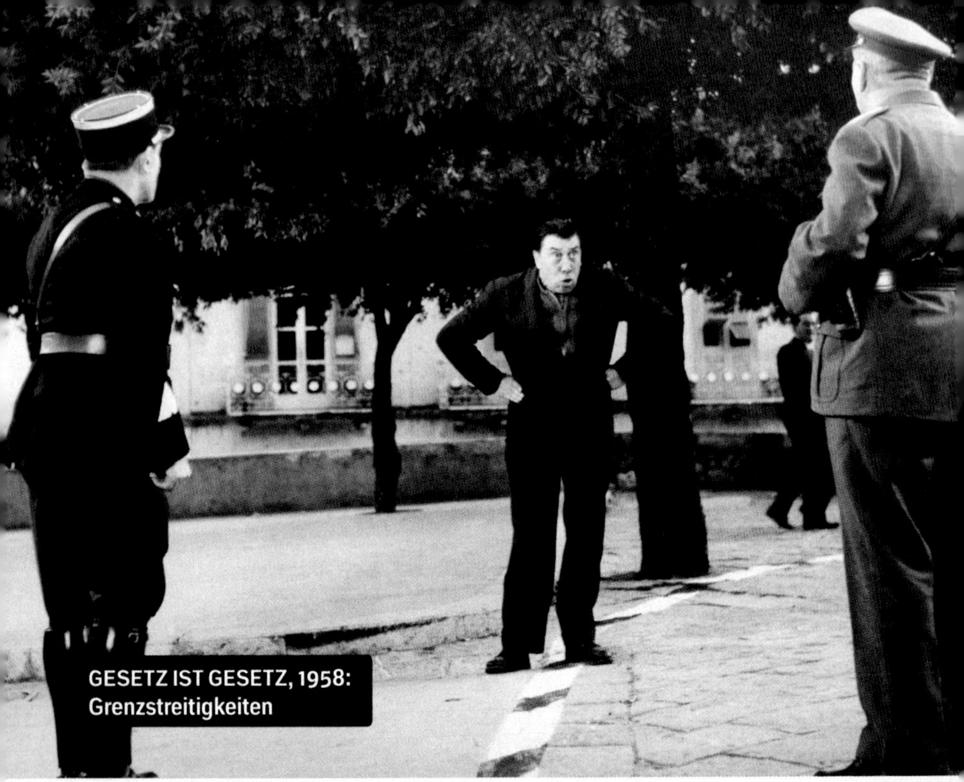

GESETZ IST GESETZ, 1958:
Grenzstreitigkeiten

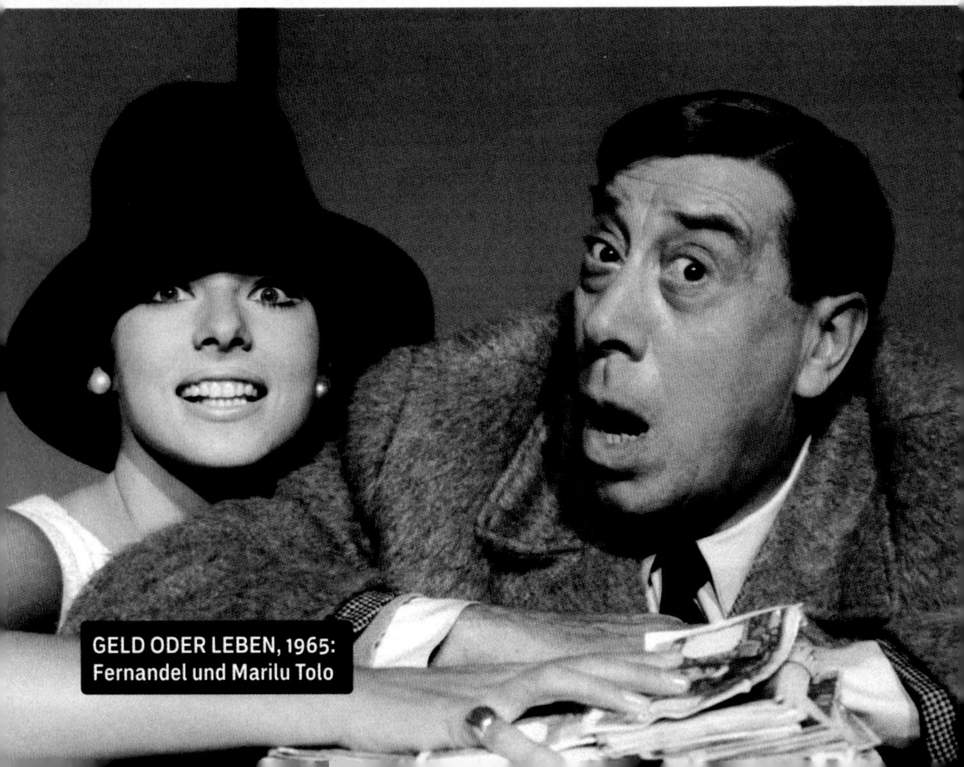

GELD ODER LEBEN, 1965:
Fernandel und Marilu Tolo

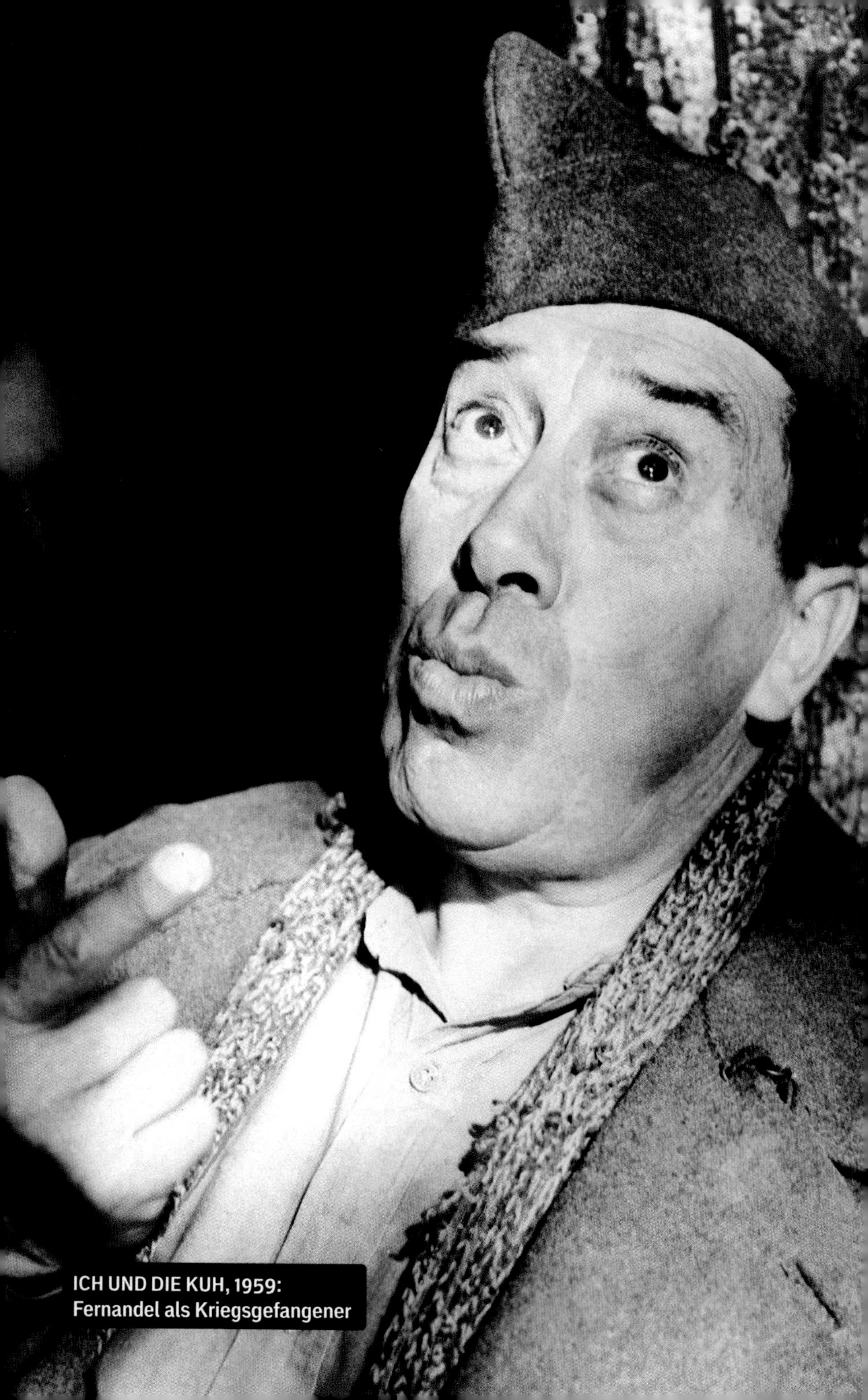

ICH UND DIE KUH, 1959:
Fernandel als Kriegsgefangener

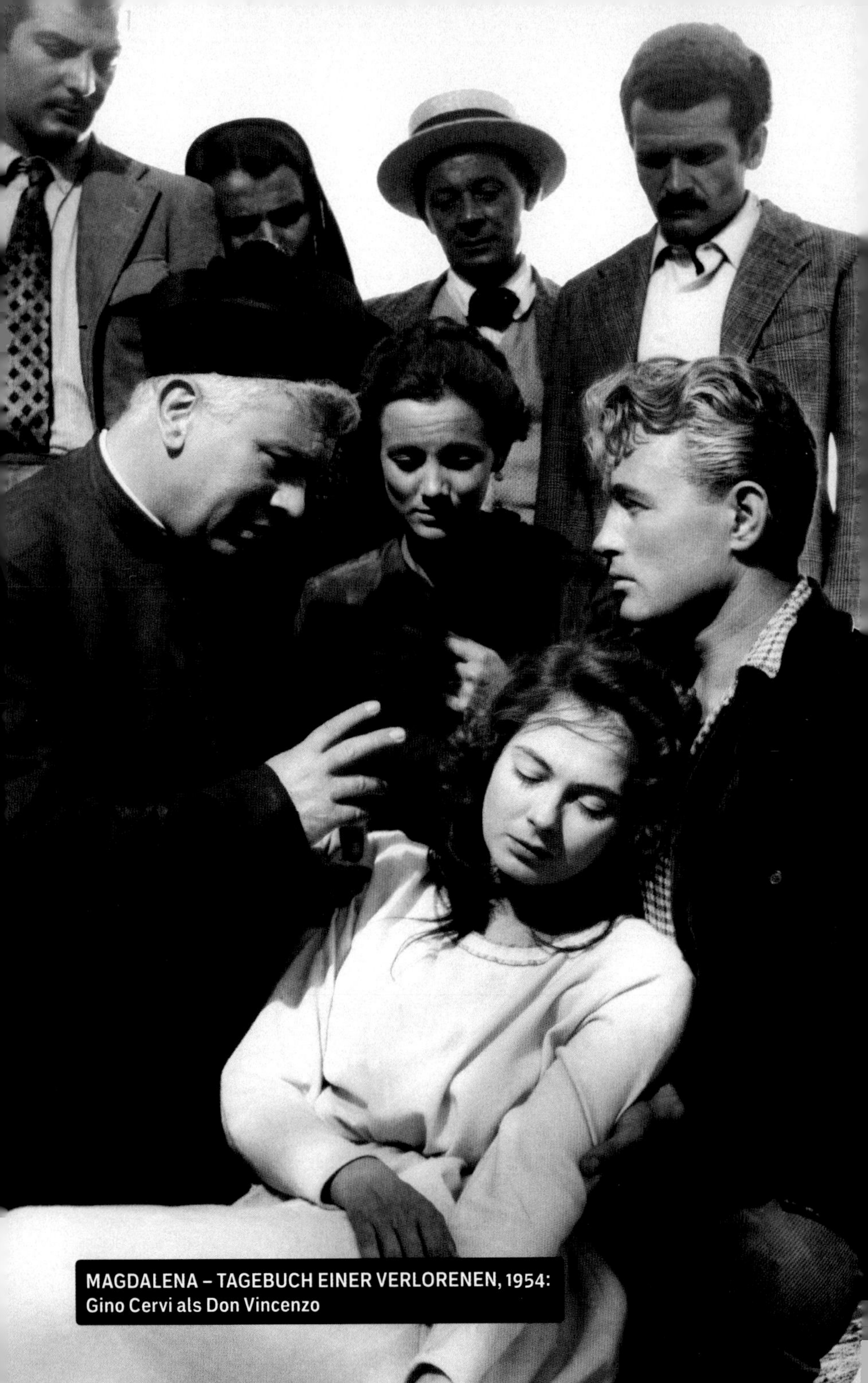

MAGDALENA – TAGEBUCH EINER VERLORENEN, 1954:
Gino Cervi als Don Vincenzo

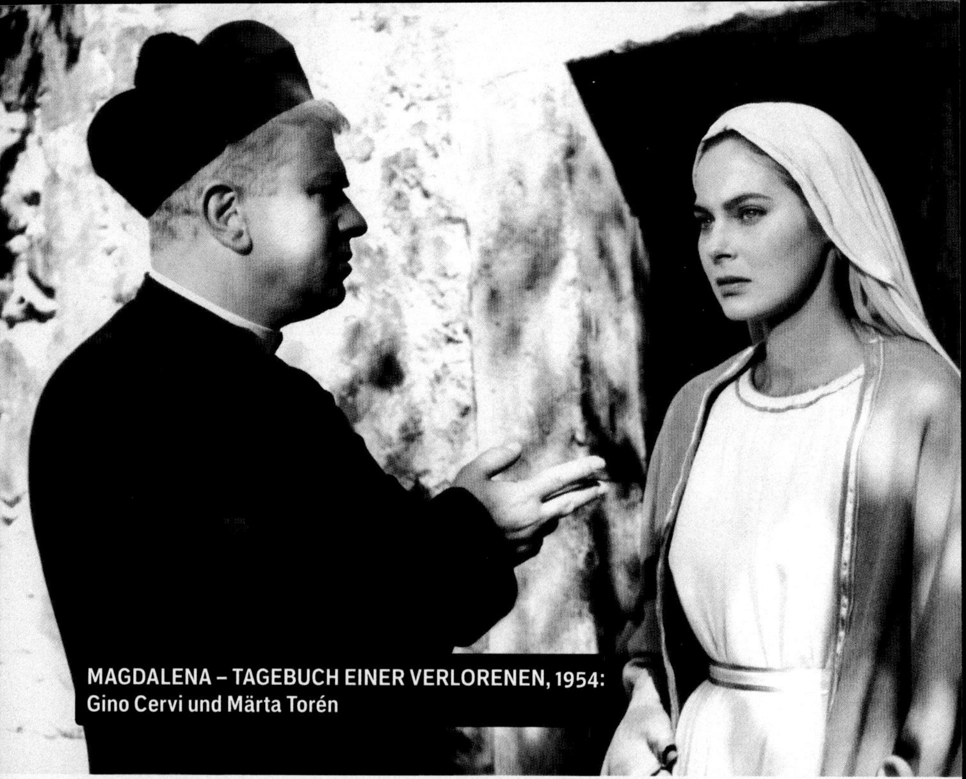

MAGDALENA – TAGEBUCH EINER VERLORENEN, 1954:
Gino Cervi und Märta Torén

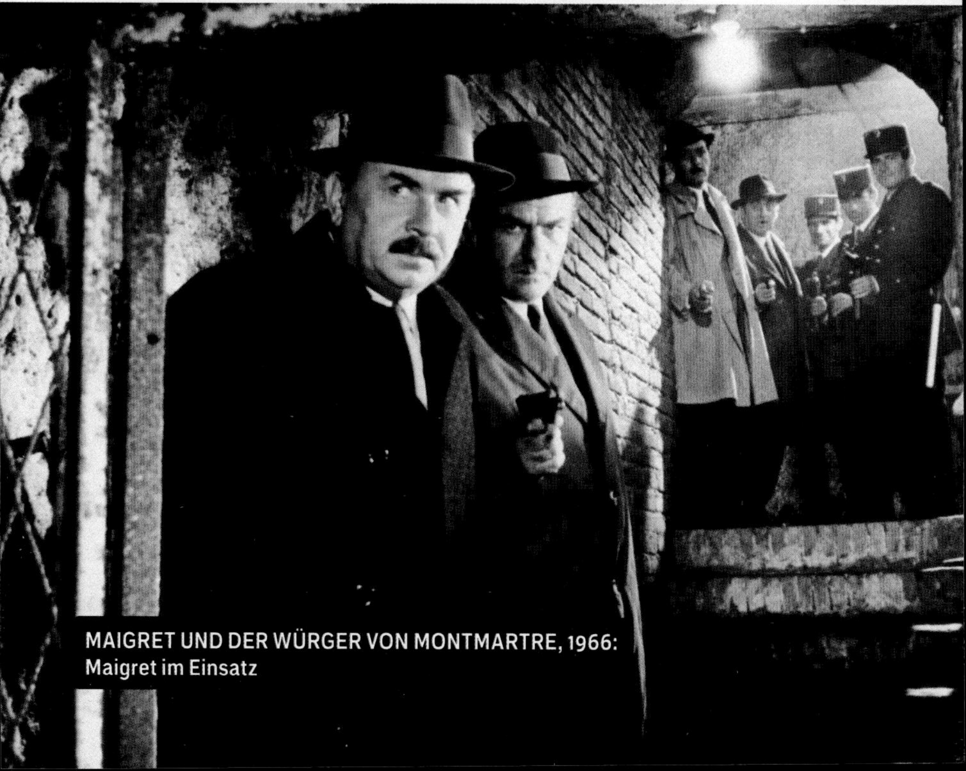

MAIGRET UND DER WÜRGER VON MONTMARTRE, 1966:
Maigret im Einsatz

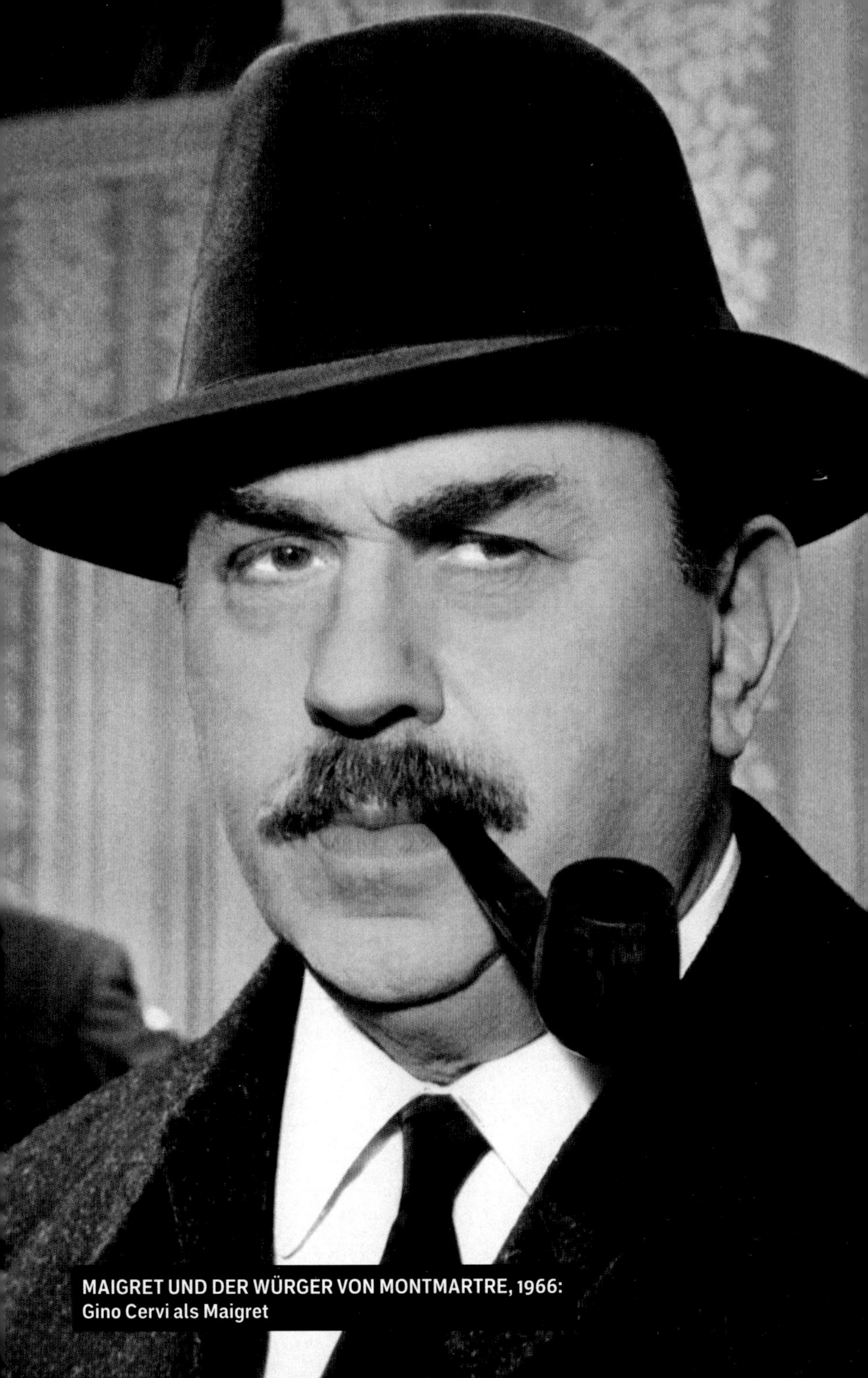

MAIGRET UND DER WÜRGER VON MONTMARTRE, 1966:
Gino Cervi als Maigret

gesang vor Filmkameras hat Fernandel unter dem Schweizer Henri Colpi im gleichen Jahr in HEUREUX QUI COMME ULYSEE (Sein letzter Freund). Die Geschichte eines alternden Pferdes *Odysseus* an der Seite des Knechtes *Antonin* (Fernandel). Über 20 Jahre hat *Antonin* das Tier betreut, die beiden sind Freunde geworden. Als er dann von seinem Herrn den Auftrag bekommt, *Odysseus* an die Picadores der Stierkampf-Arena von Arles zu verkaufen, versteht er die Welt nicht mehr. Er sieht immer das gleiche Bild vor Augen: sein treuer Freund – aufgeschlitzt von den Hörnern eines gereizten Stiers in der Arena. Er kann und will den Auftrag nicht ausführen. Er beschließt, *Odysseus* nicht nur das Leben, sondern auch die Freiheit zu schenken. Die beiden ziehen los – in die Weite der Provence, in jenes Paradies der Flamingos und der Wildpferde im Süden Frankreichs. Charakterkopf Fernandel gelingt es noch einmal, große darstellerische Kraft und Kunst, seinen Humor, sein Herz und seine Menschlichkeit zu zeigen. Wie eine Pariser Zeitung anlässlich der Premiere schreiben wird, ein Meisterwerk der Sensibilität, eingebettet in eine Landschaft, angesichts derer man die Gefühle eines Marseillaiser Nationalisten sehr wohl verstehen kann. Musikalisch verklärt wird das Ganze von einem weiteren weltberühmten Provencalen, von Georges Brassens: Er singt ein Chanson *Heureux qui comme Ulysee* (so auch der Originaltitel des Films). Der Film kommt erst nach Fernandels Tod, 1971, nach Deutschland. Die *AZ*, München, vom 19. Juni 1971 bespricht: »Fernandel setzt noch einmal seinen Pferdekopf in Positur und mimt einen alten Hypchonder, der sein Herz an seines Arbeitgebers Pferd gehängt hat und Qualen leidet, als der Gaul in die Stierkampfarena abgeschoben wird. Fernandels letzter Film: Da ist denn wohl Sentimentalität angemessen. Henri Colpi hat den Star in eine rührselig verträumte Naturschwärmeridylle gebettet, romantisch wie ein Fremdenverkehrsprospekt für die Camargue, folkloreschön und ein bisschen dünn. Fazit: milde Gemütsbrause.« Der *Münchner Merkur* stellt taggleich fest: »Fast ist man verblüfft, auf einen so einfachen und problemlosen Film zu treffen, fast ist man enttäuscht, mit einer so schlichten und sentimentalen Erzählung abgespeist zu werden. Aber dann spürt man den lyrischen Hintergrund, die Harmonie der hier gezeigten Welt. Um das alte Pferd vor der Stierkampfarena zu retten, zieht der alte Mann mit ihm von einem Versteck in das andere. Wie gesagt, es passiert nicht viel, nur gute Menschen säumen die Straßen und am Schluss wird die Rührseligkeit wohl auch übertrieben. Aber der alte Mann ist Fernandel in seiner letzten Rolle, ein Schauspieler, der in der Geschichte des Films bereits einen festen Platz hat.«

Fernandel ist ein schwerkranker Mann. Am 26. Februar 1971 erliegt er in Paris seiner schweren Erkrankung. Frankreich trauert um den großen Komiker. »Man kann Fernandel«, schreibt sein erster Freund, Marcel Pagnol, in einem Nachruf, »nur mit Charlie Chaplin vergleichen.« Auch in Deutschland gibt es Nachrufe. Die *AZ* in München schreibt am 1. März 1971 unter dem Titel »Dem Alltags-Ernst die Zähne gezeigt«: »Der europäische Film hat wieder weniger zu lachen: Fernandel, einer der populärsten und menschlichsten Komiker, starb am Freitagabend im Alter von 67 Jahren in Paris an einem Krebsleiden … In weit über 100 Filmen hat Fernandel seither dem Ernst des Alltags die Zähne gezeigt. Seine listig-überlegenen und doch ergebenen *Don-Camillo*-Zwiesprachen mit dem lieben Gott sind schon heute Filmgeschichte …« Und Lutz Hermann kommentiert am gleichen Tag in der Düsseldorfer *Rheinischen Post*: »Der König des Lachens ist tot. Kein polterndes Gelächter mehr, keine listig-rollenden Augen, sein Marseillaiser Argot erloschen. Fernandel, Frankreichs größter und beliebtester Komiker, der ›Clown mit dem Pferdegesicht‹, starb 68-jährig völlig überraschend an den Folgen einer Krebserkrankung. Staatspräsident Pompidou schickte ein langes Beileidstelegramm. Das französische Staatsfernsehen änderte Samstagabend sein Programm und strahlte eine dreistündige Gedenksendung aus … Er spielte in 149 Filmen, zehn Operetten und zwei Theaterstücken mit. Zwölf seiner Chansons wurden weltbekannt. In einem in Amerika erschienenen Bildband ›The French Man‹ mimt er auf 200 Fotos den verbürgerlichten Durchschnittsfranzosen. In allen Rollen, ob als Clown, Tellerwäscher, Soldat, König, Liebhaber oder Pastor ›barsten seine Riesenzähne vor Lachen‹. Kassenschlager wurden jene fünf Filme, in denen er den italienischen Geistlichen *Don Camillo* verkörperte. Sie brachten Fernandel endgültig an die Spitze der internationalen Filmkomikergilde. Danach drosselte er seine Schauspielaktivität, trat zuweilen noch im römischen Fernsehen auf, weil es besser bezahlte als das französische, und gründete mit Jean Gabin eine Produktionsfirma, jedoch mit geringem Erfolg. Privat blieb Fernandel ein ruhiger, nachdenklicher Mensch, der sich, seit 1925 verheiratet, gern mit seiner Frau und seinen drei Kindern zeigte. Er liebte das Angeln. Während der Dreharbeiten zum letzten *Don-Camillo*-Film im Sommer vorigen Jahres fühlte sich Fernandel plötzlich unwohl. Die Ärzte entdeckten einen Lungentumor. Fortan lebte der Komiker, der übrigens schon mit acht Jahren lustige Chansons in den Hafenkneipen von Marseille sang, zurückgezogen in seiner Pariser Wohnung in der Avenue Foch. Die Ärzte hofften, ihn durchzubringen. Doch am Freitagabend starb er überraschend. Sein letzter Satz soll gewesen sein: ›Ich habe den größten Schauspielpartner gehabt: Gott selber.‹« Fernandel wird auf dem Pariser Friedhof Passy zu Grabe getragen.«

Fernandel hat einer Menge Charakteren Gesichter gegeben. Rückblickend bleibt das Werk des großen Franzosen unvergesslich. Neben den Filmen hat auch der erwähnte Fotoband *The French Man* die großartige Leistung von Fernandel verewigt. *Life*-Magazin-Fotograf Philippe Halsman ließ Fernandel mit seinem Gesicht Fragen beantworten. Das Ergebnis dieses Interviews mit dem »Achtundvierzigzähnelächeln«, 1948 in New York an nur einem Tag entstanden, fasziniert für die Ewigkeit.

Gino Cervi (1901–1974)

Der *Peppone* war die Rolle seines Lebens für Gino Cervi. Mit keiner anderen Figur identifiziert man ihn ähnlich stark wie mit dem kommunistischen Bürgermeister. Auch Cervi ist 1952 bereits seit vielen Jahren Schauspieler. Seine erste künstlerische Hochphase auf der Leinwand hat er bereits 20 Jahre zuvor unter dem Regisseur Alessandro Blasetti erlebt.

Gino Cervi erblickt das Licht der Welt am 3. Mai 1901 in Bologna, der Stadt am Fuße des Apennin gelegen. Der Hauptstadt der Region Emilia-Romagna. Jener Gegend, wo auch die Geschichten von Giovannino Guareschi spielen. Cervis Vater ist der Theaterkritiker Antonio Cervi. Der Weg des Jungen ist damit ebenfalls geebnet. Gino erhält eine klassische Ausbildung, besucht aber schon während der Schuljahre verschiedene sogenannte Dilettantentheater (Theater der nicht geschulten Künstler). 1924, ein Jahr nach dem Tod seines Vaters, beginnt Gino seine berufliche Schauspielerkarriere am Theater. Er schließt sich der berühmten Theatergruppe Aldo Borellis an und debütiert hier in LA VERGINE FOLLE. Als Ensemblemitglied von Pirandellos Theatergruppe, dem expressionistischen Dichter eigenwilligster Prägung, gilt er schon bald als eines der größten Talente. Recht schnell avanciert er zu einem der bekanntesten und beliebtesten Bühnendarsteller Italiens. In mehr als 25 Jahren Theatertätigkeit wird er die Hauptrollen in Werken von Shakespeare, Molière, Wilde, Shaw, Molnar und Goldoni und vielen anderen besetzen, das heißt, er wird sich in komischen, dramatischen, grotesken und sentimentalen Rollen bewähren. Allein schon als Shakespeare-Darsteller ist Gino Cervi in Italien eine Berühmtheit: Er spielt Hamlet, Macbeth, Othello, Heinrich V. und Richard III. Paris, Budapest, Berlin, Wien, Prag heißen die ausländischen Theaterstationen.

Privat findet Gino Cervi in seiner Kollegin Niní Gordini (ihr eigentlicher Vorname lautet Angela Rosa) die Frau fürs Leben. Die beiden heiraten 1928 und erst der Tod Ginos scheidet sie. Aus der Ehe geht Sohn Tonino (1929–2002) hervor, der später ebenfalls den Weg ins Filmgeschäft findet und als Regisseur, Autor und Produzent (zum Beispiel BOCCACCIO '70, 1962) tätig ist. Mittlerweile ist bereits die dritte Generation der Familie in der Branche aktiv. Enkelin Valentina ist Schauspielerin, Enkel Antonio Levesi Produzent.

Zwei Jahre nach der Gattin hat auch Gino Cervi Premiere im Film. Regisseur Cesare Meano holt ihn für seinen Film FRONTIERE (1954) vor die Kamera. Sein außerordentliches Können kann Cervi allerdings erst in Alessandro Blassettis ALDEBARAN (1936), ETTORE FIERAMOSCA (Stürme über Morreale, 1938) und UN'AVVENTURA DI SALVATOR ROSA (Der geheimnisvolle Rächer, 1940) offenbaren. Hier gibt er eindrucksvolle Heldendarstellungen. Zunächst den *Cmdr. Corrado Valeri* in einem patriotischen Wüstenabenteuer mit romantischer Nebenhandlung, dann den ritterlichen Titelhelden in einer Abenteuergeschichte um 1500 und zuletzt den Maler, Dichter und Komponisten Rosa (1615–1673) in einem Abenteuer à la *Zorro*. Alle Kostümfilme sprühen vor Patriotismus und erlangen in der Zeit des italienischen Nationalismus große Erfolge. Gino Cervi wird damit auch ein Star im Kino und findet weltweit Beachtung. In New York City, USA, wo viele italienische Auswanderer leben, gibt es in den Kinos Begeisterungsstürme über den Schauspieler Gino Cervi.

Die Leidenschaft von Regisseur Alessandro Blasetti (1900–1987) gilt dem Kino. Nach Militärakademie, Banklehre und Jurastudium schreibt er für eine Zeitung Kritiken über Filme und gründet bald darauf ein eigenes Fachblatt (*Il Cinematografo*). Sein Regiedebüt liefert er 1928. Nach den patriotischen Abenteuern schafft er den Wandel und wird ein Vorläufer des italienischen Neorealismus. Jener Epoche, die während des italienischen Faschismus unter dem Diktator Mussolini begann, und künstlerisch vom französischen Film, dem »poetischen Realismus«, inspiriert wurde. Hier entsteht die enge filmische Verbindung zwischen beiden Ländern, die sich auch bei den *Don-Camillo*-Filmen auszahlt. Die Filme des Neorealismus sind keine Abenteuerfilme, sie zeigen die Wirklichkeit des Lebens. Leid, Armut und Unterdrückung der Menschen werden schonungslos präsentiert. Aus diesem Grund wird nicht im Studio, sondern an Originalschauplätzen gedreht. Nicht selten kommen Laiendarsteller vor die Kamera. Politisch linksorientiert ist der Neorealismus eine Morallehre, die das Bürgertum entlarven soll. Während in Nazi-Deutschland die Freiräume für Filmschaffende streng begrenzt sind, ist das im italienischen Film weniger der Fall. Berühmte Regisseure des italienischen Neorealismus werden vor allem Luchino Visconti, Pietro Germi, Luigi Zampa, Vittorio De Sica, Giuseppe De Santis und Roberto Rossellini. Auch Blasetti besitzt eine »gute Nase für Filmstoffe« und erkennt rasch den Trend (später bringt er es übrigens bis zum Präsidenten der Jury bei den Internationalen Filmfestspielen von Cannes). Nach den Heldenepen dreht er 1942 mit Gino Cervi die Tragikomödie QUATRO PASSI FRAU LE NUVOLE (Lüge einer Sommernacht). Cervi hat sich zwischenzeitlich auch in romantischen Rollen wie in Mario Camerinis UN ROMANTICA AVVENTURA (Walzer einer Nacht) sowie MELODIE ETERNE (beide 1940), hier als Darsteller von keinem Geringeren als Wolfgang Amadeus Mozart, bewiesen. Regie bei dem Mozart-Film führt Carmine Gallone, der später auch *Don Camillo* in Szene setzt.

QUATRO PASSI FRAU LE NUVOLE (Lüge einer Sommernacht) erzählt die Geschichte eines Vertreters für Schokolade, der auf der morgendlichen Busfahrt eine verzweifelte junge Frau kennenlernt. Sie erwartet ein Kind von einem Kerl, der sich auf und davon gemacht hat. Jetzt ist sie unterwegs zum Hof der Eltern und weiß nicht, wie sie es dem Vater beibringen soll. Sie bittet den Vertreter, ihr zu helfen und sich als ihr Ehemann auszugeben. Richtig, das ist die Geschichte, die mit Fernandel 1956 (QUATRE PAS DANS LES NUAGES/SOUS LE CIEL DE PROVENCE, Vater wider Willen) erneut verfilmt werden wird. Eine weitere, inhaltlich abgewandelte Version entsteht 1995 in den USA (A WALK IN THE CLOUDS, Dem Himmel so nah, mit Keanu Reeves). Blasettis Original besticht durch ein exzellentes Drehbuch, das dem Publikum entgegen der üblichen Sehgewohnheiten ein realistisches Szenario nahebringt. Eine Geschichte, die sich bei jedem Zuschauer in der Nachbarschaft abspielen könnte. Alles ist realistisch in Szene gesetzt, von den Schwierigkeiten in der Arbeitswelt des Vertreters bis zum Leben auf dem Land von der Familie der jungen Frau. In der autoritären Vaterfigur des Mädchens will die Kritik sogar eine Interpretation der Figur Mussolinis erkennen. Gegen sein bisheriges Heldenimage gelingt Gino Cervi ein glänzender Rollenwechsel hinein ins Komödienfach. Ihm wird attestiert, dass er seine Rolle »voller Finesse« spielt. Das *Lexikon des Internationalen Films* meint zum Film: »Im Stil des Neorealismus inszenierte, lebendig gespielte Alltagsgeschichte von menschlicher Gesinnung.«

Mit Anna Magnani steht Gino Cervi in QUARTETTO PAZZO (Närrisches Quartett, 1944) vor der Kamera. Er ist der Ehemann, der nach langer Abwesenheit wieder zurückkehrt, die Scheidung fordert, aber trotzdem erst einmal gegenüber der Schwester seiner Frau die Komödie einer intakten Ehe spielen soll. Regie führt dabei einer der bekanntesten Opernregisseure des Landes, Guido Salvini.

Im Nachkriegsfilm ist Gino Cervi von Beginn an präsent. In LE MISERIE DEL SIGNOR TRAVET (Die Nöte des Signor Travet, 1945) ist er der neue Vorgesetzte eines kleinen Beamten, der in das gleiche Haus zieht, in dem auch sein Untergebener wohnt. Verwicklungen lassen sich nicht vermeiden. Regisseur Mario Soldati, ein studierter Kunstgeschichtler und hervorragender Drehbuchautor, schildert sie »mit sozialem und moralischem Anliegen« (*Lexikon des Internationalen Films*). Zur Zeit Katharinas II. spielt AQUILA NERA (Schwarzer Adler, 1946). Die Geschichte nach einem Roman von Alexander Puschkin gibt Cervi eine von mehreren Gelegenheiten, wieder in einem Kostümabenteuer zu agieren. Dieser Film ist eine der ersten Fingerübungen für Regisseur Riccardo Freda, der zu einem Spezialisten für Historienfilme wird. Ihr Debüt im Film gibt bei dieser Produktion auch eine gewisse Gina Lollobrigida. Die 18-jährige Schönheit hat nicht zuletzt als Model (Künstlername: Gina Loris) in Fotoromanen auf sich aufmerksam gemacht. Produzent Dino De Laurentiis verpflichtet das Allroundtalent, das auch ein Studium der Bildhauerei und Malerei sowie eine Ausbildung zur Opernsängerin absolviert. Über Nebenrollen schafft es die Lollobrigida bald bis zu Hauptrollen. Die Teilnahme an Schönheitswettbewerben stellt diesbezüglich kein Hindernis dar. 1949 hat sie es geschafft und spielt bereits die weibliche Hauptrolle neben Gino Cervi in ANSELMO HA FRETTA (Länger kann die Braut nicht warten). Eine Verwechslungskomödie um die Krise eines jungverheirateten Paares, dessen Ehestart ein schwangeres Mädchen auf den Prüfstand stellt. Das *Lexikon des Internationalen Films* lobt: »Ein ausgelassenes Verwechslungsspiel voller Charme und Poesie, das durch seine lebensbejahende, optimistische Grundhaltung für sich einnimmt.« Ein außergewöhnlicher Film für Gino Cervi ist IL CRISTO PROIBITO (Der verbotene Christus, 1951). Curzio Malaparte inszeniert das Drama um einen Spätheimkehrer aus russischer Kriegsgefangenschaft, der in seinem Dorf auf Rache für die vor Jahren erfolgte Denunzierung seines Bruders sinnt. Gino Cervi spielt einen Küster und ist mitten im Geschehen. »Ein eindringlich gestalteter Film zum Thema Sühneopfer und Sühnetod, der aber neben vielen eindrucksvollen Szenen auch manch Gestelltes und intellektuelles Posieren bei unklarer Gedankenführung (über die Wiederholung des sühnenden Erlösertodes Christi) aufweist. Dennoch ein äußerst respektables Werk«, urteilt das *Lexikon des Internationalen Films*. Malaparte hatte aufgrund kritischer Äußerungen in der Mussolini-Zeit Probleme und stand längere Zeit unter Hausarrest. Während des Krieges ist er als Kriegsberichterstatter an verschiedenen Kriegsschauplätzen. Nach Kriegsende wendet sich Malaparte dem Kommunismus zu. Seine Romane sorgen für Aufsehen. Der genannte Film bleibt sein einziger Ausflug ins Filmgeschäft.

Gino Cervis nächsten Film mit Gino Lollobrigida (diesmal steht *sie* an erster Stelle der Besetzungsliste), wiederum eine Verwechslungskomödie, dreht Mario Camerini. MOGLIE PER UNA NOTTE (Frau für eine Nacht) entsteht 1951, kommt aber erst 1957 in deutsche Kinos. Das *Film-Echo* 1957 stellt denn auch fest: »Für den Import dieser schon 1951 entstandenen italienischen Verwechslungskomödie dürfte zweifellos der Erfolg der Lollobrigida, Italiens Filmstar und mittlerweile auch bei uns mit einiger Berechtigung zu einem Begriff geworden, einiges beigetragen haben, vielleicht sogar den entscheidenden Anlass gegeben haben. Die Erwartungen, die der Verleih mit dem Namen der Schauspielerin verbindet, dürften im Großen und Ganzen auch erfüllt werden. Trotzdem wäre es gut, es bei diesem Film bewenden zu lassen und auf den weiteren Export von Lollobridgida-Rollen älteren Jahrgangs zu verzichten ... die frei von allen Exportambitionen entstanden und die einem Themenkreis angehören, der unseren Filmtheaterbesuchern nur sehr wenig mundet ...« Mario Camerini (1895–1981), der spätere *Don-Camillo*-Regisseur »wider Erwarten«, fasste mit Hilfe des Bruders und Cousins im Filmgeschäft Fuß. Er entwickelte sich nach dem Krieg zu einem verlässlichen Regisseur von Komödien und Abenteuerfilmen. MOGLIE PER UNA NOTTE schafft es 1952 auch in den Wettbewerb der Internationalen Filmfestspiele Berlin. Camerinis heute bekanntester Film ist der Abenteuerfilm ULISEE (Die Fahrten des Odysseus, 1954) mit Kirk Douglas.

Nach einer ersten Verkörperung des Nero, des legendären römischen Kaisers, in Mario Soldatis O. K. NERONE (O.K. Nero, 1952) – das *Monthly Film Bulletin* (Vol. 21 No. 246 Juli 1954) kommentiert dazu bissig: »... Gino Cervis *Nero* ist gelegentlich hinterlistig- amüsant, und Silvana Pampanini, als die üppigesinnliche *Poppea*, stellt fast alles zur Schau außer einem wirklichen Sinn von Humor.« – folgt dann der *Peppone* im ersten *Don-Camillo*-Film. Gino Cervi ist ein idealer kommunistischer Bürgermeister. Die Rolle beschert ihm einen weiteren Karriereschub. In einem der ersten Kostümfilme »der neuen Welle«, LA REGINA DI SABA (Die Königin von Saba, 1952), gibt er *König Salomon.* Regisseur Pietro Francisci ist maßgeblich am Comeback von antiken Kostümfilmen im italienischen Kino beteiligt. Er ist es auch, der die 17-jährige, rassige Leonora Ruffo entdeckt, die als *Königin von Saba* agiert. Die biblische Gestalt betört im Geschehen auf der Leinwand *Salomons* Sohn, *Prinz Rehoboam* (Gino Leurini). Das Drama mit Intrigen, einer Liebesgeschichte und spektakulären Schlachten ist »Popcorn-Kino« mit theatralischen Gesten, aber ohne tiefergehenden Anspruch. Gino Cervi muss nicht allzu viel machen. Seine neuerliche Besetzung als *Nero* in NERONE E MESSALINA (Nero – der Untergang Roms, 1953) bietet ihm da doch mehr Raum. Aber der Film von Unterhaltungsfilm-Regisseur Primo Zeglio und auch die Leistung von Gino Cervi werden von der Kritik verrissen werden. Der *Film-Dienst* vom 14. Mai 1954 ist noch mild gestimmt: »Ein psychologisch unbegründetes, teilweise auch anstößiges Schaugemälde ... Trotz Gino Cervis Darstellung, die gelegentlich in den Groteskstil von O.K. NERO zurückfällt, ist dies durchgängig hässlicher Kintopp. Wohl dem, der sich davon fernhält.« Gunter Groll wird in der *Süddeutschen Zeitung* vom 29. Juni 1954 schon deutlicher: »... In diesem Spektakulum spielt Gino Cervi, weiland *Peppone*, den *Nero* – und zwar so, als habe er nie den *Peppone* gespielt. Freilich, das tückische Grinsen ... da weiß man nicht recht: Grinst *Nero* so heimtückisch, weil er so heimtückisch ist, oder grinst Cervi so heimtückisch, weil ihn *Neros* Tücke heimlich belustigt? Nun, es vergeht ihm schon noch. Als dem orgienfrohen Kaiser am Ende übel wird, spielt Cervi das so glaubhaft, dass man meint: Jetzt ist nicht nur dem Kaiser, jetzt ist endlich auch dem Cervi schlecht geworden. Kein Wunder meint man ... *Nero*, der alte Zundelfrieder, zündet Rom hier persönlich an – beziehungsweise: Er zündet persönlich den von Akte in einem Brotlaib versteckten Brief des Apostels Paulus an; daraus entsteht, allen Ernstes, zunächst ein Gardinenbrand und allmählich brennt dann die ganze Stadt. Es ist ungeheuer symbolisch, wenn auch, historisch gesehen, ein wenig frei ...« Der *Evangelische Filmbeobachter*, München, kommt am 15. Juli 1954 zum Schluss: »...Gino Cervi lässt nur ahnen, dass er Schauspieler ist ...« Und der *Kölner Stadtanzeiger* (7. August 1954) kommentiert: »Armer *Peppone*! Was ist nur aus dir geworden ... Dein freundliches Gesicht, das selbst im Zorn seine Gutmütigkeit nicht verleugnen konnte, hat sich zur gedunsenen Brutalität verzerrt. Und fast ein bisschen dumm schaust du aus. Man sieht es dir an, wie wenig dir das getragene Pathos dieses Kaisers aus einem Kinderbuch liegt. Wie wenig kannst du doch anfangen mit dieser römischen ›Ritterrüstung‹, in der du andauernd mit dem Schwert herumklimpern musst. Und das alles nur, damit man das brennende Rom sehen kann, so richtig schön in Großaufnahme mit ganz lautem Flackern und Knistern ... Ein Jammer, tatsächlich, den *Peppone*-Darsteller Gino Cervi in dieser Räubermaske *Neros* zu sehen, eingesoßt in stürzende Marmorsäulen, triviale Redensarten, erschreckende Gewitterblitze. Die Serie der Monumentalfilme aus dem alten Rom hat noch nicht aufgehört. Hier hat man allerdings auf die großangelegten Massenszenen und üppigen Dekorationen verzichtet und eine Art antikes Kammerspiel in Halbschatten versucht. Der Tod Neros ist ganz dem *Quo-vadis*-Buch entnommen, ansonsten hält man sich an einen Roman von David Bluhmen *Nero und Messalina*. Doch *Messalina* bleibt ein schönes Mauerblümchen. Denn *Neros* zornige Nasenflügel in Halbtotale erfüllen die ganze Leinwand.« Die *Filmwoche* vom 16. April 1954 bemerkt noch sarkastisch: »... Man kann nur hoffen, dass die Schauspieler ihre Gage schon erhalten haben, denn vom deutschen Einspielergebnis dürfte nicht allzu viel zu erben sein.« Glücklicherweise kann Gino Cervi kurz darauf wieder als *Peppone* im zweiten *Don-Camillo*-Film glänzen. Und auch Vittorio De Sicas vor dem Hintergrund des römischen Hauptbahnhofes spielendes romantisches Drama ROMA, STAZIONE TERMINI (Rom, Station Termini, 1953) mit Cervi als Polizeikommissar ist besseres Kino, auch wenn die Co-Produktion mit Hollywood und den beiden Hauptdarstellern Jennifer Jones und Montgomery Clift nicht an De Sicas vorherige Meisterwerke herankommt. Star des Films sind sowieso die Aufnahmen in Roms bekanntestem Bahnhof.

Ein großer Erfolg für Gino Cervi wird die Mitwirkung in LES TROIS MOUSQUETAIRES (Die Abenteuer der drei Musketiere, 1953), den André Hunebelle in schönen Bildern in Frankreich in Szene setzt. Cervi spielt *Porthos*, den eigentlichen Anführer der Musketiere im Dienste Ludwigs XIII., in der Verfilmung des klassischen Romans von Alexandre Dumas. *D'Artagnan* ist Georges Marchal, *Athos* Jean Martinelli und *Aramis* Jacques François, dazu sieht man Bourvil als *Planchet*, Renaud Mary als *Kardinal Richelieu* und Yvonne Sanson als *Gräfin de Winter*. Die Geschichte folgt weitestgehend dem Roman, bietet schöne Sets, authentische Kostüme und der Film zählt zu den besten Verfilmungen des Romans. Das *Film-Echo* 1954 (Dieter Fritko) schwärmt: »Selbstverständlich ist dies nicht die erste Verfilmung der unsterblichen Gestalten, die Alexander Dumas vor rund hundert Jahren schuf, und die er immer wieder zum Mittelpunkt neuer Abenteuer machen musste, weil seine Leser sie verlangten. Es ist aber das erste Mal, dass sich die berühmten alten Schlösser wie Fontainebleau und Maintenon für den Film und seine

Darsteller öffneten. Und so kommt die buntbewegte Handlung in dem echten historischen Milieu erst recht zur Geltung – bunt durch die Gevacolorfarben und bewegt von dem bekannten roten Faden, den die drei Musketiere seit Jahrzehnten durch Filme dieser Art ziehen. Die französischen und italienischen Darsteller dieses Films agieren mit sichtlicher Lust am Sausen der Florette und am Spiel der Herzen. Gino Cervi, unvergesslicher *Peppone*, führt die drei Musketiere an, während Yvonne Sansons mit Georges Marchal das ebenso edle wie schöne Paar bildet. Die Regie von André Hunnebelle entwickelt ein typisch südliches Temperament, das den ›Abenteuern der 3 Musketiere‹ sehr zustattenkommt. Und so ist uns für den Publikumserfolg des Films nicht bange.« Dem *Film-Dienst* (Nr. 3510/1954), Düsseldorf), fällt auf: »… Das alles geschieht auf eine Art, die das Publikum weniger in Abenteuerspannung versetzen, als zum Lachen bringen will. Das unterscheidet den Film ein bisschen von den vielen hitzigen Hollywood-Ausgaben des Dumas-Romans. Zum Schmunzeln lädt vor allem der Kommentar ein, gelegentlich auch der Dialog. Im Bild ereignet sich das Übliche: viele Duelle, tarzan-ähnliches Seilschwingen, herabstürzende Kronleuchter, das Lächeln gepuderter Damen, Bratpfannen, die auf Köpfe, und Sahnekuchen, die in Gesichter treffen. Wem das zu grob ist oder zu lang dauert (verwunderlich wäre es nicht!), der kann sich zwischendurch an einigen farbschönen Hintergrundlandschaften weiden …« Eine weitere Dumas-Verfilmung mit Gino Cervi liefert Michelangelo Antonioni mit LA SIGNORA SENZA CAMELIE (Die große Rolle/Die Dame ohne Kamelien, 1953). Das erstklassige Werk Antonionis ist eine Mischung aus Godard und der »neuen Welle« im romantischen Stil und in prächtigen Farbbildern. Cervi spielt den gesetzten Vater von Roland Alexandre, dem Liebhaber einer attraktiven Verkäuferin, der zwar moralisch tut, dann aber auch mal mit zwei Damen die Nacht durchzecht. Das *Lexikon des Internationalen Films* urteilt: »Zweiter Film von Antonioni, der neben beißender Kritik am Filmgeschäft den Entwurzelungsprozess in einer kontaktarmen Kommerzwelt beschreibt: pessimistisch und resignierend, unverkennbar individualistisch, ohne selbstgefälligen Zynismus.«

Neben seinem *Peppone* sorgt aber ein Film von Augusto Genina in den 1950er-Jahren für die meiste Beachtung im Werk Gino Cervis. Genina, Cousin von Mario Camerini, war ein »linientreuer« Regisseur während der Mussolini-Jahre und fiel nach dem Krieg schon mit der Lebensgeschichte der Seligen Maria Goretti (der »italienischen Bernadette«), CIELO SULLA PALUDE (Himmel über den Sümpfen, 1949), auf, die zwölfjährig 1902 ermordet wurde. Mit MADDALENA (Magdalena – Tagebuch einer Verlorenen, 1953), einer auf modern getrimmten Fassung der Legende von der Sünderin Magdalena, will Genina wieder provozieren. Der erste Farbfilm von Genina, der sich selbst mit einem Lächeln einen »schwierigen Regisseur« nennt, aber in dem Sinne, dass er zu sich selbst »schwierig« ist, dass er es sich nicht leicht macht und dass er mit den Dreharbeiten erst beginnt, wenn er sich, seinem eigenen Ausspruche nach, seines Stoffes »zuinnerst bemächtigt hat«. Er versäumt keine Gelegenheit, immer wieder zu betonen, dass er fertige Formeln verabscheut und dass er sich nie und nimmer irgendeiner »Schule« der Filmkunst zuteilen lässt. Er ist immer auf der Suche nach neuen Ausdrucksformen im Film und deshalb macht er manchmal auch den Eindruck eines »langsamen« Regisseurs. Er braucht zum Beispiel ein Jahr, um das Manuskript von MADDALENA wirklich drehfertig zu gestalten. Die Geschichte spielt in einem italienischen Bergdorf, wo der Pfarrer (Gino Cervi) eine auswärtige Frau als Darstellerin der Mutter Gottes bei der traditionellen Karfreitagsprozession auswählt. Alsbald stellt sich heraus, dass die Frau eine Prostituierte ist. Die Volkswut eskaliert und *Magdalena*, die junge Frau, wird zu Tode gesteinigt. Als Statisten verwendet Genina ausschließlich Einwohner eines italienischen Dorfes und erzielt damit überwältigende Wirkungen. Die Schwedin Märta Torén inszeniert der Regisseur sowohl als Sünderin wie auch als Heilige. Gino Cervi hat nun selbst die Soutane angezogen, um dem streitbaren Dorfpfarrer *Don Vincenzo* jenes dramatische Gewicht zu verleihen, das dieser schwierigen Rolle zukommt. Die römische *Titanus-Film* bringt den anspruchsvollen Film als Jubiläums-Film anlässlich des 50-jährigen Bestehens der Firma heraus. Genina nach dem Filmstart dazu: »Das war keinesfalls ein Wagnis. Wie wir sehen, hat der Film in Italien nach BROT, LIEBE UND FANTASIE und DON CAMILLO die bisher höchsten Besucherzahlen erreicht.« Entgegen den *Don-Camillo*-Filmen hat Genina den Film in Farbe gedreht. Der Regisseur äußert sich: »Ich liebe den Schwarzweißfilm. Ich habe auch diesen Film so drehen wollen, weil er äußerst dramatisch ist und die Farbe oft ablenkt. Aber ich glaube, dass ich ihn nun auch in Farbe gemeistert habe. Claude Renoir, ein Enkel des großen Meisters, stand mir als Kameramann und Spezialist für Farbaufnahmen zur Seite.« Wie in den *Don-Camillo*-Filmen sind auch in MADDALENA viele einprägsame italienische Gesichter zu sehen. »Die geborenen Schauspieler«, heißt es denn auch im Pressematerial zu dem Film: »Wenn wir Wochenschauaufnahmen aus aller Welt vergleichen, dann erleben wir es immer wieder: Die romanischen Völker, vor allem die Franzosen und noch mehr die Italiener, sind geborene Schauspieler. Während bei uns der normale Bürger von der auf ihn gerichteten Filmkamera erschrickt, gehemmt lächelt oder gar vor Verlegenheit zu stolpern beginnt, manchmal sogar den ihm bewusst werdenden Mangel an natürlicher Haltung durch Grimassenschneiden übersteigert, verliert der Italiener in den seltensten Fällen sein Selbstbewusstsein. Wir Deutschen sind keine mimischen Naturtalente, und wo wir uns bestenfalls als ›Laienspieler‹ linkisch vor der Kamera bewegen, da bleiben die Italiener unbekümmert, wirklich natürlich und photogen. Kein Wunder also, dass die italienischen Regisseure nur auf die Straße zu gehen brauchten, um geeignete Darsteller für ihre wirklichkeitsnahen, neorealistischen Filme zu finden. Die technischen und wirtschaftlichen Nöte der italienischen Filmindustrie in den Nachkriegsjahren mögen dazu beigetragen haben, dass aus dieser Improvisation eine künstlerische Tugend gemacht wurde. Tatsache ist jedenfalls, dass die Rosselini, De Sica, Genina, Lattuada usw. mit solch unverfälschten, echten Menschen Filme zu drehen vermochten, die ob ihrer Realistik einen Siegeszug um die Welt antraten und eine neue Epoche des Filmschaffens einleiteten. Augusto Genina dokumentiert in MAGDALENA erneut die außergewöhnliche schauspielerische Befähigung einfacher italienischer Menschen. Der Besonderheit des von ihm für die Filmhandlung gewählten Ortes wegen machte er in ca. 400 italienischen Bergnestern Probeaufnahmen: Die Komparserie aber hätte er gleich am ersten Ort vollzählig vorgefunden. Denn Genina lässt in diesem Film neben seinen Hauptdarstellern auch die ganze Dorfbevölkerung mitspielen. Und wie spielt sie mit! Man spürt förmlich, dass jeder Mann und jede Frau mit Leib und Seele bei der Sache sind, ja dass sie den Film selbst völlig vergessen und, gepackt von der ungewöhnlichen Geschichte, mitleben und mithandeln. So gerieten Bilder von geradezu einmaliger Einprägsamkeit und Realistik, Bilder, die einen vergessen lassen, dass sie Film sind, die uns selbst mit hineinziehen in das Geschehen, als seien wir selbst dabei: Allemal ein Beweis dafür, dass dieser auch vom Thema erschütternde Film ein starkes Erlebnis auslöst. Geben wir uns keinen falschen Hoffnungen hin: Solche Filme können in Deutschland nicht gemacht werden. Nicht weil unsere Regisseure an Fähigkeit den italienischen Kollegen nachstehen, sondern weil uns die schauspielerische Begabung der großen Masse fehlt. Der deutsche Film muss und wird seinen eigenen Weg zu einem neuen Stil finden, der gleichwertig neben dem italienischen Neoverismus bestehen kann. Eigenartige Filmstile aber sind einander immer Ergänzung, nicht Konkurrenz.« Die Reaktion in der Presse ist, ähnlich wie bei *Don Camillo*, gespalten. Das *Film-Echo* 1954 (Georg Herzberg) analysiert unvoreingenommen: »… Dies ist ein Stoff, der der Hand eines starken Regisseurs wie Augusto Genina bedurfte, um nicht in die Regionen des Hintertreppenkitsches gedrängt zu werden, in die sich der deutsche Untertitel leider begeben hat. Genina hat die Kraft, aus diesem Thema eine sittliche Aussage zu machen. Aus ihr formte die Farbkamera Frauen- und Männergesichter, die man so bald nicht vergisst. Märta Torén wurde der schwierigen Titelrolle gerecht, Gino Cervi spielt den Priester mit einem Minimum an Gesten, Charles Vanel brachte die innere Unsicherheit in der Figur des Lästerers gut zum Ausdruck. Der Film sollte namentlich in katholischen Gegenden starken Eindruck hinterlassen.« Das *Hamburger Abendblatt* vom 28. November 1954 vergleicht: »Seit *Don Camillo* sind die italienischen Dorfpfarrer filmfähig geworden. Hier ist wieder ein polternder Amtspfarrer, der mit seinen Schäflein nicht eben sanft umgeht. Weil der Neid sie nicht einig werden lässt, bestimmt er, dass eine Fremde die Mutter Gottes in ihrer großen Karfreitagsprozession darstellen soll. Sein ärgster Feind schickt ihm ein Mädchen mit zweifelhaftem Ruf ins Haus, das wegen seiner Schönheit wie geschaffen scheint für die heilige Rolle. Das wäre ein echter Stoff für eine Burleske. Stattdessen hält man sich an das Vorbild der biblischen Magdalena und lässt die reuige Sünderin gar noch steinigen und in den Armen des Pfarrers sterben. Dieses Märchen ist mit Mitteln des Neorealismus teilweise großartig in Szene gesetzt und besticht durch seine herrlichen Farben. Märta Torén mit ihrem ernsten, ausdrucksreichen Gesicht meistert die schwierige Rolle der reuigen Dirne, und Gino Cervi gibt eine sympathische Studie als Pfarrer.« Die *Badischen Neuesten Nachrichten* vom 24. August 1955 stoßen in dasselbe Horn: »… Selten ist in einem Film die Überschwänglichkeit romantischer Gefühle, aber auch das frenetische Vermögen zu hassen, wie es den Menschen südlicher Regionen eigen ist, großartiger darzustellen. Mit Märta Torén, Gino Cervi, Charles Vanel und Folco Lulli wurden vier Elitedarsteller verpflichtet, die dem ohnehin realistischen Milieu des Films unübertreffliche Echtheit zu geben vermögen.« Lediglich die *Rheinische Post*, Düsseldorf, vom 9. September 1955 meint: »… Diese Vereinfachung hat dem Film seine Glaubwürdigkeit genommen, und das Gefühlspathos ist stellenweise so dick aufgetragen, dass es unerträglich wird. So bleibt trotz Gino Cervis unpathetischer, herzhafter Dorfpfarrer-Gestalt von dieser Mischung aus religiösem Problemfilm und Illustriertenstory ein schlechter Beigeschmack zurück.« Als nicht gelungen sieht auch das britische *Monthly Film Bulletin* (Vol. 23 No. 266 März 1956) die Priestergestaltung: »… Gino Cervis Priester bleibt nur eine konventionell ausgedachte Figur …«

Nach dem dritten *Don-Camillo*-Film sind die Filmauftritte Gino Cervis in der zweiten Hälfte der 1950er-Jahre in unterschiedlichen Genrefilmen zu verzeichnen. Eine historische Schauermär ist Riccardo Fredas BEATRICE CENCI (Ein zarter Hals für den Henker, 1956). Der *Wiesbadener Kurier* vom 14. März 1959 meint dazu: »In der Verfilmung historischer Zeitgemälde haben es die Italiener zu beachtlicher Versiertheit gebracht. Auch der Film EIN ZARTER HALS FÜR DEN HENKER dient ihnen dazu, dieser Kunst eine neue Variante abzugewinnen. In epischer Breite wird ein Sittengemälde des hier in jeder Hinsicht finster dargestellten Mittelalters entrollt. Hass, Neid und Eifersucht grassieren in dekadenten Patrizierfamilien – den Hintergrund dazu bilden rauschende Feste, die mit Gift gewürzt werden, finstere Burgverließe. Nacht verbirgt den Täter, der den sadistischen Schlossherrn beseitigt hat. Gino Cervi spielt diese Rolle des Schurken und ausgekochten Bösewichts – man möchte fast sagen – mit Eleganz. Farbenprächtige Gerichtssitzungen in der Engelsburg zu Rom. Die Folterkammerszene darf nicht fehlen. Die Geschichte endet tragisch: Der zarte Hals einer Unschuldigen (Mireille Granelli) ist für den Henker bestimmt. Ein Trost, dass die Gerechtigkeit – wenn auch zu spät – die wahren Schurken erwischt. Das etwas gedehnte Thema wird mit einer Liebesgeschichte, in der Fausto Tozzi als kühner jugendlicher Liebhaber glänzt, etwas angereichert …« – »Gino Cervi gelingt es, die unheimliche Figur des lüsternen, tyrannischen Vaters glaubhaft zu gestalten«, meinen auch die *Badischen Neuesten Nachrichten* (25. Juli 1959). Das kann auch von Cervis nächster Filmfigur, einem Sultan, gesagt werden. In LOS AMANTES DEL DESIERTO (Der Sohn des Scheik, 1957) sieht man ihn neben Carmen Sevilla und Ricardo Montalban in einer spannenden spanisch-italienischen Co-Produktion. Das kostspielige Orientspektakel wird an Schauplätzen in Ägypten gedreht und zeigt eine realistische Atmosphäre. Es wartet mit vielen schönen Kostümen und einer Menge Statisten und Kamelen auf. Gino Cervi spielt einen zwiespältigen, neuen Machthaber, der nach der Ermordung des eigentlichen Sultans an die Macht kommt und der niemandem traut. Noch nicht einmal richtig seiner Filmtochter Carmen Sevilla. Als er sich dann einmal zu einsichtig zeigt, tötet ihn prompt ein Verräter. Mit seinem Bart ist Gino Cervi kaum wiederzuerkennen. Zudem lassen der orientalische Umhang und der Turban seine Figur nicht so klar erkennen. Im *Film-Echo* 1957 schreibt Hans-Joachim Beyer zu den Geschehnissen auf der Leinwand: »… Bei Allah! – Zwei Regisseure und drei wohlrenommierte Farbsysteme taten, was sie konnten, um eine handlungsreiche, spannende und farbenprächtige nicht minder listen-, schlachten- und liebereiche Filmgeschichte aus der Zeit Harun al Raschids aus echtem Wüstensand zu formen, wie es Karl und Paul May nicht besser hätten machen können. Mehr noch als ihre Regisseure wussten die Darsteller um das rechte Maß aller Dinge und eben darum die Sympathien der Filmbesucher zu gewinnen. Gilt das vor allem für den prächtig aussehenden, kraftvoll und diszipliniert agierenden Ricardo Montalban in der Titelrolle und seine Partnerin Carmen Sevilla, schön und ladylike, wie eben eine richtige Prinzessin in den Augen aller sein muss, die noch oder schon wieder an Märchen glauben, so darf man es getrost auch von anderen sagen, von Gino Cervis bauernschlauem, humorbegabtem *Sultan Ibrahim*, von Franca Bettojas echter Suleika und von José Guardiola, der seine Verräterseele so dunkelschwarz durch den Film trug wie seinen Bart, der wiederum so echt falsch war wie der ganze Kerl aus dem Drehbuch. Als buntes Bildermärchenbuch unter dem Weihnachtsbaum dürfte der Film in dieser Jahreszeit eine reelle Chance finden.«

Opulentes Kino bietet auch THE NAKED MAJA (Die nackte Maja, 1958) mit dem Hollywood-Star Ava Gardner. Die nach Meinung vieler »schönste Frau der Welt«, was sie auch wieder in diesem Film zeigt, ist die *Herzogin von Alba*, die in Madrid zur Zeit der Napoleonischen Kriege eine Liebesromanze mit dem berühmten Maler *Goya* hat. Der Filmtitel bezieht sich auf Goyas berühmtes Ölgemälde, das eine nackte, auf einem Kissen ruhende Frau zeigt. Während des Drehs zeigt die Gardner viele Starallüren. Mal passen ihr die Aufnahmen nicht, dann sind die Kostüme nicht nach ihrem Geschmack und schließlich ist es ihr zu heiß, sodass sie nur in der Nacht drehen will. Schuld an ihrer ablehnenden Haltung zu dem Film ist die Tatsache, dass es ihre letzte Vertragsarbeit für *MGM* ist, und Ava Gardner diesen Filmstoff eigentlich gar nicht machen will. Obwohl sie wieder glänzend aussieht und die Produktion schöne Bilder zeigt, ist die ganze Umsetzung mehr ein Comicstrip als tiefgehender Dialog. Gino Cervi hinterlässt aber, wie alle anderen, im Kostüm als *Carlos IV.* einen guten Eindruck. Den Technicolor-Film bespricht Dr. Kurt Sieben im *Film-Echo* 1959: »Man scheute keinen

Aufwand für diese Episode aus dem Leben des spanischen Malers Goya, seine bittersüße Liebesromanze mit der Herzogin von Alba. Der Film entfaltet ein breit angelegtes Gemälde mit vielfältigem, buntschilderndem Zeitkolorit. Die Intrigen am spanischen Hofe, die Inquisition, die Karnevals- und Volksszenen sind der Hintergrund, auf dem sich die verzehrende Liebe zwischen der stolzen Herzogin und dem zum Hofmaler avancierten Goya abspielt. Die Kamera schwelgt in verschwenderischer Farbenpracht und erfasst das historische Milieu bis in die kleinsten Details. Regisseur Henry Koster lenkt versiert die Fülle der kostümierten Gestalten durch die abwechslungsreiche und bewegte Handlung. Eine großzügige Ausstattung! Ein Augenschmaus! Grand‹ Opera! Ava Gardner und Anthony Franciosa sind ein Liebespaar von romantischer Leidenschaft. Ein schaufreudiges Publikum sollte voll auf seine Kosten kommen.«

Zur Abwechslung gibt es für Gino Cervi wieder einen Komödienstoff mit Alessandro Blasettis AMORE E CHIACCHIERE (Liebe und Geschwätz, 1957), worin er an der Seite von Vittorio De Sica sein Talent auf diesem Gebiet zeigen kann. Die *Süddeutsche Zeitung*, München, fasst am 2. März 1959 zusammen: »Staunenswert, diese Neoverismo Italiener! Der Silberfaden ihrer impressionistischen Einfälle reißt nicht ab. Nach wie vor komplimentieren sie den Alltag mit souveräner Geste vor die Kamera, schier unerschöpflich scheint ihr Reservoir an Heiterkeit, in das sie ihre brennenden sozialen Probleme tauchen, um sie alsdann wohltemperiert zu präsentieren … Als eloquenter Provinznestbürgermeister mit theoretischen Idealen von Demokratie und Menschenrechten schlägt Vittorio De Sica das Pfauenrad der Eitelkeit auf herrlich selbstironische Weise, Gino Cervi paradiert mit dröhnendem Humor als neureicher Lobbyist, die jungen Leute (Geronimo Meynier und Carla Gravina) bezaubern durch spröden Jugendcharme und selbstvergessene Natürlichkeit. Ein anspruchsloses kleines Komödchen – fast nichts, aber rundum adrett und erquicklich.« Die Münchner *Abendzeitung* (28. Februar 1959) meint: »… Eine köstliche Randfigur in dieser von der Musik scherzhaft unterstrichenen, besinnlichen Filmkomödie … ist Gino Cervi als neureicher Lobbyist. Mithin: ein vergnügliches Geschenk für die Familie. Ein liebenswerter Film.« Auch Hermine Fürstweger lobt unter anderem Cervi im *Film-Echo* 1959: »... Gino Cervi entwirft mit sparsamer Mimik und Gestik das Bild des kindisch-nimmersatten und nervlich überreizten Managers im Traumvilla-Milieu. Die deutschen Dialoge sind zügig und haben Witz. Eine jener herzerfrischenden italienischen Alltags-Schilderungen, die von dem im Allgemeinen mehr an vordergründige Situationskomik gewöhnten deutschen Publikum leider nicht immer ganz gewürdigt werden. Eine gründliche Werbung – insbesondere im Hinblick auf die wirklich harmlos reizende Liebesgeschichte – könnte hier vielleicht erfolgreich nachhelfen.« Die *Nürnberger Zeitung* vom 19. September 1959 ist sich sogar sicher: »... Dabei trifft man auch Gino Cervi, den *Peppone* rötlicher Faktur aus Fernandels *Don-Camillo*-Zeiten in einer Millionärsmaske, die er genauso vital ausfüllt wie ehemals den roten Bürgermeister ...«

Die nächsten Arbeiten kommen nicht mehr an die pfiffige Komödie heran. Die Darstellung eines weiteren römischen Kaisers in NEL SEGNO DI ROMA (Im Zeichen Roms, 1958) an der Seite von Anita Ekberg, und auch der schmierige und lüsterne Polizeipräfekt im zeitgeschichtlichen Abenteuerfilm GEHEIMAKTION SCHWARZE KAPELLE (1959) zeigen zwar glaubwürdige Charaktere, aber beide Filme sind nichts Außergewöhnliches im Kinoprogramm.

Viel Aufmerksamkeit findet hingegen Artur Brauners Doppelproduktion HERRIN DER WELT (1959/1960). Zum einen verpflichtet der Berliner Filmproduzent eine internationale Schauspielerriege mit Stars wie Carlos Thompson, Sabu, Martha Hyer, Lino Ventura, Micheline Presle und Gino Cervi. Dazu führt der gebürtige Deutsche William Dieterle Regie, der es bis nach Hollywood geschafft hat, und den Brauner jetzt für den deutschen Film wiedergewonnen hat. Der Abenteuerstoff ist ein Remake von Joe Mays Film aus dem Jahr 1919 und die Dreharbeiten führen die Filmcrew in viele exotische Länder. Die Gesamtkosten der Produktion belaufen sich auf fast fünf Millionen DM, womit der Film zum teuersten deutschen Nachkriegsfilm wird. Im Plot geht es um die Formel eines schwedischen Physikers, die mit ihrer Energiefreisetzung die Welt revolutionieren könnte. Internationale Geheimdienste versuchen sich in Besitz der Formel zu bringen. Gino Cervi spielt den Physiker, den alle in ihre Hände bekommen wollen. Das spannungsreiche Finale der Geschichte ist in Kambodscha angesiedelt. Mit der gewohnten Ausstrahlung spielt der Italiener den Forscher. In dem actionlastigen Geschehen haben aber andere Darsteller die besseren, weil aktiveren Rollen. Passende Worte zur bunten Story und den Geschäftsaussichten findet Bert Markus im *Film-Echo* 1960 zum ersten Teil: »Die Produktion hat ein prunkendes internationales Gewand, der Film selbst hat es nicht. Viele Köche und ein in der alten Schablone verhafteter Regisseur können leicht den Brei verderben. Zumindest ist er in diesem Falle reichlich angebrannt. Der Film will hoch hinaus, er geht immer aufs Ganze ...«

Gino Cervi kann auf ein glänzendes Jahrzehnt zurückblicken. Es ist seine »Magie der Persönlichkeit«, die fasziniert, wie die *Braunschweiger Zeitung* am 9. Juli 1960 feststellt: »Gino Cervi, in Italien als einer der größten Darsteller gerühmt und auch uns längst durch eine Fülle herrlicher Filmgestalten bekannt, darf für sich etwas in Anspruch nehmen, was wohl immer nur den ganz großen Schauspielern vorbehalten bleibt: die Magie der Persönlichkeit. Magie hier ganz wortwörtlich als Zauber verstanden. Als der Zauber, der uns in seinen Bann schlägt, und doch bei aller kraftvollen Lebensnähe der Gestalten immer ein paar Geheimnisse und Fragen unbeantwortet lässt. Ebenjene ungelösten Geheimnisse und Fragen, die erst den wahren Reiz beim Kunstgenuss ausmachen. Bei Cervis Rollengestaltung zeigt sich, dass die schauspielerische Wirklichkeit in der Verzögerung seelischer Vorgänge besteht. Verkörperung hier nicht durch irgendeine beiläufige Gebärde oder irgendeinen besonderen stimmlichen Ausdruck, sondern durch das leibhaftige Dasein vom Scheitel bis zur Sohle, wobei jede Gesichtsfalte und jede Fingerspitze ›dabei‹ ist, mitgestaltet und mitspielt. Das gibt seinen Gestalten die immer wieder überraschende Lebensnähe und Geschlossenheit. Dabei ist Cervi kein naturalistischer Schauspieler, der sich in Details oder charakteristische Requisiten verliert. Auch Cervi ›stilisiert‹ gleichsam in seinem Spiel, er klammert Unwesentliches aus, konzentriert, unterspielt, stuft Stimme und Gebärde ab und gibt doch die ganze Fülle der jeweiligen Gestalt, nur freilich ohne Schnörkel und artistische Arabesken.«

Mit Ausnahme der weiteren Auftritte als *Peppone* und Zusammenarbeiten mit Fernandel wird es in den nächsten Jahren stiller um den Italiener. Es sind zwar immer wieder gute Charakterrollen, für die Cervi verpflichtet wird, aber er »trägt« meist nicht mehr die Filme. Man sieht ihn an der Seite von internationalen Stars wie Alain Delon, Elke Sommer, Rhonda Fleming, Lang Jeffries, Michèle Mercier, Linda Christian, Thomas Fritsch und Senta Berger oder Richard Burton und Peter O'Toole. Einen seiner guten Auftritte hat Gino Cervi in UN FIGLIO D'OGGI (Der Erpresser ruft an, 1961), wo er einen reumütigen Vater verkörpert, dessen Sohn auf die schiefe Bahn geraten ist. Die *Westdeutsche Rundschau* (4. Mai 1963) beurteilt das Werk wie folgt: »Der Originaltitel dieses Films, der sich an den Neoverismus anlehnt, lautet UN FIGLIO D'OGGI, was auf Deutsch ›ein Sohn von heute‹ heißt. Dieser Titel trifft den Kern des Films, denn in Wirklichkeit steht das Problem eines zornigen jungen Italieners im Mittelpunkt, während die kriminelle Handlung des Films eigentlich dem Unvermögen dieses Jungen entspringt, sein Problem zu lösen. Er hält nichts von sauberer Arbeit, die zu einem ›normalen‹ Leben mit Familie und Zweizimmerwohnung genügen würde, sondern er will ›aus allem raus‹. Er kommt auf die schiefe Bahn, macht seine bitteren Erfahrungen, und mit einem reuigen Sohn, einem vergebenden Vater und einer versöhnten Braut endet die Geschichte, allerdings etwas zu sentimental. Eine sorgfältige Straffung hätte gutgetan, der Anfang wird so etwas zähflüssig. Doch nach dieser anfänglichen Länge steigert sich die Spannung, die Atmosphäre verdichtet sich, der harte Schnitt tut sein Übriges. Regisseur Marino Girolami versucht, der neoveristischen Tradition zu folgen, bemüht sich auch, die soziale Wirklichkeit zu zeigen, doch fehlt dem Film das Charakteristikum dieses Stils: ungeschminktes Alltagsgeschehen, improvisierte Dialoge, die nackte Wirklichkeit, er wirkt eben ›gemacht‹. Die guten Darsteller … helfen, das Niveau dieses Films zu heben.« DIECI ITALIANI PER UN TEDESCO (Zehn Italiener für einen Deutschen, 1962) behandelt eine grauenhafte Vergeltungsmaßnahme deutscher Truppen im Kampf gegen den italienischen Widerstand. Nach einer Partisanenattacke mit 32 Toten einer deutschen Patrouille im Jahr 1944 exekutieren deutsche Soldaten 320 Italiener. Der dramatische, gut inszenierte Film zeigt Gino Cervi als einen der zufällig bestimmten Italiener, die zum Tode verurteilt werden. In das Kardinalsgewand schlüpft Cervi 1964 für Peter Glenvilles Bühnenverfilmung BECKET, das auf Jean Anouilhs Stück zum historischen Konflikt zwischen König Heinrich II. von England und dem Erzbischof Thomas Becket basiert. Peter O'Toole und Richard Burton spielen in ausgezeichneter Weise die beiden Hauptakteure. Cervi macht sich gut in seiner Nebenrolle. Das emotionale Drama ist einer der wenigen Filme, für die gleich zwei Schauspieler (Burton und O'Toole) für den Oscar als »Bester Hauptdarsteller« nominiert werden.

Für Gino Cervi selbst gibt es aber auch noch eine ganz große Rolle, die zum Höhepunkt seiner letzten Schaffensphase gerät. Es ist die Figur *Maigrets*, jenes Kommissars der Pariser Kriminalpolizei mit stämmiger Figur, der mit viel Einfühlungsvermögen seine Fälle löst. *Jules Maigret* ist ein Kind des belgischen Schriftstellers Georges Simenon (1903–1989), das dieser 1929 erdacht hat, und erscheint in insgesamt 75 Kriminalromanen und 28 Erzählungen. Der mit Melone, Mantel und Pfeife sowie einer unerschütterlichen Ruhe ausgestattete Ermittler ist recht bald auch ein interessantes Thema für den Film. Bereits 1932 gibt es die erste Verfilmung. Legendär als Detektiv wird der Pariser Jean Gabin. In die Rolle schlüpfen auch Schauspieler wie Charles Laughton, Michel Simon oder Heinz Rühmann. Das Fernsehen schickt *Maigret* ebenfalls auf Tätersuche. Berühmtheit erlangt die britische Serie mit dem aus Liverpool stammenden Rupert Davis. Doch auch das italienische Fernsehen, *RAI* (Radiotelevisione Italiana), liefert eine ausgezeichnete Serie LE INCHIESTE DEL COMMISSARIO MAIGRET mit 16 Folgen in den Jahren 1964 bis 1972. Mit Gino Cervi als *Maigret*. Der bringt eine hervorragende Version auf den Bildschirm. Mit ruhigem Auftreten, stets glimmender Pfeife, agiert Cervi wie »ein alter Franzose«. Ausstattung und Romantreue der Geschichten sind ebenfalls exzellent. Obwohl in Schwarzweiß inszeniert, gelingt es, eine ausgezeichnete

Atmosphäre zu erzielen. Wie Georges Simenon äußert, mag er den Italiener noch weitaus mehr als die schon gelungene Besetzung mit Rupert Davis. Die Figur des Pariser Kommissars ist in der Tat nicht ganz erfunden. Als Simenon noch Journalist in der französischen Hauptstadt war, hatte er die Bekanntschaft eines Kommissars gemacht, der Massu hieß. Wenn er noch lebte, dann wäre er an die 80 Jahre alt. Simenon folgte ihm damals auf seinen Ermittlungsgängen, und manche jener Fälle dienten dem Autor später als Grundstoff für seine Romane. Simenon fragte am Rande der Dreharbeiten zu einem Kinofilm zwei Freunde (die Massu gut kannten): »Wer gleicht, eurer Meinung nach, am stärksten dem armen Massu?« – »*Maigret* war ein Geizhals. Er war nicht verschwenderisch, er gab seiner Frau grad so viel Geld, wie sie für den Haushalt brauchte. Er hatte in allem ein sehr sparsames Konzept vom Leben. Hier ist Gino Cervi unserem Kommissar am nächsten. Jean Gabin besaß den Ton des großen Herrn, und er arbeitete mit einem kalten Blick. Der *Maigret*, den er uns vorgestellt hat, ist ein gequälter Maigret, oft von der Angst auf die Folter gespannt, dass er jetzt die Hand der Gerechtigkeit führen muss. Cervi hingegen ist ein dicker Kater, der mit der Maus spielt und sich nicht damit aufhält, darüber nachzudenken, ob nun ein Mensch einen anderen Menschen richten dürfe. Unser Freund hatte eine sehr einfache Lebensphilosophie. Ja, Sie haben recht, Simenon, *Maigret* liebte die Mittelmäßigkeit.‹ Und zu Gino Cervi gewandt, meinte der Befragte: ›*Maigret* ähnelt Ihnen, wenn Ihnen das noch Freude machen kann, nach all dem, was ich gesagt habe!‹«

Aufgrund des Erfolges der Fernsehserie dauert es nicht lange, da spielt Gino Cervi den Kommissar auch für die Leinwand. MAIGRET À PIGALLE (Maigret und der Würger von Montmartre, 1966) basiert auf Simenons Roman *Maigret au »Picratt's«* (1950) und schildert eine Mordserie im Pariser Amüsierviertel *Pigalle*. Auch für die Kinoversion gilt, dass Gino Cervi eine Idealbesetzung für die Rolle ist. Auch wenn er beim Verhör mal »aus der Haut« fährt und eine Ohrfeige verteilt, bleibt das dosierte *Maigret*-Temperament erhalten. Trotzdem gibt es ein spannendes Finale mit Schusswechsel in der »Unterwelt von Paris«. Gefilmt wird in Farbe, was der Version noch einen besonderen Reiz mit den Lichtern im *Pigalle* gibt. Das sieht auch Bert Markus im *Film-Echo/Filmwoche* 1967 nicht anders: »Dieser Film zeigt die Handschrift von Georges Simenon viel echter, als es in der langen Fernsehserie der Fall war … Der *Peppone-Maigret* macht seine Sache außerordentlich gut. Er muss mehrere Morde aufklären und tut das in seiner bürgerlich-deftigen Art. Als Kulisse dient die sündhafte und teure Atmosphäre der Striptease-Lokale am *Place Pigalle* in Paris. Weiterhin wirken mit: Raymond Pellegrin, Lila Kedrowa und Alfred Adam.« Die *Rhein-Neckar-Zeitung*, Heidelberg, vom 31. März 1968 meint: »… Regisseur Mario Landi hat es geschickt verstanden, die *Maigret*-Atmosphäre in seinem Szenarium einzufangen, wobei sich auch hier wieder Gino Cervi als ausgezeichneter Charakterdarsteller erweist.«

Nach dem unvollendeten *Don-Camillo*-Film zieht sich Gino Cervi 1970 erst einmal vom Filmgeschäft zurück. 1972 ist er aber noch dreimal im Kino zu sehen. Zuletzt in FRATELLO LADRO auch wieder als Pfarrer. Aber in die neuen Filmstoffe passt auch ein Gino Cervi nicht mehr hinein. Drei Jahre nach dem Tod Fernandels stirbt Gino Cervi an den Folgen eines Lungeninfarkts. Ein Nachruf von Veit Mölter findet sich in der Münchner *AZ* vom 4. Januar 1974: »Er war *Peppone*, Italiens populärster Kommunist: Gino Cervi, der bullige rote Bürgermeister in den *Don Camillo*-Filmen, starb in der Nacht zum Donnerstag in seiner Villa von Punta Ala (Grosseto) an einem Lungenödem. Der 72-jährige Schauspieler, der nach Meinung des Krimiautors Georges Simenon einen besseren Kommissar *Maigret* spielte als Jean Gabin, gehörte zu jenen großen Schauspielern, die den italienischen Film zu Weltrang aufsteigen ließen. Cervi pflegte den Kontakt zum Publikum bis wenige Stunden vor seinem Tod: Noch am Mittwochabend war er in der beliebten TV-Reklamesendung IL CAROSELLO zu sehen. Cervi stammt wie sein *Peppone* aus der Emilia … Mit der verschmitzten Guareschi-Figur hat er auch die Lebensphilosophie gemeinsam – die Liebe zu Wein, Weib und Gesang, die Tagliatelle nicht zu vergessen. In der oft exaltiert wirkenden Flitterwelt des Hollywood am Tiber wirkte Cervi wie ein Edelmann vom Lande, der mit beiden Füßen auf der Erde steht. Cervi brauchte nicht um seine Karriere zu fürchten, weil er, um einige seiner jüngeren Kollegen zu zitieren – Monika Vitti, Mariangela Melato, Ottavia Piccoli, Nino Manfredi, Ugo Tognazzi, Gian Maria Volonté –, ein Vollprofi des Schauspiels war. Am Anfang seiner Laufbahn stand die Zusammenarbeit mit Luigi Pirandello. Nach elfjähriger Theaterpraxis stand er 1934 zum erstenmal in der Schnulze AMORE vor der Kamera und seitdem war Cervi gleichzeitig auf der Bühne und auf der Kino-Leinwand zu Hause. Während sein Name in Italien schon lange als Markenartikel galt, glückte ihm an der Seite von Fernandel als *Don Camillo …* der Sprung über die Alpen. Friede ist eingezogen. Das Zusammenleben zwischen Kirche und Kommunisten, das damals Bürgermeister und Pfarrer noch mit Fausthieben und Streichen anstrebten, ist indessen in der Emilia friedlich geworden. Cervi, der einen Sohn hinterlässt, wird in Rom bestattet.«

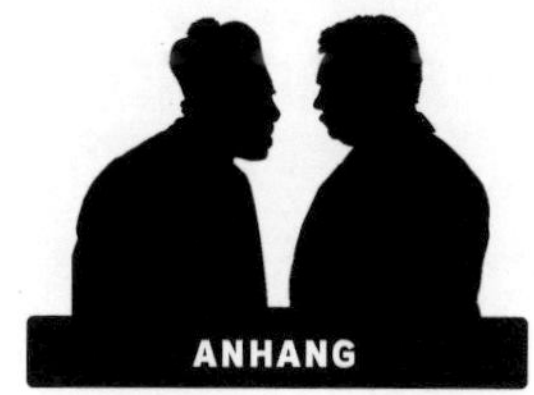

Don-Camillo-Filme (1952-1972)

Don Camillo. Le Petit Monde de Don Camillo. Don Camillo und Peppone. Frankreich/Italien 1952. Regie: Julien Duvivier. Drehbuch: Julien Duvivier, René Barjavel (nach einem Roman von Giovanni Guareschi). Kamera: Nicolas Hayer, Noel Martin. Musik: Alessandro Cicognini. Schnitt: Maria Rosada. Set Dekoration: Ferdinando Ruffo. Produzenten: Giuseppe Amato, Angelo Rizzoli, Robert Chabert, Marcel Roux. Produktion: Francinex/ Rizzoli. Länge: 108 Minuten (Schwarzweiß)
Besetzung: Fernandel (Don Camillo), Gino Cervi (Peppone), Sylvie (Christina), Vera Talqui (Gina), Franco Interlenghi (Mariolino), Charles Vissières (Bischof), Luciano Manara (Filotti), Saro Urzi (Brusco), Leda Gloria (Frau Peppone), Giorgio Albertazzi (Don Pietro)
Erstaufführung: 18.3.1952 (Italien), 4.6.1952 (Frankreich), 30.10.1952 (Deutschland). FBW-Prädikat: wertvoll

Il ritorno di Don Camillo. Le Retour de Don Camillo. Don Camillos Rückkehr. Frankreich/ Italien 1953. Regie: Julien Duvivier. Drehbuch: Julien Duvivier, René Barjavel (nach einem Roman von Giovanni Guareschi). Kamera: Anchise Brizzi. Musik: Alessandro Cicognini. Schnitt: Marthe Poncin. Set Dekoration: Norman Rockett, Walter M. Scott. Produzenten: Giuseppe Amato, Angelo Rizzoli. Produktion: Rizzoli/Francinex. Länge: 116 Minuten (Schwarzweiß)
Besetzung: Fernandel (Don Camillo), Gino Cervi (Peppone), Édouard Delmont (Dr. Spiletti), Paolo Stoppa (Marchetti), Leda Gloria (Frau Peppone), Charles Vissières (Bischof), Alexandre Rignault (Francesco »Nero« Gallini), Thomy Bourdelle (Cagnola), Saro Urzi (Brusco), Claudy Chapeland (Beppo Bottazzi), Tony Jacqout (Don Pietro)
Erstaufführung: 5.6.1953 (Frankreich), 14.8.1953 (Deutschland), 23.9.1953 (Italien). FBW-Prädikat: wertvoll

Don Camillo E L'Onorevole Peppone. La grande bagarre de Don Camillo. Die große Schlacht des Don Camillo. Italien/Frankreich 1955. Regie: Carmine Gallone. Drehbuch: Giovanni Guareschi, Leo Benvenuti (Mitarbeit), Age (Mitarbeit), (= Agenore Incorocci), Furio Scarpelli (Mitarbeit) (nach seinem Roman). Kamera: Anchise Brizzi. Musik: Alessandro Cicognini. Schnitt: Nicolò Lazzari. Produzenten: Giuseppe Amato, Angelo Rizzoli. Produktion: Rizzoli. Länge: 98 Minuten (Schwarzweiß)
Besetzung: Fernandel (Don Camillo), Gino Cervi (Peppone), Claude Sylvain (Clotilde), Leda Gloria (Peppones Frau), Memmo Carotenuto (Der Eilige), Saro Urzi (Brusco), Umberto Spadaro (Bezzi), Marco Tulli (Smilzo)
Erstaufführung: 30.9.1955 (Deutschland), 25.10.1955 (Italien), 18.11.1955 (Frankreich). FBW-Prädikat: wertvoll

Don Camillo Monsignore ma non troppo. Hochwürden Don Camillo. Italien 1961. Regie: Regie: Carmine Gallone. Drehbuch: Giovan-

ni Guareschi (nach seinem Roman). Kamera: Carlo Carlini. Musik: Alessandro Cicognini. Schnitt: Niccolò Lazzari. Set Dekoration: Arrigo Breschi. Produzenten: Angelo Rizzoli, Robert Chabert. Produktion: Cineris/Francinex. Länge: 117 Minuten (Schwarzweiß)
Besetzung: Fernandel (Don Camillo), Gino Cervi (Peppone Bottazzi), Gina Rovere (Gisella Marasca), Leda Gloria (Frau Peppone), Valeria Ciangottini (Rosetta Gotti), Carl Zoff (Walter Bottazzi), Saro Urzi (Brusco), Marco Tulli (Smilzo), Emma Gramatica (Desolina), Andrea Checchi (Kommunist), Armando Bandini (Don Carlino), Ruggero De Daninos (Monsignore)
Erstaufführung: 7.10.1961 (Italien), 1.12.1961 (Frankreich), 25.9.1962 (Deutschland).

Il Compagno Don Camillo. Don Camillo en Russie. Genosse Don Camillo. Italien/Frankreich/Deutschland 1965. Regie: Luigi Comencini. Drehbuch: Leo Benvenuti, Piero de Bernardi (nach Giovanni Guareschi). Kamera: Armando Nannuzzi. Musik: Alessandro Cicognini. Schnitt: Nino Baragli. Produktion: Federiz/Franco-London. Länge: 108 Minuten (Schwarzweiß)
Besetzung: Fernandel (Don Camillo), Gino Cervi (Peppone), Graziella Granata (Nadia), Saro Urzi (Brusco), Leda Gloria (Frau Peppone), Marco Tulli (Smilzo), Gianni Garko (Scamoggia), Paul Müller (Priesterchen), Jacques Herlin (Perletti)
Erstaufführung: 18.9.1965 (Italien), 26.10.1965 (Deutschland), 17.12.1965 (Frankreich)

Filmauswahl Fernandel

Angele. Angele. Frankreich 1934. Regie und Drehbuch: Marcel Pagnol (nach dem Roman »Un de Baumugnes« von Jean Giono). Kamera: W. Faktarovitch. Musik: Vincent Scotto. Produzent: Marcel Pagnol. Produktion: Les Films Pagnol. Länge: 102 Minuten (Schwarzweiß).
Besetzung: Fernandel (Saturnin), Orane Demazis (Angèle), Henri Poupon (Clarins), Jean Servais (Albin), Annie Toinon (Philomene)
Erstaufführung: 3.11.1934 (Frankreich), 4.12.1972 (DDR, TV)
Fernandel als Knecht eines Bauernhofes, der dem von Liebesschmerz gezeichneten jungen Mädchen der Familie zur Seite steht. Erster internationaler Erfolg für Fernandel.

Regain. Das Mädchen und der Scherenschleifer. Frankreich 1937. Regie: Marcel Pagnol. Drehbuch: Marcel Pagnol (nach einem Roman von Jean Giono). Kamera: W. Faktarovitch. Musik: Arthur Honegger. Produzent: Marcel Pagnol. Produktion: Films Marcel Pagnol. Länge: 99 (Orig. 150) Minuten (Schwarzweiß)
Besetzung: Fernandel (Gedemus), Orane Demazis (Arsule), Gabriel Gabrio (Panturle), Marguerite Moreno (La Mameche), Henri Poupon (L'Amoureux)
Erstsendung: 2.10.1939 (Frankreich), 2.7.1971 (DDR, TV)
Ein armer Scherenschleifer (Fernandel) zieht mit einem Mädchen durch die Provence und beide helfen dem letzten Bewohner eines verfallenen Dorfes. Charakterpart für Fernandel.

Le Schpountz. Le Schpountz. Frankreich 1938. Regie und Drehbuch: Marcel Pagnol. Kamera: W. Faktarovitch. Musik: Casimir Oberfeld. Produktion: Les Films Marcel Pagnol. Länge: 135 Minuten (Schwarzweiß)
Besetzung: Fernandel (Irénée Fabre, »Le Schpountz«), Fernand Charpin (Baptiste Fabre), Robert Vattier (Astruc), Orane Demazis (Françoise), Léon Bélières (Meyerboom)

Erstaufführung: 15.04.1938 (Frankreich), 25.12.1954 (Deutschland)
Landmensch (Fernandel) glaubt, im Film Karriere machen zu können. Ein Skriptgirl bringt ihn auf den rechten Weg, der ihn zurück in das Heimatdorf führt.

Fric-Frac. Fric-Frac. Frankreich 1939. Regie: Maurice Lehman, Claude Autant-Lara. Drehbuch: Michel Duran. Kamera: Roger Corbeau. Produktion: Maurice Lehman. Länge: 105 Minuten (Schwarzweiß)
Besetzung: Fernandel (Marcel), Michel Simon (Jo), Arletty (Loulou)
Erstsendung: 15.6.1939 (Frankreich), 8.7. 1973 (Deutschland, TV)
Persiflage auf sozialkritische Filme mit Fernandel.

Nais. Naïs. Frankreich 1945. Regie: Raymond Leboursier, Marcel Pagnol. Drehbuch: Marcel Pagnol (nach der Erzählung »Naïs Micoulin« von Émile Zola). Kamera: Charles Suin. Produktion: Les Films Pagnol. Länge: 82 Minuten (Schwarzweiß)
Besetzung: Fernandel (Toine), Jacqueline Pagnol (Nais), Raymond Pellegrin (Frédéric), Henri Poupon (Micoulin), Germaine Kerjean (Madame Rostaing)
Erstaufführung: 22.11.1945 (Frankreich), 17.3.1972 (DDR, TV)
Pächtertochter liebt den buckligen Sohn (Fernandel) ihres Dienstherren.

Pétrus. Freibeuter der Liebe. Frankreich 1946. Regie: Marc Allégret. Drehbuch: Marcel Achard, Alan Campbell (englische Dialoge) (nach seinem Bühnenstück »Pétrus«). Kamera: Michel Kleber. Musik: Joseph Kosma. Produzenten: René Guggenheim, Maurice Réfrégier. Produktion: Imperia. Länge: 84 Minuten (Schwarzweiß)
Besetzung: Fernandel (Pétrus), Pierre Brasseur (Rodrigue), Simone Simon (Migo), Corinne Calvet (Liliane), Simone Sylvestre (Francine)
Erstaufführung: 2.10.1946 (Frankreich), 9.11.1954 (Deutschland)
Eine Tingeltangeltänzerin und ihre Liebesbeziehungen. Mittendrin Fernandel als tölpelhafter Fotograf.

Botta E Riposta. Je Suis De La Revue. Die große Schau. Italien/Frankreich 1950. Regie: Mario Soldati. Kamera: Aldo Tonti. Musik: Louis Armstrong, Redi, Pippo Barizza, Macheroni, »By« Dunham, Frustaci, Lopez. Produktion: Teatri della Farnesina. Länge: 97 Minuten (Schwarzweiß)
Besetzung: Katherine Dunham, Louis Armstrong, Fernandel, Suzy Delair, Borrah Minevitch
Erstaufführung: 18.2.1950 (Italien), 31.12. 1958 (Deutschland)
Revue-Lustspiel mit Show-Stars aus aller Welt.

Uniformes Et Grandes Manœuvres. Der unfreiwillige Fallschirmjäger. Frankreich 1950. Regie: René Le Henaff. Drehbuch: Gérard Carlier. Kamera: Pierre Levant. Musik: Roger Dumas. Produzent: Roger de Broin. Produktion: Sirius/Société Française de Cinématographie. Länge: 70 Minuten (Schwarzweiß)
Besetzung: Fernandel (Kürst), Thérèse Dorny (Solange Duroc), Andrex (André Duroc), Paulette Dubost (Alice), Claude Arlan (Marie-Thérèse), Ginette Baudin (Yvonne)
Erstaufführung: 22.12.1950 (Frankreich), 25.12.1953 (Deutschland)
Militärklamotte mit großem Manöver.

Casimir. Casimir. Frankreich 1950. Regie: Richard Pottier. Drehbuch: Gérard Carlier. Kamera: André Germain. Musik: Joe Hajos. Produzent: Roger de Broin. Produktion: Sirius/SFC. Länge: 87 Minuten (Schwarzweiß)
Besetzung: Fernandel (Casimir), Bernard La Jarrige (Kunstmaler), Germaine Montero (die Argentinierin), Jacqueline Duc (Casimirs Braut)
Erstaufführung: 28.4.1950 (Frankreich), 17.12.1954 (Deutschland)
Fernandel als tollpatschiger Staubsaugervertreter.

L'Auberge Rouge. Die rote Herberge. Frankreich 1951. Regie: Claude Autant-Lara. Drehbuch: Jean Aurenche. Kamera: André Bac.

Musik: René Cloerec. Produktion: Memnon. Länge: 100 Minuten (Schwarzweiß)
Besetzung: Fernandel (Mönch), Françoise Rosay (Marie Martin), Julien Carette (Pierre Martin), Marie-Claire Olivia (Mathilde), Luc Germain (Novize), Grégoire Aslan (Baboeuf)
Erstaufführung: 24.10.1951 (Frankreich), 1953 (Deutschland), 7.6.1954 (USA)
Unheimliche Geschehnisse um eine Reisegruppe 1833 im Wirtshaus von Peyrabelle. Große Rolle für Fernandel.

La Table Aux Creves. Der Totentisch. Zwei Dickschädel trumpfen auf. Frankreich 1951. Regie: Henri Verneuil. Drehbuch: Henri Verneuil, André Tabet (nach dem Roman von Marcel Aymé). Kamera: André Germain. Länge: 87 Minuten (Schwarzweiß)
Besetzung: Edouard Delmont (Capucet), Andrex (Frédéric), Fernandel (Urbain Coindet), Maria Mauban (Jeanne), René Génin (Pfarrer), Henri Vilbert (Victor)
Erstaufführung: 10.10.1951 (Frankreich), 23.4.1992 (Deutschland, TV)
Probleme zweier Bauern in einem provenzalischen Dorf.

Boniface Somnambule. In gewissen Nächten. Frankreich 1951. Regie: Maurice Labro. Drehbuch: Gérard Carlier. Kamera: Pierre Levent. Produktion: SFC/Sirius. Länge: 92 Minuten (Schwarzweiß)
Besetzung: Fernandel (Victor Boniface), Gaby Andreu (Stella Gazzini), Andrex (Charlie), André Roanne (Louis), Louis de Funès (Anatole), Mathilde Casadesus (Mademoiselle Thomas)
Erstaufführung: 5.4.1951 (Frankreich), 15.12.1952 (Deutschland)
Fernandel als Hausdetektiv eines Juwelierladens, der im Schlafwandel Dinge tut, die er sonst verhindern soll.

Le Fruit Defendu. Verbotene Frucht. Frankreich 1952. Regie: Henri Verneuil. Drehbuch: Jacques Companéez, Jean Manse, Henri Verneuil (nach einem Roman von Georges Simenon). Kamera: Henri Alekan. Musik: Paul Durand. Produktion: Gray/Arca. Länge: 95 Minuten (Schwarzweiß)
Besetzung: Fernandel (Dr. Charles Pellegrin), Françoise Arnoul (Martine), Claude Nollier (Armande), Sylvie (Mutter Pellegrin), René Génin (Marchandeau)
Erstaufführung: 19.9.1952 (Frankreich), 29.6.1953 (Deutschland)
Liebelei eines verheirateten Kleinstadtarztes, der schließlich die Affäre seiner Ehefrau beichtet – und die ihm verzeiht.

Coiffeur Pour Dames. Der Damenfriseur. Frankreich 1952. Regie: Jean Boyer. Drehbuch: Jean Boyer, Serge Veber (nach dem Lustspiel von P. Armont und M. Gerbidon). Kamera: Charles Suin. Musik: Paul Misraki. Produzent: Ray Ventura. Produktion: Hoche. Länge: 90 Minuten (Schwarzweiß)
Besetzung: Fernandel (Mario), Blanchette Brunoy (Aline), Renée Devillers (Mme. Brochant), Arlette Poirier (Edmonde), Jane Sourza (Mme. Gilibert)
Erstaufführung: 9.5.1952 (Frankreich), 6.2.1953 (Deutschland)
Aufstieg eines Schafscherers aus der Provinz zum Starfigaro in Paris. Fernandel in einer schneidigen Rolle.

Le Boulanger De Valorgue. Der Bäcker von Valorgue. Frankreich/Italien 1953. Regie: Henri Verneuil. Drehbuch: Pierre Lozach, Yves Favier, Jean Manse. Kamera: Charles Suin. Musik: Raymond Legrand. Produzent: Jacques Bar. Produktion: Bar-Cite-Films/Peg Produzione. Länge: 95 Minuten (Schwarzweiß)
Besetzung: Fernandel (der Bäcker), Georges Chamarat (Steuereintreiber), Jean Gaven (Pfarrer), Leda Gloria (Madame Zanetti, die Krämerin), Henri Vilbert (Bürgermeister)
Erstaufführung: 27.2.1953 (Frankreich), 2.10.1953 (Deutschland)
Bauernkomödie in einem kleinen Dorf in Südfrankreich. Fernandel als Bäcker, der sich um das uneheliche Kind seines Sohnes kümmern muss. Traumrolle für Fernandel.

L'Ennemi Publico No. 1. Il nemico pubblico numero uno. Staatsfeind Nr. 1. Frankreich/Italien

1953. Regie: Henri Verneuil. Drehbuch: Jean Manse, Michel Audiard (nach einem Stoff von Max Favalelli). Kamera: Armand Thirard. Musik: Raymond Legrand, Nino Rota. Produzent: Walter Rupp. Produktion: Cité/Fides/PEG. Länge: 95 Minuten
Besetzung: Zsa Zsa Gabor (Die blonde Lola), Fernandel (Joe Calvet), Alfred Adam (Sheriff), Jean Marchat (Staatsanwalt), Nicole Maurey (Peggy), Louis Seigner (Gefängnisdirektor), Saturnin Fabre (W.W. Stone)
Erstaufführung: 22.12.1953 (Italien), 6.1.1954 (Frankreich), 25.12.1953 (Deutschland)
Ein kleiner Bürger (Fernandel) bringt den Staatsfeind Nr. 1 der USA zur Strecke. Parodie auf US-amerikanische Gangsterfilme.

Mam'zelle Nitouche. Mamsell Nitouche. Frankreich/Itaien 1953. Regie: Yves Al-légret. Drehbuch: Marcel Achard, Jean Aurenche (nach der Operette von Meilhac, Hervé, Millaud, Blum). Kamera: Armand Thirard. Musik: Georges van Parys. Produktion: Paris/Hakim/Panitalia/Lux. Länge: 90 Minuten
Besetzung: Fernandel (Célestin/Floridor), Pier Angeli (Denise de Flavigny/Nitouche), Jean Debucourt (Major de Longueville), François Guerin (Vauzelle), Louis de Funès
Erstaufführung: 21.4.1954 (Frankreich), 10.9.1954 (Deutschland)
Das Doppelleben des Organisten einer Klosterschule, der eine Oper schreibt, um die Gunst seiner Liebsten zu erringen.

Le Mouton A Cinq Pattes. Der Hammel mit den 5 Beinen. Frankreich 1954. Regie: Henri Verneuil. Drehbuch: Albert Valentin. Kamera: Armand Thirard. Musik: Georges van Parys. Produzent: Raoul Ploquin. Produktion: Ploquin-Cocinex. Länge: 100 Minuten (Schwarzweiß)
Besetzung: Fernandel (Édouard Saint-Forget/Alain/Bernard/Charles/Désiré/Etienne), Françoise Arnoul (Marianne Durand-Perrin), Paulette Dubost (Solange Saint-Forget), Louis de Funès (Pilate)
Erstaufführung: 14.7.1954 (Frankreich), 16.6.1955 (Deutschland)
Die Geschichte von Fünflingen, die der Bürgermeister eines Dorfes zu ihrem 40. Geburtstag wieder vereinen will. Fünf Episoden schildern die unterschiedlichen Charaktere. Fernandel spielt meisterhaft alle fünf Brüder, sowie den alten Vater.

Ali Baba Et Les Quarante Voleurs. Ali Baba. Frankreich 1954. Regie: Jacques Becker. Drehbuch: Cesare Zavattini, Jacques Becker. Kamera: Robert Le Febvre. Musik: Paul Misraki. Produzent: René G. Vuattoux. Produktion: Cyclope. Länge: 98 Minuten
Besetzung: Fernandel (Ali Baba), Dieter Borsche (Räuberhauptmann Abdul), Henri Vilbert (Cassim), Samia Gammal (Morgane), Edouard Delmont (Harun, ihr Vater)
Erstaufführung: 24.12.1954 (Frankreich), 21.12.1954 (Deutschland)
Die Geschichte von Ali Baba mit Motiven aus »1001 Nacht«.

El Amor De Don Juan. Don Juan. Der große Verführer. Frankreich/Spanien 1955. Regie: John Berry. Drehbuch: John Berry, Juan Antonio Bardem, Maurice Clavel, Jacques Emmanuel, Jean Manse (nach einer Idee von Maurice Clavel). Kamera: Nicolas Hayer. Musik: Henri Sauguet. Produktion: Cyclope/Da.-Ma./Perojo. Länge: 95 (D: 87) Minuten.
Besetzung: Fernandel (Sganarelle), Carmen Sevilla (Séranille), Erno Crisa (Don Juan Tenorio), Roland Armontel (Gouverneur), Simone Paris (Dona Maria), Christine Carrere
Erstaufführung: 9.5.1956 (Frankreich), 26.9.1956 (Spanien), 17.5.1957 (Deutschland)
Fernandel als Diener von Don Juan, der für seinen Herrn in die Bresche springt.

Around The World In 80 Days. In 80 Tagen um die Welt. USA 1956. Regie: Michael Anderson. Drehbuch: S.J. Perelman, John Farrow (ungenannt), James Poe (ungenannt) (nach dem Roman von Jules Verne). Kamera: Lionel Lindon. Musik: Victor Young. Produzent: Michael Todd. Produktion: Michael Todd. Länge: 178 (gek. 143) Minuten
Besetzung: David Niven (Phileas Fogg), Cantinflas (Passepartout), Robert Newton (Inspektor Fix), Shirley MacLaine (Prinzessin

Aouda), Trevor Howard (Falletin), Charles Boyer (Monsieur Gasse), Marlene Dietrich (Barbesitzerin), Fernandel (Droschkenkutscher), Buster Keaton (Schaffner), Peter Lorre (Japanischer Steward), Frank Sinatra (Klavierspieler), John Carradine (Oberst Proctor)
Erstaufführung: 17.10.1956 (USA), 15.5.1957 (Frankreich), 4.10.1957 (Deutschland)
Verfilmung des Jules-Vernes-Romans mit großem Aufwand und großer Starbesetzung.

Le Couturier De Ces Dames. Der Modekönig. Frankreich 1956. Regie: Jean Boyer. Drehbuch: Gérard Carlier, Jean Boyer, Jean Manse. Kamera: Charles Suin. Musik: Paul Misraki. Produktion: Cité. Länge: 96 Minuten (Schwarzweiß)
Besetzung: Fernandel (Fernand), Suzy Delair (Adrienne), Françoise Fabian (Sophie), Georges Chamarat (Maître Plaisant), Fred Pasquali (Picrafos)
Erstaufführung: 13.4.1956 (Frankreich), 15.2.1957 (Deutschland)
Eine Erbschaft verhilft einem kleinen Zuschneider (Fernandel) eine eigene Modenschau zu präsentieren, die zu einer Sensation wird.

L'Homme A L'Impermeable. Der Mann im Regenmantel. Frankreich/Italien 1957. Regie: Julien Duvivier. Drehbuch: Julien Duvivier, René Barjavel (nach dem Roman »Tiger by the Tail« von James Hadley Chase). Kamera: Roger Hubert. Musik: Georges van Parys. Produktion: Cité/Abbey/C.T.I./C.I.P.R.A./Théâtre et Cinéma/Monica. Länge: 110 Minuten (Schwarzweiß)
Besetzung: Fernandel (Albert Constantin), Jacques Duby (Maurice Langlois), Jean Rigaux (Émile Blondeau)
Erstaufführung: 11.5.1957 (Frankreich), 27.9.1957 (Deutschland)
Krimiparodie mit Fernandel als Klarinettist, dem ein versuchter Ehebruch zum Verhängnis wird.

Era Di Venerdi 17. Quatre Pas Dans Les Nuages. Sous Le Ciel De Provence. Vater wider Willen. Frankreich/Italien 1956. Regie: Mario Soldati. Drehbuch: Cesare Zavattini, Piero Tellini, Aldo de Benedetti. Kamera: Nicolas Hayer. Musik: Paul Misraki. Schnitt: Jacqueline Bredillon. Produzent: Giuseppe Amato. Produktion: Cité/Giuseppe Amato (für Columbia). Länge: 99 Minuten
Besetzung: Fernandel (Paul Verdier), Andrex (Frédéric), Alberto Sordi (Mario), Tina Pica (Tante Camilla), Giulia Rubini (Maria), Leda Gloria (Lucia, Marias Mutter)
Erstaufführung: 5.1.1957 (Italien), 20.2.1957 (Frankreich), 26.4.1957 (Deutschland)
Ein Handelsvertreter hilft auf einer Reise einem jungen Mädchen, das ein uneheliches Kind erwartet und sich nicht mehr nach Hause wagt. Liebevolle Komödie mit einem einfühlsamen Fernandel. Großes Kino!

Sénéchal, Le Magnifique. Der Großartige. Frankreich 1957. Regie: Jean Boyer. Drehbuch: Jean-Jacques Rouff, Jean Boyer, Serge Veber. Kamera: Charles Suin. Musik: Paul Misraki. Produktion: Chronos/France Cinema/Rizzoli. Länge: 85 Minuten (Schwarzweiß)
Besetzung: Fernandel (François, Lucien Sénéchal), Nadia Gray (Marida Ludibescu), Madeleine Barbulée (Mme. Roberte), Simone Paris (Mme. Serval)
Erstaufführung: 24.5.1957 (Frankreich), 14.5.1992 (Deutschland, TV)
Fernandel in der Rolle eines zweitklassigen Schauspielers.

Le Chomeur De Clochemerle. Der Faulpelz. Frankreich 1957. Regie: Jean Boyer. Drehbuch: Jean Boyer, Jean Manse (nach dem Roman »Clochemerle Babylone« von Gabriel Chevallier). Kamera: Charles Suin. Musik: René Sylviano. Produktion: Fides. Länge: 92 Minuten (Schwarzweiß)
Besetzung: Fernandel (Lachaud dit Tistin), Maria Mauban (Jeanette Masurat), Ginette Leclerc (Zozette), Henri Vilbert (Piéchut)
Erstaufführung: 20.12.1957 (Frankreich), 11.7.1958 (Deutschland)
Dorfkomödie um einen Trunkenbold, der einen Diebstahl in der Kirche aufklärt.

Paris Holiday. Falsches Geld und echte Kurven. USA 1958. Regie: Gerd Oswald. Dreh-

buch: Edmund Beloin, Dean Riesner. Kamera: Roger Hubert. Musik: Joseph J. Lilley. Produzent: Robert Hope. Produktion: Tolda. Länge: 105 Minuten
Besetzung: Bob Hope (Robert Leslie Hunter), Fernandel (Fernydel), Anita Ekberg (Zara), Martha Hyer (Ann McCall), Andre Morell (Amerikanischer Botschafter)
Erstaufführung: 9.5.1958 (USA), 23.4.1958 (Frankreich), 5.4.1958 (Deutschland)
Zwei Komiker werden als Köder einer Bande Geldfälscher in diverse Abenteuer verwickelt.

La Legge È La Legge. La Loi, C'Est La Loi. Gesetz ist Gesetz. Frankreich/Italien 1958. Regie: Christian-Jaque. Drehbuch: Jacques Emmanuel, Jean-Charles Tacchella, Age, (= Agenore Incorocci), Furio Scarpelli. Kamera: Gianni de Venanzo. Musik: Georges van Parys. Produktion: Ariane/Filmsonor. Länge: 96 Minuten (Schwarzweiß)
Besetzung: Totò (Giuseppe Bonfanti), Fernandel (Ferdinand Pastorelli), Noël Roquevert (Malandain), René Génin (Donadieu)
Erstaufführung: 17.9.1958 (Frankreich), 3.4.1959 (Deutschland), 10.3.1959 (USA)
Die Grenzführung zwischen Italien und Frankreich führt mitten durch ein kleines Dorf. Das bringt einem französischen Zollbeamten Ärger ein. Charmantes Lustspiel mit zwei Komikergrößen.

Le Grand Chef. Ferien für den Musterknaben. Frankreich/Italien 1959. Regie: Henri Verneuil. Drehbuch: Henri Verneuil, Henri Troyat, Jean Manse (nach einer Kurzgeschichte von O'Henry). Kamera: Roger Hubert. Musik: Gérard Calvi. Produktion: Les Films Gibé/Zebra/Tempo. Länge: 70 Minuten (Schwarzweiß)
Besetzung: Fernandel (Antoine Venturen), Gino Cervi (Paulo), Papou (Eric Jumelin), Florence Blot (Mme. Florentin), Georges Chamarat (Jules)
Erstaufführung: 20.3.1959 (Frankreich), 18.4.1959 (Italien), 24.8.1968 (DDR, TV)
Ein Fünfjähriger führt zwei amateurhafte Gangster (Fernandel und Gino Cervi) vor.

La Vache Et Le Prisonnier. Ich und die Kuh. Frankreich/Deutschland 1959. Regie: Henri Verneuil. Drehbuch: Henri Verneuil, Henri Jeanson, Jean Manse. Kamera: Roger Hubert. Musik: Paul Durand. Schnitt: Adolph Schlyßleder. Produzent: Walter Rupp. Produktion: Cyclope/Omnia. Länge: 99 Minuten (Schwarzweiß)
Besetzung: Fernandel (Charles Bailly), Franziska Kinz (Mutter), Ellen Schwiers (Josefine), Ingeborg Schöner (Helga), Willy Rösner (Vater), Heinrich Gretler (Bockmann)
Erstaufführung: 16.12.1959 (Frankreich), 17.5.1960 (Deutschland), 5.6.1961 (USA)
Ein französischer Kriegsgefangener in Bayern macht sich mit einer Kuh am Strick auf den langen Weg in die Heimat. Fernandel und tierischer Begleiter in einer betulichen Komödie.

Le Caïd. Der Boß und sein Engel. Frankreich 1960. Regie: Bernard Borderie. Drehbuch: Jean-Bernard Luc (nach einem Roman von Claude Orval). Kamera: Robert Juillard. Musik: Paul Misraki. Schnitt: Christian Gandin. Produktion: C.I.C.C. Länge: 91 Minuten (Schwarzweiß)
Besetzung: Fernandel (Justin Migonet), Barbara Laage (Rita), Georges Wilson (Monsieur »A«), Claude Piéplu (Oxner), Hélène Duc (Edmée)
Erstaufführung: 15.11.1960 (Frankreich), 21.6.1963 (Deutschland)
Fernandel als tollpatschiger Philosophie-Professor.

Cocagne. Marc Antoines zweites Leben. Frankreich 1961. Regie: Maurice Cloche. Drehbuch: Yvan Audouard, Jean Manse, Maurice Cloche (nach einem Roman von Yvan Audouard). Kamera: Adolphe Charlet. Musik: Jean Leccia. Produktion: Paris Élysées Production/Jad Films. Länge: 91 Minuten (Schwarzweiß)
Besetzung: Fernandel (Marc-Antoine), Dora Doll (Helene), Rellys (Septime), Leda Gloria (Melanie), Paul Préboist (Banane)
Erstaufführung: 8.3.1961 (Frankreich), 12.10.1973 (DDR, TV)
Fernandel als Fahrer eines Müllwagens.

Dynamite Jack. Dynamit Jack. Frankreich/Italien 1961. Regie: Jean Bastia. Drehbuch: Jacques Emmanuel, Jean Manse, Jean Bastia (nach einem Roman von Jacques Ary). Kamera: Roger Hubert. Musik: Frédéric Bastia. Produzent: Jacques Bertrand. Produktion: Bertrand/Eva/Federal International/Variety. Länge: 106 Minuten
Besetzung: Fernandel (Dynamite Jack/Antoine Espérandieu), Eleonora Vargas (Dolores), Adrienne Corri (Pegeen O'Brien), Jess Hahn (Sergeant Bob), Lucien Raimbourg (Sheriff Scotty)
Erstaufführung: 3.11.1961 (Frankreich), 19.10.1962 (Deutschland)
Westernparodie mit Fernandel in einer Doppelrolle.

Le Diable Et Les Dix Commandements. Le Tentazioni Quotidiane. Der Teufel und die Zehn Gebote. Frankreich/Italien 1962. Regie: Julien Duvivier. Drehbuch: Julien Duvivier, Maurice Bessy, René Barjavel, Henri Jeanson, Michel Audiard, Pascal Jardin (nach Erzählungen von David Alexander, William Link und Richard Levinson). Kamera: Roger Fellous. Produzenten: Robert Amon, Claude Jaeger. Produktion: Mondex/Filmsonor Procinex/Cinédis/ Intercontinental/ Incei. Länge: 127 (DDR: 116) Minuten
Besetzung Episode »Un seul Dieu tu adoreras«: Fernandel (Gott), Germaine Kerjean (Großmutter), Gaton Modot (Großvater) René Clermont (Der Vater), Josette Vardier (Die Mutter), Claudine Maugey (Marie)
Erstaufführung: 14.9.1962 (Frankreich), 19.9.1962 (Italien), 9.10.1962 (Deutschland)
Anmerkung: In Deutschland ohne die Fernandel-Episode.
Fernandel als Irrer, der sich für Gott hält.

La Cambio Della Guarde. Der Mann mit der Schärpe. Italien/Frankreich 1962. Regie: Giorgio Bianchi. Drehbuch: Albert Valentin, Jean Manse. Kamera: Giuseppe Aquari, E. Giannini. Musik: Mario Nas-cimbene. Produktion: Apo Film. Länge: 90 Minuten (Schwarzweiß)
Besetzung: Fernandel (Attilo Cappelaro), Gino Cervi (Mario Vinicio), Milla Sannoner (Aurora Vinicio), Franco Parenti (Virgili), Andrea Aureli (Luciano Crippa), Franck Fernandel (Gianni Cappelaro)
Erstaufführung: 31.10.1962 (Italien), 22.2.1963 (Frankreich), 7.4.1987 (DDR, TV)
Schwarze Komödie um einen Bürgermeister eines italienischen Ortes (Gino Cervi) und einen bauernschlauen Gastwirt (Fernandel).

La Cuisine Au Beurre. Alles in Butter. Frankreich/Italien 1963. Regie: Gilles Grangier. Drehbuch: Pierre Levy-Corti, Jean Levitte, Jean Manse, Raymond Castans. Kamera: Roger Hubert. Musik: Jean Marion. Produzent: Robert Dorfmann. Produktion: Corona/Agnès Delahaye/Dear. Länge: 86 (gek. 81) Minuten (Schwarzweiß)
Besetzung: Fernandel (Ferand Jouvin), Bourvil (André), Claire Maurier (Christiane), Anne Marie Carrière (Gerda), Michel Galabru (Maximin), Henri Vilbert (Sarrazin)
Erstaufführung: 20.12.1963 (Frankreich), 27.11.1964 (Deutschland)
Ein aus deutscher Kriegsgefangenschaft heimkehrender Kneipenwirt (Fernandel) findet seine Frau mit einem anderen verheiratet.

Blague Dans Le Coin. Lauter Leichen in Las Vegas. Frankreich 1963. Regie: Maurice Labro. Drehbuch: Gérard Carlier, Maurice Labro (nach einem Roman von Carter Brown). Kamera: Robert Le Febvre. Musik: Alain Goraguer. Schnitt: Germaine Artus. Produktion: S.F.C. Länge: 86 Minuten (Schwarzweiß)
Besetzung: Fernandel (Jeff Burlington), Perrette Pradier (Betty), François Maistre (Sammy Bradford), Jacques Monod (Stenberg), Eliane d'Almeida (Dolly)
Erstaufführung: 13.11.1963 (Frankreich), 29.11.1963 (Deutschland)
Fernandel als alternder Nachtclubkomiker in der Glitzermetropole Las Vegas.

Le Bon Roi Dagobert. Il re e il monsignore. Frankreich/Italien 1963. Regie: Pierre Chevalier. Drehbuch: Gérard Carlier, Raymond Castans, Jean Manse). Kamera: Robert Lefe-

bvre. Musik: Tommy Desserre, François Langel. Produzent: Jacques-Paul Bertrand. Produktion: Cineurop/Filmerc. Länge: 95 Minuten (Schwarzweiß)
Besetzung: Fernandel (Monsieur Pelletan/ Dagobert), Gino Cervi (Minister Saint-Eloi), Darío Moreno (Charibert), Marthe Mercadier (Madame Pelletan/Gomatrude), Michel Galabru (Pépin)
Erstaufführung: 20.11.1963 (Frankreich), 26.12.1963 (Italien), 19.9.1985 (Deutschland, TV)
Historienfilm mit Humor.

Geld oder Leben. La Bourse Et La Vie. Deutschland/Frankreich/Italien 1965. Regie: Jean-Pierre Mocky. Drehbuch: Fernand Marzelle, Jean-Pierre Mocky, Alain Moury. Kamera: Jean Tournier. Musik: André Domage. Produktion: Columbia-Bavaria/Orsay/Balzac/ S.E.S./Vides. Länge: 91 Minuten
Besetzung: Heinz Rühmann (Henry Schmidt), Fernandel (Charles Migue), Marilu Tolo (Violette), Jean Poiret (Lucien Pélépan)
Erstaufführung: 27.4.1966 (Frankreich), 2.9.1966 (Deutschland)
Buchhalter (Heinz Rühmann) und Kassierer (Fernandel) jagen ihrem Geschäftsführer nach, der mit einer Million Francs fliehen will.

Le Voyage Du Père. Die Reise des Vaters. Frankreich/Italien 1966. Regie: Denys de la Patellière. Drehbuch: Pascal Jardin (nach einem Roman von Bernard Clavel). Kamera: Jean Tournier, André Domage. Musik: Georges Garvarentz. Produktion: Copernic/ Gafer/Metropolis. Länge: 86 Minuten
Besetzung: Fernandel (Quantin), Lilli Palmer (Isabelle Quantin), Laurent Terzieff, Michel Auclair, Madeleine Robinson
Erstaufführung: 16.9.1966 (Frankreich), 1.6.1967 (Italien), 24.11.1967 (Deutschland)
Sozialkritischer Film mit Fernandel, dessen Tochter in das falsche Milieu abrutscht.

Paris ist eine Reise wert. Deutschland-TV 1966. Regie: Paul Martin. Länge: 80 Minuten (Schwarzweiß)
Besetzung: Fernandel, Willy Millowitsch, Franck Fernandel, Gus Backus, Bibi Johns, Milva
Erstsendung: 20.10.1966 (Deutschland, TV)

L'Amateur ou S.O.S. Fernand. Eventuell hilft Fernandel. Frankreich 1967. Regie: Jean-Pierre Decourt, Maurice Delbez, Louis Grospierre, Jacques Pinoteau, Quentin Lawrence. Episodenzahl: 7. Länge: jeweils 15 Minuten
Besetzung: Fernandel (Fernand), Philippe Castelli, Max Desrau, Oliver Hussenot, Louis Falavigna, Karyn Balm, Angelo Bardi, Sylvain
Erstsendung: 1967 (Frankreich), 1976 (Deutschland)

L'Homme À La Buick. Der Mann mit dem Buick. Frankreich 1967. Regie und Drehbuch: Gilles Grangier (nach einem Roman von Michel Campesc). Kamera: Jean Tournier. Musik: Michel Legrand, Francis Lemarque. Produktion: Comacico. Länge: 94 Minuten
Besetzung: Fernandel (Monsieur Jo), Danielle Darrieux (Madame Delayrac), Jean-Pierre Marielle (Marquis), Georges Descrières (Lucien), Mario David (Palluche)
Erstaufführung: 12.1.1968 (Frankreich), 21.3.1970 (DDR, TV)
Ein alter Gauner (Fernandel) dreht einen letzten Coup.

Heureux Qui Comme Ulysse. Sein letzter Freund. Frankreich 1969. Regie: Henri Colpi. Drehbuch: Henri Colpi, André Var. Kamera: Roger Fellous. Musik:
Georges Delerue. Produzent: Jean Lefait. Produktion: Cité/Terra/Gafer. Länge: 91 Minuten
Besetzung: Fernandel (Antonin), Max Amyl (Pascal), Gilberte Rivet (Madame Pascal), Rellys (Marcellin), Evelyne Selena (Ginette), und das Pferd Odysseus
Erstaufführung: 8.7.1970 (Frankreich), 9.6. 1971 (Deutschland)
Ein Pferdeknecht (Fernandel) soll seinen Lieblingsgaul in die Arena von Arles bringen, flieht aber mit dem altersschwachen Hengst in die Freiheit der Camargue.

Filmauswahl Gino Cervi

Un'Avventura Di Salvator Rosa. Der geheimnisvolle Rächer. Italien 1939. Regie: Alessandro Blasetti. Kamera: Vaclav Vich. Musik: Alessandro Cicognini. Produktion: Stella. Länge: 82 Minuten (Schwarzweiß)
Besetzung: Gino Cervi (Salvator Rosa), Luisa Ferida (Lucrezia), Rina Movelli (Isabella di Torniano), Osvaldo Valenti (Lamberto D'Acro)
Erstaufführung: 16.12.1939 (Italien), 1951 (Deutschland)
Episoden aus dem Leben des italienischen Universalkünstlers Rosa (Maler, Dichter, Komponist; 1615–1673).

Quatro Passi Fra Le Nuvole. Lüge einer Sommernacht. Italien 1942. Regie: Alessandro Blasetti. Drehbuch: Cesare Zavattini, Giuseppe d'Amato, Piero Tellini, Aldo de Benedetti. Kamera: Vaclav Vich. Musik: Alessandro Cicognini. Produktion: Cines. Länge: 80 Minuten (Schwarzweiß)
Besetzung: Adriane Benetti (Maria), Gino Cervi (Paolo Bianchi), Aldo Silvani (Luca), Ciaconto Moltini (Nonno Matteo), Carlo Romano (Antonio)
Erstaufführung: 23.12.1942 (Italien), 1952 (Deutschland)
Tragikomödie eines gutmütigen Handlungsreisenden (Gino Cervi), der einem sitzen gelassenen Mädchen hilft.

Quartetto Pazzo. Närrisches Quartett. Italien 1944. Regie und Drehbuch: Guido Salvini. Kamera: Anchise Brizzi, Arturo Gallea, Augusto Tiezzi. Musik: Raffaele Gervasio. Produktion: SAFIC. Länge: 70 Minuten
Besetzung: Anna Magnani (Elena), Gino Cervi (Rodolfo), Rina Morelli (Monica), Paolo Stoppa (Filippo), Guglielmo Barnabo (Diener)
Erstaufführung: 22.8.1945 (Italien), 10.4. 1984 (DDR, TV)
Gino Cervi als Ehemann, der nach dem Krieg bei seiner Frau auftaucht.

Le Miserie Del Signor Travet. Die Nöte des Signor Travet. Italien 1945. Regie: Mario Soldati. Drehbuch: Tullio Pinelli, Mario Soldati (nach einem Bühnenstück von Bersezio). Produktion: Lux. Länge: 100 Minuten (Schwarzweiß)
Besetzung: Carlo Campanini (Ignazio Travet), Vera Carmi (Rosa Travet), Gino Cervi (Francesco Battilocchio)
Erstaufführung: 15.12.1945 (Italien), 16.12.1986 (Deutschland, TV)
Nachkriegskomödie um einen kleinen Beamten und dessen Vorgesetzten.

Aquila Nera. Schwarzer Adler. Italien 1946. Regie: Riccardo Freda. Drehbuch: Riccardo Freda (nach der Novelle »Dumbrowsky« von Alexander Puschkin). Kamera: Rodolfo Lombardi. Musik: Franco Casavola. Produzenten: Romolo Laurenti, Franco Palaggi. Produktion: Lux. Länge: 92 Minuten (Schwarzweiß)
Besetzung: Rossano Brazzi (Vladimir Dubrowskij), Gino Cervi (Kirila Petrovic), Irasema Dilian (Mascia Petrovic), Harry Feist (Sergej Ivanovic), Rina Morelli (Irina)
Erstaufführung: 21.9.1946 (Italien), 6.1.1950 (Deutschland)
Abenteuer à la Robin Hood zur Zeit Katharinas II.

Furia. Stürme der Leidenschaft. Italien 1947. Regie und Drehbuch: Goffredo Alessandrini (nach dem Roman »Furia« von Vittorio Nino Novarese). Kamera: Piero Portalupi. Musik: Franco Casavola. Produktion: Franchini/Agic/Roma. Länge: 104 Minuten (Schwarzweiß)
Besetzung: Isa Pola (Clara), Rossano Brazzi (Antonio), Gino Cervi (Oreste), Adriane Benetti (Marietta), Umberto Spadaro (Rocco)
Erstaufführung: 2.5.1947 (Italien), 16.3.1951 (Deutschland)
Drama um Ehebruch, Alkoholismus, Mord und Rache.

Anselmo Ha Fretta. La Sposa Non Puo Attendere. Länger kann die Braut nicht warten. Italien 1949. Regie: Gianni Franciolini. Drehbuch: Cesare Zavattini, Antonio Pietrangeli, Piero Tellini. Kamera: Aldo Tonti. Musik: Roman Vlad. Produktion: Lux. Länge: 85 (gek. 75) Minuten (Schwarzweiß)
Besetzung: Gino Cervi (Anselmo Brunelli), Gina Lollobrigida (Donata), Odile Versois (Maria), Nando Bruno (Venturi), Ave Ninchi (Evilina)
Erstaufführung: 27.10.1949 (Italien), 23.8. 1965 (Deutschland, TV)
Komödie um die Krise eines frischvermählten Paares.

Il Cristo Proibito. Der verbotene Christus. Italien 1951. Regie und Drehbuch: Curzio Malaparte. Kamera: Gabor Pogany. Musik: Curzio Malaparte. Produktion: Excelsa. Länge: 110 Minuten (Schwarzweiß)
Besetzung: Raf Vallone (Bruno), Elena Varzi (Nella), Alain Cuny (Meister Antonio), Gino Cervi (Eremit), Rina Morelli (Brunos Mutter), Philippe Lemaire (Pinin)
Erstaufführung: 10.4.1952 (Deutschland)
Ein Spätheimkehrer aus russischer Kriegsgefangenschaft sinnt auf Rache in seinem Heimatdorf.

Moglie Per Una Notte. Frau für eine Nacht. Italien 1951. Regie: Mario Camerini. Drehbuch: Franco Brusati, Mario Camerini, Paolo Levi. Kamera: Aldo Giordani. Musik: Alessandro Cicognini. Produktion: Mambretti/Rizzoli. Länge: 85 Minuten (Schwarzweiß).
Besetzung: Gina Lollobrigida (Ottavia), Gino Cervi (Graf D'Origo), Nadia Gray (Geraldine), Armando Francioli (Enrico Belli), Paolo Stoppa (Agusto)
Erstaufführung: 12.07.1952 (Italien), 13.09. 1957 (Deutschland)
Verwechslungskomödie um einen liebestollen Grafen und eine französische Kurtisane in einem italienischen Großherzogtum des 19. Jahrhunderts. Pikant!

O.K. Nerone. O.K. Nero. Italien 1951. Regie: Mario Soldati. Drehbuch: Agenore Incorocci, Mario Monicelli, Furio Scarpelli, Stefano Vanzina, Alessandro Continenza. Kamera: Mario Montuori. Musik: Mario Nascimbene. Produktion: Niccolo Theodoli. Länge: 105 Minuten (Schwarzweiß)
Besetzung: Silvana Pampanini (Poppea), Gino Cervi (Nero), Jackie Frost (Licia), Walter Chiari (Fiorello Capone), Carlo Campanini (Jimmy Gargiulo)
Erstaufführung: 20.11.1951 (Italien) 22.8. 1952 (Deutschland)
Abenteuer im antiken Rom.

La Regina Di Saba. Die Königin von Saba. Italien 1952. Regie: Pietro Francisci. Drehbuch: Nino Vittorio Novarese, Giorgio Graziosi, R. de Sarro, Pietro Francisci. Kamera: Mario Montuori. Musik: Nino Rota. Produktion: Oro. Länge: 100 Minuten
Besetzung: Leonora Ruffo (Balkis, Königin von Saba), Gino Cervi (König Solomon), Gino Leurini (Prinz Rehoboam), Marina Berti (Zamira), Mario Ferrari (Chaldis)
Erstaufführung: 6.11.1952 (Italien), 16.1.1953 (Deutschland)
Die Geschichte der Königin von Saba nach den Berichten des Alten Testaments.

Nerone E Messalina. Nero – der Untergang Roms. Italien 1953. Regie: Primo Zeglio. Drehbuch: Fulvio Palmieri (nach dem Roman »Nero und Messalina« von David Bluhmen). Musik: Ennio Porrino. Produktion: Spettacolo. Länge: 85 Minuten (Schwarzweiß)
Besetzung: Gino Cervi (Nero), Paola Barbara (Agrippina), Yvonne Sanson (Stabilia Messalina), Carlo Tamberlani (Tigellino), Milly Vitale (Atte)
Erstaufführung: 28.8.1953 (Italien), 25.12. 1953 (Deutschland)
Monumentalfilm um die Herrschaft des römischen Kaisers Nero (37–68).

Indiscretion of an American Wife. Roma, Stazione Termini. Rom, Station Termini. Italien/ USA 1953. Regie: Vittorio De Sica. Drehbuch: Cesare Zavattini. Kamera: G.R. Aldo. Musik: Alessandro Cicognini. Schnitt: Eraldo da Roma, Jean Barker. Produktion: Vitto-

rio De Sica, Marcello Girosi. Länge: 85 Minuten (Schwarzweiß)
Besetzung: Jennifer Jones (Mary Forbes), Montgomery Clift (Giovanni Doria), Gino Cervi (Polizei-Kommissar), Richard Bey-mer (Paul)
Erstaufführung: 2.4.1953 (Italien), 11.6.1954 (Deutschland), 10.5.1954 (U.S.A.)
Geschichten vor dem Hintergrund des römischen Hauptbahnhofs.

Les Trois Mousquetaires. Die Abenteuer der drei Musketiere. Frankreich/Italien 1953. Regie: André Hunebelle. Drehbuch: Michel Audiard (nach einem Roman von Alexandre Dumas). Kamera: Marcel Grignon. Musik: Jean Marion. Produzent: Paul Cadéac. Produktion: P.A.C./Pathé/Titanus. Länge: 120 Minuten
Besetzung: Georges Marchal (D'Artagnan), Gino Cervi (Porthos), Yvonne Sanson (Gräfin de Winter), Bourvil (Planchet), Jacques François (Aramis), Jean Martinelli (Athos), Danielle Godet (Constance), Renaud Mary (Kardinal Richelieu)
Erstaufführung: 7.10.1953 (Frankreich), 8.12.1953 (Italien), 3.9.1954 (Deutschland)
Verfilmung des Romans von Alexandre Dumas.

La Signora Senza Camelie. Die große Rolle. Italien 1953. Regie: Michelangelo Antonioni. Drehbuch: Francesco Maselli, P.M. Pasinetti, Michelangelo Antonioni, Suso Cecchi d'Amico. Kamera: Enzo Serafin. Musik: Giovanni Fusco. Produzent: Domenico Forges Davanzati. Produktion: ENIC/Cormoran/Pagode. Länge: 95 Minuten (Schwarzweiß)
Besetzung: Lucia Bosé (Clara Manni), Gino Cervi (Ercole »Ercolini«), Ivan Desny (Nardo Rusconi), Andrea Checchi (Gianni Franchi), Alain Cuny (Lodi)
Erstaufführung: 26.2.1953 (Italien), 8.1.1966 (Deutschland, TV)
Eine junge Verkäuferin kommt zum Film, scheitert dort und ihr Leben verfällt als Geliebte.

Maddalena. Magdalena – Tagebuch einer Verlorenen. Italien 1954. Regie: Augusto Genina. Drehbuch: Augusto Genina, Carlo Alianello (nach einem Bühnenstück von Madeleine Masson de Belavalle). Kamera: Claude Renoir. Musik: Antonio Veretti. Produktion: Titanus. Länge: 97 Minuten (Schwarzweiß)
Besetzung: Märta Torén (Maddalena), Gino Cervi (Don Vincenzo), Charles Vanel (Giovanni Lamberti), Jacques Sernas (Giovanni Belloni)
Erstaufführung: 16.3.1954 (Italien), 5.11. 1954 (Deutschland)
Modernes Drama um die Legende von der Sünderin Magdalena mit Gino Cervi als Pfarrer.

Beatrice Cenci. Ein zarter Hals für den Henker. Italien/Frankreich 1956. Regie: Riccardo Freda. Drehbuch: Attilio Riccio, Jacques Remy. Kamera: Gabor Pogany. Musik: Franco Mannino. Produktion: Electra/Franco-London. Länge: 85 Minuten
Besetzung: Micheline Presle (Lucrezia Cenci), Gino Cervi (Francesco Cenci), Fausto Tozzi (Olimpio Calvetti), Frank Villard (Giudice Ranieri), Claudine Dupuis (Martina)
Erstaufführung: 6.9.1956 (Italien), 3.4.1957 (Frankreich), 5.3.1959 (Deutschland)
Mittelalterliche Familiengeschichte endet im Untergang des Clans.

Los Amantes Del Desierto. Gli Amanti Del Deserto. Der Sohn des Scheik. Spanien/Italien 1957. Regie: Goffredo Alessandrini, Fernando Cerchio. Drehbuch: Alfonso Pase, Mariano Ozores. Kamera: Antonio L. Ballesteros, Mario Damicelli. Musik: Michel Michelet. Schnitt: Antonio Ramirez. Produktion: Benito Peroji/Roma/Parc Film. Länge: 84 Minuten
Besetzung: Carmen Sevilla (Amina), Ricardo Montalban (Said), Gino Cervi (Ibrahim), José Guardiola (Selim), Franca Bettoja (Suleika), Maria Angela Giordano (Aicha), Manuel Guitian (Nur-el-Din)
Erstaufführung: 31.10.1957 (Spanien), 22.12. 1958 (Frankreich), 6.12.1957 (Deutschland)
Der Scheich wird ermordet, die neuen Herrscher reagieren mit blutiger Gewalt. Am Ende siegt das Gute! Gino Cervi in einem gut gemachten Orientspektakel.

Agguato A Tangeri. Brennpunkt Tanger. Italien/Spanien 1957. Regie: Riccardo Freda. Drehbuch: Alessandro Continenza, Paolo Spinola, Vittoriano Petrilli, Riccardo Freda. Kamera: Francisco Sempere. Musik: Lelio Luttazzi. Produzent: Antonio Cervi. Produktion: Cervi/Rodas/Ariel. Länge: 92 Minuten
Besetzung: Edmund Purdom (John Millwood), Geneviève Page (Mary), Gino Cervi (Bolevasco), Luis Pena (Nachtclubdirektor), Amparo Rivelles (Lola), Felix Defauce (Inspektor Mathias)
Erstaufführung: 8.11.1957 (Italien), 2.1.1958 (Spanien), Juli 1958 (Deutschland)
Krimi um Rauschgiftschmuggler.

Amore E Chiacchiere. Hablemos de Amor. Liebe und Geschwätz. Frankreich/Italien/Spanien 1958. Regie: Alessandro Blasetti. Drehbuch: Cesare Zavattini. Kamera: Gabor Pogany. Musik: Mario Nascimbene. Produktion: Electra/S.F.C./Ariel. Länge: 95 Minuten (Schwarzweiß)
Besetzung: Vittorio De Sica (Avvocato Bonelli), Gino Cervi (Paseroni), Carla Gravina (Maria Furlani), Geronimo Meynier (Paolo Bonelli), Elisa Cegani (Signora Bonelli), Alessandra Panaro (Doddy Paseroni)
Erstaufführung: 31.1.1958 (Italien), 28.4.1958 (Spanien), 17.2.1959 (Deutschland).
Romanze um eine unglückliche Liebe.

La Maja Desnuda. The Naked Maja. Die nackte Maja. Italien/USA 1958. Regie: Henry Koster, Mario Russo. Drehbuch: Norman Corwin, Giorgio Prosperi (nach einer Erzählung von Oscar Saul und Talbot Jennings). Kamera: Giuseppe Rotunno. Musik: Angelo Francesco Lavagnino. Produzent: Goffredo Lombardo. Produktion: Titanus/United Artists. Länge: 112 Minuten
Besetzung: Ava Gardner (Herzogin von Alba), Anthony Franciosa (Francisco Goya), Amedeo Nazzari (Manuel Godoy), Gino Cervi (Carlos IV.), Lea Padovani (Maria Luisa)
Erstaufführung: 20.12.1958 (Italien), 1.5.1959 (Deutschland), 10.6.1959 (USA)
Episode aus dem Leben des spanischen Malers Goya.

Nel Segno Di Roma. Im Zeichen Roms. Italien/Deutschland/Frankreich 1958. Regie: Guido Brignone. Drehbuch: Francesco Thellung, Francesco de Feo, Sergio Leone, Giuseppe Mangione, Guido Brignone. Kamera: Luciano Trasatti. Musik: Angelo Francesco Lavagnino. Produktion: Glomer/Tele/Lyre. Länge: 93 Minuten
Besetzung: Anita Ekberg (Zenobia), Georges Marchal (Marcus Valerius), Folco Lulli (Semanzio), Jacques Sernas (Juliano), Gino Cervi (Kaiser Aurelian)
Erstaufführung: 5.3.1959 (Italien), 18.5.1960 (Frankreich), 2.10.1959 (Deutschland), 23.9.1959 (U.S.A.)
Monumentalfilm über die Königin von Palmyra im Kampf gegen die Römer.

Geheimaktion Schwarze Kapelle. R.P.Z. Appelle Berlin. I Sicari Di Hitler. Deutschland/Frankreich/Italien 1959. Regie: Ralph Habib. Drehbuch: Hans Nicklisch,
Pierre Levy, Jean Lewitte (nach dem Tatsachenbericht »Die schwarze Kapelle« von Olaf Herfeld). Kamera: Georg Krause. Musik: Roman Vlad. Produzenten: Artur Brauner, Gianni Fuchs. Produktion: CCC-Film/Nepi/Lux Cie./Méditerranée. Länge: 105 Minuten (Schwarzweiß)
Besetzung : Peter van Eyck (Golder), Dawn Addams (Tila), Ernst Schröder (Hoffmann), Werner Hinz (Generaloberst), Gino Cervi (Polizeipräfekt Ferrari), Werner Peters (Heinrich Himmler)
Erstaufführung: 16.10.1959 (Deutschland), 4.12.1959 (Italien), 8.2.1961 (Frankreich)
Spekulative Kriegsgeschichte um 1940 mit einem Geheimkurier, einer SS-Agentin und Kontakten zum Vatikan.

Herrin der Welt (Teil 1 + 2). Il Mistero Dei Tre Continenti. Les Mysteres D'Angkor. Deutschland/Italien/Frankreich 1959/60. Regie: William Dieterle, Richard Angst (ungenannt). Drehbuch: Jo Eisinger, Harald G. Petersson. Kamera: Richard Angst. Musik: Roman Vlad. Produzent: Artur Brauner. Produktion: CCC-Film/Franco-London/Continental. Länge: 98 (gekürzt: 89) Minuten

Besetzung: Carlos Thompson (Peter Lundström), Martha Hyer (Karin Johanson), Sabu (Dr. Lin-Chor), Micheline Presle (Madame Latour), Wolfgang Preiss (Dr. Henrik Brandes), Lino Ventura (Biamonte), Gino Cervi (Prof. Johanson)
Erstaufführung: 14.4.1960, 26.4.1960 (Deutschland), 12.10.1960 (Frankreich)
Bunte Abenteuergeschichte an exotischen Schauplätzen. Gino Cervi spielt einen schwedischen Atomwissenschaftler.

Que Gioia Vivere. Quelle Joie De Vivre. Halt' mal die Bombe, Liebling. Frankreich/Italien 1961. Regie: René Clément. Drehbuch: René Clément, Leo Benvenuti, Piero de Bernardi (nach einem Sujet von Gualtiero Jacopetti). Kamera: Henri Decaë. Musik: Angelo Francesco Lavagnino. Produktion: Rire/Tempo/Francinex. Länge: 115 Minuten (Schwarzweiß)
Besetzung: Alain Delon (Ulysse Cecconato), Barbara Lass (Franco Fossati), Gino Cervi (Olinto Fossati), Rina Morelli (Rosa Fossati)
Erstaufführung: 15.5.1961 (Frankreich), 20.12.1963 (Deutschland)
Komödie über den politischen Extremismus im Rom der 1920er-Jahre.

Un Figlio D'Oggi. Der Erpresser ruft an. Italien 1961. Regie: Marino Girolami. Drehbuch: Marino Girolami, Gino de Santis. Kamera: Mario Fioretti. Musik: Roman Vlad. Produktion: M.G. Länge: 94 Minuten (Schwarzweiß)
Besetzung: Ennio Girolami (Renzo), Gino Cervi (Andrea), Valeria Fabrizi (Laura), Roberto Risso (Raul), Germana Paolieri (Mutter von Renzo)
Erstaufführung: 1961 (Italien), 3.5.1963 (Deutschland)
Gangsterfilm um einen jungen Mann, der auf die schiefe Bahn kommt.

Dieci Italiani Per Un Tedesco. Zehn Italiener für einen Deutschen. Italien 1962. Regie: Filippo W. Ratti. Drehbuch: Luigi Angelo, Filippo W. Ratti. Kamera: Aldo Greci. Musik: Armando Trovaioli. Produktion: Stacofilm/Polaris. Länge: 89 Minuten (Schwarzweiß)
Besetzung: Gino Cervi (Alfonso di San Severino), Carlo D'Angelo (Obersturmbannführer Herbert Kappler), Andrea Cecchi (Prof. Marcello Rossi), Cristina Gaioni (Mariella), Sergio Fantoni (Gilberto di San Severino)
Erstaufführung: Januar 1962 (Italien), 27.3.1973 (DDR, TV)
Geschehnisse um eine historische Vergeltungsmaßnahme deutscher Truppen gegen italienische Widerstandskämpfer im März 1944 in Rom.

La Smania Addosso. Viol A L'Italienne. Heirat auf sizilianisch. Italien/Frankreich 1963. Regie: Marcello Andrei. Drehbuch: Giuseppe Mangione, Alberto Bevilacqua, Tatina Dembi, Marcello Andrei, Leonardo Sciascia, Dante Troisi. Kamera: Riccardo Pallottini. Musik: Carlo Rustichelli. Produzent: Otello Cocchi. Produktion: M.E.C./Les Films Agiman. Länge: 98 Minuten (Schwarzweiß)
Besetzung: Annette Stroyberg (Rosaria), Gérard Blain (Toto), Nino Castelnuovo (Nicola), Vittorio Gassman (Mazzaro), Gino Cervi (D'Angelo), Leopoldo Trieste (Don Calogero)
Erstaufführung: 20.2.1963 (Italien), 17.7.1964 (Deutschland), 27.3.1967 (Frankreich)
Komödie um eine durch Heirat »wiedergutgemachte« Vergewaltigung.

Becket. Becket. England/USA 1964. Regie: Peter Glenville. Drehbuch: Edward Anhalt (nach dem Stück »Becket« von Jean Anouilh). Kamera: Geoffrey Unsworth. Musik: Laurence Rosenthal. Produzent: Hal B. Wallis. Produktion: Paramount. Länge: 148 Minuten
Besetzung: Richard Burton (Becket), Peter O'Toole (König Henry II.), John Gielgud (König Louis VII.), Gino Cervi (Kardinal Zambelli), Paolo Stoppa (Papst Alexander III.)
Erstaufführung: 25.3.1964 (England), 11.3.1964 (U.S.A.), 2.10.1964 (Deutschland)
Abenteuer aus England im 12. Jahrhundert mit Gino Cervi als Kardinal.

Le Inchieste Del Commissario Maigret. Italien-TV 1964-1972. Regie: Mario Landi. Drehbuch: Romildo Craveri, Diego Fabbri, Mario Landi u.a. (nach den Geschichten von Georges Simenon). Sender: RAI. Episodenzahl: 16.

Besetzung: Gino Cervi (Maigret), Andreina Pagnani (Frau Maigret), Mario Maranzana (Lucas), Manilo Busoni (Torrence)
Erstsendung: 1964–1972 (Italien)
Italienische Fernsehserie um Kommissar Maigret.

Maigret a Pigalle. Maigret und der Würger von Montmartre. Italien/Frankreich 1966. Regie: Mario Landi. Drehbuch: Sergio Amidei, Mario Landi (nach einem Roman von Georges Simenon). Kamera: Giuseppe Ruzzolini. Musik: Armando Trovaioli. Produktion: Riganti-Cervi/Films Number One. Länge: 109 Minuten
Besetzung: Gino Cervi (Maigret), Lila Kedrova (Rose), Raymond Pellegrin (Fred Alfonsi), Alfred Adam (Inspektor Lognon), Daniel Ollie (Philippe)
Erstaufführung: 30.12.1966 (Italien), 21.6.1967 (Frankreich), 10.11.1967 (Deutschland)
Eine Mordserie im Pariser Amüsierviertel Pigalle wird von Kommissar Maigret mit bewährtem Spürsinn gelöst.

Literaturverzeichnis

1. Archive

In folgenden Archiven wurden Akten und andere nicht publizierte Bestände ausgewertet:
Academy of Motion Picture Arts and Sciences, Los Angeles; Cinémathèque Française, Paris; Cineteca di Bologna; Fondazione Centro Sperimentale di Cinematografia, Rom; Deutsches Film-Institut, Frankfurt/M.; Margaret Herrick Library, Los Angeles; Wesleyan Cinema Archives, Wesleyan University, Middletown
Der Autor hatte weiterhin die Möglichkeit, im Rahmen seiner Recherchen Einblicke in die Privatsammlung von Alberto und Carlotta Guareschi zu nehmen und die darin gesammelten Informationen auszuwerten.

2. Publikationen

Casamatti, Giorgio/Conti, Guido/Sassi, Federica: Don Camillo Peppone E Il Crocifisso Che Parla (Parma 2004)
Esposito, Riccardo F.: Don Camillo e Peppone – Cronache cinematografiche dalla Bassa, Padana 1951-1965 (Genua 2008)
Faldini, Franco/Fofi, Goffredo: L'avventurosa storia del cinema italiano, Vol. 1 (Mailand 1979)
Fernandel, Franck: Mon Fernandel (Marseille 2001)
Guareschi, Carlotta und Alberto: Chi sogna nuovi gerani? Giovannino Guareschi. Autobiografia. (Mailand 1993)
Guareschi, Giovannino: Don Camillo und Peppone (Hamburg 1957)
Guareschi, Giovannino: Don Camillo und seine Herde (Hamburg 1957)
Guareschi, Giovannino: Avanti, Don Camillo! Avanti! (Frankfurt/M. 1986)
Rühmann, Heinz: Das war's. Erinnerungen. (Frankfurt/M. 1982)

3. Besondere Artikel

Alberici, Dino: Tutta Brescello vive l'atmosfera die teatri di posa (aus »Gazzetta di Reggio« vom 15.9.1951)
Alberici, Dino: Il problema del crocifisso nel film di Duvivier (aus »Gazetta di Reggio« vom 19.9.1951)
Cervi, Gino: Sotto il fazzoletto rosso del sindaco Peppone sogna il collarino di don Camillo (aus »La Sera«, 1.2.1952)
Duvivier, Julien: Un invito alla fraternità (aus »Il Pomeriggio« vom 14.3.1952)
Guareschi, Giovannino: Storia segreta di DON

CAMILLO (aus »Candido« vom 16.3.1952)
Golombek, Jens: Essen bei Emilia (aus »Die Welt« vom 18./19.8.2012)
Schümer, Dirk: Volk schlägt sich. Volk verträgt sich (aus »Frankfurter Allgemeine Zeitung« vom 10.8.2005)
Von Reznicek, Burghard: Alle kennen Fernandel (aus »Die Welt« vom 8.11.1952)
Werner, Hendrik: Die kleine Welt von Don Camillo und Peppone. Zum 100. Geburtstag des Satirikers Giovannino Guareschi: Auf den Spuren seiner Helden in der Bassa (aus »Die Welt« vom 22.3.2008)
Unbekannt: Fernandel. Komiker des kleinen Mannes (aus »Der Spiegel« vom 9.3.1950)
Unbekannt: Fervono i preparativi per il DON CAMILLO (aus »Gazzetta di Reggio« vom 10.8.1951)
Unbekannt: Agli ordini di Duvivier, Gino Cervi magnifico Peppone (aus »Gazzetta di Reggio« vom 14.9.1951)
Unbekannt: Frank Capra dice: »Fu la mia occasione perduta«. Nostra intervista particolare col grande regista. (aus »Il Pomeriggio«, 14.3.1952)
Unbekannt: Il Santo Padre riceve Fernandel (aus »Rivista del cinematografo« vom Februar 1953)
Unbekannt: Gemeinschaftsproduktion. Geschmack zweier Märkte (aus »Der Spiegel« vom 4.11.1953)
Unbekannt: Don Camillo zog Brescello den ›roten Giftzahn (aus »Ibbenbürener Volkszeitung« vom 24. Februar 1954)
Unbekannt: Der Tragödie dritter Akt (aus »Der Spiegel« vom 19.12.1956)
Unbekannt: Interview mit Gino Cervi (aus »Oggi Illustrato« vom 30.10.1958)
Unbekannt: Interview mit Franco Interlenghi (aus »www.giovannioguareschi.com« 2001)

4. Periodika

American Film Institute: Catalog of Feature Films; Film-Echo; Illustrierte Film-Bühne; Lexikon des Internationalen Films; Der Spiegel

5. Internet

us.imbd.com (Movie Database), Wikipedia

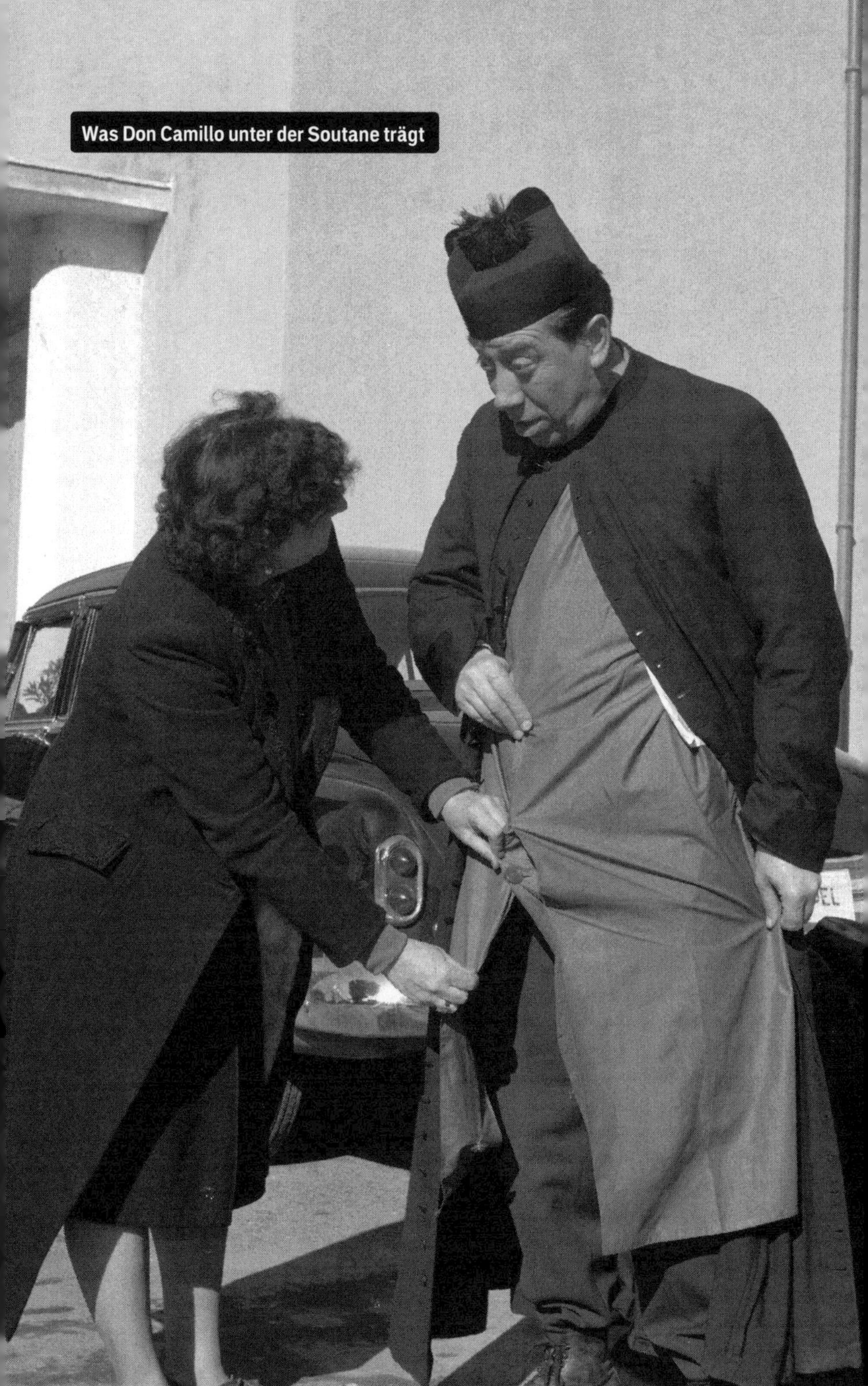

Was Don Camillo unter der Soutane trägt

Danksagung

Für die Unterstützung und Mitarbeit bei der Erstellung von »Don Camillo und Peppone – Die Filme mit Fernandel und Gino Cervi« gilt mein besonderer Dank: Alberto und Carlotta Guareschi.

Für die Unterstützung bei den Recherchen bedanke ich mich bei: Davide Badini, Cesare Ballardini (Cineteca Di Bologna), Tania Capron (Cinémathèque Française), Kristine Krueger (Margaret Herrick Library, Academy of Motion Pictures Arts and Sciences, Los Angeles), Andre Mieles (Deutsches Film-Institut, Wiesbaden), Joan Miller (Wesleyan Cinema Archives), Roberto Palmas (Italien), Uschi Rühle (Deutsches Film-Institut, Frankfurt/M.), Christof Schöbel (Deutsches Film-Institut, Frankfurt/M.), Swetlana Sikora (Deutsches Film-Institut, FFM).

Besonderer Dank geht an: Margrit Larres (für das Durchlesen des Manuskripts).

Für die Bereitstellung von Fotomaterial danken wir recht herzlich: Archivo Luce Cinecittà (Rom), Archivo Fotografico Giuseppe Palmas (Italien), Deutsches Film-Institut (Wiesbaden), Museum »Peppone e Don Camillo« (Brescello) und Alberto und Carlotta Guareschi.

Impressum

Reiner Boller
DON CAMILLO UND PEPPONE
Die Filme mit Fernandel und Gino Cervi
(1952 – 1970)

ISBN 978-3-86265-363-8

BILDNACHWEIS

Titelbild: Deutsches Film-Institut (DIF) **Bildteile:** Bildteil »G. Guareschi«: Alberto und Carlotta Guareschi, Deutsches Film-Institut (DIF), Reiner Boller | Bildteile der fünf Filme sowie der Filme Fernandel/Cervi: Deutsches Film-Institut (DIF) | Bildteil »Am Set«: Archivo Luce Cinecittà, Archivo Fotografico Giuseppe Palmas | Bildteil »Kleine Welt…«: Reiner Boller (Bilder Museum: Mit freundlicher Genehmigung von Museo »Peppone e Don Camillo«) **Autorenfoto:** Maria del Rocio D. Elizarraras

KATALOG
Wir senden Ihnen gern kostenlos unseren Katalog.
Schwarzkopf & Schwarzkopf Verlag GmbH
Kastanienallee 32, 10435 Berlin
Telefon: 030 – 44 33 63 00
Fax: 030 – 44 33 63 044

INTERNET | E-MAIL
www.schwarzkopf-schwarzkopf.de
info@schwarzkopf-schwarzkopf.de